工业和
规划教

21世纪

微课版

经济学基础

FUNDAMENTALS OF ECONOMICS

张忠德 ◆ 主编

PLANNED
TEXTBOOKS OF
ECONOMICS

人民邮电出版社
北京

图书在版编目（CIP）数据

经济学基础：微课版 / 张忠德主编. -- 北京：人
民邮电出版社，2021.7
21世纪高等学校经济学系列规划教材
ISBN 978-7-115-55731-5

Ⅰ. ①经… Ⅱ. ①张… Ⅲ. ①经济学－高等学校－教
材 Ⅳ. ①F0

中国版本图书馆CIP数据核字(2020)第260025号

内 容 提 要

本书详细阐述了经济学的基本理论及其运用方法。全书分为 11 章，主要包括导论、供求理论、消费者行为理论、生产者行为理论、市场理论、要素市场理论、帕累托效率和市场失灵、国民账户核算体系、国民收入决定理论、宏观经济政策、宏观经济问题等内容。

本书注重理论与实践结合，融"教、学、练"为一体，将经济学基本理论与现实经济生活紧密结合，帮助读者深刻认识、思考现实生活中蕴藏的经济规律，培养读者对经济现象的分析能力及应用经济理论解决实际问题的能力。

本书可作为应用型院校经济管理类专业经济学基础课程的教材，也可作为基层单位经济管理人员、经济学爱好者的入门读物。

◆ 主　　编　张忠德
责任编辑　刘向荣
责任印制　李　东　胡　南

◆ 人民邮电出版社出版发行　　北京市丰台区成寿寺路 11 号
邮编　100164　　电子邮件　315@ptpress.com.cn
网址　https://www.ptpress.com.cn
北京天宇星印刷厂印刷

◆ 开本：787×1092　1/16
印张：15.25　　　　　　　　　　2021 年 7 月第 1 版
字数：399 千字　　　　　　　　2021 年 7 月北京第 1 次印刷

定价：49.80 元

读者服务热线：(010)81055256　印装质量热线：(010)81055316
反盗版热线：(010)81055315
广告经营许可证：京东市监广登字 20170147 号

前言 Preface

经济学是建立在经济实践基础上的用于解释经济现象、预测经济趋势、提供决策依据的理论。

经济学基础是我国普通高校本科管理类、高职高专，以及成人高等教育院校经济管理类专业必开的一门基础课。它主要介绍现代经济理论与经济政策，其内容被归结为两部分——微观经济学和宏观经济学。微观经济学是研究家庭、厂商和市场如何合理配置经济资源的科学，以单个经济单位的经济行为为研究对象；以资源的合理配置为需要解决的主要问题；以价格理论为中心理论；以个量分析为方法；其基本假设是市场出清、完全理性、充分信息。宏观经济学是研究国民经济在整体运行中如何充分利用经济资源的科学，以国民经济的整体运行为研究对象；以资源的充分利用为需要解决的主要问题；以收入理论为中心理论；以总量分析为方法；其基本假设为市场失灵、政府有效。

本书以简明扼要、通俗易懂的形式阐明了经济学的基本理论，对日益庞杂的经济学体系、内容和结构删繁就简，做到以实用为纲、以够用为度，力图使读者看得懂、易领会。

本书共 11 章。第 1 章对经济学进行了整体、初步的介绍。第 2 章~第 7 章是微观经济学部分，通过学习，读者可以了解微观经济个体如何在追求自身利益最大化的过程中，通过价格机制实现对资源的有效配置。第 8 章~第 11 章为宏观经济学部分，讲解了国民账户核算体系、国民收入决定理论、宏观经济政策、宏观经济问题，通过学习，读者可以了解国家如何通过经济政策调控宏观经济，以实现经济增长、充分就业等政策目标。

本书由西安邮电大学张忠德教授担任主编，西安邮电大学等从事经济学教学的一线骨干教师冯晓莉、王轶颖、麻元元、刘娜参与了本书的编写。编写具体分工如下：张忠德编写第 1 章、第 2 章、第 3 章、第 8 章、第 9 章；冯晓莉编写第 10 章、第 11 章；麻元元编写第 4 章；刘娜编写第 5 章；王轶颖编写第 6 章、第 7 章；张忠德统一审核、定稿。

本书的编写、出版得益于西安邮电大学的大力支持，得到了陕西省重点学科产业经济学基金、陕西省信息产业发展研究中心重点研究基地基金的支持，在此向相关机构和人员表示最衷心的感谢！

由于编者水平有限，本书难免存在不妥之处，诚望各位读者批评指正，以便编者进一步修订、完善。

编　者

2021 年 4 月

目 录 Contents

本章主要讲解经济学的研究内容，产生发展与演变，理论框架，研究方法等。通过学习，读者能了解经济学的内涵与外延，明确经济学的作用，并能以客观的态度对待经济学。

1.1 经济学的研究内容

读者要在了解经济学基本假设的基础上，把握经济学的内涵，理解经济学的研究内容。

1.1.1 经济人假设

经济学家在研究社会经济问题的过程中，有一个基本的假设前提：参与经济活动的个体（个人或企业）都是"经济人"，都具有"经济人"特征，即人的欲望是无穷的，人都是利己的，人参与经济活动就是为了追求自身利益的最大化。"经济人"与我们通常讲的"经纪人"不同，"经纪人"是在经济交易过程中充当中间人的角色，而所有参与经济活动的个体都具有"经济人"特征。

扫码看视频

经济人假设

欲望是人的心理感觉，是一种"短缺的感觉"，这种短缺的感觉永远不可能被消除。也就是说，人的欲望永远不能得到最终的满足。想想自己，再看看身边的人，我们会发现，原有的欲望被满足之后，马上会产生新的欲望，欲望永远不能被彻底满足。人是利己的，意思是人们从事所有经济活动都是为自己打算的，在各种可能的选择中，人们会选择对自己最有利的一种。

经济人的这种属性在初学者看来好像不正确，他们可能会产生两个方面的疑惑。如果人都是自利的，那整个社会不就陷入混乱了吗？在现实生活中，我们往往可以看到大公无私的现象，这又该如何解释呢？

认为人自利整个社会就会乱套的想法，其实是将自利理解为了损人利己。经济人的自利与损人利己有很大的不同，损人利己是指通过损害别人的利益来达到增进自己利益的目的。对经济人自利行为，古典经济学的奠基人亚当·斯密曾做过这样的描述："给我我所需要的吧，因为你将得到你所需要的。"这个过程实际上是"交换"。亚当·斯密讲到，人想得到所需的东西有3种途径，即抢夺、乞讨和交换，经济人的自利以给别人提供其所需要的东西为途径，以满足自己的需要为目的。这种基于交换的自利行为可以使所有参与交易的人都得到自己需要的东西，使整个社会的福利提升，让社会有序运行。

经济学认为，人们所追求的"利益"有两种形式，一种是"物质利益"，另一种是"非物质利益"。物质利益不用做过多说明，非物质利益指的是社会认同感、荣誉感、众人的尊敬等内容。社会上那些大公无私的人，实际上追求的就是一种非物质利益。因此，所有的人都在追求利益，只不过这个利益可能是物质利益，也可能是非物质利益。

1.1.2　资源稀缺性假设

前面讲到，人是自利的，人的欲望是无穷的。那么，凡是能用来满足人的不同欲望的东西，我们都可以称为资源。资源包括自然资源（如矿产、森林、田地等）、资金、时间、信息等。各类资源的绝对数量可能很大，但是相对于人无穷的欲望来讲，资源总是短缺的，总是不足的，这就是资源的稀缺性。资源的稀缺性是个相对概念。例如，一个国家一年的钢铁产量是个天文数字，可达数亿吨（如 2019 年我国的粗钢产量高达 9.963 亿吨，占比超过了全球粗钢总产量的 53%），但是人们总是希望能有更多的钢铁来生产民用的轮船、汽车；同时，人们希望有更多的钢铁来生产军用的飞机、大炮。民用的钢铁多了，军用的就会变少，反之亦然。在这种情况下，人们就需要对稀缺资源的使用进行选择。

1.1.3　经济学的理论内涵

基于人是自利的，人的欲望是无穷的，而用来满足人的欲望的各种资源又是相对短缺的这些假设，经济学就是研究如何利用有限的资源，使人的欲望被最大限度地满足的科学。人的欲望永远不能得到彻底满足，但是，人们注意到，不同的资源利用方式带给人的欲望的满足程度不同，经济学就是用于寻找能够让人的欲望得到最大限度满足的资源利用方式的科学。简而言之，经济学是研究资源配置与资源利用的科学。

研究资源配置是主流经济学对经济学研究范畴的最基础界定，但是经济学的理论内涵处于不断的发展与扩充中，很多学者已经将经济学的研究范畴确定为"研究社会经济生活中人与人的经济关系"，旨在从更广泛的角度来研究人们在经济活动中所产生的问题，并从中找出规律。本书作为经济学入门的基础性教材，将经济学界定为研究资源配置与资源利用的科学。

1.1.4　经济学的基本问题

资源配置是对一个社会利用资源来满足人们的需求的高度概括，可以将资源配置具体化为 3 个问题，即"生产什么、如何生产、为谁生产"。生产什么，是指利用现有的资源生产什么产品以满足人们的各种需求；如何生产，是指在确定了生产什么产品的情况下，怎样更有效率地将产品生产出来；为谁生产，是指当各类产品被生产出来之后，如何将这些产品在参与生产的社会成员之间进行分配，也就是社会收入分配问题。上述 3 个问题是任何一个社会都会面临和必须解决的基本问题，不同的社会在解决这 3 个问题时所采用的方式是不同的。

在人类历史上，存在两种典型的经济制度，即计划经济制度和市场经济制度。我国在改革开放前主要采用计划经济制度；英、美等国家主要采用市场经济制度。

在计划经济体制下，"生产什么、如何生产、为谁生产"这 3 个问题是靠"计划"解决的。生产什么，企业并不自己决定，而是接受国家的集中计划安排；如何生产，是靠国家通过计划的方式为企业调配各种资源，完成生产过程；为谁生产，即社会收入分配问题，也是按国家的计划解决，社会成员按照国家规定的福利待遇获得相应的收入。总之，计划经济制度解决 3 个基本问题都是通过国家的集中决策完成的。

市场经济制度解决 3 个基本问题靠的是"价格"。国家不会要求企业生产什么,企业要自己决定生产什么。什么产品的价格高,在市场中好销售,盈利多,企业就生产什么产品;如何生产也由价格决定,当确定要生产的产品之后,企业就会采用成本更低的生产方式;社会收入分配问题则靠生产要素的售价高低来解决,社会成员得到的收入多少取决于其提供的生产要素在市场中的售价高低,生产要素的售价高低与商品的售价高低一样,由市场供求关系决定。收入水平高的人,一般提供售价更高的生产要素;收入水平低的人,其提供的生产要素的售价比较低。总之,市场经济制度解决 3 个基本问题是通过个体的分散决策,靠价格机制引导完成的。价格机制被亚当·斯密称为"看不见的手"。正是这只看不见的手,引领参与经济活动的个体做出对自己有利的行为决策,解决社会基本经济问题。

从理论上讲,无论是计划经济制度还是市场经济制度都可以解决资源配置的 3 个基本问题。在人类的经济实践中,并没有纯粹的计划经济制度和市场经济制度,现代社会所采用的大部分经济制度都呈现混合状态。在有的社会中,计划经济制度起基础性和主导性作用;在有的社会中,市场经济制度起基础性和主导性作用。人们通过经济实践逐渐认识到,在现有技术条件的约束下,让市场经济制度发挥资源配置的基础性和主导性作用更有可操作性,更有效率。

1.2 经济学的产生、发展与演变

目前,经济学已经形成了相对完整的理论体系,并处于不断的发展之中。那么,经济学的理论体系是如何产生、发展与演变的?下面的内容将对这些问题进行说明。

1.2.1 经济学的产生

经济学作为一门社会科学,其源头与其他社会科学及自然科学的源头是一样的,都是人们的"好奇心"。在自然科学领域,人们观察到很多自然现象,如早期人们看到打雷、闪电等现象感觉很奇怪,那么就需要理论来解释它们,并对将来可能发生的同类现象进行预测,于是就出现了各种关于雷电的自然理论。人们在社会活动中也会观察到很多经济现象,如商品的价格起伏不定,社会成员的贫富有一定差距,不同国家的经济增长速度各异等。对这些现象,人们也需要理论来解释,于是就出现了各种经济思想、经济理论和经济学。经济学的产生大致经历了以下过程。最早是人们的经济行为引发了各种经济现象,经济学家对这些经济现象进行观察之后,从中找到规律性的经验,进而形成一些零散的经济思想。在早期,这些零散的经济思想一般散见于哲学家或其他思想家的著作中。之后,零散的经济思想被归纳整理,形成对经济活动中某一方面或某一领域比较系统的规律性认识,这就是经济理论。各种不同的经济理论被结构化,构建起了对经济运行的整体认识体系,之后就形成了经济学。因此,经济学的产生路径大体如下:经济现象—经济思想—经济理论—经济学。

通过对经济学产生路径的分析,我们可以看到,经济学的源头在于由人们的经济行为引发的各种经济现象。早在经济学产生之前，人们的经济行为就已经达到了非常复杂和高级的程度，经济学家所做的事情就是对这些经济行为所引发的经济现象进行观察，从中找出规律，并对所发生的经济现象进行解释。因此，经济学的首要作用是解释经济现象，回答现实经济问题。能够对经济现象与经济问题做出合理解释与回答的经济学和经济理论才是有生命力的。

1.2.2 经济学的发展与演变

随着时代的发展，人们的经济行为在不断变化，由此产生的经济现象也在不断变化。这样，经济理论与经济学也就处于不断发展与变化的状态中，新的经济理论总是在批判旧的经济理论的过程中得以发展。人类历史上存在过的经济理论和经济学浩若烟海，我们在这里选择其中最具有代表性的经济学理论体系进行简单介绍，以便勾勒经济学发展的主要线索，看清经济学发展的主要方向。

扫码看视频

经济学的发展与演变

在 15 世纪之前，存在大量的经济思想或者经济理论，但未形成完整的理论体系。人类历史上最早出现的比较完整的经济学理论体系是重商主义，重商学派对经济社会具有相对完整的理论认识框架，并提出了明确的理论主张。重商主义存在于 15—18 世纪的欧洲，在英国，其代表人物为托马斯·孟，在法国，其代表人物是孟克·列钦。重商学派的主要理论认识是"货币是财富的唯一形式""财富的增长来自流通领域的贱买贵卖，其他生产领域不能产生财富"。基于这样的理论认识，重商主义主张，一个国家要从整体上提高其财富水平，必须与外国进行贸易，而且国家对贸易要有一定干预，帮助本国在国际贸易过程中保持顺差。重商主义的理论认识有很大的局限性，因为我们知道，除了货币，还有很多其他形式的财富，既有有形的，也有无形的。从宏观经济角度来讲，重商主义是较早主张国家对经济进行干预的理论体系。

在 18 世纪中期，法国出现了另外一个很有影响力的经济学学派——重农学派，其代表人物是魁奈[1]。和重商主义一样，从字面上就可以看出该学派的理论内容。重农学派认为，财富不是来自流通领域，也不是来自其他行业，财富来自农业生产。例如，今年将 1 碗豌豆种到地里，明年收割的时候，就可以获得 10 碗豌豆，物质的总量增加了。其他任何行业都无法像农业一样做到这一点，因此，只有农业才能创造财富。重农学派对财富创造的认识也有很大的局限性，因为，农业、商业、交通运输业、通信业、金融业等各行各业都可以创造财富。

在 18 世纪末期，形成了经济学历史上极具影响力的经济学理论体系——古典经济学。这一经济学理论体系研究的核心经济问题是"什么是财富？财富的源泉是什么？通过什么样的方式可以增加社会的财富？"这些是人类社会必须思考的基本问题。围绕这些问题，一大批经济学家提出了解决办法，其中最具代表性的是英国经济学家亚当·斯密。他在 1776 年发表了著作《国民财富的性质和原因的研究》（即《国富论》），这部著作在对重商主义和重农主义进行批判的基础上，构建起了相对完整的基础经济理论框架，其理论研究涉及经济社会活动的方方面面，其提出的理论观点及采用的研究方法对后世的经济学研究产生了巨大的影响。时至今日，很多最新的研究理论，如现代企业理论等，都可以在《国富论》中找到雏形。因此，有经济学家把亚当·斯密称为"经济学研究的鼻祖"。亚当·斯密的思想体系对后世影响最大的有两点：一是劳动价值理论，二是自由放任思想。

---

[1] 魁奈的名著《经济表》对马克思在《资本论》中社会再生产过程表的构建产生了重要影响，马克思对其给予了很高的评价。

"劳动创造价值，劳动是财富的源泉"这一思想最早来源于英国经济学家威廉·配第，在亚当·斯密的《国富论》中得到了更细致、清楚的表述，并初步形成了理论体系。后来这一思想经过大卫·李嘉图等经济学家的发展，最后由马克思总结形成了剩余价值学说，成为马克思主义政治经济学的主体。

亚当·斯密的自由放任思想源于对经济人的认识，亚当·斯密认为，"人都是自利的，他受一只'看不见的手'的指引从事经济活动，每个社会成员在追求自身利益的过程中，得到了自己也意想不到的结果，那就是社会福利的增进"。前面已经提到，亚当·斯密所说的自利是基于交换的一种自利，经过交换，每个自利的人都得到了自己想要的东西，结果是皆大欢喜，社会福利增进。亚当·斯密认为，既然追求自身利益的个体经济行为最后带来了社会福利的增进，那么国家和政府就不应干预人们的经济行为，简单来讲，就是"无为而治"。这就是亚当·斯密的自由放任思想。这一思想后来经过萨伊、穆勒、马尔萨斯及奥地利的边际学派经济学家的发展，最终在 19 世纪末期，由英国剑桥大学的经济学家马歇尔集研究之大成构建起了著名的新古典经济学理论体系，这一理论体系体现在马歇尔的著作《经济学原理》之中。新古典经济学用堪称完美的理论逻辑框架证明了市场经济制度在资源配置中是最有效率的，证明了亚当·斯密提出的自由放任思想以及"看不见的手"的原理的正确性。

视野拓展

亚当·斯密

视野拓展

看不见的手如何
调节经济

自从 19 世纪末期新古典经济学出现以后，它就成为解释和指导经济社会活动的主要理论体系，几乎没有人怀疑该理论的正确性，这种状况一直持续到 20 世纪 20 年代末、30 年代初。1929 年，西方国家出现了经济大危机。经济大危机的直观表现为供给相对过剩，大量的产品卖不出去，大量的工厂因此倒闭，大量的工人失业在家，整个经济社会一片萧条。这种供给过剩的现象在初期并没有引起经济学家的重视，当时的经济学家普遍认为，这种现象是暂时的，很快市场机制就会平衡市场的供求关系。但是随着时间的推移，危机越来越严重，持续的时间越来越长，似乎并没有好转的迹象。在这一背景下，经济学研究领域产生了著名的"凯恩斯革命"。凯恩斯是英国剑桥大学的经济学者，早年曾师从马歇尔，是新古典经济学的忠实拥护者。在大危机出现之后，新古典经济学对其缺乏应有的解释，陷入了困境，正是这一困境催生了凯恩斯革命。凯恩斯革命以 1936 年凯恩斯出版的巨著《就业、货币与利息通论》（以下简称《通论》）为标志。之所以称其为"革命"，是因为凯恩斯对新古典经济学中两个最基本的理论进行了革命性的变革。第一，新古典经济学认为市场机制是最优的，市场可以解决资源配置中的一切问题；而凯恩斯认为，市场是有缺陷的，有些经济问题单靠市场机制是无法解决的。第二，新古典经济学信奉自由放任思想，不主张国家与政府对经济活动进行干预；而凯恩斯认为，要解决当时的经济危机，必须由政府出面进行宏观调控与有力干预，采取积极的经济政策，实施需求管理，这样才能从根本上解决供给相对过剩的问题。凯恩斯的这一想法成为现代经济学主张国家对宏观经济进行干预和调控的依据。凯恩斯的经济理论给西方国家治理经济危机开出了一剂"良药"，在经济实践中，凯恩斯主张的扩张性宏观经济政策的确起到了重要作用。凯恩斯在提出这些理论之后，拥有了大量追随者，这些追随者后来形成了意见分歧的两派。一派以英国剑桥大学的琼·罗宾逊夫人为代表，他们主张通过收入再分配的方式解决经济危机，被学界称为"凯恩斯左派"；另一派以美国经济学家萨缪尔森为代表，他们认为，当今社会的经济制度是一种混合经济制度，国家的宏观调控和自由的市场机制都应该起作用，他们主张将新古典经济学与凯恩斯的宏观调控理论结合起来，被学界称为"新古典综合派"。凯恩斯及其继承者们所建立起来的经济学理论体系被统称为"凯恩斯主义经济学"，其核心是强调国家和政府对于宏观经济的强有力干预。

在凯恩斯的经济理论流传开来之后，西方国家的经济危机基本上得到了有效的控制，这使得凯恩斯主义经济学备受推崇。但是在 20 世纪六七十年代，凯恩斯主义经济学遭遇了前所未有的危机。当时，西方国家出现了奇怪的经济现象——滞胀，即经济发展停滞不前，同时通货膨胀严重。这种经济现象在凯恩斯主义经济学家看来是不可能出现的，因为在经济危机时期，经济发展停滞，国家通过扩张性的经济政策刺激总需求，从而带动经济的不断增长，而在经济不断增长的过程中，往往就伴随着一定程度的通货膨胀。也就是说，经济增长与通货膨胀是相伴出现的。当出现了经济发展停滞与通货膨胀相伴的经济现象之后，凯恩斯主义经济学无法给出合理的解释。在这一背景下，新的经济学流派出现了，如以米尔顿·弗里德曼为代表的货币主义学派、以罗伯特·E.卢卡斯为代表的理性预期学派等，这些学派的理论观点各异，但有其共同点：出现"滞胀"这种情况的根本原因是在凯恩斯主义经济学指导下的国家宏观经济政策过多地干预了社会经济的自然运行，要解决"滞胀"问题，就应该让市场机制在资源的配置过程中起基础性作用，政府宏观调控只应该起辅助性作用，即政府为社会经济的运行创造良好的外部环境即可。因为这些学派的思想与新古典经济学的核心理论很类似，属于对新古典经济学的回归，所以被称为"新古典主义"经济学。

视野拓展

凯恩斯革命

以马歇尔为代表的新古典经济学主要研究经济个体如何通过自利的经济行为最终实现社会福利的增进，其研究内容构成了本教材的微观经济学基础部分，即第 2 章～第 7 章的主要内容；以凯恩斯为代表的凯恩斯主义经济学以及后来的新古典主义经济学将研究的视角转移到了国家对经济发展的宏观管理与调控上，其研究内容构成了本教材的宏观经济学基础部分，即第 8 章～第 11 章的主要内容。

我们可以用图 1-1 来概括表示经济学的发展、演变过程。

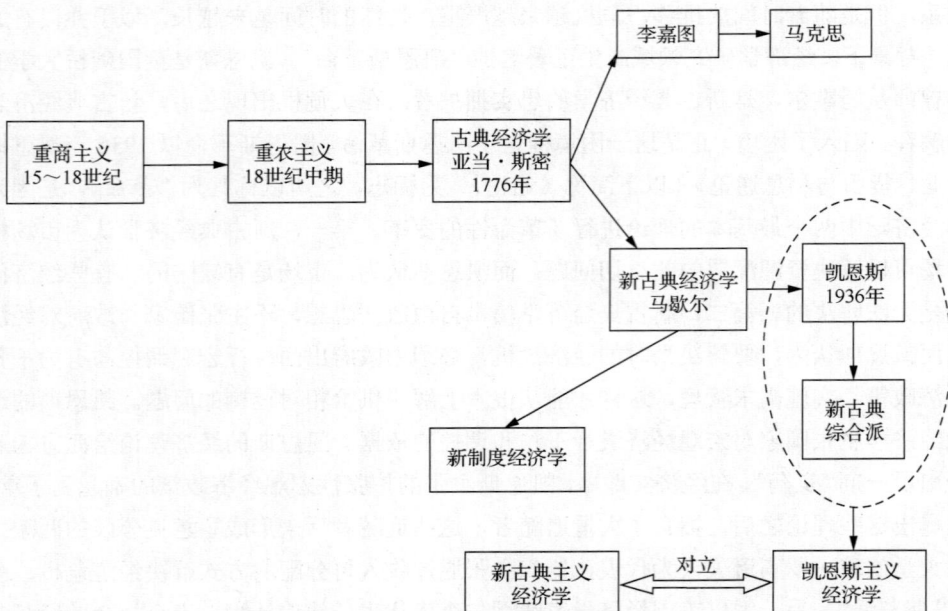

图 1-1 经济学的发展与演变过程

由图 1-1 可以看出，随着时代的发展，经济学在批判中不断发展与更新。新的经济现象出现之后，原有的经济理论无法做出合理的解释，就会有新的经济理论出现，新的经济理论是在对原有理论批判与继承的基础上发展而来的。可以说，没有怀疑与批判就没有理论的进步与发展。任何经济学理论都不是绝对真理，都只在一定的历史条件下或者一定的经济区域内适用，没有万能的经济理论。从宏观经济学角度看，凯恩斯主义经济学之后出现了新古典主义经济学等经济理论体系；从微观经济学角度看，新古典经济学之后，出现了新制度经济学、交易费用经济学、企业经济学等经济理论，这些理论在新古典经济学的研究范式下，对原有理论做了有益的扩充与完善。

1.3 | 经济学的理论框架

本节对经济学的两个构成部分，微观经济学与宏观经济学的基本内容进行简要介绍。

1.3.1 微观经济学

1. 研究对象

微观经济学的英文名称为 micro-economics，其前缀 micro，表示微小的意思。前面已经讲过，微观经济学是以新古典经济学为主体的。之所以称其为"微观"，是因为其研究对象是微观的"经济个体"，微观经济学研究经济个体的经济行为。

微观经济学研究的经济个体有两类：一类是"消费者"，或者称"居民"；另一类是"生产者"，或者称"厂商"。这两类微观经济个体都是"经济人"，都以追求自身利益最大化为目的来开展经济活动。这两类主体通过两个市场紧密联系在一起，如图 1-2 所示。

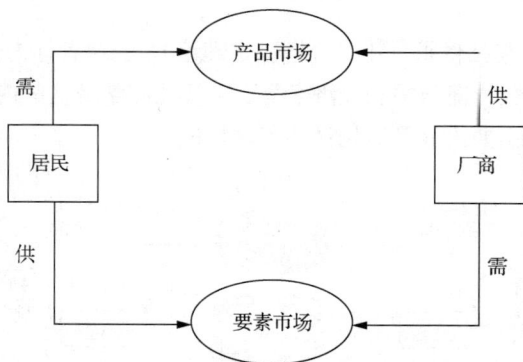

图 1-2　厂商与居民的供求关系

从图 1-2 中可以看出，在产品市场上，居民担当需求者的角色，而厂商担当供给者的角色；在要素市场上，两者的角色发生了互换，居民担当供给者的角色，厂商担当需求者的角色。这个关系图实际上将现实经济社会的全部内容抽象地表示了出来：在产品市场上，居民购买商品获得消费满足，厂商出售商品之后，获得了销售收入；厂商用销售收入的一部分到要素市场中去购买生产要素，就又可以继续生产居民需要的商品，而居民在要素市场中出售自己的生产要素之后，获得收入，用收入在产品市场中购买自己需要的商品，如此循环往复。经济理论正如广阔地域的地图一样，可以让我们忽略无关紧要的细节，了解经济社会运行的全貌。

2. 基本假设

"假设"是经济理论成立的前提条件。任何理论都有适用的条件和范围，在这一点上，社会科学与自然科学是一致的。离开了前提条件，经济理论可能就不成立。在了解经济学的基本概念之前，我们先介绍了"经济人"与"资源稀缺性"两个假设，实际上，这两个假设是整个经济学成立的前提条件。如果两者同时不成立，或者其中一个不成立，那么整个经济学就失去了意义。可见，在经济学的研究中，基本假设是极为重要的研究基础与前提。

微观经济学的基本假设有两个：完全理性、完全信息。

完全理性指参与经济活动的主体（包括居民与厂商）在任何时候，在做任何选择的情况下都是理性的，都是按照以最小付出获得最大利益的原则行事，无一例外。

完全信息指参与经济活动的主体对经济活动的所有信息都了如指掌。与完全信息相关的一个概念是"信息对称"，即发生经济关系的两个主体掌握的信息必须对称。与"完全信息"和"信息对称"意思相反的概念是"不完全信息"和"信息不对称"。

实践经验表明，完全理性是不可能的，人总会在某些事情上"犯糊涂"，做出错误的选择；同样，完全信息也是不可能的，每个人掌握的信息总是有限的。同时，总有些"私人信息"不为他人所知。但任何理论研究总是要对现实进行高度概括与抽象，然后再不断放宽假设，使之与现实情况相吻合。微观经济学以完全理性、完全信息为基本前提，先研究在完全理性、完全信息条件下经济个体的经济行为，掌握最基本的经济规律与研究范式，然后再去研究不完全信息条件下经济个体的经济行为，这些研究内容可以在"信息经济学"中学到。

3. 研究内容

微观经济学的基本内容包括供求理论（价格决定理论）、消费者行为理论、生产者行为理论、市场理论、收入分配理论、一般均衡与福利经济学等。微观经济学是这些内容的相互关联、有机集合。图 1-3 所示为微观经济学的主要内容及市场循环流动情况。

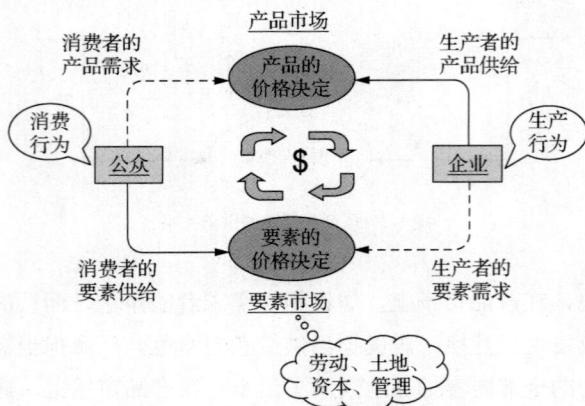

图 1-3　微观经济市场循环流动模型

供求理论也称为价格决定理论，是贯穿整个微观经济学的一条主线。因为微观经济学的理论核心是对市场机制资源配置效率的诠释，而市场机制的核心便是价格。在市场经济条件下，三大基本经济问题都是靠价格解决的，而价格又是通过供求关系确定的，因此供求理论是微观经济学的核心内容。美国新古典综合派的代表人物萨缪尔森在其著作《经济学》中风趣地谈到，"供求如此重要，以至于你教会一只鹦鹉说'供求'，这只鹦鹉也能成为一名经济学家了"。

视野拓展

信息经济学

需求方与供给方分别由消费者与生产者担当，因此需要研究消费者与生产者的行为。通过研究消费者的行为，可以得到消费者在产品市场中对产品的需求曲线，在要素市场中对要素的供给曲线，对消费者行为的研究有基数效用论与序数效用论两种方法；通过研究生产者行为，可以得到生产者在产品市场中对产品的供给曲线，在要素市场中对要素的需求曲线，对生产者行为的研究包括生产理论与成本收益理论。当得到产品市场、要素市场的供给与需求曲线之后，供求关系就可以自动确定产品与要素的价格了。价格确定了，资源配置的问题（生产什么、如何生产、为谁生产）就自动解决了。

新古典经济学适用的市场形态是完全竞争市场，不过后来学者对市场形态进行了补充，因此本书也将介绍完全垄断市场、垄断竞争市场、寡头垄断市场等的基本情况。

福利经济学主要是用形式逻辑的方式证明完全竞争市场是最有效率的。其推理逻辑概括如下：首先设定一个最有效率的标准，然后提出满足这一标准的几个完备条件，最后证明完全竞争市场满足这几个条件，从而得出完全竞争市场最有效率的结论。

最后，为了树立"任何理论都不是绝对真理"的观念，本书还介绍了市场失灵，以说明市场机制并不是万能的，是存在缺陷的，这些市场缺陷有的可以通过微观经济政策消除，但是有的却难以消除，需要政府干预，从而自然过渡到宏观经济理论的学习。

1.3.2　宏观经济学

1. 研究对象

宏观经济学的英文名称为 macro-economics，其前缀 macro，表示宏大的意思。前面已经讲过，宏观经济学是以凯恩斯主义经济学及新古典主义经济学为主体的。之所以称其为"宏观"，是因为宏观经济学以国民经济的总体为研究对象，通过研究社会经济中宏观经济总量的决定及变化，从而说明资源如何得到充分利用，说明国家与政府如何通过宏观经济政策来调控经济的整体运行。

2. 基本假设

宏观经济学以凯恩斯主义经济学为主体之一，而凯恩斯主义经济学是在经济大危机的背景下建立起来的，所以，基础宏观经济学有两个基本假设。

第一，市场机制是有缺陷的。

新古典经济学认为市场机制是最优的，可以解决资源配置过程中的所有问题。但人类的经济实践证明市场机制是有缺陷的，单凭市场机制解决一切经济问题是不可能的。在经济大危机爆发时，市场机制就无法解决供给相对过剩的问题，因此，宏观经济学是在市场机制有缺陷的前提下来研究、解决经济问题的。

第二，国家与政府的宏观经济政策能对经济的整体运行起到调节作用。

新古典经济学认可亚当·斯密的自由放任思想，不主张国家与政府对社会的经济活动进行干预。宏观经济学则主张国家与政府通过宏观经济政策对社会的经济活动实施强有力的干预，从而实现既定的经济目标。如果说微观经济学主要研究"看不见的手"的作用，宏观经济学则主要研究"看得见的手"的作用。因此，宏观经济政策能够起作用成为开展宏观经济学研究的另一前提。

3. 研究内容

宏观经济学的基本内容包括国民账户核算体系、国民收入决定理论、宏观经济政策，以及失业与通货膨胀、经济增长与经济周期等重要宏观经济问题。

国民账户核算体系主要介绍各种宏观经济总量，如国内生产总值、国民生产总值、国内生产净值、国民收入、个人收入、个人可支配收入等的基本内涵以及它们之间的关系，掌握了宏观经济总量，就具备了进行宏观经济学研究的基础。

国民收入决定理论是宏观经济学的研究核心，包括两个方面的内容。一是简单国民收入决定理论。这部分理论基本上可以称为凯恩斯关于国民收入决定的理论原型，该理论研究在资源相对过剩，价格、利率既定等条件下、需求对国民收入水平的决定性作用。二是IS-LM模型，也称希克斯-汉森模型，是凯恩斯的继承者对简单国民收入决定理论的发展。该理论考虑了产品市场与货币市场的均衡情况，将两个市场联合起来研究国民收入决定。IS-LM模型的重要意义在于，该模型是现代国家制定宏观经济政策的最基本的理论分析工具之一。

宏观经济政策的内容与国民收入决定的内容紧密相连，介绍现代国家制定宏观经济政策的目标、政策类型、政策工具，以及各种政策工具的作用原理。这部分内容具有很强的现实意义，可以帮助我们理解很多经济政策制定与变化的原因，并评价其实施效果。

最后，介绍失业与通货膨胀、经济增长与经济周期等基本宏观经济问题，这些宏观经济问题建立在对国民收入决定理论理解的基础之上，分析导致一个国家经济增长的各种要素，理解不同的经济增长模型；了解经济增长与经济发展过程中产生周期性现象的原因；分析失业、通货膨胀的理论内涵、产生原因、经济影响以及失业与通货膨胀之间的关系等。

1.3.3 微观经济学与宏观经济学的关系

微观经济学的主体是新古典经济学，而宏观经济学是从凯恩斯主义经济学开始的，凯恩斯推动了一场针对新古典经济学的革命，因此，微观经济学和宏观经济学是有明显区别的。微观经济学与宏观经济学在假设前提、研究对象、研究内容等方面都有重大区别，国内的经济学教材基本上都分成微观经济学与宏观经济学两个部分。

近年来很多国内外学者提出，微观经济学与宏观经济学是紧密联系的，因为微观经济个体的经济行为叠加起来，就成了宏观经济学研究领域内的宏观经济变量；同时，宏观经济政策的作用是通过改变微观经济个体的经济行为体现出来的。因此，不能将微观经济学与宏观经济学割裂开来，微观经济学是宏观经济学的基础。美国著名经济学家斯蒂格利茨在出版其著作《经济学》时宣称，这本书将是继约翰·穆勒的《政治经济学原理》、马歇尔的《经济学原理》以及萨缪尔森的《经济学》之后的第四本具有里程碑意义的经典经济学教科书，在他的《经济学》中，他打破了传统的微观经济学与宏观经济学之间的界限，还原了经济学的本来面目。

的确，微观经济学与宏观经济学是紧密联系的。但是，从知识讲授的角度讲，两者都有相对完整而独立的理论体系。同时，很多在微观经济领域正确的理论在宏观经济领域是不正确的，例如，"节约"在微观经济领域，对每个消费者或者生产者来讲都无疑是正确的选择。但是，在宏观经济领域，从总需求的角度讲，"节约"则可能不利于一国经济的发展。之所以会出现这种情况，是因为两种理论的研究前提不同。基于此，我们还是将两种理论体系分开，分别进行介绍。

1.4 经济学研究方法

经济学有两种重要的研究方法，即实证经济研究方法与规范经济研究方法。我们先分别对两种方法进行介绍，接着对实证研究常用工具进行说明。

1.4.1 两种重要的研究方法

1. 实证经济研究方法

实证经济研究方法是对经济现象进行分析，从中总结出客观经济规律，并依据客观经济规律对经济运行状态进行分析与预测的研究方法。实证经济研究方法是对客观经济规律的解释，可以简单地表述为回答"是什么"的问题，具有客观性特点。例如，国家统计局发布的数据显示，2019 年我国居民收入基尼系数[①]为 0.452。通过统计分析与计算得到这一结果，是典型的实证研究过程。

2. 规范经济研究方法

规范经济研究方法是依据一定的标准（如伦理道德、经济效率等）对现有的经济运行状态进行判断，说明其有效率还是无效率，应该这样还是应该那样。规范经济研究方法可以简单地表述为回答"应该怎么样"的问题。由于对同一经济问题进行判断的时候，不同的人采用的判断标准会不同，所得到的结论会有很大差异，甚至截然相反。因此，规范经济研究方法具有很强的主观性特点。仍沿用上面的例子来说明，针对 2019 年我国居民收入基尼系数为 0.452 这一事实，不同的经济学家做出了不同的判断。有的经济学家认为，国际上公认的贫富分化差距警戒线为 0.4，我国的基尼系数已经超过了这一警戒线，说明社会成员之间的贫富分化太严重了，应该尽快采取措施对此进行干预；而有的经济学家则认为，这种贫富差距是很正常的，是经济迅速发展过程中不可避免的，没有必要恐慌。这两种截然不同的判断结果是依据不同的标准得来的，前者依据的标准是"公平"标准，后者依据的则是"效率"标准。

实证经济研究方法与规范经济研究方法是两种重要的经济研究方法，而实证经济研究方法更为基础。经济学作为一门社会科学，其研究方法必须具有客观性特点，否则就不能被称为科学；规范经济研究方法的结论可以为决策者对经济运行状况的判断以及做出经济决策提供参考。经济研究中存在的很多分歧、争论，大部分都属于规范研究领域。实证研究领域的争论并不多，下面重点介绍实证经济研究方法。

---

① 基尼系数在收入分配理论中会讲到，是衡量社会收入分配差距程度的指标，介于 0 到 1 之间，数值越大表示收入差距越大。

1.4.2　实证研究常用工具

1. 均衡分析

"均衡状态"是指在一个经济体系中，所有的经济变量不再发生变化，处于一个相对静止的平衡状态。经济学中的均衡状态类似于物理学中的平衡状态。均衡分析是对经济运行中均衡状态的实现，以及均衡状态的变化进行分析与研究的过程。均衡分析是经济学研究中最常用的分析工具之一，在以后的学习中会经常用到。

2. 静态分析与动态分析

静态分析是指在某一个既定的时间段中，对不同经济变量之间的关系进行的分析研究。

动态分析是指在一个时间序列中，对不同经济变量之间关系的变化过程进行的分析研究。

3. 静态均衡分析、比较静态均衡分析与动态均衡分析

均衡分析可以与静态分析和动态分析结合起来，得到静态均衡分析、比较静态均衡分析与动态均衡分析3种重要的分析工具。

静态均衡分析是指在一个既定的时间段中，对经济变量所处的均衡状态进行的分析与研究。

比较静态均衡分析是指将两个静态均衡状态进行比较，分析其差异与变化。

动态均衡分析是将处于时间序列中的一系列静态均衡状态进行比较分析，以发现变化规律。

可以用一个直观的例子来理解上述3种分析工具。

静态均衡分析类似于拿着一张自己的照片研究，所有的神态都凝固在照片中，处于"均衡状态"，分析就是对自己的神态评头论足；比较静态均衡分析类似于将自己现在的照片与几年前的照片比较，看看自己有什么不同；动态均衡分析类似于将自己不同时期的照片放在一起，看看多年来自己发生了什么变化，呈现了什么规律。

4. 定性分析与定量分析

定性分析是对经济变量之间所具有的关系进行概括的、方向性的、粗线条的描述的过程。

定量分析是对经济变量之间所具有的关系进行精确的、量化的描述的过程。

例如，在商品的价格与商品的需求数量关系的研究中，若得出了"商品的价格与商品的需求数量之间呈反方向变化的关系"这类结论，这种分析就属于定性分析；若得出了"商品的价格上升1个百分点，商品的需求数量则下降3个百分点"这类结论，这种分析就属于定量分析。

定性分析是实证研究的基础，但若要更深入研究，使研究结论具有现实操作性，则需要进行定量分析。因此，在掌握定性分析的基础上，更应该重视定量分析这一分析工具。

课后习题

一、单项选择题

1. 现有资源不能充分满足人的欲望这一事实被称为（　　　）。

　　A. 机会成本　　　　B. 稀缺性　　　　C. 规范经济学　　　　D. 生产什么的问题

2. 经济学可定义为（　　）。

    A. 研究政府如何对市场机制进行干预的科学

    B. 消费者如何获取收入并进行消费的学说

    C. 研究如何最合理地配置稀缺资源于诸多经济性用途的科学

    D. 企业取得利润的活动

3. 经济学研究的基本问题包括（　　）。

    A. 生产什么　　　　B. 怎样生产　　　　C. 为谁生产　　　　D. 以上问题均正确

4. "富人的所得税税率比穷人高"是（　　）。

    A. 规范的表述　　　B. 实证的表述　　　C. 否定的表述　　　D. 理论的表述

5. 当经济学家说人们是理性的时，这是指（　　）。

    A. 人们不会做出错误的判断　　　　　　B. 人们总会从自己的角度做出最好的决策

    C. 人们根据完全的信息而行事　　　　　D. 人们不会为自己所做出的任何决策而后悔

6. 研究居民与厂商决策的经济学称为（　　）。

    A. 宏观经济学　　　B. 微观经济学　　　C. 实证经济学　　　D. 规范经济学

二、判断题

1. 如果社会不存在资源的稀缺性，经济学也就不会产生。（　　）

2. 资源的稀缺性决定了资源可以得到充分利用，不会出现资源浪费现象。（　　）

3. 微观经济学的基本假设是市场失灵。（　　）

4. 是否以一定的价值判断为依据是实证经济学与规范经济学的重要区别之一。（　　）

5. "人们的收入差距大一点好还是小一点好"的命题属于实证经济学问题。（　　）

三、简答题

1. 如果不存在经济人或资源稀缺性假设，经济学就没有意义。你怎么理解这个观点？

2. 解决三大经济学基本问题时，计划经济制度与市场经济制度有什么不同？

3. 实证经济研究方法与规范经济研究方法有何不同？请举例说明。

4. 有人说经济学就是教给你迅速发财致富的技巧，这种说法对吗？

5. 谈谈你对亚当·斯密的自由放任思想的理解。

6. 谈谈你对凯恩斯解决经济大危机思路的理解。

第2章 | 供求理论

在市场经济中，资源配置主要是通过价格机制调节的，而价格又是由需求和供给决定的。因此，需求和供给是经济学的两大基石，均衡价格理论则是微观经济学的核心理论。本章将对需求、供给、弹性等相关概念以及由供求共同决定的均衡价格进行讲解，分析价格是如何调节经济的，并对价格政策进行一定的介绍。

2.1 | 需求理论

经济学中的需求与日常生活中的需要的概念是不同的，影响需求的因素也是多样的，下面我们将着重探讨价格对需求的影响，得出人们的消费行为中所体现的需求理论。

2.1.1 需求的概念

需求（demand）是指在某一特定时期内，在每一价格水平下，消费者愿意并且能够购买的商品数量。在理解需求这个概念时，要注意以下两个方面。

第一，经济学所讲的需求与我们日常生活中所讲的需要具有重要的差别。需要是指人们的一种主观欲望，它强调的是"愿意"，而需求必须同时具备两个条件，即"愿意"和"能够"缺一不可。仅愿意购买而没有支付能力，只有欲望和主观需要，不能构成需求。而仅有支付能力却没有欲望同样不能构成需求。例如，"我想有自己的别墅和汽车但我买不起"，这不能叫作需求。再如，"我买得起别墅和汽车，但我不想要"，这同样不能叫作需求。

第二，需求这个概念总是涉及两个变量：商品的价格及与该价格相对应的购买量。例如，当苹果的价格为每千克 4 元时，某人的购买量是 20 千克；当价格涨到每千克 4.5 元时，他也许只购买 10 千克。因此，需求实际上反映了人们购买的商品数量与商品价格这两个变量之间的关系。

需求可以分为个人需求和市场需求。所谓个人需求，是指单个消费者或家庭对某种商品的需求。而市场需求则是指在某一市场中所有的个人需求之和。个人需求是构成市场需求的基础，市场需求是个人需求的总和。

2.1.2 影响需求的因素

影响需求的因素有很多，概括起来主要有以下几种。

1. 商品本身的价格

商品本身价格高，需求数量就少；价格低，需求数量就多。

2. 相关商品的价格

相关商品有两种，一种是互补品，另一种是替代品。互补品是指两种商品共同满足一种欲望，它们之间是互相补充的关系。例如，汽车和汽油就是互补品。对于这种有互补关系的商品，当一种商品（如汽油）的价格上升时，对另一种商品（汽车）的需求就会减少。反之，当一种商品的价格下降时，对另一种商品的需求就会增加。即两种互补商品的价格与需求呈反方向变动。替代品是指两种商品可以互相替代来满足同一种欲望，它们之间是可以互相替代的。例如，牛肉和鸡肉就是替代品。对于有替代关系的商品，当一种商品（如牛肉）的价格上升时，对另一种商品（鸡肉）的需求就会增加。反之，当一种商品的价格下降时，对另一种商品的需求就会减少。即两种替代商品的价格与需求呈同方向变动。

3. 消费者的收入水平

收入对需求的影响根据商品的不同特性而有所不同。对大部分正常商品而言，消费者收入越高，对其需求就越大；反之则越小。而对另一部分劣等品而言，随着收入的提高，消费者对它的需求却在下降。例如，随着消费者收入的提高就会减少对处理品、残次品的需求。

4. 消费者的偏好

消费者的偏好对需求的影响是显而易见的。例如，爱喝茶的人对茶叶的需求较大，而不爱喝茶或不喝茶的人对茶叶的需求就很小或为零。消费者的偏好会受到诸多因素的影响，如广告等，这也是许多生产者不惜金钱大做广告的原因之一。

5. 人口数量与结构的变动

一般而言，人口数量的增加会使需求增加，人口数量的减少会使需求减少。而人口结构的变动会影响需求的构成。例如，随着发达国家老龄化程度逐渐加深，对护理服务和保健品的需求就会增加。

6. 政府的消费政策

政府的消费政策也会对需求产生影响。例如，银行利率的降低会刺激消费者减少储蓄而增加消费。

7. 消费者对未来的预期

预期即对未来的看法。如果消费者对未来持乐观的看法，如我的工作很稳定，收入会不断提高等，那么该消费者现在的需求就会增加。反之，需求则会减少。

另外，如气候、时间等因素也可能会影响商品的需求，这些因素的共同作用决定了需求的大小。

视野拓展

受雾霾的影响
空气净化器销量
暴增

2.1.3 需求的表示方式

1. 需求函数

如果把影响需求的各种因素作为自变量（用 $a,b,c,\cdots,n$ 表示），把对商品的需求作为因变量，则可以用函数关系来表达需求和这些影响需求的因素之间的依存关系，这种函数称为需求函数（demand function），需求用 Q^d 表示，需求函数可表示为

$$Q^d = f(a,b,c,\cdots,n) \tag{2-1}$$

从市场角度看，影响商品需求的最重要的因素是该商品的价格，如果不考虑其他因素，以 P 代表价格，需求函数为

$$Q^d = f(P) \tag{2-2}$$

例如，假定某商品的需求函数为 $Q^d = 100 - 20P$，这一需求函数对应的需求曲线就是一条直线。

直线形需求曲线即线性需求函数的一般形式，可写成

$$Q^d = a - bP \qquad\qquad （2-3）$$

其中，$-b$ 是需求曲线的斜率。

如果某商品的需求量与其价格之间是非线性关系，即需求曲线不是直线，那么，这种需求函数就是非线性需求函数，其公式为

$$Q^d = \alpha P^{-\beta} \qquad\qquad （2-4）$$

在式（2-3）和式（2-4）中，a、b、α、β 都是数值为正的常数。

2. 需求表

需求表（demand schedule）是描述在每一可能的价格下的商品需求量的列表。需求表可以直观地表明价格与需求量之间的一一对应的关系，如表 2-1 所示。

表 2-1　　　　　　　　　　　　　　　　需求表

价格（元）	0	1	2	3	4	5
需求量（千克）	100	80	60	40	20	0

3. 需求曲线

用图示法把需求表中需求量与价格之间的关系表示出来，就可以得到一条曲线。这种表示需求量与价格关系的曲线，称为需求曲线（demand curve），如图 2-1 所示。

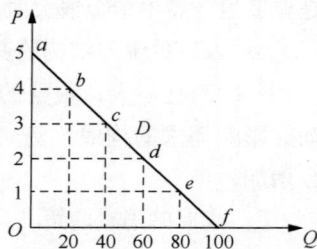

图 2-1　需求曲线

2.1.4　需求定理

1. 需求定理的内涵

需求定理（law of demand）是对商品价格与其需求量之间关系的描述。其基本内容是，在其他影响需求的因素不变的情况下，商品的需求量与商品的价格呈反方向变动，即商品的价格上升，需求量减少；商品的价格下降，需求量增加。

在理解需求时，要特别注意"在其他影响需求的因素不变的情况下"这句话。任何一种经济理论都是有条件的，只有在某种条件下才能成立。需求定理作为一种经济理论也是以一定的假设条件为前提的。这个假设条件就是影响需求的其他因素不变，没有了这个条件，需求定理就无法成立。如果消费者的收入增加，商品的价格与需求量就不一定呈反方向变动。

2. 替代效应与收入效应

为什么需求量与价格之间存在着反方向变动的关系？这可以用替代效应和收入效应来解释。

牛肉和鸡肉是一对替代品，假设牛肉的价格下降，鸡肉的价格没有变化，那么，人们会少买点鸡肉，把原来购买鸡肉的钱用于购买牛肉，即用牛肉代替鸡肉。反之则用鸡肉代替牛肉。在经济学中，将这种商品相对价格的变化对需求产生的影响称为替代效应（substitute effect）。

假设牛肉价格下降，其他商品的价格没有发生变化，这意味着在不减少其他商品消费量的情况下，可以买到更多的牛肉，也就是牛肉价格的下降引起了消费者实际收入的提高。反之则是牛肉价格的上升引起了消费者实际收入的降低。这种因价格下降（或上升）带来的实际收入的提高（或减

少）导致的需求量的增加（或减少）称为收入效应（income effect）。

正是由于替代效应与收入效应共同发生作用，导致商品的需求量与价格之间呈现反方向变动的关系。

3. 需求定理的例外

需求定理与人们的日常生活经验是吻合的。但需要指出的是，需求定理是对一般情况和一般商品而言的，即需求曲线在通常情况下是一条向右下方倾斜的曲线，但也有可能出现一些例外的情形，如炫耀性消费商品，即珠宝、名车等。消费者购买这类商品是为了显示自己的金钱、身份和地位，所以往往价格越高，越能显示拥有者的金钱、身份和地位，人们对其的需求量越大；当这类商品价格下跌，不能再显示拥有者的金钱、身份和地位时，拥有者对其的需求量反而下降。再如"吉芬商品"，1845 年爱尔兰发生大灾荒，英国人吉芬发现当地居民的生活必需品马铃薯的价格急剧上涨而其需求量不但不降反而增加。原因是灾荒造成爱尔兰人民实际收入急剧下降，不得不增加对这种低档食品的消费。这类需求量与价格呈同方向变动的特殊商品被称作"吉芬商品"。

当然，这几个例外的商品在诸多商品中所占的比例是微乎其微的，不会影响需求定理的普遍适用性。

2.1.5　需求量的变动与需求的变动

在经济分析中要注意区分需求量的变动与需求的变动。

首先来说明需求量与需求这两个概念的区别。所谓需求量，是指在某一特定价格水平时，消费者计划购买的量。例如，当苹果的价格为每千克 4 元时，某人的购买量是 20 千克，这个 20 千克就是需求量。在需求曲线图中，需求量是需求曲线上的一点对应的需求数量。图 2-1 中的 b 点对应的需求量为 20 千克。所谓需求是指每一个不同价格水平与消费者计划购买的商品数量之间的对应关系。例如，苹果的价格为每千克 4 元时，某人的购买量是 20 千克；苹果的价格为每千克 3 元时，某人的购买量是 40 千克；苹果的价格为 2 元时，某人的购买量是 60 千克……在需求曲线图中，需求是指整条需求曲线，图 2-1 中的需求曲线 D，图中价格单位为元，数量单位为千克。

1. 需求量的变动

在其他条件不变的情况下，由商品本身价格的变动而引起的需求数量的变化，称为需求量的变动。在需求曲线图中表现为点在同一条需求曲线上的移动。在图 2-2（a）中，价格由 2 元上升到 4 元，需求数量由 60 千克减少为 20 千克，需求点由 A 移动到 B。

2. 需求的变动

当商品本身的价格不变时，由其他因素的变动引起的需求数量的变化，称为需求的变动。需求的变动在需求曲线图中表现为整条需求曲线的移动。在图 2-2（b）中，假设商品本身的价格不变，为每千克 4 元，由于某种因素的变动（如消费者的收入提高等）使原来的需求曲线 D_0 右移至 D_1，当产品价格不变，仍为 4 元时，消费者的需求数量增加到 30 千克，每一价格水平下的需求数量都比原来增加了，称为需求增加；如果需求曲线从 D_0 左移至 D_2，则称为需求减少。

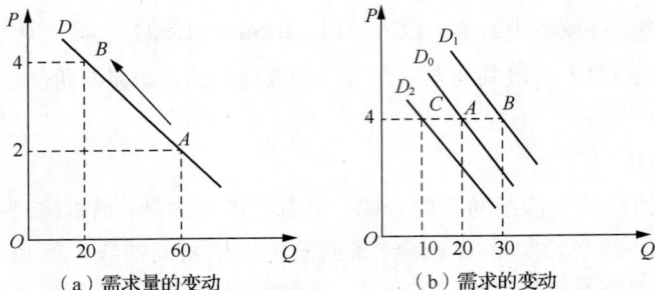

图 2-2　需求量的变动与需求的变动（图中价格单位为元，数量单位为千克）

注意　需求量变动是指在其他条件不变时，单纯由商品本身价格的变动而引起的需求数量的变化。需求量变动表现在需求曲线上就是价格与需求量的组合在同一条需求曲线上移动。需求变动是由非价格因素引起的需求数量的变化，也就是说，在商品本身价格不变时，因其他因素变动而引起的需求数量的变化，这种变化表示为需求曲线位置的移动。

2.2 供给理论

与需求一样，经济学中的供给也区别于生活中的供给，经济学中的供给指的是有效供给。影响供给的因素有很多，我们着重探讨价格对供给的影响。

2.2.1　供给的概念

供给（supply）指厂商在某一特定时期内，在每一价格水平下愿意并且能够供应的商品数量。

在理解供给这个概念时，要注意以下两个方面。

第一，经济学中所讲的供给，必须同时具备两个条件，一是厂商愿意提供商品，二是厂商有能力提供商品。

第二，供给概念涉及两个变量：商品的价格及与该价格相对应的供给量。因此，供给实际上反映了厂商的供给量与商品价格这两个变量之间的关系。

和需求一样，供给也分为个人供给和市场供给。个人供给是指单个厂商对某种商品的供给。市场供给是指该商品市场上所有个人供给的总和。

2.2.2　影响供给的因素

影响供给的因素有很多，概括起来主要有以下几种。

1. 商品本身的价格

根据微观经济学的假设，厂商唯一的目标是追求利润最大化。在其他影响供给的因素既定的条件下，如果某种商品的价格上升，厂商就会投入更多的资源用于该商品的生产，从而使供给量增加；反之，厂商就会将生产资源转用于生产其他利润相对较高的商品，该商品的供给量从而减少。

2. 其他相关商品的价格

需求理论中的相关商品是指互补品和替代品。相关商品价格的变化不但会影响商品的需求，而且会影响商品的供给。例如，20 世纪 70 年代的石油危机导致汽油的价格大幅上涨，厂商便增加节油型汽车的供给，而减少耗油量大的汽车的供给。

3. 生产技术和管理水平

生产技术和管理水平的提高，可以降低生产成本，提高生产效率，从而使厂商在同一价格水平下增加供给，提供更多的商品。

4. 生产要素的价格

生产要素的价格直接影响商品的生产成本。在其他条件不变的情况下，生产要素的价格下降，会使商品的成本降低，利润增加，则厂商会增加供给。反之，生产要素的价格上升，会使商品的成本上升，在商品价格不变的情况下利润减少，厂商因此减少供给。

5. 政府的相关政策

政府实施鼓励投资与生产的政策（如减少税收或降低贷款的利率），可以刺激生产，增加供给。反之，政府实施限制投资与生产的政策，则会抑制生产，减少供给。

6. 厂商对未来的预期

如果厂商对未来经济持乐观态度（如市场需求将增加、政府政策稳定等），则会增加供给；反之则会减少供给。

影响供给的因素比影响需求的因素复杂得多，在不同的时期、不同的市场上，供给受到多种因素的影响。表 2-2 以汽车为例，说明影响供给的具体因素。

表 2-2　　　　　　　　　　　　　　　　影响汽车供给的因素

影响供给的因素	汽车的供给量
（1）技术	自动化制造工艺降低生产成本，供给增加
（2）投入品价格	工人工资下降，成本降低，供给增加
（3）相关物品价格	如果卡车的价格下降，轿车的供给将增加
（4）政府政策	取消对进口汽车的配额、降低进口汽车关税会使供给增加
（5）特殊因素	如果政府降低某行业税收标准，供给可能会增加

值得注意的是，供给的变动和时间因素密切相关。一般来说，在价格变动之后的极短时间内，供给只能通过调整库存来做出反应，变动不会很大。在短期内，可以通过调整原材料、劳动力等生产要素的数量来调节供给，变动会较大。只有在长期内才能调整机器设备、厂房等生产要素的规模，使供给适应价格而充分变动。

2.2.3　供给的表示方式

1. 供给函数

如果把影响供给的各种因素作为自变量（用 $a,b,c,\cdots,n$ 表示），把供给作为因变量，则可以用函数关系来表达供给量和这些影响供给量的因素之间的依存关系，这种函数称为供给函数（supply function），用 Q^s 表示，则供给函数可表示为 $Q^s=f(a,b,c,\cdots,n)$。

从市场角度看，影响商品供给的最重要因素是该商品的价格，如果不考虑其他因素，以 P 代表价格，供给函数为 $Q^s=f(P)$。

例如，假定某商品的供给函数为 $Q^s=-10+20P$，则这一供给函数在图形上表现为一条直线。

直线形供给曲线即线性供给函数的一般形式，可写成

$$Q^s=-a+bP \tag{2-5}$$

其中，b 是供给曲线的斜率。

如果某商品供给量与其价格之间是非线性关系，即供给曲线不是直线，那么，这种供给函数就是非线性供给函数，其公式为

$$Q^s=\alpha P^\beta \tag{2-6}$$

两种形式的供给函数中，a，b，α，β 都是数值为正的常数。

2. 供给表

供给表（supply schedule）是描述在每一可能的价格下商品供给量的列表。供给表可以直观地表明价格与供给量之间的一一对应的关系，如表 2-3 所示。

表 2-3　　　　　　　　　　　　　　　　供给表

价格（元）	1	2	3	4	5
供给量（千克）	10	30	50	70	90

3. 供给曲线

用图示法把供给表中供给量与价格之间的关系表示出来，就可以得到一条曲线。这种表示供给量与价格关系的曲线，称为供给曲线（supply curve），如图 2-3 所示，图中价格单位为元，数量单位为千克。

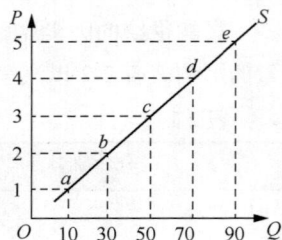
图 2-3　供给曲线

2.2.4　供给定理

1. 供给定理的内涵

供给定理（law of supply）是对商品本身的价格与其供给量之间的关系的描述。其基本内容是，在其他影响供给的因素不变的情况下，商品的供给量与商品的价格呈同方向变动，即商品的价格上升，供给量增加；商品的价格下降，供给量减少。

在理解供给定理时，同样要注意"在其他影响供给的因素不变的情况下"这句话。离开了这个前提，供给定理可能就不成立。例如，在生产技术和管理水平大幅提高的情况下，商品本身的价格与供给量就不一定呈同方向变动。

为什么供给量与价格之间存在着同方向变动的关系？这可以用生产成本来解释。生产者提供商品是为了赚取利润，因此，决定供给的一个关键因素便是生产成本。当一种商品的生产成本相对于价格较高时，生产者就会提供较少数量的商品，而转向其他商品的生产或退出行业。反之，生产者会大量供给该商品。

2. 供给定理的例外

供给定理与人们的日常生活经验是吻合的。但需要指出的是,供给定理是对一般情况和一般商品而言的,即供给曲线在通常情况下是一条向右上方倾斜的曲线,但也有可能出现一些例外的情形,如劳动力的供给发生变化。当劳动力的价格即工资水平上升时,劳动力的供给会随着工资的增加而增加,但当工资增加到一定程度时,劳动力的供给不但不会增加,反而会下降。其原因在第 6 章中将详细论述。

同样,这些例外不会影响供给定理的普遍适用性。

2.2.5 供给量的变动与供给的变动

在经济分析中,要注意区分供给量的变动与供给的变动。

首先来说明供给量与供给这两个概念的区别。所谓供给量,是指在某一特定的价格水平下,厂商计划供给的商品数量。例如,当苹果的价格为每千克 1 元时,厂商计划供给 10 千克,这个 10 千克就是供给量。在供给曲线图中,供给量是供给曲线上的一点对应的供给数量,在图 2-3 中是 a 点对应的 10 千克。所谓供给,是指不同的价格水平与厂商计划供给的商品数量的对应关系。例如,苹果的价格为每千克 1 元时,厂商计划供给 10 千克;苹果的价格为每千克 2 元时,厂商计划供给 30 千克;苹果的价格为每千克 3 元时,厂商计划供给 50 千克……供给是指整条供给曲线,如图 2-3 所示的供给曲线 S。

1. 供给量的变动

在其他条件不变的情况下,由商品本身价格的变动引起的供给数量的变动,称为供给量的变动。其在供给曲线图中表现为点在同一条曲线上的移动。在图 2-4(a)中,价格上升,供给数量增加,供给点由 A 移动到 B。

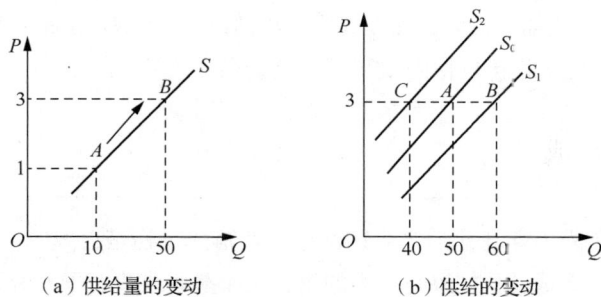

（a）供给量的变动　　　　（b）供给的变动

图 2-4　供给量的变动与供给的变动

2. 供给的变动

当商品本身的价格不变时,由其他因素的变动引起的供给数量的变动,称为供给的变动。供给的变动在图形上表现为整条供给曲线的移动。在图 2-4(b)中,假设商品本身的价格不变,为 3 元,由于某种因素(如生产技术提高等)使原来的供给曲线 S_0 右移至 S_1,这表示产品价格不变,仍为 3元时,厂商的供给数量由 50 千克增加到 60 千克,供给增加。反之,供给曲线从 S_0 左移至 S_2,则表示供给减少。

2.3 价格的决定

到目前为止，我们一直孤立地考察供给和需求。当我们把市场的两个方面结合在一起时，会发生何种情况呢？答案是供给和需求的力量相互作用，从而产生均衡的价格和数量，即市场均衡。

2.3.1 均衡价格

需求说明了某一商品在每一价格水平下的需求量，而供给说明了某一商品在每一价格水平下的供给量，要说明该商品的价格是如何决定的，就必须将供给和需求结合起来考虑。在竞争性的商品市场上，对于某种商品的任一价格，其相应的需求量和供给量不一定相等，但在该商品各种可能的价格中，必定有一价格能使需求量和供给量相等，从而使该商品市场达到一种供求相等的均衡状态。

经济中的均衡是指经济中各种对立、变动的力量处于一种相对静止、不再变动的状态。均衡一旦形成，如果有力量使它离开原来的均衡位置，则会有其他力量使之恢复到均衡状态。由此可见，均衡价格就是由于需求与供给这两种力量的相互作用，使价格处于一种相对静止的状态。

均衡价格（equilibrium price）是指一种商品的需求量与供给量相等时的价格，此时该商品的需求价格与供给价格相等，称为均衡价格；该商品的需求量与供给量相等，称为均衡数量，如图 2-5 所示。

在图 2-5 中，横轴代表数量（需求量和供给量），纵轴代表价格（需求价格和供给价格）。曲线 D 为需求曲线，曲线 S 为供给曲线。曲线 D 与曲线 S 相交于 E 点，这就决定了均衡价格为 2.75 元，均衡数量为 45 千克。

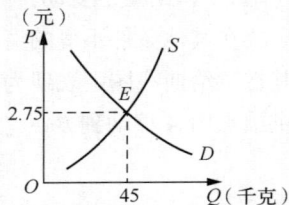

图 2-5 均衡价格

2.3.2 均衡价格的形成

均衡价格是供给和需求不断变化后产生的结果，其形成过程是自发的，即均衡价格的形成必须是在自由竞争条件下自发形成的，如果有外力的干预（如垄断或政府干预），则这种价格就不是均衡价格。我们可以用表 2-4 来说明均衡价格的形成过程。

表 2-4　　　　　　　　　　　均衡价格的形成过程

价格（元）	需求量（千克）	供给量（千克）
2	60	30
2.25	55	35
2.5	50	40
2.75	45	45
3	40	50

假设，在市场上有一个叫价者，他先报出苹果的价格为每千克 3 元，这时需求量为 40 千克，而供给量为 50 千克，供给量大于需求量，会有苹果卖不出去，必然降价。他再报出每千克 2.5 元的价格，这时需求量为 50 千克，而供给量为 40 千克，需求量大于供给量，苹果供不应求，必然提价。叫价者经过多次报价后，最终会报出每千克 2.75 元，这时需求量为 45 千克，供给量为 45 千克，供求相等，于是就得出均衡价格 2.75 元，均衡数量为 45 千克。换言之，市场上自发进行的竞争过程就决定了苹果的价格为每千克 2.75 元。这是供求双方都可以接受的价格，也就是均衡价格。

还可以用图 2-6 来说明同样的道理。

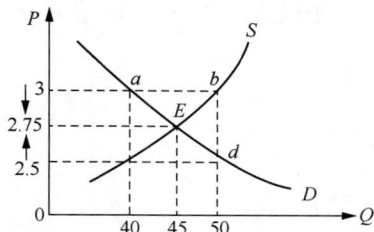

图 2-6　均衡价格的形成

在图 2-6 中（图中价格单位为元，数量单位为千克），如果价格为 3 元，需求量为 40 千克，而供给量为 50 千克，供大于求，价格必然向下移动。如果价格为 2.5 元，则需求量为 50 千克，供给量为 40 千克，供小于求，价格必然向上移动。这种一上一下的现象会一直继续下去，直至最终价格达到 2.75 元时为止。这时供求相等，均衡实现了。

用经济模型来表示，均衡价格决定的条件为

$$D = f(P) \tag{2-7}$$

$$S = f(P) \tag{2-8}$$

$$D = S \tag{2-9}$$

式（2-7）是需求函数，式（2-8）是供给函数，式（2-9）式是供求相等，即均衡价格决定的公式，当 $D = S$ 时，就可以得出 P，即均衡价格的值。

2.3.3　供求变动对均衡价格的影响

以上对市场均衡价格的分析，是在需求和供给既定，即给定需求曲线和供给曲线，且不发生移动的前提下进行的。如果需求和供给发生变化，即需求曲线或者供给曲线发生了移动，市场均衡就要发生相应的变化。下面分 3 种情况加以说明。

1. 供给不变，需求发生变动

如前所述，需求变动是指商品本身价格不变的情况下，影响需求的其他因素变动所引起的变动，这种变动在图形上表现为需求曲线的平行移动。在图 2-7 中，D_0 是需求曲线，与供给曲线 S_0 相交于 E_0 点，决定了均衡价格为 2.75 元，均衡数量为 45 千克（图中价格单位为元，数量单位为千克）。

需求增加，需求曲线向右上方移动，即由 D_0 移动到 D_1。D_1 与 S_0 相交于 E_1，决定了均衡价格为 3 元，均衡数量为 50 千克。这表明由于需求的增加，均衡价格上升了，均衡数量增加了。

需求减少，需求曲线向左下方移动，即由 D_0 移动到 D_2。D_2 与 S_0 相交于 E_2，决定了均衡价格为 2.5 元，均衡数量为 40 千克。这表明由于需求的减少，均衡价格下降了，均衡数量减少了。

2. 需求不变，供给发生变动

供给变动是指价格不变的情况下，影响供给的其他因素变动所引起的变动，这种变动在图形上表现为供给曲线的平行移动。在图 2-8 中，S_0 是供给曲线，与需求曲线 D_0 相交于 E_0 点，决定了均衡价格为 2.75 元，均衡数量为 45 千克。

供给增加，供给曲线向右下方移动，即由 S_0 移动到 S_1。S_1 与 D_0 相交于 E_1，决定了均衡价格为 2.5 元，均衡数量为 50 千克。这表明由于供给的增加，均衡价格下降了，均衡数量增加了。

供给减少，供给曲线向左上方移动，即由 S_0 移动到 S_2。S_2 与 D_0 相交于 E_2，决定了均衡价格为 3 元，均衡数量为 40 千克。这表明由于供给的减少，均衡价格上升了，均衡数量减少了。

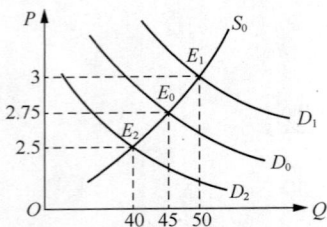

图 2-7　需求变动对均衡价格的影响　　　　图 2-8　供给变动对均衡价格的影响

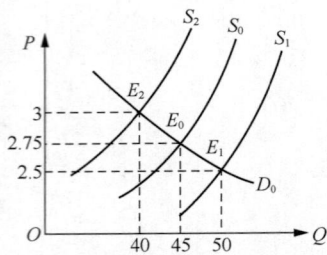

3. 需求和供给同时发生变动

需求和供给同时发生变动的情况比较复杂，因为两者的变动方向、变动程度均可能对均衡产生不同的影响。

假定需求和供给由于种种原因而同时增加，如图 2-9 所示，需求曲线由 D_0 移至 D_1，供给曲线由 S_0 移至 S_1。均衡点随之由 E_0 移至 E_1。

根据前述分析，需求、供给增加后，均衡数量均随之增加，但是均衡价格的变动却不能确定。因为需求增加使均衡价格上升，供给增加使均衡价格下降，所以均衡价格的实际变动还要取决于两者增加的程度。如果需求增加的程度大于供给增加的程度，如图 2-9 所示，则均衡价格将由 P_0 上升到 P_1；如果需求增加的程度小于供给增加的程度，则均衡价格下降；如果两者增加的程度相等，则均衡价格不变。所以，在需求和供给同时增加时，均衡数量必然增加，但均衡价格的变动不能确定，可能上升、下降或者保持不变。同样，如果需求和供给同时减少，均衡数量必然减少，但均衡价格不能确定。

假定需求和供给由于种种原因而发生反方向变动，如图 2-10 所示，需求增加，需求曲线由 D_0 移至 D_1；供给减少，供给曲线由 S_0 移至 S_1。均衡点随之由 E_0 移至 E_1。

根据前述分析，需求增加，供给减少，均衡价格均随之上升，但是均衡数量的变动却不能确定。因为需求增加使均衡数量增加，供给减少使均衡数量减少，所以均衡数量的实际变动还要取决于两者变动的程度。如果需求增加的程度大于供给减少的程度，如图 2-10 所示，则均衡数量将由 Q_0 上升到 Q_1；如果需求增加的程度小于供给减少的程度，则均衡数量减少；如果两者变动的程度相等，则均衡数量不变。所以，需求增加，供给减少，均衡价格必然上升，但均衡数量的变动不能确定，可能增加、减少或者保持不变。同样，如果需求减少，供给增加，均衡价格必然下降，但均衡数量不能确定。

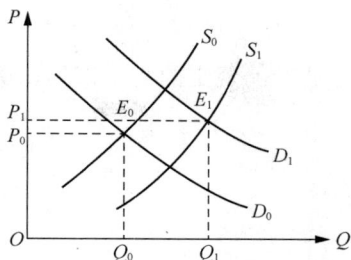

图 2-9　供求变动对均衡价格的影响（一）

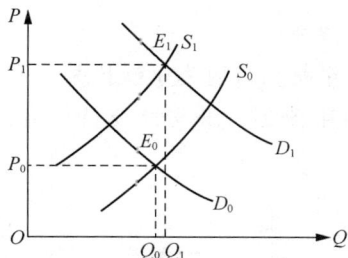

图 2-10　供求变动对均衡价格的影响（二）

综合以上 3 种情况，需求、供给的变动对均衡的影响可归纳为表 2-5 所示的内容。

表 2-5　　　　　　　　　　　　需求、供给的变动对均衡的影响

需求	供给	均衡价格	均衡数量
增加	不变	上升	增加
减少	不变	下降	减少
不变	增加	下降	增加
不变	减少	上升	减少
增加	增加	不定	增加
减少	减少	不定	减少
增加	减少	上升	不定
减少	增加	下降	不定

由此可得出以下结论。

（1）在供给不变的情况下，需求变动引起均衡价格与均衡数量同方向变动；

（2）在需求不变的情况下，供给变动引起均衡价格反方向变动，均衡数量同方向变动。

这一规律被称为供求定理。

2.3.4　均衡价格理论的运用

在竞争性的商品市场中，价格有着信息传递、行为指导的作用，生产者根据商品价格的涨跌来评判市场的供求变化，从而调整自己的产量；消费者也根据价格的涨跌来合理安排自己的商品消费组合。因此，价格就像一只"看不见的手"，指挥着人们的经济活动。在现实中，有时由供求决定的价格会对经济发展产生一些不利影响。比如，当农产品过剩时，农产品价格会大幅度下降，这种下降从短期看，会抑制农业生产，有利于供求平衡。但农业生产的周期较长，较低的农产品价格在短期对农业生产产生抑制作用后，将对农业生产的长期发展产生不利影响。再如，在灾荒时期，生活必需品严重短缺，由供求决定的价格会很高，导致低收入群体无法维持正常的生活。在这种情况下政府就需要对价格进行必要的调节。

下面用均衡价格理论来评价这种调节对经济生活的影响。

视野拓展

政府制定价格行为规则

1. 支持价格

支持价格是指政府为了扶植某一行业的生产，对该行业产品规定的高于市场均衡价格的最低价格。可用图 2-11 来分析支持价格。

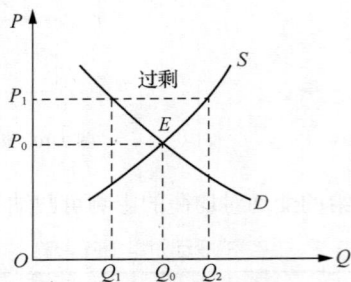

图 2-11　支持价格

在图 2-11 中，由供求决定的均衡价格为 P_0，均衡数量为 Q_0。政府为支持该行业的生产而规定支持价格为 P_1，P_1 高于 P_0。此时，需求量为 Q_1，而供给量为 Q_2，Q_2 大于 Q_1 即供给量大于需求量，$Q_2 - Q_1$ 为供给过剩部分。

为了维持支持价格，这些过剩的产品在市场上无法出售。此时政府可采取如下措施。

一是政府收购过剩的产品，或用于储蓄，或用于出口。但在出口受阻的情况下，收购过剩产品必然会增加政府的财政支出。

二是政府对该产品实行产量限制，将生产的数量控制在 Q_0，使供求平衡。

支持价格的运用对经济的发展和稳定有积极的意义。以对农产品实行的支持价格为例，支持价格政策有利于稳定农业生产，调整农业结构，增加农业投资，从而促进农业的现代化发展和农业生产率的提高。但支持价格政策会增加政府财政支出，使政府背上沉重的包袱。

2. 限制价格

限制价格是指在特殊时期，政府为了限制生活必需品的价格上涨而规定的低于市场均衡价格的最高价格。可用图 2-12 来分析限制价格。

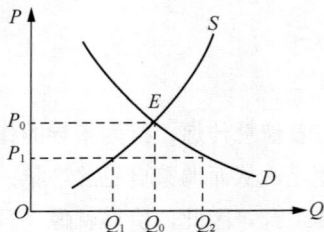

图 2-12　限制价格

在图 2-12 中，由供求决定的均衡价格为 P_0，均数量为 Q_0。但在这种较高的价格水平下，穷人买不起生活必需品。于是，政府规定限制价格为 P_1，限制价格低于均衡价格导致该商品供不应求，出现短缺。此时，政府要实行配给制。

限制价格政策一般在战争或自然灾害等特殊时期使用。该政策有利于社会安定，但不利于刺激生产，会导致经济增长缓慢；并且不利于抑制需求，易造成浪费；会引起黑市交易猖狂，导致社会风尚败坏。

3. 政府税收

政府对货物交易征税，如果是根据货物的销量征税叫作从量税；如果是根据货物的销售收入征税叫作从价税。这两种税只是计算的方法不同而已，对经济活动的影响是相似的，如图 2-13 所示。

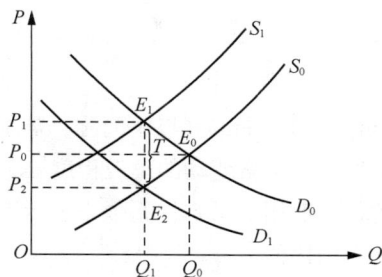

图 2-13　政府税收

假定政府对厂商征收 T 量的从量税，将使厂商的供给成本增加，所以，供给曲线向左移动，由 S_0 移动到 S_1，垂直移动的距离为 T；均衡点由 E_0 移至 E_1，价格从 P_0 上升到 P_1，销售量从 Q_0 减少到 Q_1。这就是政府对厂商征收销售税的效应。

假定政府对消费者征收 T 量的交易税，将使消费者的收入相应减少，因此需求曲线向左移动，由 D_0 移动到 D_1，垂直移动距离为 T；均衡点由 E_0 移至 E_2，销售价格从 P_0 下降到 P_2，销售量从 Q_0 减少到 Q_1，销售量减少了 Q_0-Q_1，这就是政府对消费者征收交易税的效应。

无论政府征税的对象是厂商还是消费者，对均衡价格的影响是一样的。对厂商征税时，销售价格 P_1 减去其中应缴纳的税额 T，即为净价格 P_2，与对消费者征税时实行的销售价格相同，而均衡数量均为 Q_1。

应该清楚的是，一些政府税收会造成无谓的福利损失，这里不再展开讨论，有兴趣的读者可进一步阅读相关文献，并结合后续知识的学习去理解。

2.4　需求弹性和供给弹性

当某一种商品的价格发生变化时，这种商品的需求量也会发生变化；当消费者的收入水平或者相关商品的价格等因素发生变化时，这种商品的需求量也会发生变化。当一种商品的价格、生产成本或其他因素发生变化时，这种商品的供给量也会发生变化。那么当一种商品的价格上升 1%时，这种商品的需求量和供给量分别会下降和上升多少呢？当消费者的收入水平下降 1%时，商品的需求量究竟能下降多少呢？这些问题需要弹性理论来回答。

弹性是经济学中得到广泛应用的一个重要概念，它在预测市场结果、分析市场受到干预时所发生的变化等方面起着重要作用，是政府、企业管理者进行科学决策的一个有力的经济分析工具。弹性（elasticity）原是物理学上的概念，意指某一物体对外部力量的反应程度。经济学中的弹性是指经济变量之间存在函数关系时，因变量对自变量变动的反应程度。弹性大小可以用两个变量的变动比例的比值，即弹性系数来表示。在经济学中，弹性系数的一般公式为

$$弹性系数 = \frac{因变量的变动比例}{自变量的变动比例} \qquad （2-10）$$

本节介绍需求的价格弹性、需求的收入弹性、需求的交叉弹性以及供给弹性。

2.4.1 需求的价格弹性

1. 定义

需求的价格弹性（price elasticity of demand）（以下简称"需求弹性"），指价格变动的比率所引起的需求量变动的比率，即需求量变动对价格变动的反应程度。

各种商品的需求弹性是不同的，一般用需求弹性系数来表示需求弹性的大小。需求弹性系数是需求量变动的比率与价格变动的比率的比值。

如果用 E_d 表示需求弹性系数，以 $\Delta Q / Q$ 表示需求量变动的比率，以 $\Delta P / P$ 表示价格变动的比率，则需求弹性系数的一般公式为

$$E_d = \frac{\Delta Q / Q}{\Delta P / P} = \frac{\Delta Q}{\Delta P} \cdot \frac{P}{Q} \qquad （2-11）$$

例如，某种商品的价格变动 10%，需求量变动 20% 时，这种商品的需求弹性系数为 2。

在理解需求弹性系数的含义时要注意以下两点。

（1）需求弹性系数是价格变动的比率与需求量变动比率的比值，而不是价格变动的绝对量与需求变动的绝对量的比值。绝对量有计量单位，计量单位不同是不能相比的，而变动的比率采用百分比的形式，所以，需求弹性系数没有单位。

（2）需求弹性系数的数值可以为正值，也可以为负值。如果两个变量为同方向变化，则为正值；反之，则为负值。一般情况下，价格与需求量呈反方向变动，所以需求弹性系数应该为负值。但在实际运用时，为了方便起见，一般都取其绝对值。

2. 需求弹性的计算

需求弹性分为点弹性与弧弹性。点弹性就是需求曲线上某一点的弹性，也就是价格变动无限小时所引起的需求量变动的反应程度。弧弹性就是需求曲线上两点之间的一段弧的弹性。

（1）点弹性的计算。

计算点弹性的一般公式为

$$E_d = \frac{\Delta Q / Q}{\Delta P / P} = \frac{\Delta Q}{\Delta P} \cdot \frac{P}{Q} \qquad （2-12）$$

当价格变动无限小，即 $\Delta P \rightarrow 0$ 时，式（2-12）可以写为

$$E_d = \lim_{\Delta P \to 0} \frac{\Delta Q}{\Delta P} \cdot \frac{P}{Q} = \frac{dQ}{dP} \cdot \frac{P}{Q} \qquad （2-13）$$

这就是点弹性的计算公式。由于价格与需求量反方向变化，所以 E_d 应为负数，习惯加上一个负号。则式（2-13）可以写为

$$E_d = -\frac{dQ}{dP} \cdot \frac{P}{Q} \qquad （2-14）$$

假设某商品的需求函数为 $Q = f(P) = a - bP$（a，b 均为常数）设 $a = 120$，$b = 20$，则 $Q = 120 - 20P$，求：$P=2$ 时的点弹性。

解：
$$E_{d} = -\frac{dQ}{dP} \cdot \frac{P}{Q} = -(-20) \cdot \frac{P}{Q} = 20 \cdot \frac{P}{Q} \qquad (2\text{-}15)$$

当 $P=2$ 时，$Q=120-20\times2=80$；

所以当 $P=2$ 时，$E_{d}=20\times2/80=0.5$；

同理当 $P=3$ 时，$E_{d}=1$；

当 $P=4$ 时，$E_{d}=2$。

由此可见，一般而言，在同一条需求曲线的不同点上，需求弹性的大小是不同的。

（2）弧弹性的计算。

弧弹性的计算公式可以写为

$$E_{d} = -\frac{\Delta Q / Q_{1}}{\Delta P / P_{1}} = -\frac{\Delta Q}{\Delta P} \cdot \frac{P_{1}}{Q_{1}} = -\frac{Q_{2}-Q_{1}}{P_{2}-P_{1}} \cdot \frac{P_{1}}{Q_{1}} \qquad （2\text{-}16）$$

在式（2-16）中，P_{1}，Q_{1} 为原来的价格和需求量，P_{2}，Q_{2} 为变动后的价格和需求量。

例如，某商品的价格由每件 20 美元下降为每件 15 美元，需求量由 20 件增加到 40 件，这时，该商品的需求弹性系数为 4。

但是，若将上例倒过来，即该商品的价格由每件 15 美元上升至每件 20 美元，需求量由 40 件下降到 20 件，这时，该商品的需求弹性系数为 1.5。

此时，虽然价格涨跌的幅度与需求量变动的幅度是相同的，但弹性系数却有不同的数值。这是由于计算的基础和出发点不同而造成的。为了克服这一缺陷，通常采用变动前后价格和需求量的算术平均数来计算需求弹性系数，也称弧弹性的中点公式，其计算式为

$$E_{d} = \frac{Q_{2}-Q_{1}}{P_{2}-P_{1}} \cdot \frac{(P_{1}+P_{2})/2}{(Q_{1}+Q_{2})/2} \qquad （2\text{-}17）$$

根据式（2-17）计算上例中商品的需求弹性系数约为 2.3。

需要注意的是，需求弹性系数并不等于需求曲线的斜率，同一条需求曲线上的不同点，需求弹性系数的大小一般是不同的。

3. 需求弹性的分类

各种商品的需求弹性不同，根据需求弹性系数的大小，可以把需求弹性分为以下 5 类。

（1）需求完全无弹性，即 $E_{d}=0$。

在这种情况下，无论价格如何变动，需求量都不会变动。这类商品的需求曲线是垂直于横轴的一条垂线，如图 2-14（a）中的 D_{1}。通常认为特效药的需求完全无弹性。

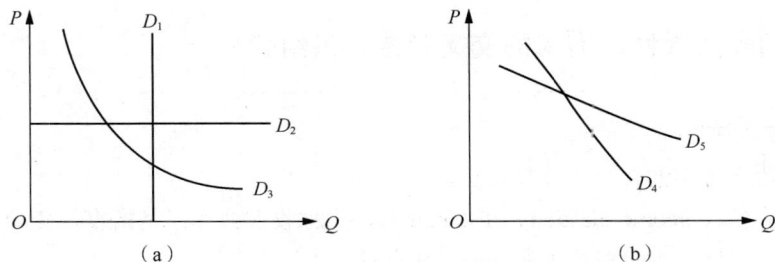

图 2-14 需求弹性的分类

（2）需求有无限弹性，即 $E_{d} \rightarrow \infty$。

在既定的价格水平上，需求量是无限的，而一旦高于既定价格，需求量即为零，说明商品的

需求对其价格变动异常敏感。这类商品的需求曲线是与横轴平行的一条水平线，如图 2-14（a）中的 D_2。

（3）单位需求弹性，即 $E_d=1$。

在这种情况下，需求量变动的比率和价格变动的比率相等。如价格上升 10%，需求量就下降 10%，这类商品的需求曲线如图 2-14（a）中的 D_3。

以上 3 种情况都是特例，在现实生活中是很少见的。现实中常见的是以下两种情况。

（4）需求缺乏弹性，即 $1 > E_d > 0$。

在这种情况下，需求量变动的比率小于价格变动的比率。这类商品的需求曲线是一条比较陡峭的线，如图 2-14（b）中的 D_4。一般生活必需品属于这类商品。

（5）需求富有弹性，即 $E_d>1$。

在这种情况下，需求量变动的比率大于价格变动的比率。这类商品的需求曲线是一条比较平坦的线，如图 2-14（b）中的 D_5。一般奢侈品属于这类商品。

4. 影响需求弹性的因素

为什么不同商品的需求弹性不同呢？一般来说，以下几种因素会影响需求弹性。

（1）商品的性质。一般而言，消费者对生活必需品的需求，受价格变化的影响较小，因而需求弹性较小；而消费者对奢侈品的需求，受价格变化的影响较大，因而需求弹性较大。例如，米、面、油、蔬菜等都是缺乏弹性的商品，而像到境外旅游这类消费的需求弹性则较大。

（2）商品的可替代程度和替代品的数量。一般而言，一种商品的替代品越多，可替代程度越高，其需求弹性就越大；反之，则需求弹性越小。

（3）商品用途的广泛性。一种商品的用途越广泛，其需求弹性也就越大，而一种商品的用途越少，则其需求弹性也就越小。

（4）商品在家庭支出中所占的比例。在家庭支出中所占比例小的商品，价格变动对需求的影响小，所以其需求弹性也小；在家庭支出中所占比例大的商品，价格变动对需求的影响大，所以其需求弹性也大。

此外，时间、地域、消费习惯等因素，也会影响需求弹性的大小。某种商品的需求弹性的大小是由上述这些因素综合决定的，不能只考虑其中的一种因素。而且，某种商品的需求弹性也因时间、消费者的收入水平和地区的不同而不同。例如，彩电在 20 世纪 80 年代的中国还属于奢侈品，需求弹性较大；而在现在已基本成为生活必需品，需求弹性相对较小。

2.4.2 需求的收入弹性、需求的交叉弹性、供给弹性

1. 需求的收入弹性

（1）需求的收入弹性的含义与计算方法。

需求的收入弹性（income elasticity of demand），又称收入弹性，是指收入变动的比率所引起的需求量变动的比率，即需求量对收入变动的反应程度。

一般用收入弹性系数来表示收入弹性的大小。这一弹性系数是需求量变动的比率与收入变动的比率的比值。以 E_m 代表收入弹性系数，$\Delta Q / Q$ 代表需求量变动的比率，$\Delta Y / Y$ 代表收入变动的比率，则收入弹性系数的计算公式为

$$E_{\mathrm{m}} = \frac{\Delta Q}{Q} / \frac{\Delta Y}{Y} = \frac{\Delta Q}{\Delta Y} \cdot \frac{Y}{Q} \qquad (2\text{-}18)$$

例如，假设收入变动为 10%，某种商品的需求量的变动为 20%。则收入弹性系数为 2。

（2）收入弹性的分类。

在影响需求的其他因素既定的条件下，需求的收入弹性系数可正可负，并可根据收入弹性系数的正负来判断该商品是正常品还是劣等品。

如果某种商品的收入弹性系数是正值，即 $E_{\mathrm{m}} > 0$，表示随着收入水平的提高，消费者对此种商品的需求量增加，该商品即为正常品。正常品的收入弹性系数可等于 1，大于 1（奢侈品）或小于 1（必需品），分别称为单位弹性、富有弹性和缺乏弹性。

如果某种商品的收入弹性系数是负值，即 $E_{\mathrm{m}} < 0$，表示随着收入水平的提高，消费者对此种商品的需求量反而下降，该商品即为劣等品。

需要注意的是，不同商品在一定的收入范围内具有不同的收入弹性，同一商品在不同的收入范围内也具有不同的收入弹性。收入弹性的大小并不取决于商品本身的属性，而取决于消费者购买商品时的收入水平。这是因为，消费者的收入水平提高时，以前被认为是奢侈品的东西，现在也会被认为是必需品，以前被认为是正常品的东西，现在也会被认为是劣等品。

（3）恩格尔系数与恩格尔定理。

德国统计学家恩格尔根据他对德国某些地区消费统计资料的研究，得出了一个结论：随着收入的提高，食物支出在全部支出中所占的比率越来越小，即恩格尔系数是随收入的提高而递减的。这一结论就是恩格尔定理。恩格尔系数是食物支出与全部支出之比。恩格尔系数可以反映一个国家或一个家庭的富裕程度与生活水平。一般来说，恩格尔系数越高，富裕程度和生活水平越低；反之则越高。一般把恩格尔系数在 0.5 以下作为生活水平达到富裕的标准。

2. 需求的交叉弹性

（1）需求的交叉弹性的含义与计算方法。

需求的交叉弹性（cross elasticity of demand）是指一种商品的需求量对另一种商品的价格变动的反应程度。

一般用交叉弹性系数来表示交叉弹性的大小。交叉弹性系数是一种商品需求量变动的比率与另一种商品价格变动的比率的比值。如果以 X、Y 代表两种商品，以 E_{xy} 代表 X 商品的需求量对 Y 商品价格变动的反应程度，$\Delta Q_x / Q_x$ 代表 X 商品需求量变动的比率，$\Delta P_y / P_y$ 代表 Y 商品价格变动的比率，则交叉弹性系数的公式为

$$E_{xy} = \frac{\Delta Q_x}{Q_x} / \frac{\Delta P_y}{P_y} = \frac{\Delta Q_x}{\Delta P_y} \cdot \frac{P_y}{Q_x} \qquad (2\text{-}19)$$

（2）互补品与替代品。

交叉弹性系数可以是正值，也可以是负值，交叉弹性的正负取决于两个商品间关系的性质，即两种商品是互补品还是替代品。同时，商品之间关系的密切程度可通过交叉弹性系数的大小来衡量。

如果商品 X、Y 的交叉弹性系数是正值，即 $E_{xy} > 0$，则表示随着 Y 商品价格提高（降低），X 商品的需求量增加（减少），则商品 X、Y 之间存在替代关系，是替代品。二者的交叉弹性系数越大，替代性就越强。

如果商品 X、Y 的交叉弹性系数是负值，即 $E_{xy}<0$，则表示随着 Y 商品价格提高（降低），X 商品的需求量减少（增加），则商品 X、Y 之间存在互补关系，是互补品。二者的交叉弹性系数绝对值越大，互补性就越强。

当然，如果商品 X、Y 的交叉弹性系数为零，即 $E_{xy}=0$，则说明 X 商品的需求量并不随 Y 商品的价格变动而发生变动，商品 X、Y 既非替代品又非互补品；它们之间没有相关性，是相对独立的两种商品。

3. 供给弹性

在供给弹性中，供给的价格弹性是最基本最主要的一种类型。因此，通常讲的供给弹性即指供给的价格弹性。

（1）供给弹性的含义与计算方法。

供给的价格弹性（price elasticity of supply），以下简称供给弹性，是一种商品的供给量对其价格变动的反应程度，其弹性系数等于供给量变动的比率与价格变动的比率的比值。

以 E_s 代表供给弹性系数，$\Delta Q/Q$ 代表供给量变动的比率，$\Delta P/P$ 代表价格变动的比率，则供给弹性系数的计算公式为

$$E_s = \frac{\Delta Q/Q}{\Delta P/P} = \frac{\Delta Q}{\Delta P} \cdot \frac{P}{Q} \qquad (2\text{-}20)$$

同需求弹性系数的计算一样，供给弹性系数的弧弹性公式（中点公式）为

$$E_s = \frac{Q_2 - Q_1}{P_2 - P_1} \cdot \frac{(P_1 + P_2)/2}{(Q_1 + Q_2)/2} \qquad (2\text{-}21)$$

点弹性公式为

$$E_s = \lim_{\Delta P \to 0} \frac{\Delta Q}{\Delta P} \cdot \frac{P}{Q} = \frac{dQ}{dP} \cdot \frac{P}{Q} \qquad (2\text{-}22)$$

由于商品的供给量与价格的变动在一般情况下是同方向变动的，因此供给弹性系数为正值。

（2）供给弹性的分类。

根据供给弹性系数的大小，供给弹性可分为 5 种类型。

第一，供给完全无弹性，即 $E_s = 0$。在这种情况下，无论价格如何变动，供给量都不会变动。这类商品的供给曲线是垂直于横轴的一条垂线，如图 2-15（a）中的 S_1。一般认为土地、文物等无法复制的商品的供给完全无弹性。

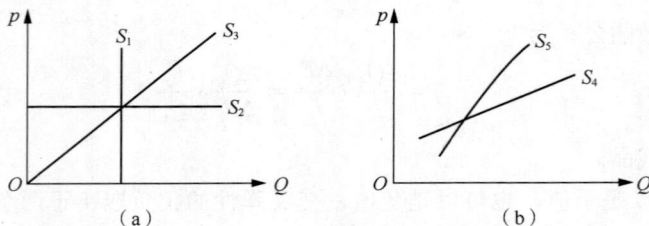

图 2-15　供给弹性的分类

第二，供给有无限弹性，即 $E_s \to \infty$。它表示在既定的价格水平上，商品的供给量是无限的；而一旦价格低于既定价格水平，供给量即为零，这说明商品的供给对其价格变动异常敏感。这类商品的供给曲线是与横轴平行的一条水平线，如图 2-15（a）中的 S_2。只有在商品严重过剩时，才可能出现类似的情况。

第三，单位供给弹性，即 $E_s = 1$。在这种情况下，供给量变动的比率和价格变动的比率相等。如价格上升 10%，供给量就上升 10%，这类商品的供给曲线如图 2-15（a）中的 S_3。

以上 3 种情况都是特例，在现实生活中是很少见的。现实中常见的是以下两种情况。

第四，供给富有弹性，即 $E_s > 1$。在这种情况下，供给量变动的比率大于价格变动的比率，这类商品的供给曲线如图 2-15（b）中的 S_4。

第五，供给缺乏弹性，即 $E_s < 1$。在这种情况下，供给量变动的比率小于价格变动的比率，这类商品的供给曲线如图 2-15（b）中的 S_5。

（3）影响供给弹性的因素。

供给取决于生产。影响供给弹性的因素比影响需求弹性的因素要复杂得多，主要有以下一些因素。

① 时间。当商品的价格发生变化时，厂商对供给量的调整需要一定的时间。在很短的时间内，厂商若要根据商品的涨价及时地增加供给量，或者根据商品的降价及时地缩减供给量，这都存在不同程度的困难，供给弹性就比较小。但是，在长期内，生产规模的扩大与缩小，甚至转产，都是可以实现的，供给量可以对价格变动做出较充分的反应，供给弹性也就比较大了。

② 生产周期及生产的难易程度。一般而言，生产周期短而且容易生产的商品对价格的变动反应快，其供给弹性大。反之，不易生产且生产周期长的商品对价格的变动反应慢，其供给弹性也就小。

③ 生产所采用的技术类型。例如，资本密集型商品的生产规模一旦固定，变动就比较困难，从而其供给弹性小；而劳动密集型商品的生产规模变动较容易，从而其供给弹性大。

另外，厂商的生产能力及对未来价格的预期等因素，都会影响供给弹性。

在分析某种产品的供给弹性时要把各种影响因素综合起来考虑。一般而言，重工业产品多采用资本密集型生产方式，生产较为困难，并且生产周期长，所以供给弹性小。轻工业产品，尤其是食品、服装这类产品，一般采用劳动密集型生产方式，生产较为容易，并且生产周期短，所以供给弹性大。农产品比较特殊，在我国，尽管农产品多采用劳动密集型的生产方式，但由于农产品的生产周期长，所以农产品的供给是缺乏弹性的。

2.4.3 弹性理论的运用

在实际的经济生活中会发生这样一些现象：有的厂商采取降价策略，能够使销售收入提高，而有的厂商采用相同的策略却使自己的销售收入减少了。这说明，以降价促销来增加销售收入的做法，对有的产品适用，对有的产品不适用，这和产品的需求弹性的大小有关。

我们知道，厂商的销售收入是销售量与价格的乘积。在此假定厂商产品的销售量等于市场上对其产品的需求量，即 $TR = PQ$。其中，TR 表示商品的销售收入，P 表示商品的价格，Q 表示商品的销售量即需求量。

> 我们在这里分析的是需求弹性对包括成本与利润在内的总收入的影响，而不是对扣除成本之后的净收益的影响。由于有成本的变动，总收入的增加并不一定代表着净收益的增加，总收入的减少并不一定代表着净收益的减少。

此外，总收入也就是总支出。从厂商角度来说是总收入，而从消费者的角度来说则是总支出。所以，分析需求弹性对厂商总收入的影响实际上也就是分析需求弹性对消费者总支出的影响。

下面，我们分 3 种情况分析商品需求弹性与厂商销售收入之间的关系。

（1）需求富有弹性的商品的价格与销售收入之间的关系。

如果某商品的需求是富有弹性的，即 $E_d > 1$。那么，当该商品的价格下降时，需求量（销售量）增加的幅度大于价格下降的幅度，所以销售收入会提高。

【例2-1】 以摄像机为例。假定摄像机的需求是富有弹性的，$E_d = 2$。价格 $P_1 = 8\,000$ 元，销售量为100台，即 $Q_1 = 100$ 台时，此时销售收入为

$$TR_1 = P_1 Q_1 = 8\,000 \times 100 = 800\,000 \, 元$$

现在假定摄像机的价格下降了10%，即 $P_2 = 7\,200$ 元，因为 $E_d = 2$，所以销售量增加20%，即 $Q_2 = 120$ 台，此时销售收入为

$$TR_2 = P_2 Q_2 = 7\,200 \times 120 = 864\,000 \, 元$$

销售收入的变化为

$$TR_2 - TR_1 = 864\,000 - 800\,000 = 64\,000 \, 元$$

这表明，摄像机降价，销售收入增加了。

仍以摄像机为例。假定摄像机的价格上升了10%，即 $P_3 = 8\,800$ 元，因为 $E_d = 2$，所以销售量下降了20%，即 $Q_3 = 80$ 台，此时销售收入为

$$TR_3 = P_3 Q_3 = 8\,800 \times 80 = 704\,000 \, 元$$

销售收入的变化为

$$TR_3 - TR_1 = 704\,000 - 800\,000 = -96\,000 \, 元$$

这表明，摄像机涨价，销售收入减少了。

结论一：需求富有弹性的商品，价格与销售收入呈反方向变动，即价格上升、销售收入减少，价格下降、销售收入增加；如果要增加销售收入，需求富有弹性的商品应采用"薄利多销"的价格策略。

（2）需求缺乏弹性的商品的价格与销售收入之间的关系。

如果某商品的需求是缺乏弹性的，即 $0 < E_d < 1$。那么，当该商品的价格下降时，需求量（销售量）增加的幅度的小于价格下降的幅度，所以其销售收入会减少。

【例2-2】 以大米为例。假定大米的需求是缺乏弹性的，$E_d = 0.5$。价格 $P_1 = 3$ 元/千克，销售量为100千克，即 $Q_1 = 100$ 千克，此时销售收入为

$$TR_1 = P_1 Q_1 = 3 \times 100 = 300 \, 元$$

现在假定大米的价格下降了10%，即 $P_2 = 2.7$ 元，因为 $E_d = 0.5$，所以销售量增加5%，即 $Q_2 = 105$ 千克，此时销售收入为

$$TR_2 = P_2 Q_2 = 2.7 \times 105 = 283.5 \, 元$$

销售收入的变化为

$$TR_2 - TR_1 = 283.5 - 300 = -16.5 \, 元$$

这表明，大米降价，销售收入减少了。

仍以大米为例。假定大米的价格上升了10%，即 $P_3 = 3.3$ 元/千克，因为 $E_d = 0.5$，所以销售量下

降了5%，即 $Q_3 = 95$ 千克，此时销售收入为

$$TR_3 = P_3 Q_3 = 3.3 \times 95 = 313.5 \text{ 元}$$

销售收入的变化为

$$TR_3 - TR_1 = 313.5 - 300 = 13.5 \text{ 元}$$

这表明，大米涨价，销售收入增加了。

结论二：需求缺乏弹性的商品，价格与销售收入呈同方向变动关系，即价格上升、销售收入增加，价格下降、销售收入减少；如果要增加销售收入，需求缺乏弹性的商品应采用适当涨价的价格策略。

（3）需求单位弹性的商品的价格与销售收入之间的关系。

如果某商品的需求是单位弹性的，即 $E_d = 1$。此时厂商变动价格所引起的需求量的变动率和价格变动率是相等的。这样一来，由价格变动所造成的销售收入的增加量或减少量刚好等于由需求量变动所带来的销售收入的减少量或增加量，所以，无论厂商是降价还是涨价，销售收入的值是固定不变的。

结论三：需求单位弹性的商品，价格变动不会影响销售收入。

弹性理论还可以用于分析其他经济问题，如在蛛网模型中分析农产品市场均衡问题。

视野拓展

弹性

课后习题

一、单项选择题

1. 一种商品价格下降对其互补品最直接的影响是（　　　）。
   A. 互补品的需求曲线向右移动　　　　B. 互补品的需求曲线向左移动
   C. 互补品的供给曲线向右移动　　　　D. 互补品的价格下降

2. 出租车的租车价格上涨后，对公共汽车服务的（　　　）。
   A. 需求下降　　　B. 需求增加　　　C. 需求量下降　　　D. 需求量增加

3. 在同一条曲线上，价格与需求量的组合从一点移动到另一点是（　　　）。
   A. 需求变动　　　B. 收入的变动　　　C. 需求量的变动　　　D. 供给的变动

4. 若某商品价格上升2%，其需求量下降10%，则该商品的需求是（　　　）。
   A. 缺乏弹性的　　　B. 富有弹性的　　　C. 有单位弹性的　　　D. 无法确定

5. 均衡价格一定随着（　　　）。
   A. 需求与供给的增加而上升　　　　　B. 需求的增加和供给的减少而上升
   C. 需求的减少和供给的增加而上升　　D. 需求和供给减少而上升

6. 羽毛球拍的价格下降，对羽毛球的需求量将（　　　）。
   A. 减少　　　　B. 不变　　　　C. 增加　　　　D. 视具体情况而定

7. 假定生产某种商品的原材料价格上升，则这种商品的（　　　）。
   A. 需求曲线向左移动　　　　　　　　B. 需求曲线向右移动
   C. 供给曲线向右移动　　　　　　　　D. 供给曲线向左移动

8. 在需求和供给同时减少的情况下，将出现（　　　）。

    A. 均衡价格下降，均衡数量减少　　　　B. 均衡价格下降，均衡数量无法确定

    C. 均衡价格无法确定，均衡数量减少　　D. 均衡价格上升，均衡数量减少

9. 其他因素保持不变，某种商品的价格下降，将导致（　　　）。

    A. 需求增加　　　　B. 需求减少　　　　C. 需求量增加　　　　D. 需求量减少

10. 一个商品价格下降对其替代品最直接的影响是（　　　）。

    A. 替代品的需求曲线向右移动　　　　B. 替代品的需求曲线向左移动

    C. 替代品的供给曲线向右移动　　　　D. 替代品的价格上升

二、判断题

1. 需求就是居民在某一特定时期内，在每一价格水平下愿意购买的商品数量。（　　　）

2. 商品X的价格下降导致商品Y的需求数量上升，说明两种商品是替代品。（　　　）

3. 需求曲线垂直于横轴说明消费者对该种商品的需求数量为零。（　　　）

4. 当某种商品的价格上升时，其替代品的需求将上升。（　　　）

5. 如果价格和总收入呈同方向变化，则需求是富有弹性的。（　　　）

6. 维持农产品价格的主要目的是防止其价格的大幅度波动。（　　　）

三、简答题

1. 简述需求与需求量、供给与供给量的区别与联系。

2. 影响商品需求的主要因素有哪些？影响商品供给的主要因素有哪些？

3. 假定异常寒冷的天气会使奶茶的需求曲线向右移动，解释为什么奶茶价格会上升到一个新的市场出清水平。

4. 以下陈述是否正确？请说明理由。

（1）巴西的咖啡作物歉收会降低咖啡的价格。

（2）交叉弹性系数总是为正。

（3）大学学费的迅速上升会降低对大学教育的需求。

5. 用供求图演示和说明"丰收通常会降低农民的收入"这一问题。

四、计算题

1. 假设某种商品的需求曲线是 $Q=300-2P+4I$，其中 I 是以 1 000 元为单位的收入。供给曲线是 $Q=3P-50$。

（1）如果 $I=25$，求这种商品的均衡价格和均衡数量。

（2）如果 $I=50$，求这种商品的均衡价格和均衡数量。

2. 如果汉堡价格上升3%，致使其需求量下降6%，那么汉堡的需求价格弹性是多少？

3. 设需求曲线为 $Q=10-2P$，计算其点弹性，并计算价格为多少时，可以使总收益最大。

4. 假定表2-6是需求函数 $Q^d=500-100P$ 在一定价格范围内的需求表

表2-6　　　　　　　　　　　　　　　　某商品的需求表

价格（元）	1	2	3	4	5
需求量	400	300	200	100	0

（1）求出价格在2元到4元之间的弧弹性。

（2）根据给出的需求函数，求$P=2$时的点弹性。

（3）根据该需求函数或需求表做出相应的需求曲线，利用几何方法求出$P=2$时的点弹性，它与（2）的结果相同吗？

5. 假设需求曲线为$Q=100-2P$。

（1）分别计算$P=1.25$和$P=49$的价格弹性。

（2）运用弹性的代数公式解释为什么弹性不同于斜率。

6. 纽约市的房租控制机构发现，总需求是$Q^d=160-8P$，其中数量以万间套房为单位，价格（即平均月租金水平）则以百美元为单位。该机构还注意到，在价格较低时，数量的增加是因为有更多的三口之家从长岛进入该市，从而需要住房。市房地产经纪人委员会承认，房租控制机构得到的总需求方程可以得出较准确的需求估计值，并且他们认为住房的总供给为$Q^s=70+7P$。

（1）如果房租控制机制与该委员会在需求和供给上的观点是正确的，自由市场上的价格应是多少？如果该机构设定一个300美元的最高平均月租金，且所有未找到住房的人都会离开纽约市，那么纽约市人口的变动会是怎样的呢？

（2）假设该机构满足了该委员会的要求，且对于所有住房都设定一个900美元的月租金，给房东一个"公平的"回报率。如果套房的长期性供给增长的50%来自新建筑，那么需要建造多少住房？

第3章 | 消费者行为理论

价格是由供求关系决定的，商品的供给曲线与需求曲线相交，就决定了均衡价格。供给曲线与需求曲线是由消费者与生产者的经济行为决定的。本章研究消费者行为，探讨需求曲线的由来，对生产者行为的研究将在第 4 章进行。希望读者通过学习，了解消费者的目标是效用最大化，掌握效用概念，能够比较分析基数效用论和序数效用论之间的异同点，并且依据两种理论推导出消费者均衡的条件，进而推导出需求曲线，能运用无差异曲线和预算线分析有关问题。

3.1 | 概述

效用是一种心理满足程度，其大小可以用基数效用论与序数效用论两种效用研究方法来计量，两种方法在操作中各有优劣。

3.1.1 效用概念

1. 效用的含义

效用（utility）是指消费者在消费商品的过程中所获得的心理满足程度。消费者消费商品是为了获得心理满足，效用就是衡量某种商品对消费者提供的心理满足程度的概念。效用是消费者行为理论中最基础的概念，对消费者进行的行为分析都是建立在效用的基础上的。

2. 效用的特点

效用是消费者消费商品时获得的心理满足程度，是一种心理感受。对同一种商品进行消费时，不同的消费者获得的心理满足程度是不一样的。例如，同样是听一场音乐会，音乐爱好者的心理满足程度与一个"乐盲"的心理满足程度会有很大的差异；另外，同一个人在不同的情况下对相同商品进行消费时，获得的满足程度也不一样。例如，同样是一杯水，在通常情况下喝一杯水的感觉，与在几天滴水未进的沙漠旅行中喝一杯水的感觉，肯定有很大的差异。商品的效用因人而异，因消费情况而异，因此具有很强的主观性。

3. 效用与使用价值的区别

在马克思主义政治经济学中，我们了解了商品所具有的"使用价值"。使用价值是指商品的"有用性"，商品的"有用性"不会因人而异，也不会因情况不同而异，具有客观性。使用价值与效用不一样，不能将两者混淆。

3.1.2 两种效用研究方法

1. 基数效用论

基数这个术语来自数学，是指 1，2，3，…，基数可以加总与求和。消费商品所获得的心理满足感，这种主观心理感受可以用一个基数来计量，消费不同商品所获得的总的心理满足感可以进行基数加总，表示效用大小的计量单位称为效用单位。例如，某消费者听一场音乐会获得的心理满足感用基数表示为 5 个效用单位，他看一场精彩球赛获得的心理满足感用基数表示为 6 个效用单位；如果该消费者，既听了一场音乐会，又看了一场球赛，所获得的总的心理满足感就是 11 个效用单位。这种借用基数概念来进行消费者行为研究的方法称为基数效用论（cardinal utility approach），在基数效用论中一般采用边际分析法进行研究。

2. 序数效用论

序数这个术语也来自数学，是排顺序的意思，表示为第一、第二、第三……序数效用论用排顺序的办法来研究效用问题。19 世纪和 20 世纪初期，经济学家一般用基数效用论进行效用研究。但是效用是主观性很强的内心感受，要用基数精确地表示效用有很大的局限性，因为心理感受很难用数字具体衡量。20 世纪 30 年代以后，经济学家转而用序数效用论研究效用问题。其研究思路是这样的，对于两种不同的商品，如商品 A、商品 B，消费者购买这两种商品后，对两者给自己带来的心理满足度总是可以排出顺序的，要么商品 A 第一、商品 B 第二，要么商品 B 第一、商品 A 第二，要么两者没有差别，只有这 3 种可能，因此排序具有完备性。以序数度量效用的办法比以基数度量效用的办法更贴合实际，因此，在效用理论研究中，更多的是使用序数效用论（ordinal utility approach），在序数效用论中一般采用无差异分析法进行研究。

3.2

基数效用论

基数效用论认为，效用的大小是可以测量的，其计数单位就是效用单位。在推导消费者均衡的过程中，基数效用论采用的是边际分析法。

3.2.1 总效用与边际效用

总效用（total utility，TU）是指消费者消费了一定数量的商品之后所获得的心理满足程度的总和。

边际效用（marginal utility，MU）是指消费者在消费商品的过程中，再多购买一个单位的商品所带来的效用的增加值。

例如，某消费者在吃苹果的过程中，心理满足程度呈现出以下过程：吃第一个苹果，感觉香甜可口，非常舒服，消费者将心理满足程度定为 5 个效用单位；吃第二个相同的苹果，消费者感觉比第一个稍微差了一点，将心理满足程度定为 3 个效用单位；接着吃第三个相同的苹果，感觉又比第二个差些，将心理满足程度定为 1 个效用单位；到吃第四个相同的苹果，消费者感觉可吃也可不吃，若吃了，心理满足程度为 0；如果在第四个苹果之后，消费者又吃第五个相同的苹果，那么，他会感到肚子胀，这是不好的感觉，享受变成了难受，心理满足程度变成了负值，定为-1 个效用单位。表 3-1 给出了该例子的总效用与边际效用。

表 3-1   总效用与边际效用的关系

苹果数量	边际效用	总效用
1	5	5
2	3	8
3	1	9
4	0	9
5	−1	8

在表 3-1 中，消费者消费第一个苹果时，边际效用为这个苹果给消费者带来的效用水平，为 5 个效用单位，总效用也为 5 个效用单位；消费两个苹果时，边际效用为第二个苹果给消费者带来的效用增量，为 3 个效用单位，总效用则是第一个苹果的 5 个效用单位加第二个苹果的 3 个效用单位，为 8 个效用单位；消费三个苹果时，边际效用为第三个苹果带来的效用增量，为 1 个效用单位，总效用为前三个苹果的效用之和，为 9 个效用单位。之后的算法相同，消费四个苹果时，边际效用为 0，总效用为 9 个效用单位；消费五个苹果时，边际效用为−1 个效用单位，总效用为 8 个效用单位。

从表 3-1 可以看出，随着消费者消费商品数量的增加，边际效用与总效用呈现出不同的变化过程：边际效用不断减小，从 5 个效用单位变为−1 个效用单位；总效用则先增加后减少，先从 5 个效用单位增加到 9 个效用单位，再减少为 8 个效用单位。

由此可以得到结论：在消费者消费商品的过程中，随着消费商品数量的不断增加，总效用呈现先增加后减少的变化趋势，而边际效用则呈现不断减少的变化趋势。

视野拓展

边际革命

3.2.2 总效用函数与边际效用函数

总效用函数是表示总效用与消费商品数量关系的函数表达式。以 TU 代表总效用水平，以 X 代表消费商品的数量，总效用函数表示为 $TU(X)$。

边际效用函数是表示边际效用与消费商品数量关系的函数表达式。以 MU 代表边际效用水平，以 X 代表消费商品的数量，边际效用函数表示为 $MU(X)$。

假设消费者在消费商品的过程中，增加了 ΔX 个商品的消费，由此引起的总效用变化量为 ΔTU，那么增加一个单位商品的消费所带来的效用改变量为边际效用 MU，可表示为

$$MU = \frac{\Delta TU}{\Delta X}$$

假设商品可以无限细分，ΔX 可以趋近于 0，则 $MU = \lim_{\Delta X \to 0} \frac{\Delta TU}{\Delta X} = \frac{dTU}{dX} = TU'(X)$，即 $MU(X) = TU'(X)$。

可见，边际效用是总效用的一阶导数，边际效用函数是总效用函数的一阶导函数。前面我们已经了解到，随着消费者消费商品数量的增加，总效用呈现先增加后减少的趋势，边际效用呈现不断减少的趋势。据此，我们可以将总效用函数曲线与边际效用函数曲线大体描绘

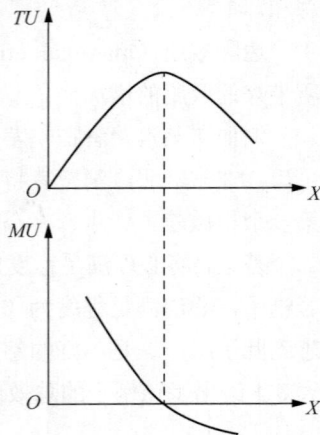

图 3-1 效用曲线

出来，如图 3-1 所示。

从图 3-1 可以看出，随着商品消费数量的增加，总效用函数曲线先上升，到达最高点后下降，边际效用函数曲线从左上方向右下方倾斜。在总效用上升的阶段，边际效用大于零；在总效用的最高点，边际效用等于零；在总效用下降的阶段，边际效用小于零。

3.2.3　边际效用递减规律

边际效用递减规律（law of diminishing marginal utility）是指在一定的时间内，在其他商品消费数量不变的情况下，随着消费者增加对某种商品的消费，消费者从该种商品连续增加的每一单位中所得到的效用增量，即边际效用，是递减的。它是消费者行为理论的基础性规律。

从表 3-1 的例子中已经可以看出，这条经济学规律关乎人的自然生理规律。在连续不断地消费同一种商品的过程中，后消费的商品与前面消费的商品相比，对消费者的心理刺激会不断减弱，消费者的心理满足感就随之下降，边际效用也就越来越小。在大多数情况下，对绝大多数商品来说，边际效用递减规律都是正确的。当然，也会存在一些例外现象，我们在此不做过多说明。

视野拓展　边际效用递减规律给经营者的启示

视野拓展　基于边际效用的解释

3.2.4　消费者均衡

1．概念

消费者均衡（consumer's equilibrium）是指消费者在消费商品的过程中达到的均衡状态。这种均衡状态是指消费者已经达到最大的满足状态，即总效用最大化。此时，消费者不愿意再进行任何消费上的改变，因为改变，总效用就会减少。消费者在消费商品的过程中，其目的是唯一的，就是要在各种约束条件下，追求最大限度的满足，即效用最大化。

2．消费者均衡的条件

（1）基本假设。

假定货币的边际效用不变；消费者购买的商品的价格既定不变。

（2）均衡条件表述。

在基本假设下，我们研究消费者在收入既定的情况下购买几种不同的商品，该如何选择商品的数量，以达到最大的满足，即效用最大化。此处以消费者购买两种商品为例，来说明达到消费者均衡的条件。

消费者要购买 X 与 Y 两种商品，X 商品的价格为 P_x，Y 商品的价格为 P_y，消费者用于购买两种商品的收入为 M，MU_x 为 X 商品的边际效用，MU_y 为 Y 商品的边际效用，P_x、P_y、M 均保持不变。

消费者均衡的条件为

$$\frac{MU_x}{P_x} = \frac{MU_y}{P_y}$$

（3-1）

$\dfrac{MU_x}{P_x}$ 表示用一个单位的货币购买 X 商品给消费者带来的效用增加值，$\dfrac{MU_y}{P_y}$ 表示用一个单位的货币购买 Y 商品给消费者带来的效用增加值。

如果 $\dfrac{MU_x}{P_x} > \dfrac{MU_y}{P_y}$，说明用一个单位的货币购买 X 商品要比购买 Y 商品更好，消费者就会增加对 X 商品的购买，减少对 Y 商品的购买，从而增加总效用；如果 $\dfrac{MU_x}{P_x} < \dfrac{MU_y}{P_y}$，消费者会进行相反的操作，即增加对 Y 商品的购买，减少对 X 商品的购买，从而增加总效用。总之，如果 $\dfrac{MU_x}{P_x} \neq \dfrac{MU_y}{P_y}$，消费者就会通过调整对 X 商品与 Y 商品的购买数量来达到增加总效用的目的。而当 $\dfrac{MU_x}{P_x} = \dfrac{MU_y}{P_y}$ 时，消费者不需要再进行任何调整，因为此时，消费者已经获得了最大的效用，消费者均衡得以实现。

消费者均衡的条件可更一般性地概括为：消费者消费多种商品时，单位货币花在每种商品上带来的效用增量相等，则达到均衡状态。我们假设消费者要购买 n 种商品，每种商品的边际效用和价格分别为：MU_1，MU_2，MU_3，$\cdots$，MU_n；P_1，P_2，P_3，$\cdots$，P_n。消费者均衡的条件可以表述为

$$\dfrac{MU_1}{P_1} = \dfrac{MU_2}{P_2} = \dfrac{MU_3}{P_3} = \cdots = \dfrac{MU_n}{P_n} \tag{3-2}$$

对均衡条件的推导，有兴趣的同学可扫码学习。

视野拓展

消费者均衡条件推导

3.2.5 对需求曲线由来的初步说明

研究消费者行为的目的是掌握需求曲线的由来，在基数效用论中，我们可以对需求曲线的由来进行初步说明。

在第 2 章中，我们了解到需求曲线是一条从左上方向右下方倾斜的曲线，其内涵是消费者对商品的需求量与消费者愿意为商品支付的价格之间呈反方向变化的关系。为何会有这样的关系呢？我们知道，人们的消费过程是这样的：花费一定数量的货币购买商品，然后消费商品获得效用满足。如果消费者不花掉货币而拥有这些货币，他也可以有一定的满足感。消费过程实际上是消费者放弃了拥有货币的效用，换得了消费商品的效用。这两种效用看似不同，但实际上，两种效用用基数来计量的话应该大小相等。因为消费者是完全理性的，在进行消费行为时，他要经过精密算计，确保两者一致。

假设消费者购买商品时货币的边际效用不变，以 MU_m 表示货币的边际效用，MU_m 是个常数。以 MU 表示商品的边际效用，以 P 表示消费者愿意支付的价格，以 Q 表示消费商品的数量。

放弃的货币效用值和获得的商品消费效用值之间的关系可以表示为

$$MU = P \cdot MU_m$$

其中，MU 表示在商品消费的过程中，增加一个单位的商品消费带来的效用增加值；P 表示为购买这一单位商品消费者愿意支付的价格，即支付的货币数量；由于我们假设货币的边际效用不变，则 $P \cdot MU_m$ 表示支付 P 单位货币所放弃的货币总效用。

从以上等式中可以得到两个关系。

关系一：因为 MU_m 为常数，等式两边要保持相等，MU 与 P 之间一定为同向变化关系。

由边际效用递减规律可知，随着商品消费数量的增加，新增商品带来的边际效用不断下降。

关系二：MU 与 Q 之间是反方向变化关系。

由关系一与关系二可以推论出：Q 与 P 之间是反方向变化的关系。

由关系一可知，消费者对商品愿意支付的价格取决于商品的边际效用，商品的边际效用越高，消费者愿意支付的价格越高，反之，愿意支付的价格就越低。

因此随着消费者消费商品数量的增加，消费者得到的边际效用在不断下降，那么，消费者愿意支付的商品价格也在不断下降。这就是在需求理论中表现出来的商品的价格与商品的需求数量之间呈反方向变化的基本原因。

3.2.6　消费者剩余

消费者剩余（consumer surplus，CS）是消费者在购买商品的过程中，对商品愿意支付的价格与实际支付价格之间的差额。例如，某消费者在服装店看中一件上衣，在询价之前，首先在心里对这件衣服有个最高的心理接受价 300 元（即愿意支付的价格），然后消费者与店主讨价还价，最终以 200 元买到这件衣服，消费者从主观上会感觉自己"省了"100 元，这个在感觉上"省了"的 100 元，就是消费者剩余。实际上，消费者剩余是一种主观感受。

如果消费者购买了一定数量的某种商品，一般情况下，消费者是用同一个价格一次性购买这种商品的。如果我们把购买过程看成逐个购买，由于商品的边际效用在不断下降，消费者愿意支付的价格也在不断下降，那么，每一个商品的消费者剩余都不同，在购买过程中消费者得到的总消费者剩余等于每个商品的消费者剩余之和。

可以用几何图形来表示消费者剩余，如图 3-2 所示。

消费者按照统一价格购买了 Q_0 个商品，如果把购买过程看成逐个购买，那么消费者对第 Q_0 个商品愿意支付的价格为 P_0，即第 Q_0 个商品的消费者剩余为零，对其他商品愿意支付的价格均高于 P_0，在图 3-2 中，Q_0 个商品给消费者带来的总消费者剩余可以表示为 AP_0B 这个区域的面积。

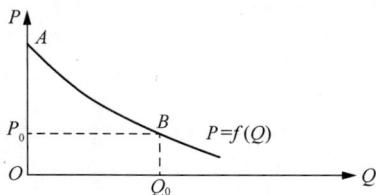

图 3-2　消费者剩余

消费者剩余也可以用数学公式来表示。设反需求函数为 $P = f(Q)$，需求数量为 Q_0，价格为 P_0，则消费者剩余为

$$CS = \int_0^{Q_0} f(Q)\mathrm{d}Q - P_0 Q_0 \tag{3-3}$$

式中，CS 表示消费者剩余，$\int_0^{Q_0} f(Q)\mathrm{d}Q$ 表示消费者对 Q_0 个商品愿意支付的总价格，$P_0 Q_0$ 表示消费者实际支付的总价格，两式之差便是消费者剩余。

消费者剩余是影响消费者福利水平的一个重要指标。在后面的经济政策分析中，会根据政策实施后对消费者剩余产生的影响来评价经济政策的实施效果。

3.3 序数效用论

序数效用论是为了弥补基数效用论的缺点而提出来的另一种研究消费者行为的理论，采用无差异曲线分析法来研究消费者行为。

3.3.1 消费偏好公理

1. 顺序性公理

顺序性公理指消费者在消费任何两种商品的过程中，对于两种商品给自己带来的心理满足感，消费者总能排出顺序。例如，消费者消费 X 与 Y 两种商品：要么 X 商品优于 Y 商品，记为 $X \succ Y$[1]；要么 Y 商品优于 X 商品，记为 $Y \succ X$；要么 X 商品与 Y 商品无差异，记为 $X \equiv Y$。只有这 3 种排列顺序，不会出现第四种情况。

2. 传递性公理

如果在 X 与 Y 两种商品之间进行选择时，消费者认为 $X \succ Y$；而在 Y 与 Z 两种商品之间进行选择时，消费者认为 $Y \succ Z$；那么，在 X 与 Z 两种商品之间进行选择时，消费者一定会认为 $X \succ Z$，这一偏好传递原则称为传递性公理。

3. 一致性公理

消费者面对 A、B 两组商品，这两组商品均由 X 与 Y 两种商品构成。A 组商品中 X 商品与 Y 商品的数量分别为 (X_a, Y_a)，B 组商品中 X 商品与 Y 商品的数量分别为 (X_b, Y_b)，如果 $X_a = X_b$，而 $Y_a > Y_b$，则消费者更喜欢 A 组商品，即 $A \succ B$。这个公理用俗话讲，就是"多多益善"。

视野拓展

消费者偏好

3.3.2 无差异曲线

1. 无差异曲线的概念

无差异曲线（indifference curve）是在序数效用论中研究消费者行为的最基本工具。无差异曲线表示的是消费者在消费两种不同的商品时，能够给消费者带来相同效用水平的这两种商品的组合关系。

假设消费者消费 X 与 Y 两种商品，取 X_1 个 X 商品，Y_1 个 Y 商品，组成商品组合 $A(X_1, Y_1)$。

对 A 组中两种商品的数量进行调整，增加 X 商品的数量至 X_2，同时减少 Y 商品的数量至 Y_2，形成商品组合 $B(X_2, Y_2)$，B 组商品与 A 组商品给消费者带来的效用水平相同，称为无差异的商品组合。进一步增加 X 商品的数量，减少 Y 商品的数量，形成无差异的商品组合 $C(X_3, Y_3)$。继

[1] "$\succ$"表示"优于"，是消费者用来比较对两种商品的偏爱程度的符号。

续增加 X 商品的数量，减少 Y 商品的数量，形成无差异的商品组合 $D(X_4, Y_4)$。

这样，对消费者来讲，A、B、C、D 这 4 组商品组合给消费者带来了相同的效用水平，我们将 4 组商品中 X 商品与 Y 商品的数量组合关系在坐标系中进行描述，如图 3-3 所示。

在图中，A、B、C、D 这 4 个点分别代表 4 个商品组合，这 4 个商品组合给消费者带来的效用水平是一样（无差异）的，用平滑的曲线将 4 个点连接起来，这条曲线就称为无差异曲线。在这条无差异曲线上，除 A、B、C、D 4 个点外还有无数多个点，每个点都代表了一个商品组合，而这些商品组合给消费者带来的效用水平都是一致的。

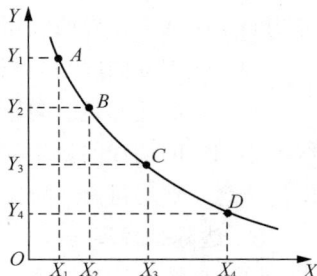

图 3-3　无差异曲线

2. 无差异曲线的特点

（1）从左上方向右下方倾斜。

无差异曲线从左上方向右下方倾斜，说明 X 与 Y 是反方向变动关系。要保持效用水平不变，在 X 商品的数量增加的过程中，Y 商品的数量是不断减少的；而 Y 商品的数量增加的过程中，X 商品的数量是不断减少的，两者不能同时增加或减少，因为根据一致性公理，两者同时增加或者同时减少，给消费者带来的效用水平一定会发生变化。

（2）离原点越远，效用水平越高。

在坐标空间中会存在无数条无差异曲线，每条无差异曲线上的点对应的商品组合给消费者带来的效用水平是一样的，不同的无差异曲线代表了不同的效用水平。离原点越远的无差异曲线代表的效用水平越高。在图 3-4 中，A 点在无差异曲线 I_1 上，B 点在无差异曲线 I_2 上，A 点对应的商品组合为 (X_1, Y_1)，B 点对应的商品组合为 (X_2, Y_1)，因为 $X_2 > X_1$，由一致性公理可知，$B \succ A$ 所以，B 点的效用水平高于 A 点的效用水平，而 B 点与 A 点的效用水平分别是所在无差异曲线的效用水平，因此，无差异曲线 I_2 的效用水平更高。

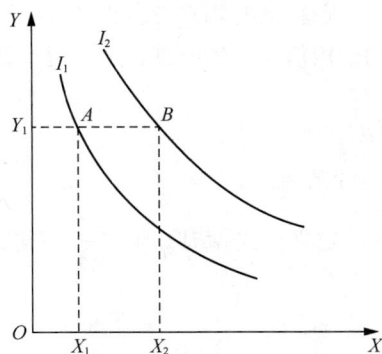

图 3-4　无差异曲线代表效用水平

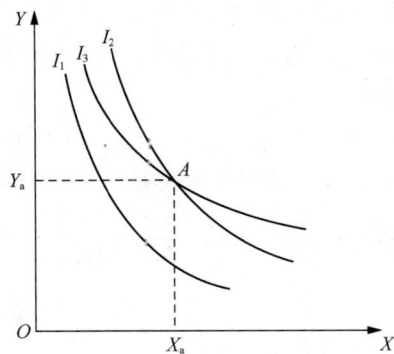

图 3-5　无差异曲线不相交

（3）任何两条无差异曲线不相交。

在坐标空间中存在无数条无差异曲线，但任意两条无差异曲线都不相交。

假设无差异曲线 I_2 与无差异曲线 I_3 相交于 A 点，如图 3-5 所示。由于 A 点既在 I_2 上，又在 I_3 上，那么，I_2 与 I_3 的效用水平应该一样。但是，根据无差异曲线的第二个特点可知，两条无差异曲线距离原点的距离不一样，两条无差异曲线代表的效用水平就应该不一样。这样，就产生了矛盾。可见，最初假定两条无差异曲线相交是错误的。

（4）无差异曲线凸向原点。

无差异曲线都是凸向原点的，凸向原点的条件是，随着 X 商品数量的不断增加，通过无差异曲线上不同点的切线的斜率的绝对值在不断减小。为什么会出现这种状况呢？我们先要介绍边际替代率的概念，然后再来分析无差异曲线凸向原点的原因。

3. 边际替代率

（1）概念与计算公式。

边际替代率（marginal rate of substitution，MRS）是指消费者在消费两种商品的过程中，要保持效用水平不变，增加一个单位某种商品的消费所必须放弃的另一种商品的数量。

在图 3-6 中，消费者的消费组合从 A 点转移到 B 点，效用水平不变。此时，X 商品的消费量增加了 ΔX，Y 商品的消费量减少了 ΔY，边际替代率表示为

$$MRS_{xy} = -\frac{\Delta Y}{\Delta X} \qquad (3\text{-}4)$$

我们假定商品可以无限细分，那么 X 商品的变化量可以非常小，小到趋近于零，那么边际替代率变为

$$MRS_{xy} = -\lim_{\Delta X \to 0} \frac{\Delta Y}{\Delta X} = -\frac{dY}{dX} \qquad (3\text{-}5)$$

图 3-6 边际替代率

这样边际替代率表示为 Y 对于 X 的一阶导数的绝对值，一阶导数的值正好等于通过无差异曲线上某一点的切线的斜率。

（2）边际替代率递减规律。

在消费者保持效用水平不变，不断增加 X 商品的消费数量，减少 Y 商品的消费数量的过程中，X 商品对 Y 商品的边际替代率不断减小，这个规律称为边际替代率递减规律。

在图 3-6 中，消费者的消费组合从 A 点转移到 B 点，效用水平不变。可以将这个变化过程理解为两个步骤：消费者增加 ΔX 个 X 商品的消费，增加了效用值；同时消费者减少了 ΔY 个 Y 商品的消费，减少了效用值。此时减少的效用值正好等于增加的效用值，一增一减，总效用保持不变。用等式表示如下

$$\Delta X \cdot MU_x = -\Delta Y \cdot MU_y \qquad (3\text{-}6)$$

MU_x 表示 X 商品的边际效用，MU_y 表示 Y 商品的边际效用。

这一等式恒等变形可得 $-\dfrac{\Delta Y}{\Delta X} = \dfrac{MU_x}{MU_y}$，由边际替代率的定义公式 $MRS_{xy} = -\dfrac{\Delta Y}{\Delta X}$ 可得如下公式。

$$MRS_{xy} = \frac{MU_x}{MU_y}$$

边际替代率为两种商品的边际效用值之比。

在消费者不断增加 X 商品消费数量的过程中，MU_x 会不断变小；而同时不断减少 Y 商品消费的过程中，MU_y 会不断变大。这样 $\dfrac{MU_x}{MU_y}$ 的分子不断变小，分母不断变大，比值自然会不断变小。因此，MRS_{xy} 随着 X 商品消费数量的增加不断变小。可见边际替代率递减的根本原因在于边际效用递减。

前面谈到，边际替代率可以表示为通过无差异曲线某一点的切线的斜率的绝对值，既然边际替

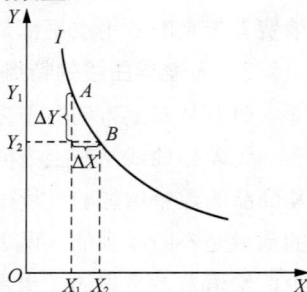

代率随着 X 商品的消费数量的增加而逐渐减小，那么无差异曲线上的切线斜率的绝对值也随着 X 商品的消费数量的增加而不断减小，这样，无差异曲线便呈现出凸向原点的特征。

3.3.3 预算线

通过对无差异曲线的学习，我们知道，在坐标空间中，有无数条元差异曲线，离原点越远的无差异曲线的效用水平越高。因此，消费者总是希望自己的无差异曲线尽可能远离原点，那么，消费者的无差异曲线能否无限远离原点呢？显然不能，因为可供消费者选择的两种商品的组合会受到限制，这是因为消费者的预算是有限的。

1. 预算线的概念

预算线（budget line）是指在商品价格既定、消费者收入既定的情况下，可供消费者选择的两种商品的最大可能组合关系曲线。

例如，消费者要购买两种商品，分别用 X、Y 和 P_x、P_y 表示两种商品的数量和价格，消费者用于购买两种商品的收入为 M，P_x、P_y、M 都是既定不变的常量。那么，可供消费者购买的两种商品的最大组合关系可以表示为 $P_x \cdot X + P_y \cdot Y = M$，这就是预算线的一般表达式。

预算线也可以经过恒等变形表示为 $Y = \dfrac{M}{P_y} - \dfrac{P_x}{P_y} X$，这是典型的一元一次减函数形式，函数曲线如图 3-7 所示。

预算线是从左上方向右下方倾斜的一条直线，斜率为 $-\dfrac{P_x}{P_y}$；纵截距为 $\dfrac{M}{P_y}$，其经济学含义是将所有的收入全部用来购买 Y 商品所能购买到的数量；横截距为 $\dfrac{M}{P_x}$，其经济学含义是将所有的收入全部用来购买 X 商品所能购买到的数量。

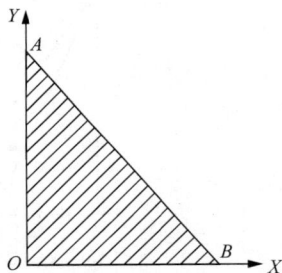

图 3-7 预算线

在预算线上以及预算线下方的空间中，所有的点对应的商品组合，消费者都可以实现；预算线上方空间中的点对应的商品组合，消费者则无法实现。可见，预算线勾勒出了可供消费者选择的商品组合空间。

2. 预算线的移动

由预算线的定义式 $Y = \dfrac{M}{P_y} - \dfrac{P_x}{P_y} X$ 可知，预算线的位置取决于 M、P_x、P_y 这 3 个外生变量的值。如果这 3 个外生变量发生变化，预算线的位置会产生移动，下面分 3 种情况来介绍预算线的移动。

（1）商品价格不变，消费者收入变化。

P_x、P_y 不变，M 变化，预算线的变化如图 3-8 所示。

P_x、P_y 不变，预算线的斜率 $-\dfrac{P_x}{P_y}$ 不变，M 变化，则纵截距 $\dfrac{M}{P_y}$

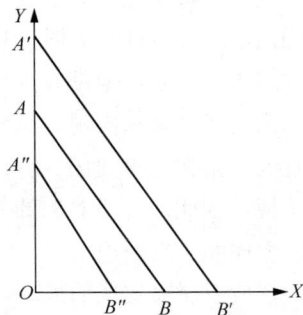

图 3-8 消费者收入变化的预算线的移动

会变化。若 M 增加，预算线平行向右移动；若 M 减少，预算线平行向左移动。

（2）消费者收入不变，X 商品的价格变化。

M 不变，P_y 不变，P_x 发生变化，则纵截距 $\dfrac{M}{P_y}$ 不会变化，斜率 $-\dfrac{P_x}{P_y}$ 发生变化，横截距 $\dfrac{M}{P_x}$ 也发生变化。

若 P_x 变小，斜率 $-\dfrac{P_x}{P_y}$ 的绝对值变小，横截距 $\dfrac{M}{P_x}$ 变大，预算线将绕着其与纵轴的交点，逆时针转动一个角度；若 P_x 变大，则会顺时针转动一个角度。X 商品价格变化的预算线的移动如图 3-9 所示。

（3）消费者收入不变，Y 商品的价格变化。

M 不变，P_x 不变，P_y 发生变化，则纵截距 $\dfrac{M}{P_y}$ 变化，斜率 $-\dfrac{P_x}{P_y}$ 发生变化，横截距 $\dfrac{M}{P_x}$ 不变。

若 P_y 变小，斜率 $-\dfrac{P_x}{P_y}$ 的绝对值变大，纵截距 $\dfrac{M}{P_y}$ 变大，预算线将绕着其与横轴的交点顺时针转动一个角度；若 P_y 变大，则会逆时针转动一个角度。Y 商品价格变化的预算线移动如图 3-10 所示。

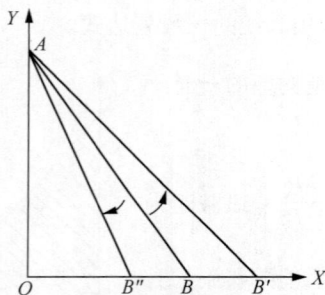

图 3-9　X 商品价格变化的预算线的移动

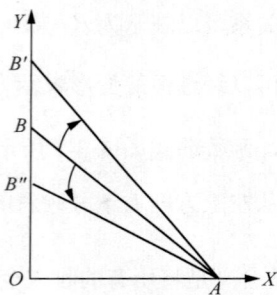

图 3-10　Y 商品价格变化的预算线的移动

3.3.4　消费者均衡

1. 消费者均衡的形成及条件

（1）均衡条件。

我们掌握了无差异曲线与预算线之后，可以将两者结合起来，分析消费者均衡。在图 3-11 中，图中共有 3 条无差异曲线 I_1、I_2、I_3，I_3 离原点最远，其效用水平最高，但是 I_3 在预算线的上方，因此 I_3 上的所有点对应的商品组合，消费者都无法实现。虽然 I_3 效用水平最高，但是消费者无法达到。I_1 曲线有部分落在预算线的下方，这部分曲线上的点对应的商品组合，消费者可以实现，因此，I_1 所对应的效用水平消费者能够获得。但是，I_1 不是消费者能够实现的最高效用水平。

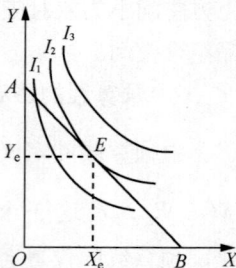

图 3-11　消费者均衡

消费者能够实现的最高效用水平，是与预算线相切的无差异曲线 I_2 代表的效用水平。I_2 与预算线相切于 E 点，E 点对应的商品组合 (X_e, Y_e) 消费者能够支付得起，而且刚好用完全部收入。不可能有另一个更高的效用水平是以消费者现有收入能够实现的。因为，如果效用水平更高，无差异曲线离原点更远，则必定与预算线相离，处于预算线的上方，消费者就无法实现了。

消费者在 E 点处，通过商品组合(X_e, Y_e)，达到了其能达到的最高效用水平，实现了消费者均衡。消费者的最高效用水平为无差异曲线 I_2 代表的效用水平，消费者最佳消费组合中 X 商品与 Y 商品的数量分别为 X_e、Y_e。

由于消费者均衡在无差异曲线与预算线相切之处 E 点达到，那么通过 E 点的无差异曲线的切线正好与预算线重合，两条线的斜率相等。前面学习边际替代率时我们知道，边际替代率就是通过无差异曲线上不同点的切线的斜率的绝对值，那么，要实现消费者均衡，就必须满足边际替代率与预算线的斜率的绝对值相等这一条件。表达式为

$$MRS_{xy} = \frac{P_x}{P_y} \tag{3-7}$$

MRS_{xy} 为边际替代率， $\frac{P_x}{P_y}$ 为预算线斜率的绝对值。

（2）与基数效用论的消费者均衡的比较。

由于 $MRS_{xy} = -\frac{\Delta Y}{\Delta X} = \frac{MU_x}{MU_y}$ ，所以，消费者均衡的必要条件 $MRS_{xy} = \frac{P_x}{P_y}$ 还可以表述为 $\frac{MU_x}{MU_y} = \frac{P_x}{P_y}$ ，恒等变形之后得到 $\frac{MU_x}{P_x} = \frac{MU_y}{P_y}$ ，这一条件与基数效用论的消费者均衡的条件完全相同。

可见，我们用基数效用论、序数效用论两种不同的方法研究消费者行为，最后得到的均衡条件具有一致性。

2. 消费者均衡的变动

（1）收入变动情况。

在商品价格不变的情况下，消费者的收入水平变化了，消费者均衡也会随之发生变化，如图 3-12 所示。

以消费者的收入水平增加为例，预算线从 AB 向右平行移动至 $A'B'$ ，消费者均衡点由 E 点移动到 E' 点，最佳的消费商品数量组合由(X_e, Y_e)变为(X_e', Y_e')，效用由 I_1 代表的效用水平上升到由 I_2 代表的效用水平。

（2）价格变动情况。

在消费者的收入水平不变的情况下，商品价格变化之后，消费者均衡会随之发生变化，如图 3-13 所示。

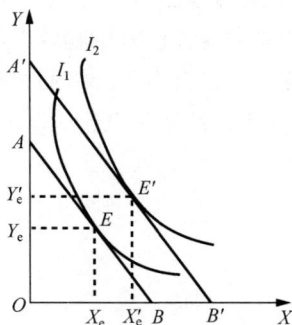

图 3-12　收入变化的消费者均衡　　　　图 3-13　价格变化的消费者均衡

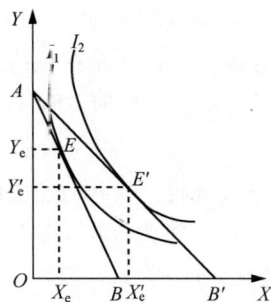

以 X 商品价格下降为例，初始状态下，预算线 AB 与无差异曲线 I_1 相切于均衡点 E ，最佳的商

品消费组合为(X_e , Y_e)。在收入不变的情况下，X 商品价格下降后，预算线以 A 点为圆心，从 AB 逆时针转动到 AB' 位置。新的预算线 AB' 与无差异曲线 I_2 相切于均衡点 E' ，最佳的商品消费组合变为(X_e' , Y_e')。

新消费者均衡与原消费者均衡相比，消费者的效用水平提高了。可见，虽然消费者的收入没有变化，但是因为商品的价格下降，使得消费者的实际收入水平提升，从而提高了效用水平，这一结果等同于消费者收入的增加。

3. 替代效应与收入效应

我们在学习需求理论时了解到，在其他条件不变的情况下，当商品的价格下降（上升）时，对商品的需求数量会上升（下降）。价格的变化所引起的商品需求数量的变化表现为替代效应与收入效应。下面我们对替代效应与收入效应的概念做进一步介绍，并利用无差异分析工具对两种效应进行具体分析。

替代效应（substitution effect）：在保持原有收入不变的情况下，仅仅由于价格的相对变化引起的需求数量的变化，称为替代效应。

收入效应（income effect）：价格变化后，由于实际收入的变化引起的需求数量的变化，称为收入效应。

下面以正常品的价格下降后需求数量上升为例，分析替代效应与收入效应，如图 3-14 所示。

我们分析 X 商品因为价格下降所引起的需求数量增加的情况。

在其他条件不变的情况下，X 商品因为价格下降，预算线由 AB 逆时针转动到 AB' 位置，消费者均衡点由 E 点转移到 E' 点，最佳的商品需求数量由 X_1 变为 X_2 ，消费者的效用由无差异曲线 I_1 代表的效用水平，提高到由 I_2 代表的效用水平。

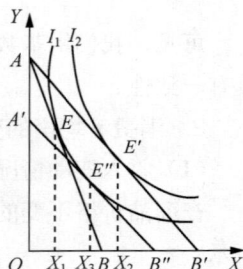

图 3-14　替代效应与收入效应

X_1 与 X_2 之间的距离为 X 商品价格下降的总效应。

作一条平行于 AB' 的补偿预算线 $A'B''$ ，使其与初始状态的无差异曲线 I_1 相切于 E'' 点，该点对应的 X 商品数量为 X_3 ，补偿预算线 $A'B''$ 的含义是假想拿走消费者一部分收入，但剩余收入所购买的商品组合仍然能使消费者达到降价前的效用水平。

补偿预算线 $A'B''$ 与新的预算线 AB' 平行，两者斜率一致，预算线的斜率是两种商品的价格之比，说明补偿预算线 $A'B''$ 体现了两种商品价格的相对变化；补偿预算线 $A'B''$ 与代表原有效用水平的无差异曲线 I_1 相切，切点为 E'' 点，说明消费者调整 X 商品的消费数量并没有引起效用水平的变化。这样，X_1 到 X_3 的变化，就是在保持原有消费水平不变的情况下，仅仅由于价格的相对变化引起的需求数量的变化，即替代效应。而 X_3 到 X_2 的变化，是由于实际收入的变化引起的需求数量的变化，即收入效应。

总效应、替代效应、收入效应之间的关系如下。

总效应=X_2-X_1；替代效应=X_3-X_1；收入效应=X_2-X_3。

总效应=替代效应+收入效应。

对于正常品来讲，替代效应与价格呈反方向变化，收入效应与价格也呈反方向变化，两者之和的总效应同样与价格呈反方向变化。

对于非吉芬物品的劣等品来讲，替代效应与价格呈反方向变化，收入效应与价格呈同方向变化，两者之和的总效应同样与价格呈反方向变化。

对于吉芬商品，总效应与价格呈同方向变化，也就是说，这种商品的价格与需求数量呈同方向变化，我们可以用替代效应与收入效应来解释。对任何商品来讲，其替代效应都与价格呈反方向变化，正常品的收入效应与价格也呈反方向变化。但是，吉芬商品的收入效应与价格呈同方向变化，而且，吉芬商品的收入效应要大于替代效应。

以吉芬商品降价为例，降价后，总效应表现为需求数量减少。这是因为替代效应为需求数量增加，而收入效应则为需求数量减少，而且因收入效应减少的量大于因替代效应增加的量，这样，总效应就表现为需求数量减少。

3.3.5 消费者需求曲线的形成

1. 消费者需求曲线的由来

在基数效用论中，我们对需求曲线的由来进行了简单的推导。现在，我们可以利用无差异曲线与预算线这两个重要分析工具，通过消费者均衡的变化，更精确地推导出消费者需求曲线，如图 3-15 所示。

图 3-15（a）表示了在收入不变，Y 商品价格不变，X 商品价格不断下降的情况下，消费者均衡的变化过程。图 3-15（b）中的纵轴表示 X 商品的价格，横轴表示 X 商品的需求数量。

初始状态，假定 X 商品的价格为 P_1，预算线为 AB_1，均衡点为 E_1，最佳的商品数量为 X_1，在图 3-15（b）中找到 X 商品价格与最佳需求数量的对应点(X_1, P_1)。

X 商品的价格下降为 P_2，预算线逆时针转到 AB_2，均衡点为 E_2，最佳的商品数量为 X_2，在图 3-15（b）中找到 X 商品价格与最佳需求数量的对应点(X_2, P_2)。

X 商品的价格进一步下降为 P_3，预算线逆时针转到 AB_3，均衡点为 E_3，最佳的商品数量为 X_3，在图 3-15（b）中找到 X 商品价格与最佳需求数量的对应点(X_3, P_3)。

将这 3 个点用平滑的曲线连接起来，形成图 3-15（b）的曲线 D，这条曲线代表了消费者在消费商品的过程中愿意支付的价格与需求数量之间的关系，表示这种关系的曲线就是需求曲线。

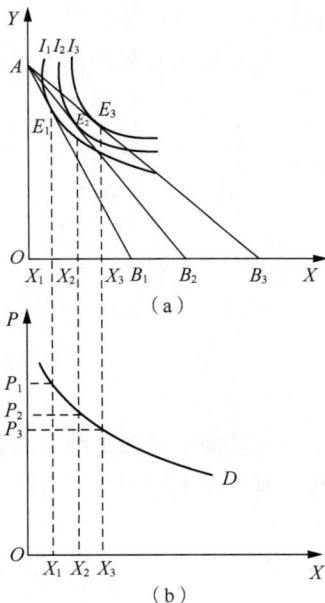

图 3-15 需求曲线的推导

那么，需求曲线为什么是这种样子呢？这个问题等同于问：当 X 商品的价格为 P_1 时，为何消费者对商品的需求数量为 X_1？当 X 商品的价格为 P_2 时，为何消费者对商品的需求数量为 X_2？当 X 商品的价格为 P_3 时，为何消费者对商品的需求数量为 X_3？

答案是，当 X 商品的价格为 P_1 时，消费者只有消费 X_1 个商品才能获得最大化的效用；当 X 商品的价格为 P_2 时，消费者只有消费 X_2 个商品才能获得最大化的效用；同样，当 X 商品的价格为 P_3 时，消费者只有消费 X_3 个商品才能获得最大化的效用。

可见，需求曲线之所以是这种样子，是因为消费者在进行消费时，对最大化效用水平的追求，由此自动形成了一条由左上方向右下方倾斜的需求曲线。

2. 从个人需求曲线推导市场需求曲线

图 3-15 所示的需求曲线实际上是一条个人对商品的需求曲线，而商品的价格是由市场的需求曲线与市场的供给曲线相交后决定的。那么，如何从个人的需求曲线推导出整个市场的需求曲线呢？下面对这一问题进行分析。

假设某个商品市场中有 n 个消费者，每个消费者具有不同的消费函数，可表示为

$$Q_i^d = f_i(P) \ , \quad i = 1, 2, 3, \cdots, n \qquad\qquad (3\text{-}8)$$

给定某一价格水平 P_1，每个消费者都根据自身效用最大化的要求，确定最佳的需求数量，分别为 $Q_1^d, Q_2^d, \cdots, Q_n^d$。

从整个市场来讲，在价格 P_1 下，总的需求数量为每个消费者的需求数量的加总。用 Q^D 来表示市场的需求数量，则 $Q^D = Q_1^d + Q_2^d + Q_3^d + \cdots + Q_n^d$。

整个市场的需求函数可以表示为

$$Q^D = \sum_{i=1}^{n} f_i(P) \qquad\qquad (3\text{-}9)$$

将每个消费者的个人需求函数进行加总就得到了整个市场的需求函数。

假设市场中总共有两个消费者 A 与 B，假设 A 的需求函数为 $Q^d = a_1 - b_1 P$；B 的需求函数为 $Q^d = a_2 - b_2 P$，那么整个市场的需求函数为 $Q^D = (a_1 + a_2) - (b_1 + b_2)P$。

也可以用几何的方法对单个消费者的需求曲线进行加总来得到市场需求曲线，如图 3-16 所示。

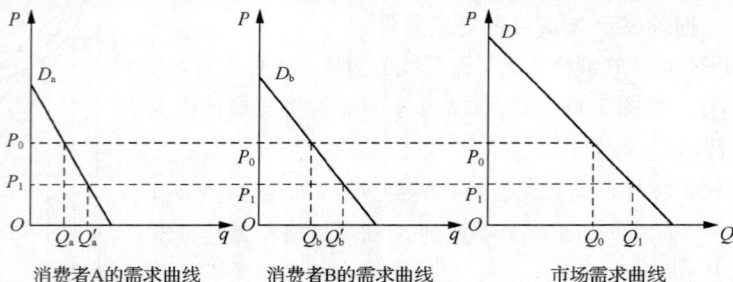

图 3-16 个人需求与市场需求关系图

市场需求曲线是两个消费者需求曲线的水平加总，与单个消费者的需求曲线一样，市场需求曲线也是从左上方向右下方倾斜的。

课后习题

一、单项选择题

1. 无差异曲线为斜率不变的直线时，表示相结合的两种商品是（　　）。

    A. 可以替代的　　　B. 完全替代的　　　C. 互补的　　　D. 无关的

2. 同一条无差异曲线上的不同点表示（　　）。

    A. 效用水平不同，但所消费的两种商品的组合相同

    B. 效用水平不同，两种商品的组合也不相同

    C. 效用水平相同，但所消费的两种商品的组合不同

    D. 效用水平相同，两种商品的组合也相同

3. 预算线的位置和斜率取决于（　　　）。
　　A. 消费者的收入　　　　　　　　　　B. 消费者的收入和商品价格
　　C. 消费者的偏好　　　　　　　　　　D. 消费者的偏好、收入和商品价格

4. 总效用达到最大时，（　　　）。
　　A. 边际效用为零　　B. 边际效用最大　　C. 边际效用为负　　D. 边际效用为正

5. 消费者剩余是消费者的（　　　）。
　　A. 实际所得　　　　B. 主观感受　　　　C. 变相所得　　　　D. 实际损失

6. 某些人在收入较低时购买黑白电视机，在收入提高时，则去购买彩色电视机，此时的黑白电视机对这些人来说是（　　　）。
　　A. 生活必需品　　　B. 奢侈品　　　　　C. 低档商品　　　　D. 吉芬商品

7. 某低档商品的价格下降，在其他情况不变时，（　　　）。
　　A. 替代效应和收入效应相互加强导致该商品需求量增加
　　B. 替代效应和收入效应相互加强导致该商品需求量减少
　　C. 替代效应倾向于增加该商品的需求量，而收入效应倾向于减少其需求量
　　D. 替代效应倾向于减少该商品的需求量，而收入效应倾向于增加其需求量

8. 若消费者甲的 MU_x/MU_y 小于消费者乙的 MU_x/MU_y，甲可以（　　　）来增加效用。
　　A. 用部分 X 商品从乙处换得更多的 Y 商品
　　B. 用部分 Y 商品从乙处换得更多的 X 商品
　　C. 用全部 X 商品从乙处换得更多的 Y 商品
　　D. 以上都不对

9. 若消费者的消费水平低于他的预算线水平，则消费者（　　　）。
　　A. 没有完全用完预算支出　　　　　　B. 用完了全部预算支出
　　C. 或许用完了全部预算支出　　　　　D. 处于均衡状态

10. 已知 X 商品的价格为 5 元，Y 商品的价格为 2 元，如果消费者从这两种商品的消费中得到最大效用时，商品 Y 边际效用为 30，那么此时 X 商品的边际效用为（　　　）。
　　A. 60　　　　　　　B. 45　　　　　　　C. 150　　　　　　　D. 75

二、判断题

1. 同一杯水具有相同的效用。（　　　）
2. 无差异曲线表示不同的消费者消费两种商品的不同数量组合所得到的效用是相同的。（　　　）
3. 如果边际效用递减，则总效用下降。（　　　）
4. 消费者剩余是消费者的主观感受。（　　　）
5. 对所有人来说，钱的边际效用是不会递减的。（　　　）
6. 作为消费者的合理选择，哪一种商品的边际效用最大就应当选择哪一种商品。（　　　）
7. 吉芬商品是一种低档品，但低档品不一定是吉芬商品。（　　　）
8. 消费者的效用最大化要求预算线与无差异曲线相交。（　　　）
9. 收入消费曲线是指在两种商品的价格水平之比为常数的情况下，每一收入水平所对应的两种商品最佳购买组合点组成的轨迹。（　　　）
10. 预算线的平行移动说明消费者收入发生变化，价格没有发生变化。（　　　）

三、简答题

1. 无差异曲线的特点有哪些？
2. 解释边际替代率递减规律，并分析原因。
3. 举例说明什么是消费者剩余。
4. 什么是消费者均衡？消费者获得均衡的条件是什么？
5. 基数效用论是如何推导需求曲线的？
6. 画图分析序数效用论是如何推导需求曲线的？
7. 画图分析正常物品的替代效应与收入效应。

四、计算题

1. 某消费者效用函数为 $U = 4X + Y^2$，原先他消费4单位X商品，4单位Y商品，现在Y商品的消费数量降到3单位，问他需要消费多少单位X商品才能保持效用水平不变。

2. 消费者的收入为540元，用于消费 X 商品与 Y 商品，两种商品的价格分别为 $P_x = 20$ 元和 $P_y = 30$ 元，消费者的效用函数为 $U = 3XY^2$。

（1）该消费者对两种商品的最佳购买量是多少？

（2）消费者获得的最大效用是多少？

3. 假设市场上只有两个消费者，消费者1与消费者2，两人的需求函数各自为 $Q_1 = 20 - 4P$，$Q_2 = 30 - 5P$。

（1）根据消费者个人需求函数，列出市场的需求函数。

（2）列出两个消费者的需求表，列出整个市场的需求表，验证市场需求函数是否正确。

4. 消费者的效用函数为 $U = q^{0.5} + 2M$，q 为消费的商品数量，M 为货币收入。

（1）求该消费者的需求函数与反需求函数。

（2）求价格 $P = 0.05$，$q = 25$ 时的消费者剩余。

5. 某消费者消费商品X与Y的无差异曲线为 $y = 80 - 3x^{\frac{1}{3}}$。

（1）$x = 27$ 时，边际替代率是多少？

（2）$x = 64$ 时，边际替代率是多少？

（3）判断 MRS_{xy} 是否有递减的性质？

生产者行为理论 | 第4章

本章将从供给方面研究生产者行为，分析产品供给状况的决定及其变化等。重点研究两个问题：一是在既定的成本下如何达到产量最大，二是在既定的产量之下如何实现成本最小。希望读者通过学习，从两个角度掌握投入产出的关系：从实物形态上分析生产的原理，即生产要素投入量和产出量之间的物质技术关系，称作生产理论；从货币形态上分析生产成本的结构，即产量变动所消耗的一定数量的生产要素的变动情况，称作成本理论。

4.1 生产理论

4.1.1 生产及生产要素

1. 生产的概念

经济学中的"生产"是指一切能够创造或增加效用的人类活动，生产活动包括物质资料等有形产品的生产，也包括劳务等无形产品的生产。而生产过程则是从生产要素投入到产品产出的过程。从物质资料技术角度分析，生产过程可分为两方面：一是投入（input），即生产过程中使用的各种要素；二是产出（output），即生产出来的各种产品的数量。生产者又称企业或厂商，是指拥有生产要素，并能够将劳动、资本和土地等不同生产要素集合起来，生产出产品和服务，并通过出售这些产品和服务获得利润的组织。它可以是个体生产者，也可以是一家规模巨大的公司。

2. 生产要素

生产要素指进行物质生产所必需的一切要素及环境条件。一般而言，生产要素至少包括人的要素、物的要素及其结合因素，劳动者和生产资料之所以是物质资料生产的最基本要素，是因为不论采用何种生产形式，劳动者和生产资料始终是生产不可缺少的要素，前者是生产的人身条件，后者是生产的物质条件。但是，当劳动者和生产资料处于分离的情况下，它们只在理论上是生产要素，它们要成为现实的生产要素就必须结合起来。劳动者与生产资料的结合，是人类进行社会劳动生产所必须具备的条件，没有它们的结合，就没有社会生产劳动。

长期以来，经济学所讲的生产要素是指生产中使用的各种资源，即劳动、资本、土地，后来比较普遍的观点是把企业家才能也列为生产要素，甚至认为企业家才能才是利润的真正来源。因此，"生产的三要素说"便发展为"生产的四要素说"。生产要素具体划分为4类：劳动、资本、土地和企业家才能。劳动是劳动者所提供的服务，它包括体力劳动和脑力劳动，体力劳动是简单劳动，而脑力劳动是复杂劳动。土地是指生产中使用的，自然界存在的各种自然资源，如土地、水、自然状态的矿藏、森林等。资本是指生产中使用的资金，它有无形的人力资本和有形的物质资本两种形式。前者指体现在劳动者身上的身体、文化、技术状态，后者指生产过程中使用的各种生产设备，如机器、厂房、工具、原料等。在生产理论中，资本指的是物质资本。企业家才能是指企业家经营管理企业的能力、创新的能力和承担风险的能力。

在知识经济时代，生产要素又可以分为两类：外生性生产要素和内在性生产要素，其中劳动土地资本 3 种传统的生产要素属于外生性生产要素，而企业家才能则属于内生性生产要素。

4.1.2 生产函数

1. 生产函数的定义

生产函数（production function）是指在一定的技术水平条件下，一定时期内厂商在生产过程中使用的各种要素的数量与它们能生产出来的最大产量之间的函数关系。这里要注意两点。第一，生产函数是在给定知识和技术条件下成立的。因而，生产函数可以更为准确地被理解为“在一定技术水平条件下，特定投入组合的有效使用带来的最大的可能性产出”；第二，随着知识技术的不断进步，生产函数会发生变化。生产函数一般表现形式为

$$Q=f(L,K,N,E) \tag{4-1}$$

其中，Q 代表产量，L、K、N、E 分别代表劳动、资本、土地、企业家才能。由于土地资源是相对固定的，企业家才能难以估量，因此生产函数通常表示为

$$Q=f(L,K) \tag{4-2}$$

这一函数表明，在一定技术水平条件下，生产 Q 的产量，需要投入一定数量的劳动 L 与资本 K 的组合。同样，生产函数也表明，已知劳动与资本的数量组合时，可以推算出最大的产量。

20 世纪 30 年代，美国经济学家柯布和道格拉斯依据美国有关统计资料，得出了这一时期美国制造业的生产函数为

$$Q=AL^{\alpha}K^{\beta}$$

在柯布-道格拉斯生产函数中，A、α、β 为常数，且 $\alpha<1$，$\beta>0$。

2. 生产函数的类型

生产函数一般可分为两种类型：一是固定比例生产函数，二是可变比例生产函数。如果生产一种产品使用的劳动与资本的组合比例是固定不变的，即要扩大或缩减产量，劳动与资本必须同比例增加或减少。这样的生产函数称为固定比例生产函数。

但对于大多数产品的生产，劳动与资本的组合比例是可以变动的，即生产要素是可以相互替代的，要素的组合比例是可变的，这种要素的投入比例可变的生产函数称为可变比例生产函数。经济学中厂商理论主要研究的是可变比例生产函数。

3. 技术系数

在不同行业的生产中，各种生产要素的组合比例是不同的。技术系数（technological coefficient）是指为生产一定量某种产品所需要的各种生产要素的组合比例。不同厂商生产函数的技术系数是不同的，具体包括固定技术系数和可变技术系数。

在柯布-道格拉斯生产函数中，如果劳动与资本的组合比例为 3∶1，即在生产中使用 3 个单位的劳动就要使用 1 个单位的资本。该生产函数的技术系数就为 3。固定技术系数的生产函数表明生产要素之间不能相互替代。

在现实生活中，哪些产品或行业的生产要素配置具有典型的固定比例搭配的特征？

固定技术系数是指在一定的技术水平条件下，生产某种产品所需要的各种生产要素的组合比例不发生变化。可变技术系数是指在一定的技术水平条件下，生产某种产品所需要的各种生产要素的组合比例可以发生变化。例如，生产同样产量的产品，既可以采用劳动密集型生产方式，也可以采用资本密集型生产方式。可变技术系数的生产函数表明生产要素之间可以相互替代。一般而言，在短期内，技术系数是不变的，但在长期内，技术系数是变化的。

4.1.3 短期生产函数与长期生产函数

1. 短期与长期

经济学中，短期和长期的划分并非以具体的时间长短为标准，而是以生产者能否变动全部的生产要素投入数量为标准。生产要素的投入包括不变投入与可变投入两部分，不随着产量上升而上升的就是固定投入（或叫固定成本），随着产量上升而上升的就是可变投入（或叫可变成本）。

通常情况下，机器、厂房属于固定成本，不管你生产或不生产，生产 1 个或 100 万个，这些成本都是不变的，都是你在生产开始时就添置的。而原材料（如蛋糕店的面粉、汽车工厂用的橡胶、奶制品厂商用的牛奶等）就属于可变成本，生产得越多，这些成本就越大，生产得越少，这些成本就越少。

现实生活中的轻资产行业和重资产行业指的是什么？重资产行业的固定投入主要包括什么？在企业经营失败面临退出时，固定投入又是如何影响企业退出市场的？

只有在短期中才存在可变投入与不变投入之分，也就是在短期中，一种固定不变的要素要与其他可变要素相搭配一起生产。长期中，生产要素有充足的时间调整，所有的生产要素都是随着产量的变化而变化的，不存在固定投入和可变投入之分。不同行业中的短期与长期也不同，这取决于投入品变动所需要的时间。如要想更换钢铁厂的炼钢设备数量可能需要 2 年的时间；而新开一家饮食店，并对其进行全面装修则只需要几个月。

总的来说，短期（short run）指生产者来不及调整全部生产要素投入数量，至少有一种生产要素的投入数量是固定不变的时间周期。长期（long run）指生产者可以根据环境的变化调整全部生产要素的投入数量，对生产进行调整的时间周期。

2. 短期生产函数

短期是指生产者不能根据他所要达到的产量来调整其全部生产要素的投入数量的时期，研究某种变动投入要素的收益率。短期生产函数是指在短期内所反映的投入与产出之间的关系，通常表示为

$$Q=f(\bar{K},L) \tag{4-3}$$

在资本 K 的上面加一横线表示它是一个常数，只有劳动 L 才是生产中的可变要素，短期生产函

数也可表示为

$$Q=f(L) \tag{4-4}$$

3. 长期生产函数

与短期生产函数相对应，长期生产函数是在生产者可以调整其全部生产要素的投入数量的情况下，考察要素投入和产出之间的关系。

长期是指生产者可以根据他所要达到的产量来调整其全部生产要素的投入数量的时期，研究的是生产者生产规模的收益率。在长期中，生产者的生产要素不再划分为不变投入和可变投入，所有要素的投入都可以改变。在长期，生产者根据企业的经营状况，可以缩小或扩大生产规模，甚至还可以加入或退出一个行业。长期生产函数是指在长期内所反映的投入与产出之间的关系，通常表示为

$$Q=f(K,L)$$

4.2 一种可变要素的生产函数

一种可变要素的生产函数一般假定基本投资一定，即厂房、机器设备等在某一时期内不能变化，只能改变使用的劳动力的数量来调整企业的产量，研究企业对投入产出的选择及其合理性。一种可变要素的生产函数也称短期生产函数，我们往往用一种可变要素的生产函数及其曲线来研究企业的短期生产行为。

扫码看视频

一种可变生产要素的生产函数

4.2.1 总产量、平均产量与边际产量

首先，我们必须了解总产量、平均产量与边际产量的定义。

假定生产某种产品使用资本 K 与劳动 L 两种生产要素，其中资本在短期内是不变的常数，那么，各种产量将随着劳动投入量的变化而变化。

1. 总产量

总产量（total product，TP）是指一定数量的生产要素（如劳动）可以生产出的全部产量，或指在资本不变的条件下，一定的劳动投入量可以生产出的全部产量。

2. 平均产量

平均产量（average product，AP）是指每一单位生产要素生产出的产量。

总产量与平均产量之间的关系为

$$TP_L=AP_L \cdot L \text{ 或 } AP_L=TP_L/L \tag{4-5}$$

其中，AP_L 代表劳动的平均产量，TP_L 代表劳动的总产量，L 代表劳动的投入量。

3. 边际产量

边际产量（marginal product，MP）是指某种生产要素增加或减少一单位所引起的总产量的增加或减少量。劳动的边际产量表示为

$$MP_L=\Delta TP_L/\Delta L \tag{4-6}$$

其中，MP_L 代表劳动的边际产量，ΔTP_L 代表总产量的增量，ΔL 代表劳动投入量的增量，劳动的边际产量又称为劳动的边际生产力。

4．总产量、平均产量、边际产量之间的关系

总产量、平均产量、边际产量之间存在相互对应的关系。

（1）总产量与边际产量的关系。

当边际产量增加时，总产量以递增的速度增加，总产量曲线上凹地向右上方伸展；当边际产量递减且大于零时，总产量以递减的速度增加，总产量曲线下凹地向右上方延伸；边际产量等于零时，总产量达到极大。一旦边际产量小于零，总产量就减少，总产量曲线就开始下降。

（2）总产量、平均产量和边际产量之间的关系。

因为 $AP_L=TP_L/L$，所以平均产量就是从原点向总产量曲线所作射线的斜率。由于总产量曲线先上凹后下凹，故从原点向总产量曲线所做的射线正好切于总产量曲线时，射线的斜率极大，即平均产量极大。在切点以前，射线的斜率递增，即平均产量递增。在切点以后，射线的斜率递减，即平均产量递减。

（3）平均产量和边际产量之间的关系。

从原点向总产量曲线所做的射线正好切于总产量曲线时，不仅射线的斜率极大，而且射线与总产量曲线在此处的切线重合。射线的斜率是平均产量，射线的斜率极大，意味着平均产量极大。而总产量曲线的切线的斜率是边际产量，因此平均产量极大时，平均产量正好等于边际产量，即边际产量曲线与平均产量曲线交于平均产量曲线的最高点。在交点以前，边际产量大于平均产量，平均产量递增。在交点以后，边际产量小于平均产量，平均产量递减。

总产量、平均产量和边际产量之间的关系可以通过表 4-1 来反映。

表 4-1　　　　　　　　　总产量、平均产量和边际产量之间的关系

资本（K）	劳动（L）	劳动增量（ΔL）	总产量（TP）	总产量增量（ΔTP）	平均产量（AP）	边际产量（MP）
15	0	0	0	0	0	0
15	1	1	5	5	5	5
15	2	1	13	8	6.5	8
15	3	1	22.5	9.5	7.5	9.5
15	4	1	30.5	8	7.6	8
15	5	1	38	7.5	7.6	7.5
15	6	1	45	7	7.5	7
15	7	1	45	0	6.4	0
15	8	1	42	−3	5.3	−3

根据表 4-1，可以做出图 4-1。

在图 4-1 中，L 轴代表劳动量，Q 轴代表产量，TP、AP、MP 分别代表总产量曲线、平均产量曲线、边际产量曲线。根据分析，我们可以总结出，总产量、平均产量和边际产量之间的关系呈现以下特点。

第一，在资本量不变的情况下，随着劳动量的增加，最初总产量、平均产量和边际产量都是递增的，但各自增加到一定程度以后就分别递减。所以总产量曲线、平均产量曲线和边际产量曲线都是先上升而后下降。

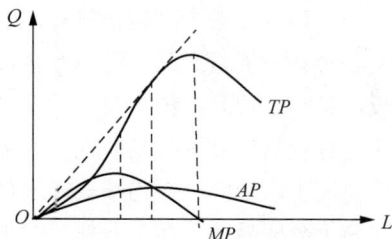
图 4-1　总产量曲线、平均产量曲线、边际产量曲线

第二，边际产量曲线与平均产量曲线相交于平均产量曲线的最高点。在相交点的左侧，平均产

量是递增的，边际产量大于平均产量（*MP*>*AP*）；在相交点的右侧，平均产量是递减的，边际产量小于平均产量（*MP*<*AP*）；在相交点处，平均产量达到最大，边际产量等于平均产量（*MP*=*AP*）。

第三，当边际产量为正数时（*MP*>0），总产量增加；当边际产量为零时（*MP*=0），总产量停止增加，并达到最大；当边际产量为负数时（*MP*<0），总产量减少。

4.2.2　边际收益递减规律

边际收益递减规律是采用边际分析方法，研究在一定生产规模中只改变一种可变要素的投入量时，产量（收益）变化的规律。

1. 边际收益递减规律（收益递减规律）的含义

边际收益递减规律（law of diminishing marginal returns）是指在技术水平不变的条件下，若其他生产要素固定不变，只连续投入一种可变生产要素，随着这种可变生产要素投入量的增加，最初每增加一单位该要素所带来的产量增量是递增的，但在达到一定限度之后，增加一单位要素投入所带来的产量增量将递减，最终还会使产量减少。

2. 理解边际收益递减规律

理解边际收益递减规律需要注意以下 5 个方面。

（1）边际收益递减规律发生的前提条件是技术水平不变。若技术水平发生变化，这个规律就不存在。

（2）边际收益递减规律假定至少有一种要素的数量是保持不变的，因此它不适用于所有要素的数量都等比例增加的情况。

（3）在其他生产要素不变的情况下，一种可变生产要素增加所引起的产量或收益的变动经历 3 个阶段。第一个阶段，即产量递增阶段，可变生产要素的增加使产量或收益增加。因为在开始时，不变生产要素没有得到充分利用，从而使产量递增。第二个阶段，即边际产量递减阶段，可变生产要素的增加仍可使总产量增加，但增加的幅度，即增加的每一单位生产要素的边际产量是递减的。因为在这一阶段，不变生产要素已接近充分利用，可变生产要素的增加已不可能像第一阶段那样使产量迅速增加。第三个阶段，即产量绝对减少阶段，可变生产要素的增加使总产量减少。因为不变生产要素已经被充分利用，再增加可变生产要素只会使生产效率降低，使总产量减少。

（4）边际收益递减规律像边际效用递减规律一样，无须提出理论证明。它是从生产实践中得出来的基本生产规律，边际产量是可以计量的。而边际效用递减规律是从消费者的心理感受中得出来的，边际效用是不可计量的。

（5）边际收益递减规律只存在于技术系数可变的生产函数中。对于技术系数固定的生产函数，由于各种生产要素之间不可相互替代，其组合比例是不可改变的，所以，当改变其中一种生产要素的投入量时，边际产量会突变为零，不存在递减的趋势。

边际收益递减规律是研究一种生产要素的合理投入的出发点。在技术水平不变的情况下，边际收益递减规律这种现象，在生产实践、社会活动和科学实验过程中是十分明显的。在工业部门的生产过程中，由于劳动力增加过多，超过了固定资产和设备的正常配置比例，就会使生产效率降低。在农业生产中，农民连续给一块土地施肥所带来的产量递减现象。企业进行的"减员增效"，都是边际收益递减规律的具体体现。

视野拓展

马尔萨斯观察与
边际收益递减规律

4.2.3 一种生产要素的合理投入

从上面的分析可知，研究一种生产要素的合理投入时，在生产一种产品所使用的各种生产要素中，除一种生产要素外，其余要素均固定不变。根据平均产量曲线和边际产量曲线的关系，可以把可变要素的投入划分为 3 个区间。如图 4-2 所示。

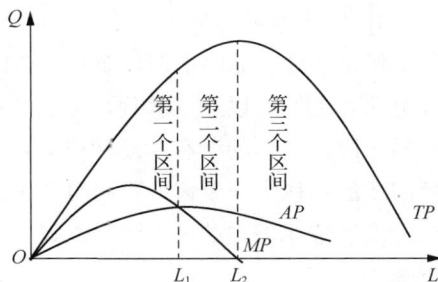

图 4-2 要素投入的 3 个区间

第一个区间是 L 从零增加到 L_1 点。其特点是：AP 由零递增至最高点；$MP>0$，TP 保持递增趋势；并且 $MP>AP$，AP 在达到最大值时，MP 已经呈递减趋势；当 $MP=AP$ 时，第一个区间结束。

第二个区间是 L 从 L_1 点增加到 L_2 点。其特点是：AP 递减；$AP>MP$；$MP>0$，TP 保持递增趋势；当 $MP=0$ 时，TP 达到最大值，第二个区间结束。

第三个区间是 L 从 L_2 点增加到无限大。其特点是：TP 由最高点递减，AP 一直保持递减趋势，$MP<0$。

显然，第一个区间和第三个区间都不是一种生产要素的合理投入区间。

原因分析如下。

第一个区间表现为平均产量一直在增加，边际产量大于平均产量。在这一区间，相对于不变的资本来说，劳动量是缺乏的。所以，劳动量的增加可以使资本的作用得到充分发挥，从而使产量增加，即每增加一单位劳动投入量所增加的产量，大于在现阶段总产量下的平均劳动产量。

第二个区间表现为平均产量开始下降，总产量增加。尽管边际产量仍然大于零，但边际产量递减，即每增加一单位劳动投入量所增加的产量，小于在现阶段总产量下的平均劳动产量。这表明随着劳动投入量的不断增加，相对不变的资本的作用已得到充分发挥。

第三个区间表现为边际产量为负数，总产量开始减少，此时劳动投入过多。

一般而言，第二个区间为生产要素的合理投入区间，也就是厂商选择最优投入量的区间。在这个区间，厂商可以得到第一个区间所带来的全部好处，又可以避免将可变要素投入增加到第三个区间而带来的不利影响。但劳动量的投入究竟在第二个区间的哪一点上，要视厂商的目标而定。如果厂商的目标是使平均产量达到最大，那么，劳动量增加到 L_1 点即可。如果厂商的目标是使总产量达到最大，那么，劳动量增加到 L_2 点即可。如果厂商以利润最大化为目标，则必须结合成本、产品价格等因素进行综合分析。因为平均产量最大时，利润并不一定最大；总产量最大时，利润也不一定最大。

4.3 两种可变要素生产函数

两种可变生产要素函数是指在一定生产期间内，两种生产要素的投入数量都发生变化，不存在固定不变的生产要素。

4.3.1 等产量线

1. 等产量线的含义

假定某种商品的生产需要投入劳动和资本两种要素，两种要素都是可变的，并且两者之间可以相互替代，那么等产量线就是在技术水平不变的条件下，生产某一固定产量的所有劳动和资本可能的组合点所组成的一条曲线，即表示用所需要的各种生产要素的不同组合生产某一固定产量的曲线。

以 Q 表示既定的产量水平，则与等产量曲线相对应的生产函数为

$$Q=f(L,K)$$

在图 4-3 中，横轴 L 代表劳动投入量，纵轴 K 代表资本投入量，Q 代表等产量曲线，a、b、c、d 表示劳动与资本的 4 种组合方式。在等产量曲线上，劳动与资本不同的组合给生产者带来的产量都是相同的。

由于等产量线的几何特点与无差异曲线相似，它又被称为生产无差异曲线。但两者有区别：等产量曲线表示产量，无差异曲线表示效用；等产量线是客观的，无差异曲线是主观的。

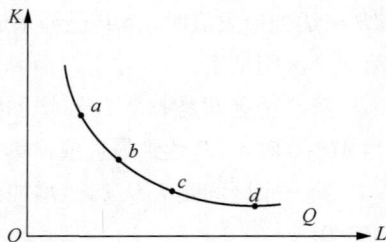

图 4-3 等产量曲线

2. 等产量线的特征

等产量线具有以下特征。

第一，等产量线是一条向右下方倾斜并凸向原点的曲线，其斜率为负值。这表明，在生产者的资源与生产要素价格既定的条件下，为了达到相同的产量，在增加一种生产要素的投入时，就必须减少另一种生产要素的投入。如从 a 点到 b 点，产量不变，这就是说增加一种生产要素（劳动）的投入所增加的产量恰恰弥补了因减少另一种生产要素（资本）的投入而损失的产量。

边际技术替代率（marginal rate of technical substitution，MRTS）是指一种生产要素可以被另一种生产要素替代而保持产量不变。假设以 ΔL 代表劳动的增加量，ΔK 代表资本的减少量，MP_L 代表劳动的边际产量，MP_K 代表资本的边际产量，$MRTS_{LK}$ 代表劳动对资本的边际技术替代率，则有

$$MRTS_{LK}=-\Delta K/\Delta L=MP_L/MP_K \tag{4-7}$$

等产量线是一条向右下方倾斜并凸向原点的曲线，这是因为边际技术替代率为负并且是递减的。等产量线上任何一点的边际技术替代率，从几何学的角度看，是过该点作等产量曲线的切线的斜率，从经济学的角度看，为了使产量保持不变，当劳动投入量不断增加时，每单位劳动能够替代的资本的数量不断减少，也就是说，劳动的边际技术替代率是递减的。因此，当一种要素的投入量不断增加，在总产量不变的条件下，每单位该要素能够替代的其他要素的数量不断减少，这就是边际技术替代率递减规律。

第二，在同一平面图上，有无数条等产量线。每一条等产量线代表不同的产量水平。而且离原点越远的等产量线所代表的产量水平越高，离原点越近的等产量线所代表的产量水平越低。

第三，在同一平面图上，任意两条等产量线不能相交。因为两条等产量线相交则代表两者产量水平相等。如果说有两条等产量线相交于某一点，那么在这一点上就有相等的产量，显然这与不同的等产量线代表不同的产量水平在逻辑上是矛盾的。

4.3.2　等成本线

等成本线是一条表明在厂商的成本与生产要素价格既定的条件下，厂商所能购买到的两种生产要素的最大数量的组合线。等成本线表明了厂商进行生产的限制条件，即它为购买的生产要素所花费的成本支出，既不能大于，也不能小于厂商所拥有的货币成本。如果大于货币成本，生产就是不现实的，如果小于货币成本，就无法实现产量最大化。等成本线可以表示为

$$P_L \cdot Q_L + P_K \cdot Q_K = M \tag{4-8}$$

P_L、Q_L 是劳动要素的价格和购买量，P_K、Q_K 是资本要素的价格和购买量，M 代表货币成本。根据等成本线方程，就可以绘出等成本线。例如 $M=20\ 000$ 元，$P_L=500$ 元、$P_K=400$ 元，则 $Q_L=0$ 时 $Q_K=50$；$Q_K=0$ 时 $Q_L=40$。于是可得等成本线，如图 4-4 所示。

在图 4-4 中，连接 ab 两点的线段就是等成本线。等成本线上的任何一点都是在货币成本与生产要素价格既定的条件下，能购买到的劳动与资本的最大数量的组合。

如果生产者的货币成本和生产要素价格改变了，则等成本线就会移动。如果生产者的货币成本变动（或生产要素价格变动），则等成本线会平行移动。货币成本增加，等成本线向右上方平行移动；货币成本减少，等成本线向左下方平行移动，如图 4-5 所示。

在图 4-5 中，线段 ab 是原来的等成本线。当货币成本增加时，等成本线向右上方移动，为 a_2b_2，当货币成本减少时，等成本线向左下方移动，为 a_1b_1。

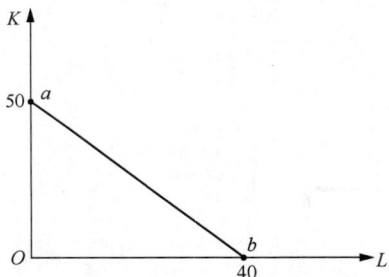

图 4-4　等成本线

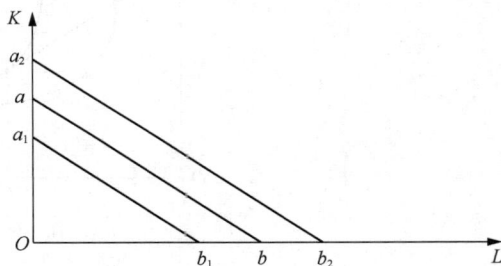

图 4-5　等成本线的移动

4.3.3　生产者均衡——生产要素投入量的最优组合

现在进一步研究可变比例生产函数的两种要素投入。在长期，所有的生产要素的投入量都是可变动的，任何一个理性的生产者都会选择最优的生产要素组合进行生产。生产者一旦找到这个最优组合，就意味着实现了生产者均衡。在技术系数可以变动，即两种生产要素的组合比例可以变动的情况下，这两种生产要素按什么比例组合最好呢？这就是生产要素最优组合所研究的问题。

消费者均衡是研究消费者如何把既定的收入分配于两种产品的购买与消费上，以实现效用最大化。生产者均衡是研究生产者如何把既定的成本分配于两种生产要素的购买与生产上，以实现利润最大化。两者所使用的分析方法基本相同，即边际分析法与无差异（等产量）分析法。

1. 边际分析法：产量给定、成本最少

同分析消费者均衡相似，生产者均衡的原则是：在成本与生产要素价格既定的条件下，使所购

买的各种生产要素的边际产量与价格的比例相等，即要使每一单位货币无论购买何种生产要素都能得到相等的边际产量。

假定生产者用一定的成本 M 购买的生产要素是资本 K 和劳动 L，两种生产要素的价格分别为 P_K 和 P_L，购买数量分别为 Q_K 和 Q_L，两种生产要素的边际产量分别为 MP_K 和 MP_L，每一单位货币的边际产量为 MP_M。那么生产者利润最大化的均衡条件可以表示为

$$P_K \cdot Q_K + P_L \cdot Q_L = M \tag{4-9}$$

$$MP_K / P_K = MP_L / P_L = MP_M \tag{4-10}$$

式（4-9）表示生产者利润最大化的限制条件。说明生产者拥有的货币量是既定的，购买两种生产要素的支出既不能超出这一货币量，也不能小于这一货币量。超出是无法实现的，而小于这一货币量的购买不能实现产量最大化。

式（4-10）表示生产者均衡的条件。每一单位货币无论是用于购买资本 K，还是购买劳动 L，所得到的边际产量都相等。

2. 无差异（等产量）分析法：成本给定、产量最大

把等产量线与等成本线放在同一张图上，那么，等成本线必定与无数条等产量线中的一条切于一点。在这个切点上就实现了生产者均衡，如图 4-6 所示。

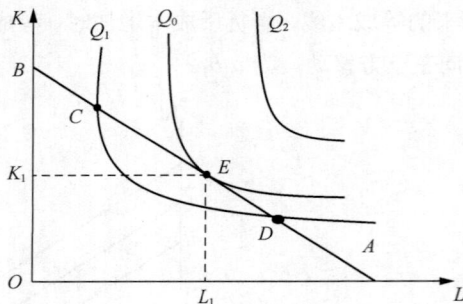

图 4-6　生产者均衡

在图 4-6 中，三条等产量线，产量大小的顺序为 $Q_1 < Q_0 < Q_2$。等成本线 AB 与 Q_0 相切于 E 点，这时就实现了生产者均衡。这就是说，在生产者的货币成本与生产要素价格既定的条件下，购买 K_1 的资本和 L_1 的劳动，能实现利润最大化，即既定产量下成本最小或既定成本下产量最大。

为什么只有等产量线与等成本线的切点处是生产要素的最优组合呢？从图 4-6 中可以看出，只有在 E 处所表示的劳动与资本的组合才能在货币成本和生产要素价格既定条件下使产量最大。离原点远的等产量曲线 Q_2 所代表的产量水平大于 Q_0，但等成本线 AB 同它既不相交又不相切，这说明在货币成本与生产要素价格既定的条件下，Q_2 所代表的产量水平是无法实现的。而离原点近的等产量线 Q_1，虽然 AB 线同它有两个交点 C 和 D，说明在 C 点和 D 点上的劳动与资本的数量组合也是在货币成本与生产要素价格既定的条件下的最优组合，但 $Q_1 < Q_0$。C 点和 D 点时的劳动与资本的组合并不能使利润最大化。此外，Q_0 上除 E 点之外的其他各点也在 AB 线之外，即其所要求的劳动与资本的数量组合在货币成本与生产要素价格既定的条件下也是无法实现的。

3. 生产扩张线

生产扩张线（expansion path）是在生产要素价格和其他条件不变的情况下，随着厂商成本的增

加，等成本线向右上方平行移动，不同的等成本线与不同的等产量线相切，形成不同的生产要素最优组合点，将这些点连接在一起可得到一条曲线。它由所有等产量曲线与等成本线的切点所构成，它表示在生产要素价格、技术和其他条件不变的情况下，当生产过程的投入（成本）增加时，厂商必然会按照生产要素的最优组合来扩展生产。当厂商沿着这条线扩大生产时，可以始终实现利润最大化，从而使生产规模沿着最有利的方向扩大。生产扩张线如图 4-7 所示。

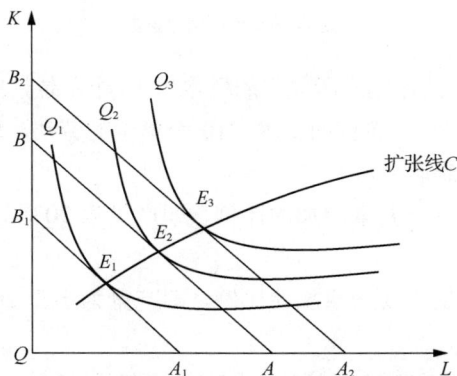

图 4-7　生产扩张线

4.4 | 生产的规模报酬

4.4.1　规模报酬的含义

厂商生产规模的改变，一般来说是通过各种生产要素投入量的改变实现的。各种生产要素在调整过程中，可以按不同的组合比例同时变动，也可以按固定比例变动。在生产理论中，常以全部生产要素按相同的比例变化来定义厂商生产规模的变化。因此，规模报酬（Returns to scale）是指在其他条件不变的情况下，企业内部各种生产要素按相同比例变化时所带来的产量的变化。规模报酬分析是分析厂商生产规模的变化与所引起的产量的变化之间的关系。厂商只有在长期内才能变动全部生产要素，进而变动生产规模，因此企业的规模报酬分析属于长期生产理论问题。

扫码看视频

规模报酬

理解规模报酬时要注意以下 3 点。

第一，规模报酬发生作用是以技术水平不变为前提的。

第二，在生产中使用的两种可变的生产要素是按相同比例增加的，且不考虑技术系数变化的影响，以及由于生产组织规模的调整对产量的影响。例如，由于若干企业发生合并，而使产量发生变化的影响不予考虑。

第三，两种生产要素变动所引起的产量或收益的变动情况，如同边际收益递减规律发生作用，也有规模报酬递增、规模报酬不变、规模报酬递减 3 个阶段。如图 4-8 所示。

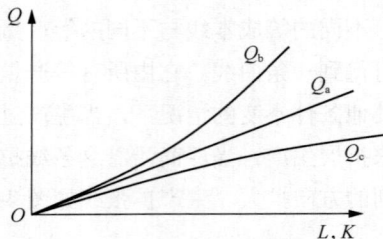

图 4-8　规模报酬的变动

假设一座月产量为 10 万吨的化肥厂所使用的资本为 10 个单位，劳动为 5 个单位。现在将企业的生产规模扩大一倍，即使用 20 个单位的资本，10 个单位的劳动，由于这种生产规模的变化所带来的产量变化可能有如下 3 种情形。

（1）产量增加的比例大于生产要素增加的比例，即产量为 20 吨以上，这种情形叫作规模报酬递增。

（2）产量增加的比例小于生产要素增加的比例，即产量为小于 20 吨，这种情形称为规模报酬递减。

（3）产量增加的比例等于生产要素增加的比例，即产量为 20 吨，这种情形称为规模报酬不变。

想一想

现实的经济运行中，企业的各种生产要素的增减是同比例的吗？我们在财经领域常用的名词——规模经济和本节学习的规模报酬有什么关系？

厂商生产规模的扩大带来的生产效率的提高，主要受生产技术、专业化分工、财务等因素的影响。生产规模扩大后，厂商能够利用更先进的生产技术和机器设备，使得每单位产出的制造费用和维修费用大大降低。大规模生产后，随着对较多的人力和机器的使用，厂商内部的分工能够更合理和专业。工人可以进行更加有效的分工协作，大大提高劳动生产率。另外，厂商活动的规模化会给企业带来筹措资金、销售产品等方面的好处，而人数较多的技术培训和具有一定规模的生产经营管理，同样可以节省成本。

在图 4-8 中，Q_a 代表规模报酬不变，Q_b 代表规模报酬递增，Q_c 代表规模报酬递减。

4.4.2　影响规模报酬的因素

规模报酬变化的不同情况要用内在经济和外在经济来解释。

内在经济（internal economies）是指一个厂商在生产规模扩大时，由自身内部因素所引起的收益或产量的增加。引起内在经济的主要因素有 5 类。第一，生产规模扩大，可以购置和使用更加先进的机器设备；可以提高专业化程度，提高生产效率；还有利于实行资源的综合开发和利用，使生产要素的作用得到充分发挥。第二，巨大的生产规模能使厂商内部管理系统高度专门化，更容易使各个部门的管理者成为某一方面的专家，从而提高管理水平和工作效率。第三，在大规模生产中，可以对副产品进行综合利用，可以更加快速地开发出许多相关产品，实行多元化生产。第四，在大规模生产中，可以对生产要素进行综合、大批量采购，对产品进行大批量运输，从而降低购销成本。

第五，由于大规模生产相对容易形成生产经营上的垄断，从而有利于获取生产经营上的优势，获得递增的规模报酬。

但是，如果一个厂商由于本身生产规模过大而引起产量或收益的减少，这种情况就叫作内在不经济（internal diseconomies）。引起内在不经济的原因主要有 3 类。第一，规模过大，管理层次复杂、管理幅度过大、管理机构庞大，可能会降低管理效率。第二，生产经营规模庞大、产品多样化，可能会引起销售费用的增加。第三，生产规模大、产品多样化，可能会使生产要素、制成品和在制品积压，导致生产成本的增加。

外在经济（external economies）是指由于整个行业生产规模扩大，给个别厂商带来的产量或收益的增加。引起外在经济的原因主要有 4 类。第一，个别厂商可以从整个行业的扩大中得到更加便利的交通辅助设施和更方便地获取各种市场信息。第二，能够在行业内部实行更好的专业化协作，提高各个厂商的生产效率。第三，可以得到更多的人才和技术熟练的工人。第四，可以更加方便地实现厂商间的规模连锁经营和扩张经营。

外在不经济（external diseconomies）是指由于整个行业生产规模的扩大，给个别厂商带来的产量或收益的下降。引起外在不经济的原因主要有 3 类。第一，规模过大，可能会加剧厂商间的竞争，从而降低收益。第二，行业规模过大，厂商之间互相争购原料和劳动力，从而导致生产要素价格上升、成本增加。第三，行业规模过大，会加重环境污染、交通拥挤等情况。

4.4.3 适度规模

在技术水平不变的条件下，规模报酬会随着生产规模的变化而变化。一般生产规模较小时，扩大生产规模会导致规模报酬递增；生产规模达到适度规模时，扩大生产规模会导致规模报酬不变；超过适度规模时，扩大生产规模会导致规模报酬递减。适度规模也叫最优规模。在适度规模上，厂商获得了扩大规模带来的效率增加所产生的全部好处，又避免了继续扩大规模带来的效率下降所造成的损失。所谓适度规模（appropriate degree dimensions）就是指两种生产要素的增加使生产规模扩大的同时，使产量或收益递增。当产量或收益达到最大时，就不再增加生产要素，并维持这一生产规模。

对于不同行业的厂商来说，适度规模的大小是不同的，关于适变规模的大小并没有一个统一的标准。在确定适度规模时应该考虑的因素主要有以下几个。

（1）本行业技术、经济的特点。

技术结构复杂、工艺流程阶段多、起始资本大、进入退出壁垒高的产业（如汽车、家电、冶金、石油行业），规模经济显著，适度规模的标准较高；生产技术并不复杂、起始资本小、进入退出壁垒低的行业，规模经济不显著，因此适度规模的标准也较低。

（2）市场供求与容量。

对于市场需求变化快、品种多、花色样式变化频繁的产品，其生产规模不宜过大；对于市场需求量大、需求品种单一、需求规模变化较小的产品，其生产规模应相对较大。同时，市场状况是千变万化的，市场需求量、需求结构、供给条件随时都在发生变化，企业必须根据变化的情况决定资源的配置和生产的规模。

（3）产品结构。

如果产品在市场上不具有竞争力和生命力，企业的规模就会受到限制。此时，扩大企业的规模就应把着眼点放在生产名优产品和适销对路的产品上，并且不断进行产品的升级换代，力争以产品结构调整推动企业规模的扩大。

（4）管理水平。

管理水平高的企业，可以扩大规模，较大的企业规模反而能够摊低管理成本。而对于管理水平较低的企业，盲目地扩大生产规模会不可避免地带来管理成本的急剧上升。

另外，自然资源状况、国际通用标准等因素都对企业的适度规模有不同的影响。总而言之，各国、各地由于经济发展水平、资源、市场等条件的差异，即使是同一行业，其适度规模的大小也不完全相同。但对一些重要行业，国际有通行的规模经济标准。我国大多企业都没有达到规模经济的要求，随着技术的进步，许多行业的生产规模尚有扩大趋势。因此，适当扩大企业的生产规模是我国许多企业提高规模经济效益的客观需要。

4.5 成本理论

前文中我们运用生产函数分析了要素投入与产量之间的关系，找到了厂商生产要素投入数量的最优组合（使产量既定的成本最小化或成本既定的产量最大化的生产要素的数量组合）。但在前文只是以等成本线来表示成本对生产的约束，没有深入探讨成本本身的变化。而探讨成本本身的变化对于理解厂商利润最大化目标的实现是必不可少的，因为这涉及厂商选择的经济效率问题。

4.5.1 成本的含义

成本是指生产中使用各种生产要素的支出，也叫生产费用。成本由工资、地租、利息及正常利润构成。正常利润是一种机会成本，是隐性成本的一部分。

经济学中的成本概念与会计中的成本概念是有区别的。会计中的成本通常是指显性成本（explicit cost）。经济学中的成本除了显性成本外，还包括隐性成本（implicit cost）和机会成本。

1. 机会成本

影响厂商决策的成本叫机会成本。一种资源的机会成本是指该资源用于某种用途时被放弃的其他用途中所能获得的最大收益。机会成本是由资源的稀缺性和替代性引起的。经济活动中的成本，不仅包括经济活动本身的资源投入成本，还包括所放弃的收益。机会成本包括显性成本与隐性成本两个部分。显性成本是厂商购买所需生产要素的实际支出。隐性成本是厂商在生产过程中或经营活动中使用的自己拥有的生产要素的价值。从机会成本的角度来考察生产过程时，厂商需要将生产要素投向收益最大的项目，从而避免带来资源的浪费，以达到最优的资源配置。

视野拓展

天下没有白吃的午餐——生活中的"机会成本"

2. 会计成本

会计成本是指会计人员在账簿上记录下来的成本。会计成本不能用于决策，因为它属于历史成本，而决策是面向未来的。此外，会计成本只反映使用资源的实际货币支出，而没有反映厂商为使用这些资源所付出的总代价。

3. 会计成本、经济成本、显性成本、隐性成本之间的关系

会计成本=显性成本

经济成本=显性成本+隐性成本

4. 会计利润、经济利润、正常利润之间的关系

会计利润是指扣除所得税前的"净利润"。显性成本加隐性成本为机会成本。销售总收益减机会成本等于经济利润。对于厂商来讲，所谓的利润最大化是指经济利润最大化。

会计利润=总收益−会计成本

经济利润=总收益−会计成本−隐性成本=会计利润−隐性成本

经济利润为 0 时，则企业获得正常利润。

4.5.2 生产的短期成本

1. 短期成本的内涵和构成

一家厂商决定开展一定规模的经营活动，需要按照设计要求，建立厂房，购置机器等固定设备。所谓短期是指在一段时期内，厂商无法改变其固定设备的规模。由于在短期内，厂商的固定设备是无法改变的，所以一家厂商的短期成本包括两类：一是固定成本，二是可变成本。

可以把固定成本定义为厂商即使暂时关闭工厂，什么也不生产，从而会承担的费用，包括厂房等固定设备投资的利息、折旧费和维修费、各种保险费和一些税金，以及即使在暂时停产期间也要继续雇用的人员的工资。而可变成本则是指随产量的变动而变动的成本。这类成本包括工人工资、厂商为购进原材料以及其他物品而发生的支出，以及电费等。

2. 短期总成本

假定生产要素的价格不变，只把成本看作产出的函数。短期总成本（short-run total cost，STC）是厂商在短期生产中所耗费的全部成本，其中包括总固定成本（total fixed cost，TFC）与总变动成本（total variable cost，TVC）两个部分。短期总成本可以简单表示为 C，其一般形式为

$$C=f(q)+b \tag{4-11}$$

其中，$f(q)$ 为变动成本，b 是固定成本。固定成本（fixed cost）是厂商花费在所有固定投入上的费用，固定成本不随产量的变化而变化。变动成本（variable cost）是厂商花费在所有变动投入上的费用，变动成本随产量的变化而变化。短期总成本如图 4-9 所示。

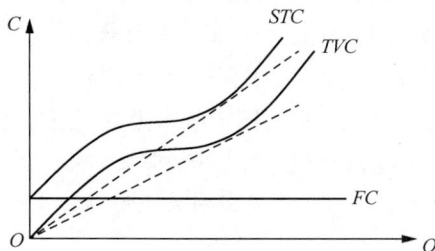

图 4-9　短期总成本

3. 短期平均成本

平均成本（verage cost）是平均每一单位产量所分摊的成本。对于式（4-11）的成本函数而言，短期平均成本（short-run average cost，SAC）表示为

$$SAC = f(q)/q + b/q \qquad (4-12)$$

短期平均成本由两部分构成，一部分是平均可变成本（average variable cost，AVC），另一部分是平均固定成本（average fixed cost，AFC）。

不管是平均固定成本还是平均可变成本都会随产量的变化而变化。平均固定成本是直角双曲线中的一条，其图形如图 4-10 所示。平均可变成本曲线是一条二次成本曲线，其图形如图 4-11 所示。

合并图 4-10 和图 4-11，得到如图 4-12 所示的短期平均成本曲线 SAC。

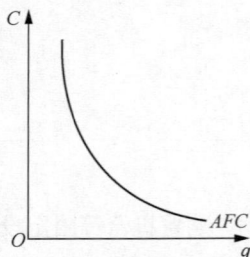

图 4-10　平均固定成本　　　　图 4-11　平均可变成本　　　图 4-12　平均成本、平均固定成本与平均可变成本的关系

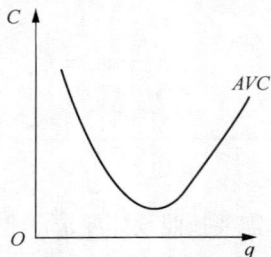

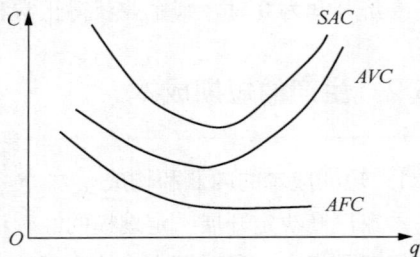

图 4-12 中的短期平均成本曲线 SAC 由平均固定成本曲线 AFC 与平均可变成本曲线 AVC 的垂直相加得到。短期平均成本曲线 SAC 先下降后上升，这一特征正好与上一章所讨论的平均产量曲线的特征相反，平均产量曲线先上升后下降。我们曾经指出，成本函数可以由生产函数导出。因此，平均成本曲线的变化特征也可以由平均产量曲线的变化特征导出。在要素价格不变的假定下，平均可变成本为表示为

$$AVC = VC/Q \qquad (4-13)$$

假设 P 为要素的价格，V 为要素投入量，q 为产量。上式可以进一步表示为

$$AVC = P(V/q) = P(1/AP)$$

其中，AP 为要素的平均产量。显然，平均可变成本与平均产量呈反方向变化。从几何图形上看，如果平均产量先上升后下降，那么平均可变成本就先下降后上升。由于平均固定成本随产量的增加而一直下降，因此短期平均成本曲线与平均可变成本曲线一样先下降后上升。

4. 短期边际成本

短期边际成本（short-run marginal cost，SMC）是产量的增量所引起的总成本的增量。即

$$SMC = \mathrm{d}TC/\mathrm{d}q \qquad （在函数连续、可求导的情况下）\qquad (4-14)$$

或者 $\qquad SMC = \Delta TC/\Delta q \qquad （在函数不连续、不可求导的情况下）\qquad (4-15)$

短期边际成本随产量的变化而变化，它与固定成本无关。所以短期边际成本又可以表示为：

$$SMC = \mathrm{d}TVC/\mathrm{d}q \qquad （在函数连续、可求导的情况下）\qquad (4-16)$$

或者 $\qquad SMC = \Delta TVC/\Delta q \qquad （在函数不连续、不可求导的情况下）\qquad (4-17)$

5. 各种成本之间的关系

和在生产理论中边际产量与平均产量存在密切的关系一样，在成本理论中，边际成本与平均成

本也存在密切的关系，而且边际成本与平均成本的关系同边际产量与平均产量的关系恰好相反。边际产量在平均产量达到最大值时与平均产量相等；边际成本则是在平均成本达到最小值时与平均成本相等。从几何图形上看，短期边际成本分别过平均可变成本曲线与短期平均成本曲线的最低点，如图 4-13 所示。

通过总成本曲线我们可以直观地看出短期边际成本、平均可变成本与短期平均成本之间的关系，如图 4-14 所示。首先，每一个产量上的 SMC 值是相应的 STC 曲线和 TVC 曲线的斜率。在边际收益递减规律的作用下，SMC 曲线先下降后上升，相应的 STC 曲线和 TVC 曲线的斜率也由递减变为递增。当 SMC 曲线达到极小值时，STC 曲线和 TVC 曲线各自存在一个拐点。其次，SMC 曲线和 SAC 曲线、AVC 曲线相交于 SAC 曲线、AVC 曲线的最低点。由于 SMC 曲线呈 U 形，所以 SAC 曲线、AVC 曲线也必然呈 U 型，且必然与 SMC 曲线相交于两者的最低点。SAC 曲线的最低点既晚于、又高于 AVC 曲线的最低点。这是由于在平均总成本中不仅包括平均可变成本，还包括平均固定成本。

视野拓展

机票价格制定的原理和策略

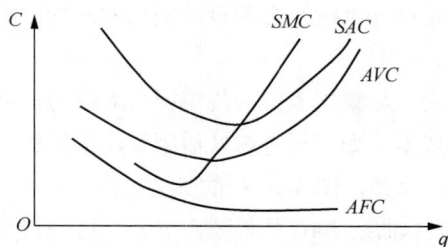

图 4-13　边际成本与平均成本的关系

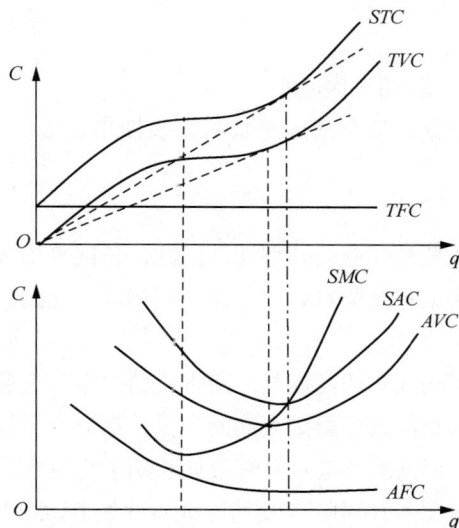

图 4-14　各种短期成本之间的关系

4.5.3　生产的长期成本

长期内，厂商所投入的所有生产要素都可以变动，因而所有的成本都可以变动，不存在固定成本与变动成本之分。长期成本函数的一般形式为

$$C = f(q) \tag{4-18}$$

我们分别从长期总成本（long-run total cost，LTC）、长期平均成本（long-run average cost，LAC）、长期边际成本（long-run marginal cost，LMC）等方面讨论生产的长期成本。

1. 长期总成本

长期总成本是由众多的短期总成本构成的。长期总成本曲线是短期总成本曲线的包络线（envelope curve），如图 4-15 所示。

在图 4-15 中，长期总成本曲线从短期总成本曲线的下方包络众多条短期总成本曲线（由 STC_1、STC_2 等表示）。长期总成本曲线从原点开始，说明长期总成本是完全随产量的变化而变化的。每一条短期总成本曲线都不是从原点开始，一旦从短期的角度看待成本，总会存在一些固定成本，这一部分成本不随产量的变化而变化。短期总成本曲线在纵坐标上的截距越大，说明企业的规模越大，因为厂商的规模较大总会产生较高的固定成本。

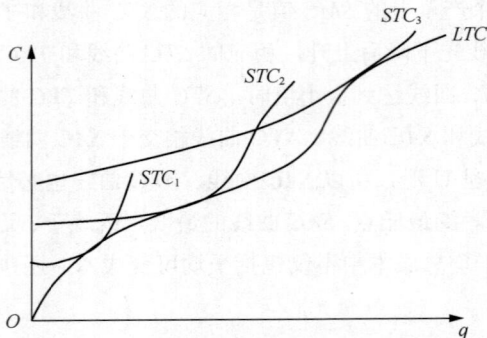

图 4-15　长期总成本

2. 长期平均成本

根据长期总成本函数得到长期平均成本函数。长期平均成本等于长期总成本除以产量，其公式为

$$AC=TC/q \tag{4-19}$$

长期是厂商的计划期，因此，长期平均成本是厂商的计划平均成本。长期平均成本对于厂商的长期决策是至关重要的。追求利润最大化的厂商在制订生产计划时，必须设法把长期平均成本降到最低。

平均成本的高低与厂商规模的大小、产量的高低有关。如果用太大的规模得到太低的产量，或者用太小的规模得到太高的产量，都会产生较高的平均成本。如果不考虑其他因素，单就成本决策而言，厂商应该选择具有最低长期平均成本的生产规模，比如，图 4-16 中的 E 点。

在图 4-16 中，长期边际成本曲线 LMC 过长期平均成本曲线 LAC 的最低点 E 点，这一特征我们将在下文进行讨论。如果不考虑其他因素，厂商在做长期计划时应该把产量设为 q_0，并且用能够产生 E 点这一最低长期平均成本水平的生产规模进行生产。但是，厂商在进行长期决策时还不能仅仅看长期平均成本是否最低，还要看产品的销路如何。有时 q_0 的产量的产品不一定都能销售得出去。市场对于厂商产品的长期需求量可能只能维持在 q_1 的水平。因此厂商只能以销定产，计划 q_1 的产量。不同的产量所需设定的生产规模是不同的。用较大的规模生产较少的产量会造成设备的闲置与浪费，因此，厂商在做长期决策时必须依据其产量计划设定生产规模。

借助图 4-17，我们来看看厂商如何选择生产规模。假定某行业的厂商只能利用大、中、小 3 种规模进行生产。每一种生产规模都有其相应的短期平均成本曲线。小生产规模的短期平均成本曲线为 SAC_1，中等生产规模的短期平均成本曲线为 SAC_2，大生产规模的短期平均成本曲线为 SAC_3。厂商可以根据自己计划的产量选择生产规模。例如，厂商若将产量设置为 q_1，就应该选择短期平均成本曲线为 SAC_1 的小生产规模。厂商若将产量设置为 q_4，就应该选择短期平均成本曲线为 SAC_2 的中等生产规模。厂商若将产量设置为 q_5，就应该选择短期平均成本曲线为 SAC_3 的大生产规模。

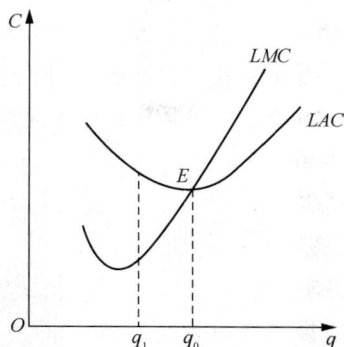

图 4-16　企业长期决策

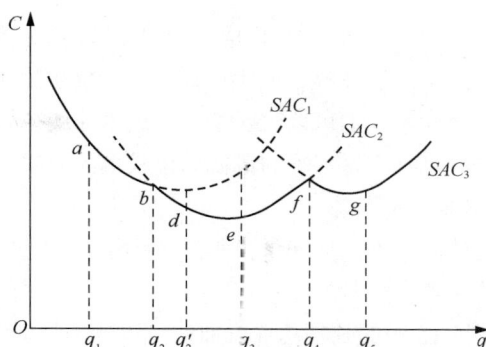

图 4-17　生产规模选择

有时某一个产量可以用两种规模中的任一种生产规模，而产生的平均成本相同。例如，q_2 的产量既可以用小生产规模，也可以用中等生产规模，二者产生的平均成本相同。厂商究竟选择用哪一种生产规模，要看长期产品的销售量是扩张还是收缩。若长期产品的销量会在 q_2 的基础上进一步扩张，则应该选择中等生产规模，若长期产品的销量会在 q_2 的基础上收缩，则应该选择小生产规模。

厂商一旦建立起某种生产规模，所讨论的问题便是一个短期的问题。例如，厂商一旦建立起短期平均成本曲线为 SAC_1 的较小生产规模后，只有较低的产量才会产生较低的平均成本。若厂商要用这种较小的生产规模得到较高的产量。但是，在长期内，厂商可以通过扩大生产规模使成本降低。

厂商的长期决策与短期决策不同。短期内，由于生产规模不能变动，厂商要做到在既定的生产规模下使平均成本最低。长期决策则要在相应的产量下使成本最低。例如图 4-17 中的 q_2' 的产量，虽然从短期看用小生产规模这一产量达到了 SAC_1 的最低点，但是它仍然高于在中等生产规模下得到这一产量的平均成本，尽管用中等生产规模所产生的平均成本并不在平均成本曲线 SAC_2 的最低点。

3. 长期平均成本与短期平均成本的关系

长期平均成本曲线与短期平均成本曲线的关系是，长期平均成本曲线是短期平均成本曲线的包络线。就图 4-17 所显示的图形而言，长期平均成本曲线由图中的实线组成。由于只存在 3 种可供选择的规模，因此图 4-17 中的长期平均成本曲线并不是一条连续的曲线。在两条短期平均成本曲线的交点处，长期平均成本曲线不连续。如果厂商存在无穷多种可供选择的生产规模，由无数条短期平均成本曲线的包络线形成的长期平均成本曲线便是一条光滑连续的曲线，如图 4-18 所示。

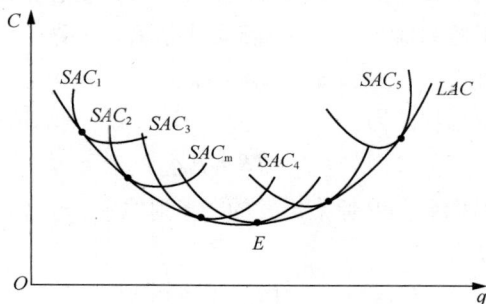

图 4-18　长期平均成本曲线

在图 4-18 中，长期平均成本曲线 *LAC* 由无数条短期平均成本曲线的包络线组成。其中，产生短期平均成本曲线 SAC_m 的生产规模是最优生产规模。采用这一生产规模可以达到长期平均成本的最低值。至此，我们可以给长期平均成本曲线下一个比较恰当的定义，即长期平均成本曲线是表示生产每一种可行产量水平的最低单位成本的曲线。

4. 长期边际成本

长期边际成本是当产量扩张时，所增加的最小数量的成本，或当产量收缩时，所能节约的最大数量的成本。

由图 4-15 中的长期总成本曲线可以导出长期边际成本曲线，如图 4-16 所示，长期边际成本曲线是一条过长期平均成本曲线最低点的曲线。在规模经济和规模不经济的作用下，*LMC* 曲线呈 U 形，它与 *LAC* 曲线相交于 *LAC* 曲线的最低点。

4.5.4 生产者的收益

1. 总收益、平均收益与边际收益的定义

首先，我们来看一下总收益、平均收益和边际收益的基本定义。

收益（revenue）是厂商出售产品的收入。基本的收益概念有 3 个：总收益（total revenue，TR）、平均收益（average revenue，AR）和边际收益（marginal revenue，MR）。

总收益是厂商出售产品后所得到的全部收入。总收益往往简单地表示为 *R*。令厂商的需求函数为

$$p = f(q) \tag{4-20}$$

则总收益表示为

$$R = pq = f(q)q \tag{4-21}$$

平均收益是平均每一单位产品的销售收入，表示为

$$AR = R / q = f(q) = P \tag{4-22}$$

即平均收益等于价格。

边际收益是每增加一单位产品的销售所增加的总收益。

$$MR = \Delta R / \Delta q \ （在收益函数不连续、不可求导的情况下）$$
$$= dR / dq \ （在收益函数连续、可求导的情况下） \tag{4-23}$$

根据收益函数可以给出收益曲线。收益曲线的形状由需求曲线的形状决定。我们分别对以价格为常数的需求函数与以价格为变量的需求函数两种情况进行讨论。首先讨论以价格为常数的需求函数下的收益曲线。在价格为常数的情况下，需求函数表示为

$$p = p_0 \tag{4-24}$$

在价格为常数的情况下，总收益为

$$TR = p_0 q \tag{4-25}$$

由于 p_0 为常数，所以总收益线是从原点出发的一条射线。

价格为常数时，平均收益为

$$AR = R / q = p_0 \tag{4-26}$$

价格为常数时，边际收益为

$$MR = dR / dq = p_0 \qquad (4\text{-}27)$$

可见，在价格为常数情况下，平均收益曲线、边际收益曲线与需求曲线完全重合，见图 4-19。

图 4-19 中的横坐标表示产量或销售量 q，纵坐标表示价格 p 或收益 R。总收益曲线的斜率为常数，等于价格 p_0，平均收益、边际收益与需求曲线完全重合。

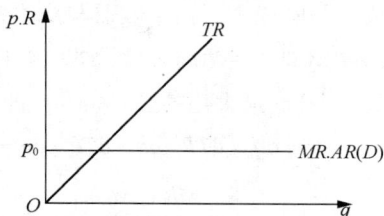

图 4-19　价格为常数时的收益曲线

在价格不是常数的情况下，我们分两种情况讨论收益曲线，一种是线性需求情况下的收益曲线，另一种是非线性需求情况下的收益曲线。

假定线性需求函数为

$$p = a - bq \qquad (4\text{-}28)$$

该线性需求函数把价格表示为数量的函数，与讨论均衡价格理论时把数量表示为价格的函数的表达方式不同，但是二者本质上是相同的。与公式（4-28）相对应的总收益为

$$TR = pq = aq - bq^2 \qquad (4\text{-}29)$$

平均收益为

$$AR = p = a - bq \qquad (4\text{-}30)$$

边际收益为

$$MR = a - 2bq \qquad (4\text{-}31)$$

在图 4-20 中，需求曲线向右下方倾斜，商品的价格随销售量的增加而下降。平均收益与边际收益都随销售量的增加而下降。边际收益是递减的，因此总收益曲线是以递减的速率增加的。也就是说总收益函数是凹函数。总收益与边际收益的关系是，当边际收益等于 0 时，总收益达到极大值。从图形上看，在边际收益曲线交于横坐标时，总收益曲线到达最高点并开始下降。边际收益曲线与平均收益曲线之间的关系是，二者的纵截距相等，但边际收益曲线的斜率是平均收益曲线斜率的二倍。也就是说从平均收益曲线上任一点向纵坐标引垂线并使该垂线与纵坐标相交，那么边际收益曲线必过该垂线的中点。

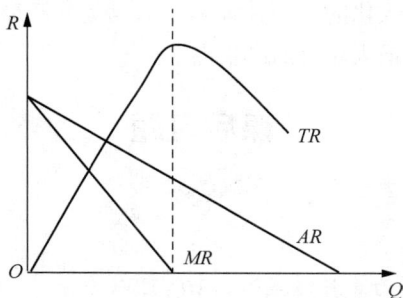

图 4-20　线性需求情况下的收益曲线

2. 利润最大化的推导

知道了成本与收益的定义以后，我们便可以推导利润最大化的条件。

利润等于总收益减总成本，即

$$\pi = TR - TC \tag{4-32}$$

其中 π 为利润。成本包括显成本与隐成本。由于收益与成本都是产出的函数，即 $TR = R(q)$，$TC = C(q)$，所以利润也是产出的函数，即 $\pi = \pi(q)$。就公式（4-32）表示的利润函数对产出求一阶导数，并令该导数值等于 0，可以得到利润最大化的必要条件。即由

$$d\pi / dq = dTR / dq - dTC / dq = 0 \tag{4-33}$$

得到

$$MR = MC \tag{4-34}$$

其中，$MR = dTR/dq$，$MC = dTC/dq$。即厂商达到利润最大化的必要条件是生产边际成本等于边际收益时的产量。图 4-21 展示了厂商利润最大化的必要条件。

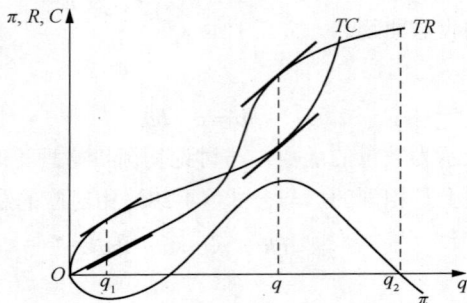

图 4-21 利润最大化的条件

由图 4-21 可以看出，当产量达到 q 时，厂商获得最大化利润。该点满足利润最大化的必要条件。在该产量点，总成本曲线切线的斜率（dTC/dq）等于总收益曲线切线的斜率（dTR/dq）。但是仅仅满足利润最大化的必要条件并不能保证厂商获得最大的利润，图 4-21 中的另一产出水平 q_1 点也满足利润最大化的必要条件，但并非利润最大化时的产量。所以除了给出利润最大化的必要条件外，我们还要给出利润最大化的充分条件。利润最大化的充分条件是

$$d^2\pi / dq^2 < 0$$

即

$$d^2TR/dq^2 < d^2TC/dq^2 \tag{4-35}$$

显然，图 4-21 中 q 的产量点不仅满足利润最大化的必要条件，而且满足利润最大化的充分条件，因此该产出水平可使厂商获得最大化的利润。而 q_1 点只满足利润最大化的必要条件，不满足利润最大化的充分条件，因此不是利润最大化时的产量点。

课后习题

一、单项选择题

1. 生产函数 $Q = f(L, K_0)$ 的 TP_L 为正且递减时，MP_L 可以（ ）。

    A. 递减且为正   B. 递减且为负   C. 为零   D. 以上都可能

2. 生产函数 $Q=f(L,K_0)$ 反映生产的第二阶段应该（　　　）。

    A. 开始于 AP_L 曲线的最高点，终止于 MP_L 为零处

    B. 开始于 MP_L 曲线的最高点，终止于 AP_L 曲线的最高点

    C. 开始于 AP_L 曲线和 MP_L 曲线的相交处，终止于 MP_L 曲线和水平轴的相交处

    D. 以上都对

3. 要素 L 和 K 之间的技术替代率为-4。如果你希望生产的产品的数量保持不变，但 L 的使用量又要减少3个单位，你需要增加（　　　）单位的要素 K。

    A. 0.75   B. 12   C. 16   D. 7

4. 对于生产函数 $Q=f(L,K)$ 和成本方程 $C=wL+rK$ 来说，最优的生产要素组合点有（　　　）。

    A. $MRTS_{LK}=w/r$ B. $MP_K/r=MP_L/w$

    C. 等产量曲线与等成本曲线相切   D. 以上都对

5. 如果等成本曲线与等产量曲线相交而是相切，那么按交点对应的投入量生产等产量曲线表示的产量水平将（　　　）。

    A. 增加成本支出   B. 不增加成本支出   C. 减少成本支出   D. 不会减少成本支出

二、判断题

1. 如果生产函数规模报酬不变，那么各要素间的边际技术替代率也不变。（　　　）

2. 生产要素的边际技术替代率递减是由规模收益递减造成的。（　　　）

3. 短期边际成本曲线在达到一定产量水平后上升，是由边际收益递减规律造成的。（　　　）

4. 如果边际成本曲线上升，则对应的平均成本曲线一定上升。（　　　）

5. 由于固定成本不随产量的变化而变化，因而平均固定成本也为常数。（　　　）

三、简答题

1. 请画图说明短期生产的3个阶段与短期生产的决策区间。

2. 什么是边际收益递减规律？如何理解？

3. 简述平均产量和平均可变成本之间的关系。

4. 一个企业主在考虑再雇用一名工人时，在劳动的平均产量和边际产量中他更关心哪一个？为什么？

5. 假定甲、乙两国各有一钢铁企业，甲国的钢铁企业生产一吨钢铁需10人，而乙国只需3人。我们能否认为乙国的钢铁企业比甲国的钢铁企业的效率高？为什么？

四、计算题

1. 已知生产函数为 $Q=f(K,L)=KL-0.5L^2-0.32K^2$，表示产量，$K$ 表示资本，L 表示劳动。令上式的 $K=10$。

（1）写出劳动的平均产量函数和边际产量函数。

（2）分别计算当总产量、平均产量和边际产量达到最大值时厂商雇用的劳动数量。

2. 设某厂商品总产量函数为：$TP=72L+15L^2-L^3$。

（1）当 $L=7$ 时，边际产量 MP 是多少？

（2）L 的投入量为多大时，边际产量 MP 将开始递减？

3. 已知某厂商的生产函数为 $Q=L^{\frac{3}{8}}K^{\frac{5}{8}}$，又设 $P_L=3$ 元，$P_K=5$ 元。

（1）求产量 $Q=10$ 时的最低成本支出和使用的 L 和 K 的数量。

（2）求产量Q=25时的最低成本支出和使用的L和K的数量。

（3）求总成本为160元时厂商均衡的Q、L和K的数量。

4. 已知生产函数为Q=min(L,2K)。

（1）如果产量Q=20单位，则L和K分别为多少？

（2）如果L和K的价格为$(1,1)$，则生产10个单位产量的最小成本是多少？

5. 已知某厂商的生产函数为Q=0.5$L^{\frac{1}{3}}K^{\frac{2}{3}}$；当资本投入量$K$=50时资本的总价格为500；劳动的价格$P_L$=5。求：

（1）劳动的投入函数L=$L(Q)$。

（2）总成本函数、平均成本函数和边际成本函数。

（3）当产品的价格P=100时，厂商获得最大利润的产量和利润各是多少？

通过对本章的学习，了解市场的概念，依次理解并掌握 4 种市场结构下厂商的需求曲线、短期均衡、长期均衡等内容。

5.1 | 完全竞争市场

完全竞争市场是资源配置效率最高的一种市场结构，是一种理想的市场结构。完全竞争厂商有两个突出的特点：一是每一个厂商的产量对整个市场来说都微不足道，二是各个厂商的产品毫无区别。

视野拓展

安东尼·奥古斯丁·古诺

5.1.1 完全竞争市场的概念及基本条件

1. 概念

完全竞争市场（perfect competition market）是指竞争不受任何阻碍和干扰的市场结构。美国著名经济学家张伯伦将完全竞争描述为不存在"垄断因素"的竞争。

2. 基本条件

（1）市场上有大量的生产者与消费者。

市场上某种商品的生产者和消费者越多，竞争程度就越高；相反，竞争程度就越低。由于完全竞争市场中有大量的生产者，每个生产者所生产的产品数量都只占全行业供给总量的微不足道的份额，因而每一个生产者都不可能通过调整自己的产量来影响整个行业的供求，也就不可能成为价格的决定者，只能是既定价格的接受者，接受已经形成的市场价格。这就是在第 4 章中介绍收益概念时所提到的价格不变的市场条件。完全竞争不仅是生产者的完全竞争，也是消费者的完全竞争。由于存在大量的消费者，每一个消费者的购买量也只占全行业需求总量的微不足道的份额。这样，每一个消费者也不可能通过调整自己的购买数量来影响整个市场的供求，改变市场价格，因而也只能成为市场价格的接受者。

（2）同一行业的不同生产者所生产的产品完全无差别。

产品差别是指同类产品在质量、品牌、性能、包装、销售条件、售后服务等各个方面的差别。产品的差别越大，市场的竞争程度就越低；差别越小，竞争程度就越高。无差别就是指不同厂商的同类产品没有任何差异，是同质的。不同厂商的同种产品的无差别阻止了厂商通过产品特色有可能形成的相对垄断情况的发生，这样的竞争才是完全的。

（3）资源可以完全自由流动。

当任何一种生产资源都能够对市场信息做出迅速反应，自由流入或流出时，这一市场就叫作资源自由流动市场。一般来说，资源自由流动包括以下几个方面的含义。

① 劳动力在地理位置与工作种类上的流动不受阻碍。

② 对任何一种要素，所有者或生产者都不能采取垄断投入。

③ 任何生产者进入或退出一个行业不存在任何障碍，生产者是完全自由的。生产者能及时转移到获利的行业或退出亏损的行业，这样，全社会的经济资源才能进行最有效的配置。

④ 市场的信息是完全的。市场上的生产者和消费者都可以获得完整、有效、迅速的市场供求信息，据此做出自己的生产和消费决策，实现自身利益最大化，从而排除了个别经济主体由于信息的垄断而进行不完全竞争的情况。

完全竞争市场的假设条件是非常严格的，某些农产品市场通常被看成比较接近于完全竞争市场的市场。但实际上，现实经济中完全符合以上 4 个条件的市场是不存在的。分析完全竞争市场的意义在于为现实中的市场树立一个理想的参照物。

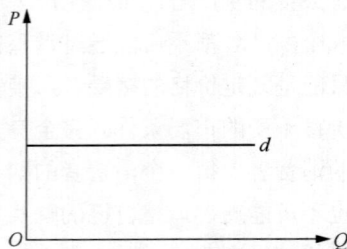

5.1.2 完全竞争条件下厂商的需求曲线和收益曲线

1. 需求曲线

首先，必须区分整个行业的需求曲线和单个厂商的需求曲线。

在任何一个市场中，消费者对整个行业所生产的产品的需求形成的曲线称为行业需求曲线，它是一条向右下方倾斜的曲线，如图 5-1 中的曲线 D 所示。它表示，价格越高，消费者对全行业产品的需求量就越少；价格越低，对全行业产品的需求量就越多。

完全竞争市场中，消费者对单个厂商所生产的产品的需求曲线是一条水平线，它是由市场均衡价格水平决定的，称为单个厂商的需求曲线，如图 5-2 中的曲线 d 所示。它表示，在完全竞争的条件下，单个厂商是价格的接受者，只能被动地接受由全行业供求所决定的市场价格。无论这个厂商生产多少产品都可以按既定的市场价格卖出去。换言之，在既定的价格条件下，市场对单个厂商产品的需求量是无限的。

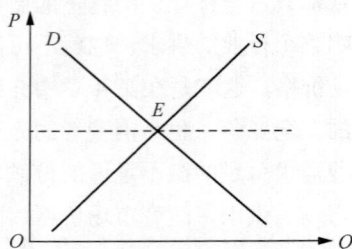

图 5-1　完全竞争行业的需求曲线　　　　　　　图 5-2　完全竞争厂商的需求曲线

2. 总收益、平均收益和边际收益

厂商的销售收入叫作厂商收益。厂商收益可分为总收益、平均收益和边际收益。

总收益（total revenue，TR）是指厂商出售一定数量的产品时的全部收入。它等于价格与销售量的乘积。即

$$TR=PQ \tag{5-1}$$

平均收益（average revenue，AR）是指厂商出售平均每单位产品获得的收益。因为完全竞争厂商按既定的市场价格出售产品，所以平均收益等于市场价格。

平均收益等于总收益除以销售量，即

$$AR = \frac{TR}{Q} = \frac{PQ}{Q} = P \qquad (5\text{-}2)$$

据此，平均收益等于产品的市场价格。必须注意的是，在各种类型的市场上，平均收益与价格都是相等的，因为每单位产品的售价就是其平均收益，如图 5-2 所示。平均收益曲线与需求曲线是同一条线，即图中的曲线 d。

边际收益（marginal revenue，MR）是厂商增加一单位产品的销售所得到的收益的增加值。因为在完全竞争市场，单个厂商无论销售量增加多少，市场价格都恒定不变，所以有

$$MR = \frac{\mathrm{d}(TR)}{\mathrm{d}Q} = \frac{\mathrm{d}(PQ)}{\mathrm{d}Q} = P \qquad (5\text{-}3)$$

在完全竞争条件下，厂商每增加一单位产品的销售，市场价格都保持不变，平均收益也保持不变，每增加一单位产品销售的边际收益也不变。所以，平均收益、边际收益与市场价格相等，即

$$MR = AR = P$$

需要注意，只有在完全竞争市场上，对单个厂商来说，平均收益、边际收益才与价格相等。因为只有在完全竞争的市场中，单个厂商销售量的增加才不会影响市场价格。

平均收益曲线、边际收益曲线与需求曲线都是同一条线，即图 5-2 中的曲线 d。这条需求曲线的需求价格弹性系数为无限大，意为在市场价格既定时，消费者对单个厂商的产品的需求是无限的。

5.1.3　完全竞争厂商的短期均衡

完全竞争厂商的短期均衡是指在生产规模既定的条件下，厂商通过调整产量来实现利润的最大化。

在完全竞争的条件下，厂商是价格的接受者。当供给小于需求时，价格高；当供给大于需求时，价格低。短期均衡就是在这两种情况下，单个厂商决定一个使利润最大或亏损最小的产量，这个产量就是短期均衡产量。承前所述，$MR = MC$ 是在各种市场条件下，厂商为实现利润最大化，用以确定产量的一般原则，所以，对于完全竞争厂商来说，其短期均衡的条件通常描述为 $MR = SMC$。

现在我们结合完全竞争市场进行具体分析。

在图 5-3 中，3 条成本曲线 SMC、SAC 和 AVC 共同代表了厂商既定的固定资产规模，d_1、d_2、d_3、d_4、d_5 分别代表由市场供求关系决定的代表 5 种不同价格水平的需求曲线，完全竞争厂商达到短期均衡的条件是 $MR = SMC$。但在不同的价格水平下，利润最大化的含义是不同的。

（1）当 $AR > SAC$ 时，厂商按 $MR = SMC$ 确定产量，能使利润最大化。有两种情况可能使完全竞争厂商在短期面临着价格高于平均成本的有利局面：其一，产品市场供不应求，因而价格水平较高；其二，该厂商由于规模、技术等原因，使成本暂时低于同行业其他厂商。当市场价格为 P_1，即面临的需求曲线为 d_1 时，厂商根据 $MR = SMC$ 的利润最大化原则，确定的最佳产量是 Q_1。因为在 Q_1 的产量上，SMC 曲线和 MR_1 曲线相交于 E_1 点，E_1 点是厂商的短期均衡点。此时，厂商的平均收益为 E_1Q_1，平均成本为 F_1Q_1，平均收益大于平均成本，厂商获得经济利润，在单位产品上所获得的经济利润是 E_1F_1，经济利润总量是 $E_1F_1 \cdot OQ_1$，相当于图形中矩形 $E_1F_1H_1P_1$ 的面积。根据上一章所讲的

利润最大化原则进行分析，Q_1 一定是使利润最大的产量。

（2）当 $AR = SAC$ 时，厂商按 $MR = SMC$ 的原则确定产量，可以实现盈亏平衡。相对于第一种情况，如果市场价格由 P_1 降到 P_2，厂商的需求曲线是 d_2，正好和 SAC 曲线的最低点相切于 E_2 点，SMC 曲线也经过该点。根据 $MR = SMC$ 确定的均衡产量是 Q_2，这时的平均收益是 E_2Q_2，平均成本也是 E_2Q_2，$AR = SAC$，厂商实现盈亏平衡。而在其他小于 Q_2 的产量上，平均成本都大于平均收益，厂商都会亏损。需要说明的是，盈亏平衡意味着厂商已经获得了全部正常利润，只是没有经济利润。由于在该点上，厂商既无经济利润，又无亏损，所以也把 SMC 与 SAC 的交点称为"盈亏平衡点"或"收支相抵点"。

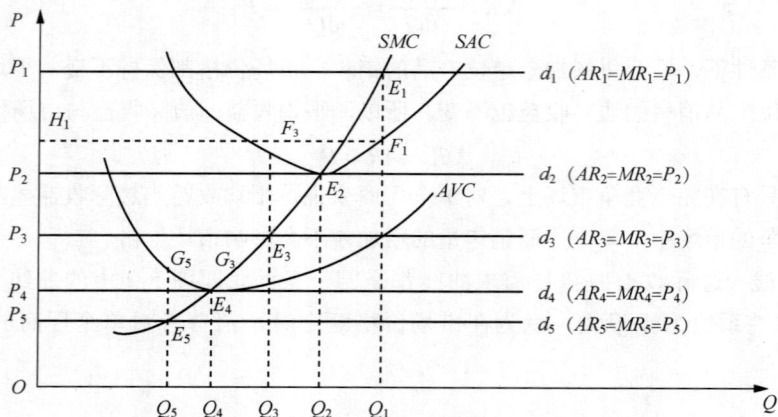

图 5-3 完全竞争厂商的短期均衡

（3）当 $AVC < AR < SAC$ 时，厂商会有亏损，但在短期内还应继续生产。如果市场价格继续降到 P_3 的水平，厂商的需求曲线是 d_3。由于 AR 曲线和 SAC 曲线已没有交点，也没有切点，说明厂商在任何产量条件下都会亏损。但由于厂商的平均收益，即市场价格大于平均可变成本，因而在短期内生产比不生产有利。厂商仍然应根据 $AR = SAC$ 的原则确定均衡产量为 Q_3。在 Q_3 的产量上，平均收益是 E_3Q_3，平均成本是 F_3Q_3，平均收益小于平均成本，厂商是亏损的。单位产品亏损额是 F_3E_3，总亏损额是 $F_3E_3 \cdot OQ_3$。厂商虽然亏损，但按 $MR = SMC$ 所确定的均衡产量 Q_3，一定是总亏损额最小的产量。

（4）当 $AVC = AR < SAC$ 时，厂商亏损，且处于停止营业的临界点上。当价格降到 P_4 的水平，需求曲线位于 d_4 的位置，且正好与 AVC 曲线相切于其最低点 E_4，SMC 曲线也经过该点。根据 $MR = SMC$ 确定的均衡产量是 Q_4，平均收益小于平均成本，但等于平均可变成本。这时厂商若生产会有亏损，单位产品的亏损额是平均成本与平均可变成本的差，即平均固定成本，亏损总额是全部固定成本。厂商若不生产，短期内也会亏损全部固定成本。因而短期内，厂商处在生产与不生产的临界点上，通常称该点为"停止营业点"或"关闭点"。在该点上，生产与不生产对于厂商而言，结果都是一样的。

（5）当 $AR < AVC < SAC$ 时，厂商不仅亏损全部固定成本，还要亏损部分可变成本，应立即停止生产。如果价格降到了 P_5 的水平，需求曲线位于 d_5 的位置，低于 AVC 曲线，说明厂商无论将产量调整在什么水平，其价格都不能弥补平均成本的亏损，而且不能弥补全部平均可变成本的亏损。这时厂商必须立即停产，因为停产的损失是全部固定成本，而继续生产的损失不仅是全部固定成本，还有部

分可变成本。

综上所述，完全竞争厂商在短期内的所有市场价格条件下都应根据 $MR=SMC$ 这一原则确定产量。当价格低于平均可变成本时，厂商应立刻停产。所以说，完全竞争厂商短期均衡的条件是：$MR=SMC$，$P \geqslant AVC$。

从图 5-3 中可以看出，给定一个价格，厂商就能确定一个最佳的产量供给水平，而这个价格与产量之间的对应关系正好就形成了市场的供给曲线。可见，厂商的短期供给曲线就是位于 AVC 线最低点以上的那部分 MC 线，呈现出从左下方向右上方倾斜的趋势。进而我们可以得出结论，之所以厂商的供给曲线是这种样子，是因为厂商在追求利润最大化。

5.1.4　完全竞争厂商的长期均衡

在长期内，各个厂商可以依据市场价格来调整全部的生产要素从而组织生产，由于时间足够长，厂商可以自由地进入或退出该市场。长期均衡就是指厂商通过对全部生产要素的调整，来实现利润最大化。厂商通过对固定资产规模的调整来实现利润最大化，这种调整包括两个方面：一是单个厂商调整自己工厂的规模；二是新厂商加入和原有厂商退出从而调整整个行业的规模。下面分别加以说明。

1. 厂商自身规模调整与长期均衡的实现

在图 5-4 中，SMC_1、SAC_1、SMC_2、SAC_2，以及 SMC_3、SAC_3，分别代表 3 种不同的短期生产规模。根据 $MR=SMC$ 的短期均衡原则，其各自的短期最佳产量分别是 Q_1、Q_2、Q_3。从长期来看，厂商可以通过调整自身规模来提高利润。假设市场价格为 P_3，现有生产规模对应的短期平均成本、边际成本为 SMC_1、SAC_1 短期内厂商只能在现有的生产规模下经营。根据短期边际成本与边际收益（价格）相等的原则确定产量并获得

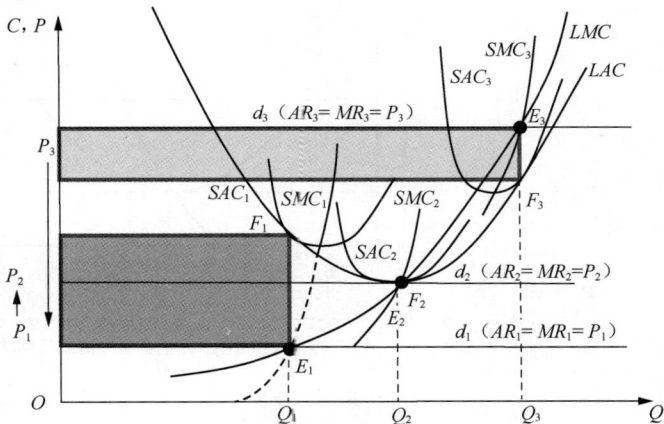

图 5-4　完全竞争厂商的长期均衡（一）

利润。长期内厂商则不受现有生产规模的限制，例如可以建立与短期成本曲线 SMC_3、SAC_3 相对应的较大规模的工厂。市场价格 P_3 高于长期平均成本最小值，则会使厂商获得更多经济利润，经济利润的存在会是许多厂商调整规模扩大产量或吸引新厂商加入，整个行业规模扩大，供给增加，会导致价格下降。例如，价格下降到 P_1，市场价格低于长期平均成本最低点，则又会使行业内许多企业亏损，如厂商调整规模也无法避免亏损则只能退出行业。如此往返，厂商调整规模使 SAC 曲线沿着 LAC 曲线移动，最终将自身规模调整到 LAC 曲线的最低点，经济利润消失。这时厂商的短期平均成本和长期平均成本都是最低的。对应的短期成本线为 SAC_2 和 SMC_2，所代表的规模在价格为 P_2 时，既是短期又是长期最佳规模，Q_2 是最佳产量，长期均衡点是 E_2，价格稳定在 P_2 实现长期均衡。此时

$$AR=MR=SAC=LAC=SMC=LMC$$

其中，$AR=MR=P$。

2. 行业规模调整与长期均衡的实现

在短期内，如果产品市场供不应求，价格水平偏高，则会使厂商获得经济利润。经济利润的存在会吸引新厂商加入，使整个行业规模扩大，产品价格下降；出现亏损，许多厂商又退出行业，使得整个行业的供给减少，产品价格又上升，这样不断往复直到经济利润消失。这时，厂商不再加入也不再退出，实现长期均衡。在图 5-5 中，价格由 P_3 降到 P_1，再由 P_1 上升到 P_2，即需求曲线由 d_3 的位置降至 d_1 的位置，然后再由 d_1 的位置上升到 d_2 的位置。

行业规模的调整最终会使价格线，也就是 AR 曲线、MR 曲线，与 LAC 曲线的最低点相切，即图 5-5 中的 E_2 点。这时

$$AR = MR = LAC = LMC$$

综合厂商自身规模调整和整个行业规模调整的两个过程，完全竞争厂商实现长期均衡的条件是

$$MR = AR = SMR = SAC = LMC = LAC$$

其中，$MR = AR = P$。

它是 $MR = MC$ 的利润最大化原则在完全竞争市场长期均衡中的具体表现。

在达到长期均衡时，完全竞争厂商既不可能有亏损，也不可能有经济利润。

视野拓展

政府办的大型养鸡场为什么赔钱？

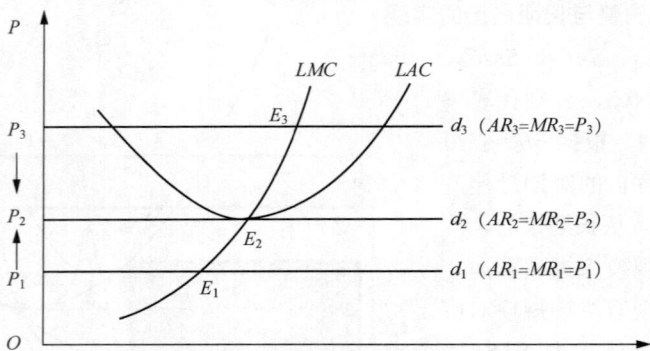

图 5-5 完全竞争厂商的长期均衡（二）

5.2 | 完全垄断市场

完全垄断市场是排除了任何的竞争因素，由一家厂商独自控制了整个行业的生产和销售的市场结构。由于垄断厂商是市场独一无二的生产者，它的产量在市场有 100% 的占有率，市场价格也为其操纵和控制。

扫码看视频

垄断及其形成的原因

5.2.1 完全垄断市场的概念及特点

1. 概念

完全垄断（monopoly）又称纯粹垄断，与完全竞争市场相反，完全垄断市场是由一家厂商控制

了某种产品全部供给的市场结构，厂商即行业。一个厂商能垄断一个行业必然有一定的原因。按形成垄断的原因，可以把垄断分成资源垄断、自然垄断、特许垄断和专利垄断等。

（1）资源垄断。资源垄断即对资源的独家控制。如果一家厂商控制了用于生产某种产品的全部资源或基本资源的供给，其他厂商就不能生产这种产品，从而该厂商就可能成为一个垄断者。

（2）自然垄断。这是指由于规模经济的原因，由一家厂商生产某产品比由多家厂商生产该产品的平均成本要低。如果某种产品的生产具有十分明显的规模经济，需要大量的固定资产投资，规模报酬递增阶段要持续到一个很高的产量水平，此时，大规模生产可以使成本大幅降低。那么由一个大厂商供给全部市场需求的平均成本最低，两个或两个以上的厂商供给该产品就难以获得利润。这种情况下，该厂商就形成"自然垄断"。许多公用行业，如电力、天然气、地铁等是典型的自然垄断行业。

（3）特许垄断。政府根据法律或行政的强制手段，赋予某个企业产品生产的特许权，而不允许任何其他企业参与。例如，政府允许厂商对供水、供电、铁路、邮政等一些公共行业实行完全垄断。

（4）专利垄断。这是指受到专利权、版权和其他形式的许可证的保护而形成的垄断，如制药行业等。关税和其他形式的贸易限制也可以禁止来自外国的竞争。

2. 特点

完全垄断市场有以下几个特点。

（1）由一家厂商控制了产品的全部供给。这家厂商排斥其他竞争对手，独自控制了一个行业的供给，因此厂商就是行业。

（2）完全垄断厂商是市场价格的制定者。由于完全垄断厂商控制了整个行业的供给，也就控制了整个行业的价格，成为价格制定者。完全垄断厂商可以有两种经营决策：以较高价格出售较少的产品，或以较低价格出售较多的产品。

（3）不存在任何替代品。否则，其他厂商可以生产替代品来代替垄断厂商的产品，完全垄断厂商就不可能成为市场上唯一的供给者。

（4）其他任何厂商进入该行业都极为困难或不可能。这样，完全垄断厂商就具有绝对的垄断权。

如同完全竞争市场一样，完全垄断市场的前提假设条件也十分严格，所以其在现实经济生活中也很少存在。

5.2.2　完全垄断厂商的需求曲线与收益曲线

垄断行业只有一家厂商，因此完全垄断厂商的需求曲线就是整个行业的需求曲线。即完全垄断厂商的市场需求曲线是向右下方倾斜的，表示消费者对该厂商产品的需求量与价格呈反方向变动关系。这就是在第 4 章中介绍过的价格递减的市场条件。需求曲线 d 也就是价格线 P、平均收益曲线 AR。在完全垄断条件下，随着产量的不断增加，需求曲线 d，即平均收益 AR 曲线向右下方倾斜，边际收益曲线 MR 则以更快的速度也向右下方倾斜。完全垄断厂商的需求曲线向右下方倾斜，意味着随着产量的增加，产品价格下降，增加每一单位的产量带来的边际收益就减少，边际收益曲线 MR 与需求曲线 d 也不再重合，如图 5-6 所示，边际收益曲线 MR 在平均收益曲线 AR 下方。

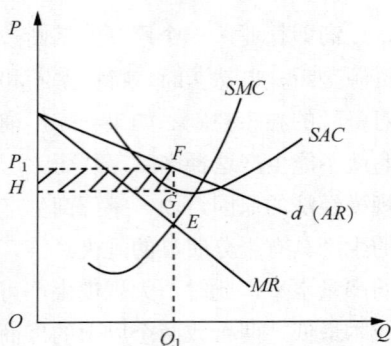

图 5-6　完全垄断厂商的短期均衡（一）

5.2.3　完全垄断厂商的短期均衡

不同的完全垄断厂商的经营目标是不相同的。一般而言，政府垄断企业的经营目标是社会效益，而不是利润最大化。我们在这里重点讨论以利润最大化为目标的私人垄断企业在短期内如何决定价格与产量。

与完全竞争市场类似，完全垄断厂商利润最大化时的产量也是由市场的需求和成本共同决定的。完全垄断厂商短期均衡的条件，即利润最大化条件为 $MR=SMC$。在短期内，完全垄断厂商由于各种原因，如既定规模成本过高，或面对的市场需求较小等，可能导致盈亏平衡甚至亏损，不一定总是获得垄断利润。所以完全垄断厂商的短期均衡有 3 种情况：获得超额利润、获得正常利润或蒙受损失。在图 5-6 中，SMC、SAC 曲线代表厂商在既定规模下的边际成本和平均成本，d 曲线和 MR 曲线是完全垄断厂商的需求曲线和边际收益曲线。SMC 曲线和 MR 曲线的交点 E 是利润最大化的均衡点。E 点所表示的产量 Q_1 是利润最大化时的产量，P_1 是在 Q_1 产量条件下的价格。完全垄断厂商的平均成本是 H，平均收益是 P_1，平均成本小于平均收益。总成本是矩形 $OHGQ$ 的面积，总收益是 OP_1FQ 的面积，总成本小于总收益，厂商获得了经济利润。经济利润总量就是总收益大于总成本的部分，也就是图中阴影部分 HP_1FG 的面积。

当然，完全垄断厂商在短期内可以获得经济利润，但并不是一定能获得经济利润。在图 5-7 中，垄断厂商无论怎么调整产量，亏损都是不可避免的。但只要 $AR > AVC$，按 $MR = SMC$ 的原则来确定产量，就能将亏损减至最小。在图 5-7 中，产量 Q_1 是 $MR = SMC$ 的利润最大化时的产量，相应的平均成本是 H，总成本是矩形 $OHGQ_1$ 的面积。平均收益是 P_1，总收益是矩形 OP_1FQ_1 的面积。总成本大于总收益的部分，矩形 P_1HGF 的面积是亏损额，而且一定是最小的亏损额。

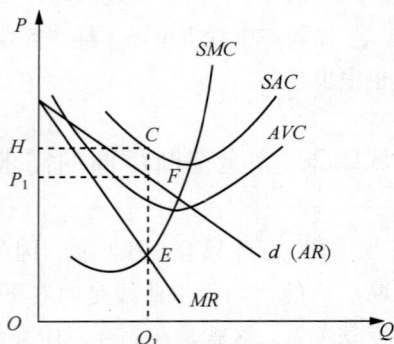

图 5-7　完全垄断厂商的短期均衡（二）

在短期内，完全垄断厂商可能获得经济利润，还可能盈亏平衡，也可能有一定亏损，这 3 种情况都可能存在。

同完全竞争市场不同的是，在完全垄断市场中无法找到完全垄断厂商规律性的供给曲线。因为完全垄断厂商在追求利润最大化的过程中，会出现一个价格对应两个数量或者一个数量对应两个价格的情况，因此不能形成价格和供给量一一对应的函数关系。

5.2.4　完全垄断厂商的长期均衡

完全垄断厂商在长期内可以通过调整自身规模来实现最大利润，因而完全垄断厂商可以通过长期自主调整全部生产要素的投入量来保持经济利润。

完全垄断厂商在长期内对规模的调整所引起的收益变化有 3 种可能的情况。

第一种情况：完全垄断厂商在短期内获得利润，在长期内通过调整规模使利润增加，并长期保持。

第二种情况：完全垄断厂商在短期内亏损，在长期内，通过调整规模，摆脱了亏损，甚至获得了经济利润。

第三种情况：完全垄断厂商在短期内亏损，在长期内又找不到一个能使其摆脱亏损的生产规模，于是该厂商退出行业。

下面以第一种情况为例，通过图 5-8 进行分析。

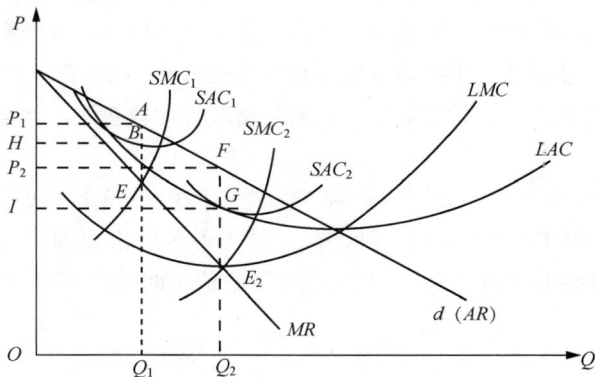

图 5-8　完全垄断厂商的长期均衡

在图 5-8 中，如果完全垄断厂商在短期内的生产规模是 SAC_1 和 SMC_1 所代表的规模。根据 $MR = SMC$ 的短期均衡原则，完全垄断厂商的产量应为 Q_1，价格为 P_1，经济利润是矩形 HP_1AB 的面积。

在长期内，完全垄断厂商可以通过对生产规模进行调整来扩大利润。根据 $MR = LMC$ 的长期均衡原则，完全垄断厂商需将规模调整到 SAC_2 和 SMC_2 所代表的规模，该规模的 SMC_2 曲线与 LMC 曲线和 MR 曲线相交于 E_2 点，它就是调整规模后所形成的新的长期均衡点。这时的长期均衡产量是 Q_2，价格是 P_2，长期经济利润扩大到矩形 IP_2FG 的面积。同时，如图 5-8 所示，代表最优生产规模的 SAC_2 曲线与 LAC 曲线相切于 G 点。因此，完全垄断厂商的长期均衡条件是

$$MR = LMC = SMC$$

它是 $MR = MC$ 利润最大化原则在完全垄断市场长期均衡中的具体表现。完全垄断厂商在长期均衡状态点上可以获得经济利润。

视野拓展

经济学教科书的
特色化经营

5.2.5　完全垄断厂商的定价策略——价格歧视

价格歧视是指同一厂商向不同的消费者销售同一产品时，索取两种或两种以

上的价格，或者对销售给不同的消费者的同一产品，在成本不同时索取相同的价格。完全垄断厂商由于它的特殊地位，可以根据市场情况选取不同的定价策略来确定市场价格，因此，完全垄断厂商可以采取价格歧视的定价策略。

完全垄断厂商实行价格歧视必须具备以下两个条件。一是不同市场之间可以有效地分离，消费者之间不存在产品的转售。否则，消费者将在价格低的市场购买商品，或者把低价购进的商品在价格更高的市场上重新出售，从而使价格歧视难以维持。二是被分隔开的多个市场上的需求弹性不同。只有在这种情况下，完全垄断厂商根据市场不同的需求弹性对同一商品索取不同的价格，才能获得多于相同价格时的利润，否则最佳的策略就是对同一产品收取相同价格。

一般来说，价格歧视分为 3 类：一级价格歧视、二级价格歧视和三级价格歧视。

一级价格歧视，又称完全价格歧视，是指厂商根据消费者愿意为每单位商品付出的最高价格来确定产品的不同的销售价格，以获得尽可能多的收入。例如，乡村医生可以根据每一位病人的收入状况收取费用。

二级价格歧视是指完全垄断厂商根据不同的购买量来确定价格，以获得较大的收益。二级价格歧视主要适用于那些容易度量和记录的劳务，如煤气、电力、水、电话通信服务等的出售。在日常生活中，二级价格歧视比较普遍，如电力公司实行的分段定价等。

三级价格歧视是指完全垄断厂商对同一种产品在不同的市场上（或对不同的消费者群体）收取不同的价格。如同一种产品，国内市场价格和国际市场价格不一样，农村价格和城市价格不同，黄金时间和非黄金时间的广告费不一样等。

视野拓展

美国民航业的歧视定价

扫码看视频

钻石背后的暴利万元成本或仅三千

想一想

为何在国内销售钻石能有高利润？国内销售钻石形成暴利的原因是什么？

5.3 | 垄断竞争市场

在现实中符合严格条件的完全竞争市场或完全垄断市场是很少见的，现实中的市场主要是介于完全竞争和完全垄断之间的市场结构，我们称之为垄断竞争市场和寡头垄断市场。

扫码看视频

进口车高价背后的惊人利润行业垄断引发争议

5.3.1 垄断竞争市场的概念及特点

1. 概念

垄断竞争（monopolistic competition）是指一种既有垄断又有竞争，既不是完全竞争又不是完全垄断的市场结构，是介于完全垄断与完全竞争之间的一种市场结构，如肥皂、洗发水、毛巾、服装、布匹等日用品市场，餐馆、旅馆、商店等服务业市场，牛奶、火腿等食品类市场，书籍、药品等市场大都属于此类。这种市场的一个明显特征是，一个市场中有许多厂商生产和销售同类有差别的产品。

2. 特点

垄断竞争市场有以下几个特点。

（1）厂商生产有差别的同类产品或"异质商品"。

除了在质量、品牌、性能、外观、售后服务等各方面有差别以外，产品在商标、广告方面的差别以及以消费者的想象为基础的虚构差别等也属于产品差别这一范畴。每个厂商可以根据自己产品的差别形成相对的垄断。另外，有差别的产品毕竟也是同类产品，相互之间是相似的替代品。而且，从长期来看，产品差别很容易被同行业的其他厂商所效仿，使产品差别消失，垄断利润也随之消失，类似于完全竞争。

（2）市场中存在大量的厂商，每个厂商所占的市场份额较小，彼此之间存在着较为激烈的竞争。由于每个厂商都认为自己的产量在整个市场中只占有一个很小的份额，因而每个厂商都会认为自己改变产量和价格，不会招致竞争对手们的报复行动。

（3）厂商进入或退出该行业都比较容易，资源流动性较强。

5.3.2 垄断竞争厂商的需求曲线

在理论分析中，垄断竞争厂商同时具有两条需求曲线：主观需求曲线和客观需求曲线。它们在图 5-9 中分别由需求曲线 d 和需求曲线 D 表示。

1. 主观需求曲线

主观需求曲线是某垄断竞争厂商在调整价格时，假设在其他厂商不对此做出反应的情况下，消费者对该厂商产品的需求曲线，如图 5-9 中的 d_1、d_2 和 d_3。这些需求曲线表示：单个厂商在调整自己产品的价格时，会预期同行业的其他厂商保持价格不变，因而该厂商降低价格能大幅度增加产品的销售量。该厂商预期能从两个方面扩大销售量：其一，自己原来的消费者会因价格下降而增加购买；其二，原来属于其他厂商的消费者会因自己的产品价格下降转而成为自己的消费者，从而提高市场占有率。同理，如果提高价格，该厂商预期同行业其他厂商

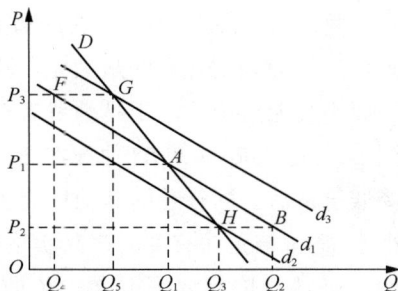

图 5-9　垄断竞争厂商的需求曲线

也不会效仿，从而使自己的销售量大幅度减少。因此，客观需求曲线的需求价格弹性较大，向右下方倾斜比较平缓。在图 5-9 中，若主观需求曲线为 d_1，当该厂商价格由 P_1 降至 P_2 时，它实际的销售量从 Q_1 沿着需求曲线 d_1 增加到 Q_2。

2. 客观需求曲线

客观需求曲线是所有厂商同比例调整价格时，消费者对某企业产品的需求曲线，如图 5-9 中的需求曲线 D。该需求曲线表示：当某一厂商首先降低价格时，同行业的其他厂商为避免减少市场占有率也会相应地降低价格。因而首先降低价格的厂商所增加的销售量只来源于自己原有的消费者，而不会从其他厂商那里扩大市场占有份额。如果该厂商提价，其他厂商也会提价，从而该厂商的销

售量不会减少很多。因此，需求曲线 D 的需求价格弹性较小，向右下方倾斜得比较陡峭。在图 5-9 中，某厂商所实际面临的需求曲线是 D 曲线。当该厂商价格由 P_1 降至 P_2 时，它实际的销售量从 Q_1 沿着 D 曲线增加到 Q_3，而没有像预期的那样增加到 Q_2。反之，若价格由 P_1 提高到 P_3，则销售量会从 Q_1 减至 Q_5，也不像预期的那样减少到 Q_4。

3. 两条需求曲线的关系

厂商主观预期的变化会使主观需求曲线沿着客观需求曲线上下平行移动。垄断竞争厂商可以根据市场状况不断调整自己的主观预期。假设厂商初期的主观需求曲线位于 d_1 的位置，它预期价格由 P_1 降至 P_2，销售量会从 Q_1 增至 Q_2。但实际上，销售量只增至 Q_3。于是，该厂商便调整自己的预期，使 d_1 移到 d_2 的位置，以使 P_2 价格下的主观需求量与客观需求量相等。同理，当它发现市场价格上升到 P_3 时，原主观需求量 Q_4 小于客观需求量 Q_5，d_1 便会移到 d_3 的位置。

两条需求曲线的交点 A 所表示的价格水平 P_1 能使该厂商实现供求平衡。因为在 P_1 的价格条件下，厂商根据预期的销售量所生产的产量（需求曲线 d 所表示的是单个垄断竞争厂商单独改变价格时的产量）和实际的市场销售量（需求曲线 D 所表示的是垄断竞争厂商在每一市场价格水平的市场实际需求量）都是 Q_1，实现供求平衡。而在其他价格时，供求不平衡。

5.3.3 垄断竞争厂商的短期均衡

在短期内，垄断竞争厂商在现有的规模条件下，根据 $MR = SMC$ 的原则来调整价格与产量，以实现利润最大化下的均衡。在图 5-10 中，SMC 和 SAC 曲线代表单个垄断竞争厂商在既定规模下的相应成本，d 曲线和 D 曲线分别代表该厂商的两条不同的需求曲线，MR_1 和 MR_2 分别代表 d_1 和 d_2 两条需求曲线的边际收益曲线。

假定该厂商最初在 d_1 曲线和 D 曲线的交点 A 上进行生产，这时没有实现 $MR = SMC$ 的均衡条件。厂商为实现利润最大化，决定将价格降到 P_1。厂商预期自己将价格降到 P_1，同行业其他厂商不会相应降价，于是消费者对自己产品的需求将沿着 d_1 曲线由 A 点移动到 B 点，产量扩大到 Q_1，使 MR_1 与 SMC 曲线在 E_1 点相交，实现短期均衡，获得最大利润。但事实上，当该厂商降低价格后，同行业的其他厂商也会相应降价，使该企业产品需求量沿着 D 曲线增加到 Q_2。Q_2 小于 Q_1，该企业有部分产品卖不出去，无法实现利润最大化。于是，该厂商调整自己的主观预期，使 d_1 下降到 d_2 的位置。d_2 曲线与 D 曲线在 C 点相交，表示在 P_1 价格下，主观需求量与客观需求量相等，都是 Q_2。但是，MR_2 与 SMC 的交点所对应的产量为 Q_3，即为实现利润最大化，企业需要增产。

根据主观需求曲线 d_2，该企业将价格由 P_1 降到 P_2，可使需求量增加到 Q_3。但是，在 P_2 价格下，客观需求量只有 Q_4，该产量仍不能使企业实现利润最大化。

厂商为了实现短期均衡，不得不进行第三次、第四次降价，上述过程会一直持续到该厂商实现 $MR = SMC$ 为止。在图 5-11 中，该厂商最终将价格降至 P_0，这时 d 曲线与 D 曲线在 H 点相交，同时 MR 曲线与 SMC 曲线在 E 点相交，产量 Q_0 实现了 $MR = SMC$ 的均衡条件，厂商在短期内实现了利润最大化。厂商的利润是图 5-11 中阴影部分的面积。

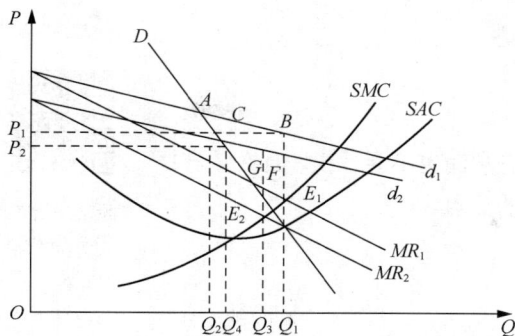

图 5-10 垄断竞争厂商的短期均衡（一）

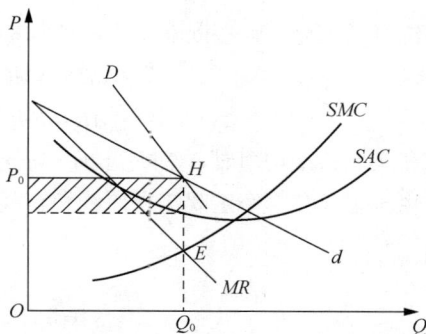

图 5-11 垄断竞争厂商的短期均衡（二）

与前两种市场结构相似，短期内垄断竞争厂商并非一定能获得经济利润，也可能亏损或盈亏平衡。但满足 $MR = SMC$ 的产量对企业来说就一定是最有利的，它可以是获得最大经济利润的产量，可以是产生最小亏损的产量，也可以是盈亏平衡的产量。而且，在这个短期均衡产量上，一定存在一个 d 曲线和 D 曲线的交点，它表示市场上的产品供求是相等的。

亏损的垄断竞争厂商在短期内是否停产，仍然需要比较其平均收益与平均可变成本，在此不复赘述。

同完全垄断厂商一样，垄断竞争厂商在短期内也不存在有规律的供给曲线。

5.3.4 垄断竞争厂商的长期均衡

从长期来看，垄断竞争厂商的均衡类似于完全竞争厂商的均衡，是通过两个方面的调整来实现的：其一，单个厂商调整自身的生产规模；其二，通过新厂商的加入和原有厂商的退出来调整整个行业的生产规模。下面分别进行讨论。

一方面，如果某厂商在短期内是亏损的，在长期内它会将自身规模最终调整到图 5-12 中由 SMC 曲线和 SAC 曲线所代表的规模，因为在该规模条件下能实现 $MR = SMC$。根据 SMC 曲线与 LMC 曲线的关系和 SAC 曲线与 LAC 曲线的关系可知，SMC 曲线与 LMC 曲线的交点 E 所对应的产量也一定是 SAC 曲线与 LAC 曲线在 J 点相切时的产量水平 $\overline{Q}$。根据以上分析可以得知，垄断竞争厂商的长期均衡条件应首先满足

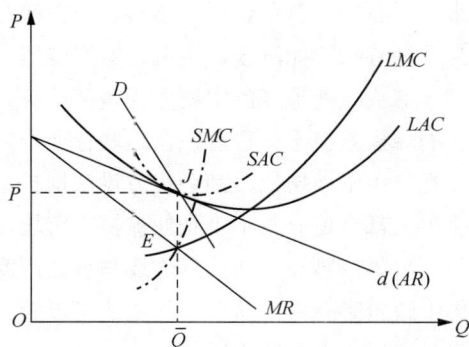

图 5-12 垄断竞争厂商的长期均衡

$$MR = SMC = LMC$$
$$SAC = LAC$$

另一方面，如果垄断竞争市场在短期内存在经济利润，会吸引新厂商加入。新厂商的加入使行业规模扩大，产量增加。该垄断竞争厂商的主观需求曲线和客观需求曲线都会向左移动，最终移动到与 LAC 曲线在 J 点相切和相交的位置，这时 $AR = LAC$，经济利润消失，不再有新厂商加入，长期均衡实现。反之，若短期内出现亏损，则会有厂商退出该行业，使行业规模变小、产量减少、价格上升，直到亏损消失。根据以上分析可以得知，垄断竞争市场的长期均衡还应满足 $AR = LAC$ 的条件。

综合以上分析，垄断竞争厂商的长期均衡条件是

$$MR = SMC = LMC$$

$$AR = SAC = LAC$$

在实现长期均衡时，垄断竞争厂商既不会有经济利润也不会亏损，且在该产量上也一定存在一个主观需求曲线和客观需求曲线的交点。

视野拓展

垄断竞争理论的
形成与意义

5.4 寡头垄断市场

寡头垄断市场是经济市场中十分重要的市场结构。寡头垄断厂商数量很少，而且规模都很大，在整个市场中占有很重要的地位，厂商之间往往存在既合作又竞争的矛盾局面。

5.4.1 寡头垄断市场的概念及特点

1. 概念

寡头垄断市场（oligopoly market）又称寡头市场，是指由少数几家大型厂商控制某种产品供给的绝大部分乃至整个市场的一种市场结构，是介于垄断竞争市场与完全垄断市场之间的一种市场结构。

寡头市场上的每个厂商规模都很大，都占有相当大的市场份额，因而每个厂商都对整个行业的价格与产量的决定有很大的影响。例如，美国的汽车制造业、罐头行业、石油行业、电气设备行业等，都是典型的寡头垄断市场。寡头厂商之间生产的产品可以是同质的，称为纯粹寡头，如钢铁、水泥、石油、有色金属、塑料、橡胶等行业；而在某些行业中，寡头厂商的产品则是有差别的，称为差别寡头，如汽车、飞机、家用电器、铁路运输、电信服务业等。

寡头垄断形成的主要原因是某些行业的规模经济的特点。例如，钢铁、石油、汽车、造船等行业的规模效益十分显著，在这些行业中，规模越大的企业在竞争中越处于有利地位。每个厂商为了在竞争中不被挤出，都会想方设法地扩大自身的规模。在市场总容量既定的条件下，每个厂商的规模扩大都会使一些中小企业被挤出市场，这种优胜劣汰的结果最终使这些行业形成了寡头垄断的局面。另外，寡头垄断的形成还与少数厂商对资源与技术的控制，政府为防止过度竞争而实行的产业集中政策等有关。从以上的描述可以看出，寡头市场的成因在很多方面与完全垄断市场是相近的，只是在程度上有所不同。

寡头市场按是否存在产品差别可分为纯粹寡头和差别寡头。除此之外，寡头市场还可按厂商是否存在勾结，分为独立行动的寡头和相互勾结的寡头；按厂商数目的多少可分为双头寡头和多头寡头等。经济学对寡头市场一般是按产品是否存在差别进行划分的。

2. 特点

（1）厂商数量很少。一个市场中只由两家或两家以上的少数厂商控制，每一家厂商都在市场中举足轻重，对产品具有很大的影响。

（2）寡头厂商之间存在相互依赖。在完全竞争市场与垄断竞争市场上，厂商数量比较多，各厂

商之间的关系主要是竞争，相互之间很难形成勾结和默契。在完全垄断市场上，一家厂商就是一个行业，因而不存在同行业厂商之间的关系问题。在寡头市场上，厂商数量很少，而且规模都很大，都在整个市场中占有很重要的地位。每个寡头各自在价格与产量决策方面的变化都会对整个市场产生重大影响，因而每个寡头在进行价格与产量调整时，都不能只根据自身的成本与收益状况进行决策，还必须要考虑自身调整可能会对其他厂商带来的影响，以及其他厂商可能做出的反应对自己的影响。当然，寡头间的相互依存也是有条件的。当寡头间的实力对比发生较大变化时，竞争便会代替勾结，而且寡头间的竞争往往是很残酷的。

（3）产品的差别可有可无。

（4）厂商进入和退出市场非常困难。寡头企业一般规模较大，需要巨额的资金、技术投入，这使得厂商进入和退出市场非常困难。

（5）价格具有一定刚性。寡头市场的价格和产量一旦确定之后，就具有一定的刚性。其原因在于每个厂商对现行的市场价格和产量分配都不敢轻易进行调整。如果某个厂商率先降价以图扩大市场份额，其最终的结果可能是引起同行业其他厂商的仿效，形成价格战，最终使寡头们两败俱伤。寡头市场价格决定的界限在于：最高价格等于完全垄断市场中的垄断价格，最低价格高于完全竞争市场长期均衡时的竞争价格。但寡头市场价格往往不是由市场供求关系直接决定，而是由以下几种方式确定的：一是寡头垄断者通过价格同盟来制定；二是由寡头垄断者的默契形成；三是由一家最大的寡头先行定价，其他企业跟随。由这些方式确定的价格被称为操纵价格。

5.4.2 两个寡头模型介绍

分析寡头市场的产量和价格的决定是十分困难的，至今还没有形成一套完整的能为大多数人所接受的理论模型。尽管如此，经济学家们还是从某些假定出发，提出了许多寡头市场分析模型。下面介绍两个经典的寡头垄断模型。

1. 古诺模型

古诺模型也称双头垄断模型，是法国经济学家古诺于 1838 年提出来的。为了简化分析，该模型假设：

（1）只有两个寡头 A 与 B，生产完全相同的产品；

（2）生产成本为零（如矿泉水的生产）；

（3）需求曲线是线性的，并向右下方倾斜；

（4）各方都根据对方的行动做出反应，无勾结行为；

（5）每家厂商都通过调整产量而非价格实现利润最大化，产品的价格依赖于两家厂商生产的产品总量。

在图 5-13 中，D 曲线是两个寡头共同的线性的市场需求曲线，由于假设生产成本为零，故成本线就是横轴。两家厂商共同分配市场的过程如下。

首先，A 厂商进入市场。它会将自己的产量定为市场总容量的一半，即市场最大需求量 Q 的 1/2，即产量为 Q_1，相应的价格为 P_1，从而实现利润最大化。由于生产成本为零，因而 $P_1 \cdot Q_1$ 即矩

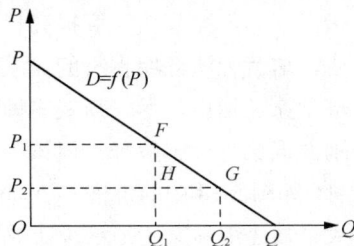

图 5-13 古诺模型

形 OP_1FQ_1 的面积就是 A 厂商获得的利润。从几何的角度讲，该矩形是在三角形 OPQ 中面积最大的内接矩形。

然后，B 厂商进入市场。B 厂商会根据 A 厂商剩下的市场容量，即 $Q-Q_1$，生产这部分市场容量的 1/2 的产品，即 Q_2-Q_1。由于市场总供给量达到 Q_2，因而价格水平相应地由 P_1 降至 P_2。B 厂商的利润总量是矩形 Q_1HGQ_2 的面积，A 厂商的利润也因 B 厂商的加入而下降为矩形 OP_2HQ_1 的面积。

最后，A 厂商又要根据 B 厂商加入后自己所面临的市场容量，即 $3/4Q$ 来重新调整自己的产量，以实现利润最大化。A 厂商会将产量调整到自己所面临的市场空间的 1/2，即市场总容量的 3/8。

依此类推，A 厂商与 B 厂商轮番进入市场，都将自己的产量调整到对方留下的市场空间的 1/2，以实现利润最大化。在这个过程中，A 厂商的产量逐渐减少，B 厂商的产量逐渐增加，直到它们各占市场总容量的 1/3，市场总供给量是市场最大容量的 2/3 为止，市场实现均衡。

由此可以推出，当有 3 个寡头厂商时，市场总供给量最终将达到市场总容量的 3/4，每个寡头厂商各占 1/4。当有 n 个寡头厂商时，总供给量是市场总容量的 $n/(n+1)$，每个寡头厂商占 $1/(n+1)$。

2. 斯威齐模型

斯威齐模型也称拐折的需求曲线模型，是美国经济学家斯威齐于 1939 年提出的。这一模型被用来说明寡头市场的价格刚性。

该模型假设：当一家寡头厂商提高价格时，同行业的其他厂商为了增加市场占有份额不会随之提价；当一家寡头厂商降低价格时，其他厂商为了不减少市场占有份额也会随之降价。图 5-14 中的需求曲线 dd 是一条拐折的需求曲线，它表明：假设某寡头厂商开始时的生产点为 K，相应的产量是 Q_1，价格是 P_1。如果它提价，由于同行业的其他厂商不提价，该寡头厂商的销量会大幅度减少，它的需求曲线将变为 K 点左边需求价格弹性较大、较平坦的需求曲线。如果它降价，由于其他厂商也会降价，该寡头的销量会小幅度增加，它的需求曲线将变为 K 点右边的需求价格弹性较小、较陡峭的需求曲线。

与拐折的需求曲线相对应的边际收益曲线将出现垂直间断。垂直间断点出现在需求曲线的拐折处，即 K 点。利用间断的 MR 曲线，可以说明寡头市场的价格刚性。在图 5-14 中，当厂商的边际成本由 MC_1 变动到 MC_2 的位置时，利润最大化的价格仍然是 P_1，产量仍然是 Q_1。成本发生很大变化时，才会引起价格与产量的调整。如边际成本继续提高到 MC_3 的位置，则利润最大化的产量减少到 Q_2，价格上升到 P_2。这说明，只要该厂商的成本变化不大，其 MC 曲线与 MR 曲线的交点都在 MR 曲线的垂直间断的范围之内，不会引起价格与产量的变动。

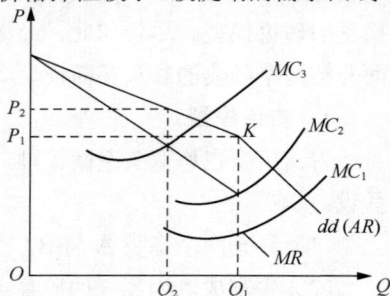

图 5-14 斯威齐模型

对拐折的需求曲线也有不同的看法。例如，美国经济学家斯蒂格勒根据对 7 个寡头行业的研究指出，当一家寡头厂商提高价格时，其他厂商多数也会提高价格，这就无法证明拐折的需求曲线的存在。此外，有的西方经济学家还指出，尽管斯威齐模型对寡头市场中较为普遍的价格刚性现象进行了解释，但该模型却无法说明具有刚性的价格本身，如图 5-14 中的价格 P_1 是如何形成的就无法说明。尽管如此，大多数经济学家还是承认斯威齐模型具有理论价值。

视野拓展

空调行业价格战的意义

扫码看视频

京东苏宁展开白刃战

想一想

京东和苏宁是否形成了寡头垄断，它们是如何展开竞争的？

5.5 | 4 种市场模型比较

4 种市场在形成条件、均衡条件、盈亏状况各不相同，因而其各自的经济效率、技术创新能力以及满足消费者需要等各方面都存在差别。

5.5.1 4种市场类型经济效率的比较

经济效率是指对经济资源利用的有效性。不同市场结构的经济效率是不同的。通过对不同市场条件下厂商长期均衡的分析可以得出：完全竞争市场的经济效率最高，垄断竞争市场较高，寡头垄断市场较低，完全垄断市场最低。

在图 5-15 中，d_M 是不完全竞争厂商的需求曲线。由于不完全竞争使需求曲线向右下方倾斜，所以在实现长期均衡时，该需求曲线只能相切于 LAC 曲线最低点左边的 A 点，其产量水平是 Q_A。d_P 是完全竞争厂商的水平的需求曲线。在实现长期均衡时，该需求曲线相切于 LAC 曲线的最低点 C，其产量水平是 Q_C。比较两种市场的价格与产量可以发现，完全竞争市场的价格水平低于不完全竞争市场，而产量却高于不完全竞争市场。所以，从价格与产量这两个量上来看，均可以得到"完全竞争市场的经济效率远远高于不完全竞争市场的效率"的结论。究其原因，具体分析如下。

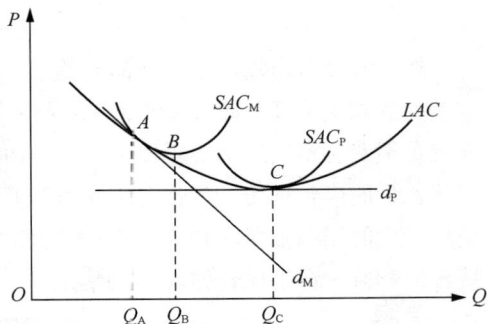

图 5-15 不同市场的经济效率

可以将 Q_C-Q_A，即完全竞争市场多于不完全竞争市场的产量分成两部分来说明不完全竞争是降低生产效率的。Q_B-Q_A 说明不完全竞争厂商未能在以 SAC_M 所代表的现有的生产规模上充分利用现有的经济资源获得最大的产量，因为该生产规模的最佳产量是平均成本最低的 B 点相对应的产量水平 Q_B。Q_C-Q_B 则说明，从长期来看，不完全竞争厂商未能将规模调整到长期平均成本最低的最佳规模 SAC_P 上，未能充分利用社会经济资源。

不完全竞争的 3 种市场类型的垄断程度各不相同。垄断程度越高，则需求曲线越陡直，相应的，长期均衡产量的水平越低，经济效率也越差，如完全垄断市场。而垄断程度较低的垄断竞争市场的需求曲线比较平坦，相应的，长期均衡产量的水平较高，经济效率也就较高。

5.5.2 4种市场类型的技术创新能力的比较

经济学一般认为，完全竞争市场不利于出现重大技术创新。原因在于：其一，完全竞争厂商规模很小，又不能稳定地获得经济利润，因而没有进行重大技术创新的资金保障；其二，在完全竞争的条件下，如果个别厂商进行了技术创新，由于生产资源的自由流动，技术创新很容易被其他厂商所效仿，由此产生的经济利润很难保持。因此，完全竞争的市场环境不利于重大技术创新的出现。

垄断竞争市场和寡头垄断市场比较有利于技术创新。垄断竞争厂商可以通过开发有差别的新产品，在短期内获得相对垄断地位，从而取得经济利润，因此，垄断竞争厂商有意愿并且有能力进行技术创新。寡头垄断厂商在产品市场价格相对稳定的条件下，一是可以通过技术创新实现规模经济，从而降低成本，提高经济效益；二是可以通过技术创新降低自己产品的价格，在竞争中取胜。对完全垄断市场的技术创新问题，经济学家有不同看法。有些人认为，垄断厂商可以凭借其垄断地位稳定地获得经济利润，因而缺乏创新的动力，甚至，垄断厂商为了防止潜在的竞争对手通过技术创新而对其垄断地位形成威胁，会千方百计地阻碍竞争对手进行技术创新。但也有些人认为，垄断也会有利于技术创新，一方面，垄断厂商可以通过技术进步降低成本，提高自己的经济利润，因而垄断厂商也有技术创新的动力。另一方面，大规模的垄断厂商具有利用雄厚的经济实力进行科学研究和重大技术创新的能力。

5.5.3 四种市场类型的产品差别

在完全竞争市场，由于产品无差别，因而不能满足消费者的不同偏好。在垄断竞争市场和产品有差别的寡头市场（如汽车业、造船业），由于存在产品差别，可以使消费者有更多的选择自由，从而满足消费者不同的消费需要。也正是由于存在产品差别，垄断竞争市场和有差别的寡头市场需要进行大量的广告宣传。广告宣传向消费者提供了商品信息，但过量的广告宣传也会提高产品成本、造成巨大的资源浪费，并可能抬高销售价格，而且虚假的广告宣传还会误导消费者，这都将损害消费者的利益。详细比较如表 5-1 所示。

表 5-1　　　　　　　　　　长期均衡时各类市场模式比较

市场类型 比较项目	完全竞争	完全垄断	垄断竞争	寡头垄断
厂商数目	众多	一个	很多	几个
产品性质	同质	一	异质	同质或异质
进出行业	极易	极难	较易	不易
市场价格	接受者	制定者	影响者	寻求者
需求曲线	水平	最斜	略斜	较斜
均衡价格	最低	最高	较低	较高
均衡产量	最多	最少	较多	较少
超额利润	无	有	无	有
经济效率	最高	最低	较高	较低
规模经济	缺乏	存在	存在	存在
技术进步	缺乏	存在	存在	存在
经典行业	农业	公用事业	轻工业	重工业

课后习题

一、单项选择题

1. 假如一个完全竞争厂商的收益不能弥补可变成本，为了减少损失，它应该（　　）。

   A. 减少生产　　　　B. 增加生产　　　　C. 提高价格　　　　D. 停止生产

2. 垄断竞争厂商短期均衡时，（　　）。

   A. 厂商一定能获得超额利润

   B. 厂商一定不能获得超额利润

   C. 只能得到正常利润

   D. 获得超额利润、发生亏损及获得正常利润 3 种情况都可能发生

3. 寡头垄断厂商的产品是（　　）。

   A. 同质的　　　　　　　　　　　　　B. 有差异的

   C. 既可以是同质的又可以是有差异的　　D. 以上都不对

4. 当一个行业由自由竞争演变成垄断行业时，则（　　）。

   A. 垄断市场的价格等于竞争市场的价格　B. 垄断市场的价格大于竞争市场的价格

   C. 垄断市场的价格小于竞争市场的价格　D. 垄断价格具有任意性

5. 在古诺模型下如果厂商的数量增加，（　　）。

   A. 每一厂商的产量将增加　　　　　　B. 行业产量增加，价格降到竞争时的水平

   C. 市场价格接近勾结时的价格　　　　D. 上述说法均不准确

二、判断题

1. 为了使利润最大化，企业总是在由总收益最高点所确定的产量上进行生产。（　　）

2. 经过长期的调整之后，完全竞争企业将在平均总成本最低点所确定的产量水平上进行生产。（　　）

3. 在短期内，为了弥补不断上升的边际成本，生产者的供给线向右上方倾斜。（　　）

4. 在完全竞争市场中，整个行业的需求曲线具有完全弹性，而单个企业的需求曲线则具有负斜率。（　　）

5. 长期来看，完全垄断企业必须在总成本最低点确定的产量水平上进行生产。（　　）

6. 垄断企业总会获取经济利润。（　　）

7. 垄断竞争企业的需求曲线比完全竞争企业的需求曲线缺乏弹性。（　　）

8. 寡头垄断企业的折拐的需求曲线在高于现行价格时缺乏弹性，在低于现行价格时富有弹性。（　　）

9. 通常寡头垄断行业中的企业数量越多，寡头垄断企业之间进行勾结越困难。（　　）

三、简答题

1. 完全竞争市场中单个厂商的需求曲线与市场的需求曲线有什么联系与区别？

2. 在短期内，垄断企业是否会亏损，为什么？

3. 什么叫"自然垄断"？谈谈你对自然垄断的看法。

4. 为什么垄断竞争企业会面临两种不同的需求曲线？

5. 什么是价格歧视？实行价格歧视须具备什么条件？将带来什么结果？

四、计算题

1. 完全竞争行业中某厂商的成本函数为 $STC=Q^3-6Q^2+30Q+40$，假设产品的的价格为66美元。

（1）求利润最大化时的产量及利润总额。

（2）若该产品的价格下降为30元，新价格下厂商是否亏损？若亏损，最小亏损额是多少？

（3）该厂商在什么情况下会停产？

2. 完全竞争厂商的短期成本函数为 $STC=0.04Q^3-0.8Q^2+10Q+5$，试求厂商的短期供给函数。

3. 已知某完全竞争的成本不变行业中的单个厂商的长期总成本函数 $LTC=Q^3-12Q^2+40Q$。

（1）当市场商品价格为 $P=100$ 时，厂商实现 $MR=LMC$ 时的产量、平均成本和利润。

（2）该行业长期均衡时的价格和单个厂商的产量。

（3）当市场的需求函数为 $Q=660-15P$ 时，行业长期均衡时的厂商数量。

4. 某垄断者的短期成本函数为 $STC=0.1Q^3-6Q^2+140Q+3\,000$，$Q$ 为每天产量，为使利润最大化，该厂商每天生产40吨并相应取得的利润为1 000元。

（1）求满足上述条件的边际收益、销售价格和总收益。

（2）若固定成本为3 000元，价格为90元，该厂商是否能继续生产？如要停产，价格至少要降到多少？

5. 某垄断厂商的短期总成本函数为 $STC=Q^2+2Q+60$，需求函数为 $Q=10-2P$，求该厂商的短期均衡产量和均衡价格。

要素市场理论 | 第6章

本章学习要素市场理论。希望读者通过学习，了解要素需求的特点；熟悉完全竞争条件下厂商对生产要素需求的原则；掌握生产要素供求的决定，理解工资、利息和地租等要素价格的决定；掌握洛伦茨曲线和基尼系数的概念及计算方法。

6.1 要素价格决定的需求分析

要素的市场价格由其在市场上的需求和供给两个方面来决定，只是对要素的需求来自厂商，而要素的供给来自消费者，且市场对要素的需求和供给具有不同于一般商品的需求和供给的特点，不同的要素的供给曲线不同，从而决定了不同要素在价格决定上的不同。

6.1.1 要素需求的特点

在产品市场上，需求来自消费者，是一种直接需求。在要素市场上，厂商是生产要素的需求者。厂商购买生产要素的目的是提高生产能力，从而生产并出售产品以获利。因此，厂商对生产要素的需求取决于消费者对其产品的需求。如果消费者对厂商产品没有需求，厂商自然不会对生产要素产生需求。因此，厂商对生产要素的需求是一种间接需求。这种需求派生于消费者对产品的需求，因此对生产要素的需求被称为派生需求或引致需求。

此外，对生产要素的需求还是一种联合需求或相互依存需求，也就是说，厂商需要的不是一种生产要素，而是多种生产要素。这是因为厂商在生产某种产品时，需要同时投入多种生产要素，一种生产要素无法单独发挥作用。这表示对某种生产要素的需求不仅取决于该种生产要素的价格，还取决于其他生产要素的价格。为方便起见，我们只集中分析一种生产要素的情况，假定其他生产要素的价格保持不变。

6.1.2 厂商对生产要素需求的原则

在分析厂商使用生产要素的原则时，有两个假设条件：厂商是追求利润最大化的经济主体；厂商生产单一产品时只使用某一种生产要素。

利润最大化要求厂商的任何经济活动都要遵循边际收益等于边际成本的原则。这一点既适用于产品市场，也适用于要素市场，只是在两个市场中的边际收益和边际成本的含义有所不同。关于产品市场中的边际收益和边际成本，我们在第4章介绍过，这里我们只介绍使用要素的边际收益和边际成本。

任何厂商的收益都等于销售量乘以产品价格，假设厂商的产品需求函数和厂商的生产函数分别为 $P = P(Q)$ 和 $Q = Q(F)$，这里 F 是指投入的要素，则厂商的收益函数可写为

$$R = P \cdot Q = P \cdot [Q(F)] \cdot Q(F) \tag{6-1}$$

从式（6-1）可以看出，厂商收益是要素使用量的复合函数。厂商使用要素的边际收益——边际收益产品（marginal revenue of product，MRP）就是收益函数对要素使用量的一阶导数。

$$MRP = \frac{dP}{dQ} \cdot \frac{dQ}{dF} \cdot Q + P \cdot \frac{dQ}{dF} = [Q \cdot \frac{dP}{dQ} + P] \cdot \frac{dQ}{dF}$$

即

$$MRP = MR \cdot \frac{dQ}{dF} = MR \cdot MP_F \qquad (6\text{-}2)$$

其中，MR 是厂商销售产品的边际收益，MP_F 是要素 F 的边际产量。这样，我们就得到厂商使用要素的边际收益：它等于产品的边际收益乘以要素的边际产量。从经济学的角度讲，厂商增加单位某种要素的边际收益是在市场上销售该单位要素投入带来的产量的增加量时，带来的收益的增加总量。

在这里要注意产品的边际收益 MR 和边际收益产品 MRP 之间的区别。前者是产量 Q 的函数，它表示销售量每变化一单位所引起的收益的变化量；而后者是要素投入量 F 的函数，它表示要素投入量每变化一单位所引起的收益的变化量。

这里讨论使用要素的成本。由于在技术一定的条件下，产量取决于要素的使用量，所以成本也可以表示要素使用量。假设所使用的要素的价格为 P_F，则使用要素的成本可以表示为

$$C = C(F) = P_F \cdot F \qquad (6\text{-}3)$$

这样，使用要素的边际成本——边际要素成本（marginal factor cost，MFC）就可以通过公式（6-3）对要素使用量求一阶导数来得到如下公式

$$MFC = \frac{dC}{dF} = P_F + \frac{dP_F}{dF} \cdot F \qquad (6\text{-}4)$$

从式（6-4）中可以看出，使用要素的边际成本由两部分组成：第一部分为要素价格，它表示厂商必须支付的要素价格；第二部分是乘积项，它是由要素使用量的变化引起的要素价格的变化量乘以要素的使用量，该项刚好表示由要素价格的变化引起的要素使用成本的变化量。

在这里要特别注意：产品的边际成本 MC 和边际要素成本 MFC 有本质的区别。前者是产量 Q 的函数，它是指产量每变化一单位所引起的成本的变化量；而后者是要素投入量 F 的函数，它表示要素投入每变化一单位所引起的成本的变化量。

前面讲过，任何经济主体要获得利润最大化的条件都是边际收益等于边际成本。因此，厂商使用要素的原则必然也是使用要素的边际收益等于边际成本，即

$$MRP = MFC \qquad (6\text{-}5)$$

如果二者不相等，则厂商可以通过改变要素的使用量来增加收益。如 $MRP > MFC$，则厂商可以增加要素的使用量来增加利润，因为此时增加要素使用所带来的收益大于成本。随着要素使用量的提高，要素的边际产品价值会下降，要素的边际成本不变或上升，最终使得 $MRP=MFC$；反之，也会得到同样的结果。

6.1.3　完全竞争市场的要素需求曲线

与完全竞争产品市场的特征类似，完全竞争要素市场的基本特征包括要素市场上有大量的买方和卖方；要素是同质的，因此买卖双方都是要素价格的接受者；要素买卖双方都具有完全信息；

要素具有完全的流动性。根据这些特征可以看出，现实中完全满足这些特征的要素市场也是不存在的。作为一个完全竞争厂商，仅仅在产品市场中进行完全竞争是不够的，在要素市场上也是完全竞争的。

1. 完全竞争厂商的要素使用原则

（1）使用要素的边际收益：边际产品价值。

前面讲过，厂商使用要素的边际收益等于产品的边际收益乘以要素的边际产量。而作为一个完全竞争厂商，它在产品市场上是既定价格的接受者，此时厂商面临的产品需求曲线为水平线。厂商销售量的改变不会影响价格，也就是说，厂商销售产品的边际收益等于商品价格，即 $MR = P$。因此，厂商使用要素的边际收益等于商品价格乘以要素的边际产量，我们称之为要素的边际产品价值（value of marginal product，VMP），用公式表示为

$$VMP = P \cdot MP_F \tag{6-6}$$

而在分析一种要素的合理投入时，我们得出了一个结论，厂商要将要素的投入数量放在第二个区域，此时，边际产量是递减的，再进一步看，要素的边际产品价值也可以写作要素投入的函数。由于产品价格是正数，因此，VMP 曲线和边际产量线一样向右下方倾斜。

表 6-1 给出某个厂商的要素投入量、总产量、边际产量、产品价格和边际产品价值的部分数据。图 6-1 则是根据该表绘制而成的。图中，纵轴表示要素的边际产量 MP 和边际产品价值 VMP，横轴表示要素的投入量 F。由图可见，MP 线和 VMP 线均向右下方倾斜，但其位置不同。当 P 大于 1 时，VMP 线在 MP 线之上；当 P 小于 1 时，VMP 在 MP 之下；如果 P 等于 1，则边际产品价值线退化为边际产量线，两条曲线完全重合。

表 6-1　　　　　　　　　　　　　　厂商的边际产品和边际产品价值

要素投入量 F	总产量 TP	边际产量 MP	产品价格 P	边际产品价值 VMP
0	0	—	3	—
1	9	9	3	27
2	17	8	3	24
3	24	7	3	21
4	30	6	3	18
5	35	5	3	15
6	39	4	3	12
7	42	3	3	9
8	44	2	3	6

（2）使用要素的边际成本：要素价格。

前面提到厂商使用要素的边际成本等于要素价格加上要素使用量变化所引起的要素成本的变化量。作为完全竞争厂商，在要素市场上它是既定要素价格的接受者：其要素投入量的改变不会改变要素价格。换句话说，要素价格与单个厂商的要素使用量没有关系，这意味着 $\mathrm{d}P_F / \mathrm{d}F = 0$。因此单个厂商使用要素的边际成本等于要素价格，用公式表示为

$$MFC = P_F \tag{6-7}$$

该式很容易理解，如某种要素的价格固定为 3 元，那么厂商每增加一单位该种要素投入时，其付出仅需要增加 3 元，因此它使用要素的边际成本就等于要素的价格，也就是 3 元。

虽然使用要素的边际成本 MFC 是要素使用量的函数，但是在完全竞争条件下，该函数采取了最为简单的形式，它是一个常数，即公式（6-7）。因此在图形上该函数曲线表现为一条水平线，如

图 6-2 所示。在该图中，纵轴表示边际要素成本 MFC，横轴表示要素使用量 F。给定要素价格 P_F，P_F 垂直于 MFC，P_F 为水平线意味着它不随着要素使用量的改变而改变。

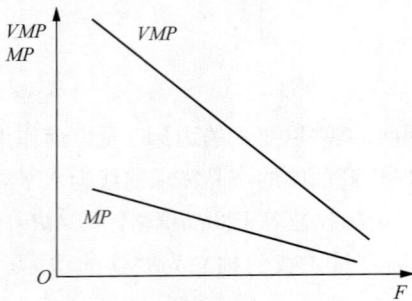

图 6-1　厂商的边际产品和边际产品价值　　　　　　　图 6-2　完全竞争厂商使用要素的边际成本

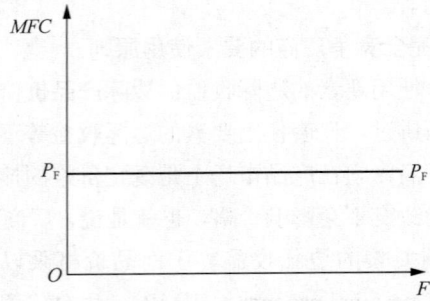

（3）完全竞争厂商使用要素的原则。

根据前面的分析，厂商使用要素的原则是使用要素的边际收益等于边际成本，结合上面的分析，我们可以得到完全竞争厂商使用要素的原则，用公式表示就是

$$VMP=P_F \qquad\qquad (6-8)$$

2. 完全竞争市场的要素需求曲线的推导

（1）单个厂商的要素需求曲线的推导。

单个厂商的要素需求函数是指在一定时期内，在其他条件不变的前提下，厂商对要素的需求量与要素价格之间的关系。根据完全竞争厂商使用要素的原则，厂商投入的要素量必然要使得该要素的边际产品价值等于要素价格，这样才能实现利润的最大化。我们可以用要素的需求表来表示要素需求的这种函数关系。表 6-2 是只使用一种要素的某个完全竞争厂商的要素需求表。

表 6-2　　　　　　　　　　　完全竞争厂商的要素需求表

要素投入 F	边际产量 MP	产品价格 P	边际产品价值 VMP	要素价格 P_F
1	9	3	27	27
2	8	3	24	24
3	7	3	21	21
4	6	3	18	18
5	5	3	15	15
6	4	3	12	12
7	3	3	9	9
8	2	3	6	6

从表 6-2 中可以看出，当要素价格为 27 时，厂商最优的要素投入量为 1。同样，当要素价格为 24 时，最优要素投入量为 2。依此类推，表中第一栏和最后一栏合起来就表示了完全竞争厂商的要素需求关系。

要素需求函数还可以由式（6-8）推导出来。由于要素的边际产量是要素投入量的函数，因此式（6-8）可以改写为

$$P_F=P \cdot MP(F) \qquad\qquad (6-9)$$

由于产品价格 P 是常数，式（6-9）表示的就是要素价格和要素投入量即要素需求量之间的函数关系，因此该式就是完全竞争厂商的要素需求函数。由于边际产量递减规律，要素投入量越大，MP 值就越小，从而 P 值就越小，这样就得到了要素需求量和要素价格之间存在一种反向变动关

系的结论。

图 6-3 可以进一步说明这种反向关系，同时还可以说明完全竞争厂商的要素需求曲线和 VMP 是完全重合的。在图中，纵轴表示要素价格，横轴表示要素投入量。因此给定要素价格为 P_{F0}，在图形中就有一条水平线 P_{F0}。而 VMP 随着要素投入的增加而减少，因此在图形中 VMP 线是往右下方倾斜的。在图中，VMP 线和 P_{F0} 线相交于 A 点。该点表明，给定要素的价格 P_{F0} 和 VMP，厂商最优的要素投入即要素需求量，为 F_0。依此类推，给定另外一个要素价格，就有另一条水平线与 VMP 线相交，该交点对应的要素量就是在该要素价格下厂商对要素的需求量。因此在不考虑其他因素的情况下，完全竞争厂商对要素的需求曲线和该厂商的边际产品价值 VMP 线是重合的。

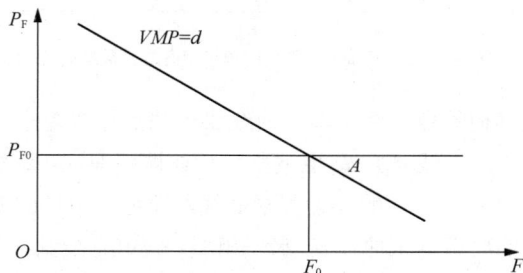

图 6-3　完全竞争厂商的要素需求线

使用单一要素的完全竞争厂商的要素需求曲线和 VMP 线重合是有前提条件的：生产要素价格的变化不会影响产品的价格。否则，一旦要素价格发生变化，产品价格随之发生变化，这样 VMP 线也就会发生变化，从而使要素需求曲线不再与某一条 VMP 线重合了。当然，只考虑单一厂商时，该条件自然可以得到满足，因为在完全竞争市场中，单个厂商要素投入改变会引起产量的改变，但不会影响产品的价格。

（2）完全竞争市场要素需求曲线的推导。

上面我们讨论了单个完全竞争厂商的需求曲线，在讨论单个厂商时，它与边际产品价值曲线重合。那么，整个市场的要素需求曲线又是怎样的呢？前面我们在讨论单个厂商的需求曲线时，假定了其他厂商均不进行调整，因此要素价格的变化不会影响产品的价格。现在要研究的是整个市场的动态，也就是说，现在所有厂商都将调整，此时要素价格的变化对产品的价格会产生影响。那么，整个市场的要素需求曲线又是怎样的呢？

现在要素价格变动不仅会引起单个厂商的要素需求量和产量变动，而且会引起所有其他厂商的要素需求量和产量变动。由于全体厂商的产量变动将改变产品的供给曲线，从而在产品市场需求量不变时，产量变动将影响产品的价格，产品价格的改变反过来会使每一个厂商的边际产品价值曲线发生改变。因此，每个厂商的要素需求曲线不再与其边际产品价值曲线重合。

在图 6-4 中，设给定初始要素价格为 P_{F0}，相应得到一个产品价格 P_0，从而有一条边际产品价值曲线 $P_0 \cdot MP$。根据该曲线可确定产品价格为 P_0 时的要素需求量 F_0。因此，$H（P_{F0}, F_0）$ 点为所求的要素需求曲线上一点。现要素价格下降到 P_{F1}，若其他厂商不调整，则要素需求量应增加到 F_2。但现在所有厂商都在增加要素的投入，从而使得整个市场的产品供给增加，产品价格下降到 P_1。这样边际产品价值曲线向左下方移动至 $P_1 \cdot MP$，此时在要素价格 P_{F1} 下，对要素的需求量不是 F_2，而是 F_1。于是又得到所求的要素需求曲线上的一点 $I（P_{F1}, F_1）$。

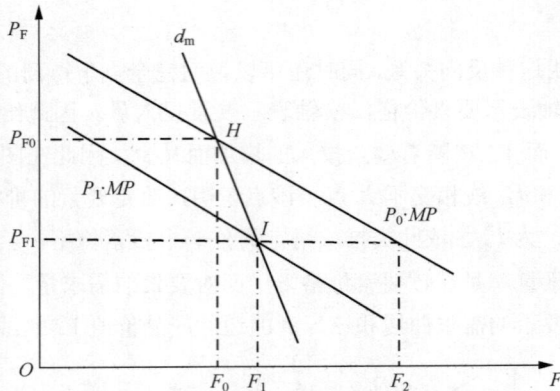

图 6-4　多个厂商同时调整时单个厂商的要素需求线

重复上述过程可以得到其他的点，用平滑的曲线将这些点连接起来，即得到多个厂商调整的情况下，每个厂商对要素 F 的需求曲线 d_m，d_m 也被称为行业调整曲线。该线向右下方倾斜，但比边际产品价值曲线陡。d_m 曲线仍是单个厂商的要素需求曲线，而整个市场的要素需求曲线就等于将行业内每个厂商经过行业调整后的要素需求曲线 d_m 水平相加。假定完全竞争要素市场上有 n 个厂商，那么整个市场的要素需求曲线 D 相应地表示为

$$D = \sum_{m=1}^{n} d_m \tag{6-10}$$

如果市场上每个厂商的情况均一样，则有

$$D = \sum_{m=1}^{n} d_m = n d_m \tag{6-11}$$

通过上面分析，我们可以做个简单总结：如果要素市场是完全竞争市场，不论产品市场是完全竞争市场还是不完全竞争市场，厂商都可以形成有规律的要素需求曲线；而如果要素市场是不完全竞争市场，则不论产品市场是完全竞争市场还是不完全竞争市场，厂商都无法形成有规律的要素需求曲线。

6.2 | 要素价格决定的供给分析

从上一节中对要素需求的分析中可以看出，只要要素市场是完全竞争市场，那么要素需求曲线就是向右下方倾斜的。但是任何一种要素价格的决定都是由要素的需求和供给两个方面共同决定的。所以这一节我们开始分析要素的供给，并结合要素需求来分析要素均衡价格的决定问题。

6.2.1　消费者要素供给的原则

要素的所有者既可以是厂商，也可以是消费者。厂商向市场提供中间生产要素，如煤炭、机器等；消费者向市场提供原始生产要素，如劳动、土地等。厂商追求的是利润最大化，因此中间生产要素的供给和一般产品的供给相同。这在前面已经分析过，这里不再分析。因此本节的讨论仅限于

原始生产要素的供给问题。而消费者追求的是效用最大化，因此本节就从效用最大化行为出发来分析原始生产要素的供给问题。

作为消费者，在一定的时期内，其拥有的某种要素（自有资源）的量是一定的。也就是说，消费者必须保留部分资源自用，把剩下的资源提供给市场。因此，要素供给问题可以看成是消费者在既定的要素价格下，为追求效用最大化而选择把要素提供给市场或是保留自用的问题。

消费者要实现效用最大化，必然要满足以下条件：把要素提供给市场得到的边际效用等于保留自用所产生的边际效用。如果前者大于后者，那么消费者通过增加要素的供给量就可以增加总效用；反之，消费者增加保留自用的量就可以增加总效用。由于边际效用递减规律的存在，这种调整最终可以使得二者相等，从而帮助消费者实现效用最大化。

1. 要素供给的边际效用

消费者将要素提供给市场本身不会产生效用，但是这种供给可以获得收入，而收入可以给消费者带来效用。因此要素供给效用是一种间接效用。以 U 表示效用，以 I 表示收入，以 F 表示要素的数量，要素供给的边际效用可以用公式表示为

$$\frac{\Delta U}{\Delta F} = \frac{\Delta U}{\Delta I} \cdot \frac{\Delta I}{\Delta F} \tag{6-12}$$

式（6-12）右边的第一项表示收入每变化一单位所引起的效用的变化量，即收入的边际效用；第二项表示要素供给量每变化一单位所引起的收入的变化量，即要素的边际收入。要素供给的边际效用等于二者的乘积。如果要素供给效用函数连续可导，式（6-12）可以改写为

$$\frac{dU}{dF} = \frac{dU}{dI} \cdot \frac{dI}{dF} \tag{6-13}$$

一般而言，要素供给市场是完全竞争市场。单个要素供给者的要素供给量的改变不会影响要素的价格，因此其要素需求曲线是一条水平线，要素的边际收入就等于要素价格。于是公式（6-13）可以简化为

$$\frac{dU}{dF} = \frac{dU}{dI} \cdot P_F \tag{6-14}$$

2. 要素保留自用的边际效用

消费者把要素保留自用既可以产生直接效用，又可以产生间接效用。例如时间，如果不向市场提供劳动，消费者可以休息或者干家务。前者可以直接满足消费者的健康或娱乐需要，是一种直接效用，而后者节省了本来需要雇佣别人来干家务的支出，是一种间接效用。为简单起见，假定在后面的分析中，效用都是直接效用。以 U 表示效用，以 f 表示保留自用要素的数量，这样要素保留自用的边际效用就可以用公式表示为 dU/df。

根据消费者效用最大化的原则，向市场供给要素的边际效用等于保留自用要素的边际效用，我们可以得到消费者的要素供给原则为

$$\frac{dU}{dI} \cdot P_F = \frac{dU}{df} \tag{6-15}$$

3. 消费者供给要素的无差异分析

上面关于要素供给原则的分析也可以用无差异曲线来进行，如图 6-5 所示。图中横轴 f 表示保留自用的要素量，纵轴 I 表示保留一定量要素带来的相应收入。图中有 3 条无差异曲线 U_1、U_2、U_3，每一条无差异曲线上的任意一点能给消费者带来的效用都是相同的，且这 3 条无差异曲线满足无差异曲线的 4 个基本特征。

假定消费者的初始要素量为 $\overline{F}$，非要素收入为 $\overline{I}$，即它处于图中的 A 点。如果消费者把所有的要素都提供给市场，则消费者的总收入为 $T = \overline{F}P_F + \overline{I}$，即图中的 T 点所代表的总收入。这样连接 T 点和 A 点的直线就构成消费者的预算约束线。消费者就是在该约束下，进行供给要素的收入 I 和要素保留自用 f 的组合，以实现效用最大化。最优组合在图中为 U_2 和预算线的切点 E 点。此时消费者将 f^* 的要素数量保留自用，将 $\overline{F} - f^*$ 的要素量提供给市场。此时消费者的总收入为 I^*，达到的效用水平为 U_2。

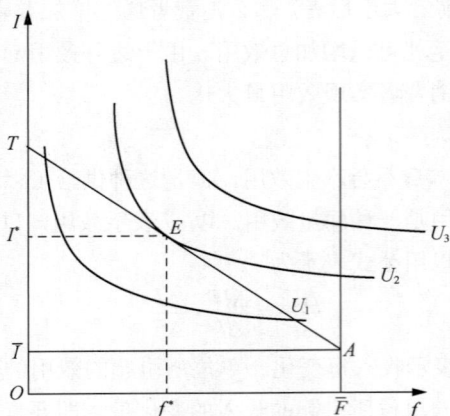

图 6-5   要素供给的无差异分析

从图 6-5 中可知，在 E 点处，无差异曲线切线的斜率等于预算线的斜率，而预算线的斜率为 $-\dfrac{T - \overline{I}}{\overline{F}} = -P_F$。因此有

$$\frac{\mathrm{d}I}{\mathrm{d}f} = -P_F \tag{6-16}$$

式（6-16）的左边表示的是消费者每增加一单位的保留自用要素而放弃的收入量，右边表示要素价格。因此从上式可以得出消费者供给要素的原则：消费者每增加一单位的保留自用要素而放弃的收入量必定等于要素的价格。

6.2.2   要素供给曲线的推导

图 6-6 表示了在各个要素价格下的消费者均衡。图中的 AI_0、AI_1、AI_2 分别为要素价格为 P_{F0}、P_{F1}、P_{F2}（$P_{F0}<P_{F1}<P_{F2}$）时的预算线。它们分别与 U_0、U_1、U_2 相切于 E_0、E_1、E_2 点。对应的要素保留自用量分别为 f_0、f_1、f_2。也就是说，当要素价格分别为 P_{F0}、P_{F1}、P_{F2} 时，对应的要素供给量分别为 $\overline{F} - f_0$、$\overline{F} - f_1$、$\overline{F} - f_2$。事实上，有无数个要素价格，也就是说，有无数个预算线与无差异曲线的切点。这意味着有无数个要素价格，以及与之对应的唯一的最优要素供给量。如果把这些组合在另一个坐标平面上表示出来，我们就得到要素供给曲线，如图 6-7 所示。

要素的供给曲线表示要素价格和供给量的各种不同组合。从图 6-6 的分析中可以看到，在给定消费者偏好及非要素收入的情况下，均衡点的位置取决于预算线的斜率，即要素价格。也就是说，在消费者偏好、非要素收入及初始要素量不变的前提下，给定一个要素价格，就有一个最优的要素供给量。

从图 6-7 中可以看出，要素供给量和要素价格正相关，要素供给曲线从左下方向右上方倾斜。这是消费者追求效用最大化过程中的必然结果。可见消费者对效用最大化的追求不仅能自动形成产品市场的需求曲线，同时也能形成要素市场的供给曲线。

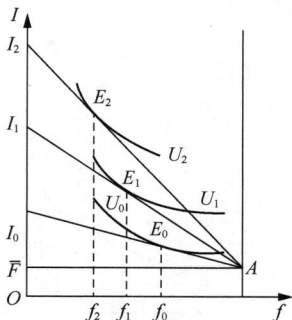

图 6-6 不同要素价格下的消费者均衡

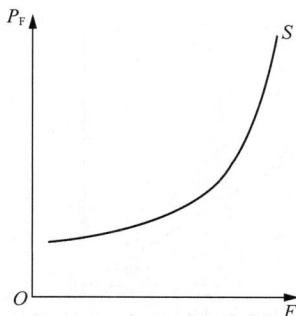

图 6-7 要素供给曲线

6.3 | 几种生产要素的价格决定分析

生产要素的价格构成了厂商生产的成本，同时也构成了生产要素所有者的收入，所以要素的价格决定也属于国民收入在要素所有者之间的分配问题，因此，要素的价格决定实际是经济学分配理论的一个重要组成部分。

在经济学中，任何一种商品的价格都是由该商品的供给和需求共同决定的，生产要素价格的决定也不例外。从前面的分析中我们可以得出：只要要素市场是完全竞争市场，就可以得到一条向右下方倾斜的需求曲线。那么我们只要得到要素的供给曲线，然后把需求曲线和供给曲线放在一起，它们的交点就决定了生产要素的均衡价格和均衡数量。下面就劳动、土地、资本 3 种生产要素的价格决定进行分析。

6.3.1 劳动的价格决定

劳动的供给量即人们工作的时间。人们每天只有 24 小时，假定每天必须要用 8 小时睡觉，那么每天就只剩下 16 小时。人们可以用这些时间工作，赚得收入购买消费品；也可以用这些时间休息和享受，我们称之为闲暇。因此劳动的供给问题可以看成是消费者在提供劳动以获得收入和消费闲暇之间的选择问题。闲暇可以直接给人们带来效用，而提供劳动可以获得收入，人们用这种收入购买消费品也能增加效用。从本质上说，人们是在闲暇和劳动收入之间进行选择，因此在上一节使用的模型完全可以用来分析劳动的供给问题。

在图 6-8 中，横轴表示闲暇，纵轴表示劳动收入，消费者的初始状态为 A 点，表示消费者既有劳动收入和把闲暇的组合。图中的 AI_0、AI_1、AI_2 分别为工资率为 W_0、W_1、W_2（$W_0 < W_1 < W_2$）时的预算线。它们分别与 U_0、U_1、U_2 切于 E_0、E_1、E_2 点。对应的闲暇时间分别为 L_0、L_1、L_2。也就是说，当工资率分别为 W_0、W_1、

W_2 时，对应的劳动时间供给量分别为 $16-L_0$、$16-L_1$、$16-L_2$。事实上我们每给出一个工资率水平，就会有一个相应的劳动时间供给量与之对应。如果我们把这些工资率和相应的劳动时间供给量在另一个二维坐标中表示出来，我们就可以得到个人劳动供给曲线，如图 6-9 所示。

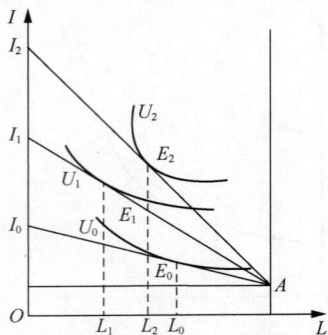

图 6-8　消费者对闲暇和劳动供给的选择　　　　　图 6-9　个人劳动供给曲线

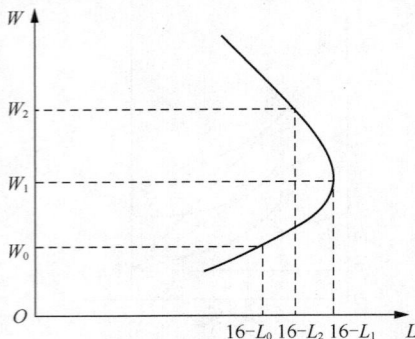

上面推导的个人劳动供给曲线具有一个显著的特征：该曲线具有一段向后弯的部分。这意味着刚开始当工资率较低时，劳动供给量与工资率是正相关的，此时随着工资率的提高，劳动供给量增加，闲暇时间减少；当工资率超过某个特定水平后，劳动供给量和工资率负相关，此时随着工资率的提高，劳动供给量下降，闲暇时间反而增加。我们可以用替代效应和收入效应来解释这种现象。

前面提到，人们总是在提供劳动和消费闲暇之间选择。如果选择消费一单位时间的闲暇，就要放弃提供一单位时间劳动得到的收入，这个收入即工资率。因此我们可以把工资率看成闲暇的价格，因为工资率是消费闲暇的机会成本。

在效用论中我们学过，作为一般性正常品，当其价格上升时，由于替代效应，消费者会减少对其的消费量；同时价格上升导致消费者实际收入下降，因此收入效应也会导致消费者减少对该种商品的消费量。闲暇作为一种正常消费品，它也会受替代效应和收入效应的影响。当工资率提高也就是闲暇的价格上升时，和一般正常品一样，由于替代效应的作用，消费者会减少对闲暇的消费量。但和一般正常品不同的是，当闲暇的价格上升时，消费者的实际收入也随之上升。结果由于收入效应，消费者会增加对闲暇的消费量。因此，随着工资率的提高，消费者到底是增加还是减少对闲暇的消费量，取决于收入效应和替代效应的大小。如果前者大于后者，则消费者会增加对闲暇的消费量。反之减少对闲暇的消费量。

一般而言，当工资率较低时，工资率的上升引起的消费者的收入的增量不会很大，此时收入效应不会大于替代效应，因此随着工资率的上升，消费者会减少对闲暇的消费量，增加劳动时间的供给量，即在图 6-9 中表现为劳动供给曲线向右上方倾斜。但是一旦工资率上升到一个比较高的水平后，就会引起消费者的实际收入有较大幅度的上升，此时收入效应就会大于替代效应，因此随着工资率的上升，消费者会增加对闲暇的消费量，即减少劳动供给量，在图 6-9 中表现为劳动供给曲线的后弯

我们对所有单个消费者的劳动供给曲线进行加总，就得到了劳动力市场的劳动供给曲线。虽然单个消费者的劳动供给曲线有后弯部分，但是劳动力市场的劳动供给曲线却总是向右上方倾斜的。因为随着工资率的上升，虽然单个消费者会减少劳动供给量，但是高工资率会吸引新的消费者进入

视野拓展

效率工资理论

劳动力市场，从而整个市场的劳动供给量就不会减少，而会增加。

把劳动需求曲线和劳动供给曲线放在一起，我们就可以得到劳动力市场均衡时的工资率和劳动供给量。在图 6-10 中，劳动力市场均衡时的工资率为 W_E，劳动供给量为 L_E。劳动需求曲线的变动（如技术水平的提高等）或供给曲线的变动（如非劳动收入、社会习俗、人口量及其结构的变动等）会引起均衡工资率的变动。

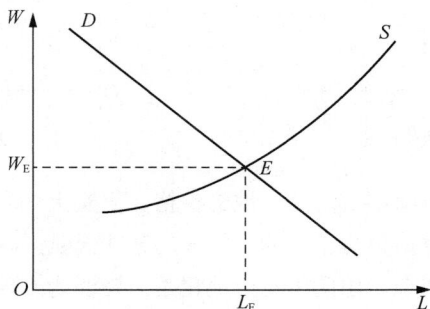

图 6-10　劳动力市场的均衡

6.3.2　土地的价格决定

所有的自然资源在经济学上都被称为土地。土地的数量既不会增加，也不会减少，它是固定不变的，或者说它的自然供给不会随着土地价格（地租）的变动而变动。但土地的市场供给是否是不变的呢？我们从分析单个土地所有者的行为入手。

消费者作为土地所有者，其目标也是效用最大化。由于在一定的时期内，消费者所拥有的土地数量是一定的，因此和分析劳动的供给类似，土地所有者面临的是在土地自用和提供给市场之间进行选择，以实现效用最大化的问题。

供给土地可以取得收入，消费者利用这种收入可以消费其他商品来增加效用。因此土地所有者实质上是在供给土地所带来的收入和保留土地自用之间进行选择。一般而言，消费者很少直接消费土地。如果不考虑非常小的土地自用部分，消费者保留自用的土地的效用为零，其边际效用自然也为零。

一旦土地自用的边际效用为零，那么消费者的效用就完全取决于供给土地所带来的收入。在这种情况下，土地所有者要使得效用达到最大，必然要使供给土地的收入最大，也就是说，他必然要把自己所有的土地都提供给市场。由于土地所有者拥有的土地数量是既定的，不论土地的价格是多少，他都会把所有的土地提供给市场。因此，土地供给曲线是一条垂线，如图 6-11 所示。

在这里一定要注意，土地供给曲线为垂线，并不是因为自然赋予土地的数量是固定的，而是因为我们假定土地没有自用用途，只有生产性用途。事实上，如果某种资源只有一种用途，那么该资源用于别种用途的机会成为零，则这种资源对该种用途的供给曲线必然是一条垂线。

如果将所有土地所有者的土地供给曲线加总，我们就得到了市场的土地供给曲线。我们把市场的土地供给曲线和需求曲线放在一起，就可以得到土地的均衡价格，如图 6-12 所示，土地需求曲线和供给曲线相交于 E 点，由此形成的土地均衡价格为 R_E，我们一般把土地的均衡价格称为地租。从图 6-12 中可以看出，土地供给曲线是一条垂线，地租的决定完全取决于土地需求曲线。因此我们可以这样说：地租产生的根本原因在于土地的稀少。如果给定了土地的数量，则地租上涨的直接原因是土地需求的增加（如生产技术的提高、粮食价格的上升等）。

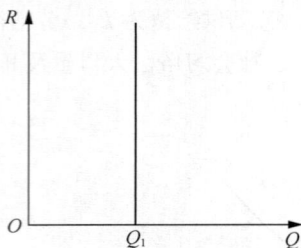

图 6-11　土地供给曲线

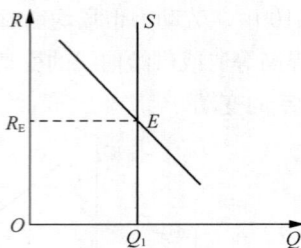

图 6-12　地租的决定

上面说过，地租是当土地供给不变时的土地的价格。事实上，和土地一样，许多其他资源在某些情况下的供给也是不变的，如人的某些天赋。我们把这种供给固定不变的资源的价格称为租金。由此可见，地租是当资源为土地时的租金。

在现实生活中，有些要素的供给虽然在长期中是可变的，但是在短期内却是固定的。在讲生产理论时，厂商在短期内至少有一种生产要素的投入是固定的，它不能被转移到其他的用途中去。我们把这种对供给量暂时固定的生产要素的支出称为准租金，它在某种程度上类似于租金。准租金可以用厂商短期生产的均衡图来说明，如图 6-13 所示。在价格为 P_0 时，图中 $ABCP_0$ 的面积就是固定要素的报酬，即准租金。

与此相关的还有一个概念：经济租金。它是指为生产要素实际支付的数额与为得到该要素愿意支付的最小额之间的差额。在图 6-14 中，经济租金可以用图中阴影部分 R_0AE 的面积来表示。在图中，要素的全部收入为 R_0EQ_0O 的面积，但要素所有者提供 Q_0 的要素量时所愿意接受的最小收入为 $OAEQ_0$ 的面积。因此这两部分的差额 R_0AE 的面积就是经济租金。

扫码看视频

地租理论

视野拓展

经济租金与准租金

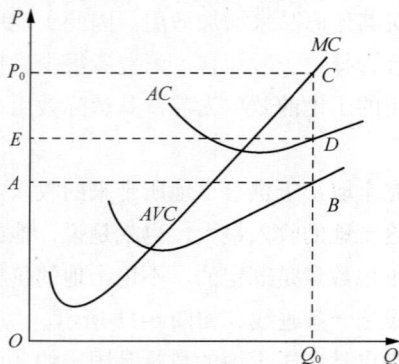

图 6-13　准租金

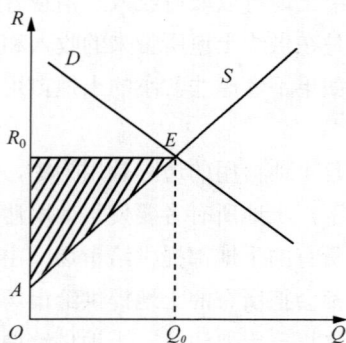

图 6-14　经济租金

6.3.3　资本的价格决定

资本在不同的场合有不同的含义，不同的含义又会引出不同的理论。在这里我们把资本定义为由经济活动生产出来的并被用作生产要素以生产出更多商品和劳务的物品。从该定义可以看出：首先，资本可以被生产出来，因此它有别于劳动和土地，劳动和土地是自然给定的；其次，资本存在的目的是生产更多的商品和劳务，因此它有别于其他所有的非生产要素。资本可以用存量（即厂商拥有的机器、设备等）来衡量，也可以用流量（即厂商在某段时间内所投入的中间产品等）来衡量。

作为实物资本，它本身有一个价格，如一台机器，它在市场上出售时有一个市场价格。但是我们在这里并不研究这种价格，因为它的市场价格的决定和一般商品价格的决定是一样的。所有的实物资本都可以由货币资本转化而来，为取得一定的货币资本 C，厂商必须给货币资本所有者一定报酬，该报酬称为利息 i。在一定的时期内，以利息除以货币资本额，就得到利率 r（i/C）。一般我们把利率称为资本的价格，或者说它是资本的服务价格。

从资本的定义可以看出，资本是可以被生产出来的。单个消费者可以在不影响他人的情况下，通过保留其收入的一部分不用于消费而用来增加其资本。因此，首先要确定最优资本拥有量的问题，然后才能确定资本的供给问题。资本来源于储蓄，因此最优资本拥有量的问题也就是确定最优储蓄量的问题。进一步讲，消费者对资本的供给问题可看成将既定的收入用于消费还是储蓄的分割问题。消费者储蓄的目的是为了将来得到更多的收入，从而将来可以有更多的消费。因此收入的配置问题实质上是未来消费和当前消费的选择问题。

在图 6-15 中，假定消费者面临两个时期，横轴表示 1 期的消费量，纵轴表示 2 期的消费量。图中的无差异曲线表示能给消费者带来相同效用的两期消费量的组合，具有一般无差异曲线的所有特征。消费者的初始均衡点为 A 点，它表示消费者在没有任何储蓄的情况下，两期的消费分别为 C_0^1、C_0^2，这意味着 A 点必定在预算线上。假定市场利率为 r_1，如果消费者减少一单位的 1 期消费，那么 2 期消费就会增加 $1+r_1$ 单位。这意味着预算线的斜率必定为 $-(1+r_1)$。这样我们就知道了预算线的斜率，而且知道了预算线上的一点，我们就可以确定预算线的位置，即 $B_0^1 B_1^1$。如果利率为 r_2、r_3（$r_1 < r_2 < r_3$），则相应的预算线分别为 $B_0^2 B_1^2$、$B_0^3 B_1^3$。这 3 条预算线分别与无差异曲线切于 B、C、D 点。对应的 1 期消费分别为 C_1^1、C_2^1、C_3^1，这意味着对应于 3 个不同的利率 r_1、r_2、r_3，消费者的储蓄水平相应为 $C_0^1 - C_1^1$、$C_0^1 - C_2^1$、$C_0^1 - C_3^1$。事实上，对应于任一利率，都有一个相应的储蓄水平。将不同的利率和储蓄量在图 6-16 上画出来，就得到了单个消费者的储蓄曲线或资金供给曲线。该曲线和劳动供给曲线一样，当利率上升到一定水平时，会出现后弯的情况。

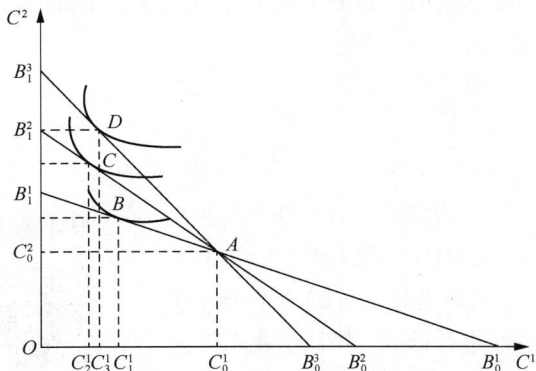

图 6-15　消费者的两期消费决策

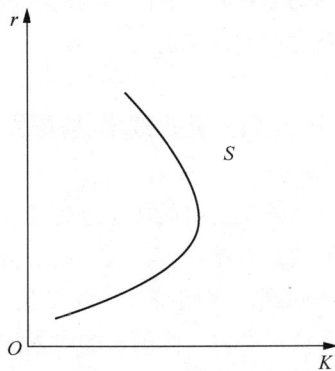

图 6-16　消费者储蓄曲线

从上面的分析中可以看出，资本数量的变化会引起储蓄的变化，佢是每期的储蓄是个流量，想要通过该流量来使资本存量有显著的改变需要较长的时间。如果考察一个较短的时期，特别是某一个时点时，资本存量就是一个常数。为方便起见，我们假定短期内资本存量不变。因此消费者面临着在资本存量既定的条件下，将资本保留自用或供给市场以获得最大化效用的选择问题。我们假定资本保留自用的效用为零，因此和土地供给曲线一样，资本供给曲线为一条垂线。

我们得到资本的需求曲线和供给曲线之后，把它们放在一起就可以得到均衡的利率和资本量。在图 6-17 中，假定初始的资本数量为 Q_0，则相应的资本供给曲线为 Q_0S_0。它和资本需求曲线相交于 E_1 点。此时的利率水平为 r_1，资本数量为 Q_0。但是该均衡为短期均衡，从长期来看，它不一定是均衡点。

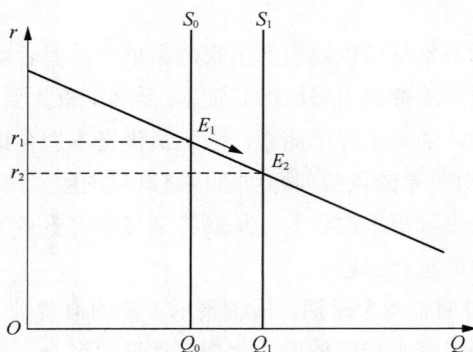

图 6-17　资本市场均衡

在短期均衡点 E_1 上，利率 r_1 决定了储蓄（用于投资）的量，资本数量 Q_0 决定了折旧量。如果此时的储蓄量大于折旧量，那么资本存量就会增加；反之，资本存量就会下降。因此，只有短期均衡决定的利率使得储蓄量等于折旧量时，短期均衡才会变为长期均衡。

如果储蓄量不等于折旧量，短期均衡又将如何调整到长期均衡呢？假定在 E_1 点决定的利率水平上，储蓄量大于折旧量，则资本存量会不断增加，这意味着，从长期来看，资本供给曲线将不断往右移动。资本供给曲线向右移动有两方面的影响，一方面，利率下降，这将导致储蓄量不断减少；另一方面，假定折旧率不变，折旧量将不断增加。这个过程将不断持续下去，直到储蓄量和折旧量相等为止。在图中表现为当资本供给曲线 Q_0S_0 右移到 Q_1S_1 的位置时，它与需求曲线相交于 E_2 点，此时的均衡利率为 r_2。该均衡既是短期均衡，也是长期均衡。如果在 E_1 点上储蓄量小于折旧量，那么调整过程刚好相反。

6.3.4　洛伦茨曲线和基尼系数

生产要素价格的决定理论是分配理论的一个重要组成部分，由于每个人拥有的变量数量有差异，收入不相等情况就会出现。下面我们分析收入分配中的不平等程度问题。美国统计学家洛伦茨提出洛伦茨曲线来说明收入分配的不平等程度。洛伦茨先将一国国民的收入按照由低到高的顺序进行排列，统计出收入最低的任意百分比人数的收入总和占总收入的百分比，这样就得到了人口比例与相应比例的人口的收入占总收入的比例（见表 6-3），将人口比例与对应的收入比例的点在图中标出，然后用一条平滑的曲线将这些点连起来，就得到洛伦茨曲线

扫码看视频

洛伦茨曲线和基尼系数

（Lorentz curve），如图 6-18 所示。

在图 6-18 中，洛伦茨曲线的弯曲程度表示了收入分配的不平等程度。如果它与图中的对角线 *OA* 重合，则收入分配绝对平等。而一旦它与 *OBA* 重合，则意味着全部的社会财富被掌握在个别人的手中。因此，洛伦茨曲线的弯曲度越大，收入分配就越不平等，反之则收入分配越平等。一般而言，一国的洛伦茨曲线既不会是对角线 *OA*（45°直线），也不会是 *OBA*（折线）。也就是说，一国的收入分配既不会完全平等，也不会完全不平等，而是介于二者之间。

从图 6-18 可以看出，收入分配越不平等，洛伦茨曲线和对角线（收入分配完全平等线）围成的面积就越大，因此这两条线围成的面积通常被称为收入分配不平等面积。而当收入分配完全不平等时，该面积就变成对角线 *OA* 和完全不平等线 *OBA* 所围成的面积，即三角形 *OAB* 的面积。该面积被称为收入分配完全不平等面积。我们把不平等面积与完全不平等面积之间的比值称为基尼系数（Gini coefficient），即图中阴影面积与△*OAB* 面积之比。根据其定义可以看出，基尼系数应该在 0 到 1 之间。

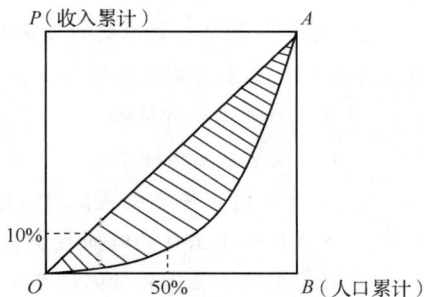

表 6-3　　　　　　　　　　　　　　　　收入分配比例

人口比例（%）	收入比例（%）
0	0
20	5
40	10
60	20
80	30
100	100

基尼系数通常被用来衡量一国的收入分配差距（即贫富差距）。基尼系数越大，表示一国的收入分配差距就越大，反之亦然。根据联合国有关组织的规定，基尼系数若低于 0.2 表示收入分配绝对平等；0.2～0.3 表示比较平等；0.3～0.4 表示相对平等；0.4～0.5 表示收入差距较大；0.5 以上表示收入差距悬殊。一般认为 0.4 为警戒线，超过该数值意味收入差距过大，可能会造成一定的社会问题。

视野拓展

向富人征税只能使富人少富而不会使穷人变富

视野拓展

缩小我国偏大基尼系数的对策

课后习题

一、单项选择题

1. 如果对于某一企业来说，其所用的生产要素A、B、C的边际收益分别为32、24、12，它们的价格分别是8、6、3，那么这一生产要素的组合（　　　）。

　　A. 是最小成本的组合

　　B. 不是最小成本的组合

　　C. 是否为最小成本组合视不同产品和要素市场而定

　　D. 是否为最小成本组合视不同要素市场而定

2. 对于一个完全竞争的行业来说，行业对于某种生产要素的需求曲线与该行业中的单个企业对于这个生产要素的需求曲线相比，（   ）。

    A. 前者比后者陡峭
    B. 前者与后者重合

    C. 前者比后者平坦
    D. 无法确定

3. 对于一般中产阶级来说闲暇是正常品，若其收入增加，则会使（   ）。

    A. 其用于工作的时间减少，用于闲暇的时间增多

    B. 其用于工作的时间增多，用于闲暇的时间减少

    C. 用于工作和闲暇的时间都增加

    D. 用于工作和闲暇的时间都减少

4. 当一个人决定提供多少劳动时，其所要考虑的是（   ）。

    A. 合理地配置有限的时间，以使效用达到最大

    B. 合理地配置有限的时间，以使收入达到最大

    C. A 和 B

    D. 既不是 A 也不是 B

5. 当一个人的工资处于较高水平时，工资的上升会使（   ）。

    A. 收入效应大于替代效应
    B. 收入效应等于替代效应

    C. 收入效应小于替代效应
    D. 两者之间的相对大小难以确定

6. 完全竞争企业的要素需求曲线由（   ）导出。

    A. VMP 曲线
    B. MP 曲线
    C. MR 曲线
    D. MZ 曲线

二、判断题

1. 假设某要素的供给（价格）弹性为零，则该要素的供给量是固定的且与该要素的价格无关。
（   ）

2. 企业数量很少，以至于一家企业的行为对其他某一企业或整个集团有明显影响的情形被称为卖方寡头垄断。（   ）

3. 在垄断市场上，垄断厂商能获得超额利润，主要是因为对产品进行了创新和薄利多销。
（   ）

4. 完全竞争厂商的要素需求曲线就是完全竞争市场的要素需求曲线。（   ）

5. 对于边际生产理论来说，总产值等于所有要素的报酬之和。（   ）

6. 年轻的居民数量增加不会导致资本的供给曲线向右移动的情况发生。（   ）

三、简答题

1. 简述要素价格与收入分配的关系。

2. 简述企业的要素使用原则与利润最大化的产量原则的关系。

3. 试述完全竞争厂商的要素使用原则。

4. 简述消费者的要素供给原则。

5. 利润最大化时的产量和要素使用量有什么关系？

6. 在什么情况下要素的供给曲线会向后弯曲或垂直？为什么？

7. 在什么情况下要素的需求曲线和供给曲线不存在？为什么？

8. 简述洛伦茨曲线和基尼系数的含义。

四、计算题

1. 设一厂商使用的可变要素为劳动 L，其生产函数为：$Q=0.01L^3+L^2+38L$，其中 Q 为每日产量；L 为每日投入的劳动小时数，要素市场和产品市场都是完全竞争市场，单位产品价格为 0.10 美元，小时工资为 5 美元，厂商要求利润最大化。问厂商每天要雇佣多少小时的劳动？

2. 已知某完全竞争厂商的生产函数为 $Q=A+aL-bL^2$，劳动的价格为 W，产品的价格为 P。试推导出该厂商的劳动需求函数。

3. 已知劳动是唯一的可变要素，生产函数为 $Q=A+10L-5L^2$，产品市场是完全竞争市场，劳动价格为 w。

（1）厂商对劳动的需求函数。

（2）证明厂商对劳动的需求量与工资成反方向变化。

（3）证明厂商对劳动的需求量与产品价格同方向变化。

4. 若企业在产品市场中处于垄断地位，而在劳动市场中处于竞争地位，在产品市场中的市场需求函数为 $P=200-Q$，当企业的产量为 60 时，获得最大的利润，若劳动市场的工资率为 1 200，求劳动的边际产量。

5. 某完全竞争厂商雇用一个工人一个劳动日的价格为 10 元，其生产情况如表 6-4 所示。当产品价格为 5 元时，它应雇用该工人多少个劳动日？

表 6-4　　　　　　　　　　　　　　生产情况

劳动日数	3	4	5	6	7	8
产出数量	6	11	15	18	20	21

第7章 | 帕累托效率和市场失灵

本章研究效率标准及市场失灵问题。希望读者通过对本章内容的学习能掌握帕累托最优标准的含义及符合帕累托最优标准的条件；掌握市场失灵的几种情况，即垄断、外部性、公共物品、不完全信息；掌握市场失灵时资源配置不恰当即缺乏经济效率的分析；了解解决市场失灵的微观经济政策。

7.1 | 帕累托效率

7.1.1 帕累托标准

在日常意义上，效率被用来表示以既定的投入获得尽可能多的产出。当效率的概念被用于描述整个经济系统的状态时，人们关注的是经济福利。在既定的生产技术条件下，当经济系统不能以现有可供使用的资源使社会成员获得更多的福利时，则称经济系统实现了经济效率。从这个意义上来理解，经济效率能在所有可能的资源配置中确定最优的资源配置，以便实现社会成员的经济福利最大化。

然而，由于涉及资源的配置和再配置，上述经济效率定义中的福利最大化往往会包括社会成员的经济福利的相互比较，所以经济学中通常用帕累托标准来评价经济效率。帕累托效率也称帕累托最优，这个概念是以意大利经济学家维弗雷多·帕累托的名字命名的，他在关于经济效率和收入分配的研究中最早使用了这个概念。

视野拓展

满意即最优

7.1.2 帕累托改进与帕累托最优

对于某种既定的资源配置状态而言，如果不可能在不影响他人境况的条件下改善某个人的福利状况，则称该状态为帕累托最优。以甲、乙两个人的境况为例，如果不使其中一人的境况变坏就不能使另一人的境况变好，便实现了帕累托最优，即实现了帕累托效率。

对于某种既定的资源配置状态，如果存在着对原有资源配置的一个再配置，即可以在不影响他人境况的条件下来改善某些人的福利状况，则称资源的配置是对原有配置的帕累托改进。当资源配置处于帕累托最优时，不使另外一些人的境况恶化，就不可能使一部分人的境况改善，在这种情况下已完全没有帕累托改进的余地了。

经济学把帕累托标准作为判断经济效率的标准。实现了帕累托最优，就是达到了经济效率；反之，就是没有达到经济效率。例如，产品在消费者之间的分配已经达到这样一种状态，即任何重新分配都会降低至少一个消费者的满足水平，那么，这种状态就是帕累托最优或最有效率的状态。同样，如果要素在厂商之间的配置已经达到这样一种状态，即任何重新配置都会降低至少一个厂商的产量，那么，这种状态就是帕累托最优或有效率的状态。

从经济整体运行的角度讲，帕累托最优或最有效率的状态所必须满足的条件被称为帕累托最优条件，具体包括 3 个：交换的最优条件、生产的最优条件，以及交换和生产的最优条件。

7.2 | 完全竞争市场的有效性

微观经济学最重要的一个任务就是证明完全竞争市场机制是最有效率的，也就是说，完全竞争经济能够满足帕累托最优的 3 个条件，下面分别加以说明。

7.2.1 交换的帕累托最优条件及其证明

1. 问题和假定

首先考虑两种既定数量的产品在两个消费者之间的分配问题，然后将所得的结论推广到一般情况。

假定两种产品分别为 X 和 Y，且其既定数量为 $\overline{X}$ 和 $\overline{Y}$。两个消费者分别为 A 和 B。两种产品在两个消费者之间分配，我们要确定怎样的分配方式是最有效率的。

2. 埃奇沃思盒形图中的交换

下面用埃奇沃思盒形图工具来分析两种产品在两个消费者之间的分配。

在图 7-1 中，盒子的水平长度表示整个经济中第一种产品 X 的数目 $\overline{X}$，盒子的垂直高度表示第二种产品 Y 的数量 $\overline{Y}$。O_A 为第一个消费者 A 的原点，O_B 为第二个消费者 B 的原点。从 O_A 水平向右测量消费者 A 对第一种商品 X 的消费量 X_A，垂直向上测量他对第二种商品 Y 的消费量 Y_A；从 O_B 水平向左测量消费者 B 对第一种商品 X 的消费量 X_B，垂直向下测量他对第二种商品 Y 的消费量 Y_B。

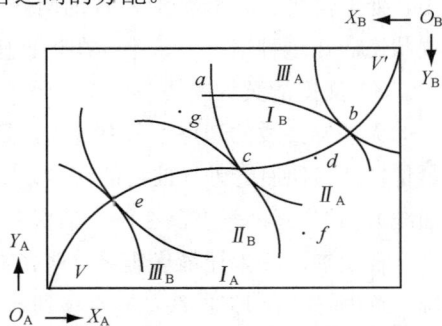

图 7-1 埃奇沃思盒形图中的交换

盒中的任意一点确定了一组数量，表示每一个消费者对每一种商品的消费，如 a 点，它对应于消费者 A 的消费量 (X_A,Y_A) 和消费者 B 的消费量 (X_B,Y_B)，且满足下式

$$X_A+X_B=\overline{X} \qquad\qquad Y_A+Y_B=\overline{Y} \qquad\qquad (7-1)$$

因此，盒子（包括边界）确定了两种物品在两个消费者之间的所有可能的分配情况。现在的问题是，在埃奇沃思盒中的全部可能的产品分配状态之中，哪些是帕累托最优呢？为了分析这一点，需要在埃奇沃思盒形图中加入消费者偏好的信息，即加入每个消费者的无差异曲线。图中 I_A、II_A 和 III_A 是消费者 A 的 3 条具有代表性的无差异曲线，它们向右下方倾斜且凸向消费者 A 的原点 O_A，其中 I_A 代表较低的效用水平。从 O_A 点向右移动，消费者 A 的效用水平增加。另外，I_B、II_B 和 III_B 是消费者 B 的 3 条具有代表性的无差异曲线，它们向左上方倾斜，且凸向消费者 B 的原点 O_B，其中

I_B 代表较低的效用。值得注意的是，从 O_B 点向左移动，标志着消费者 B 的效用水平增加。

现在从埃奇沃思盒形图中任选一点表示两种商品在两个消费者之间的一个初始分配。例如，选择点 a。由于假定效用函数是连续的，故点 a 必然处于消费者 A 的某条无差异曲线上，同时也处于消费者 B 的某条无差异曲线上，即消费者 A 和消费者 B 分别有一条无差异曲线经过 a 点。因此，这两条无差异曲线或在 a 点相交，或在 a 点相切。假定两条无差异曲线在 a 点相交（如图 7-1 所示，点 a 是无差异曲线 II_A 和 I_B 的交点），容易看出，a 点不可能是帕累托最优。这是因为，通过改变该初始分配状态，例如从 a 点变动到 b 点，则消费者 A 的无差异曲线从 II_A 位置移动到 III_A 的位置，效用水平提高，而消费者 B 的效用水平并未发生变化，无差异曲线仍然停留在 I_B 上。因此，a 点变动到 b 点就是典型的帕累托增进。当然，在 a 点，还存在其他形式的帕累托增进。例如，从 a 点变动到 c 点，则消费者 A 的效用水平不变，但消费者 B 的效用水平却得到了提高。而如果让 a 点变动到 d 点，则消费者 A 和消费者 B 的效用水平均会提高。由此可以得到结论：在交换的埃奇沃思盒形图中的任意一点，如果它处在消费者 A 和消费者 B 的两条无差异曲线的交点上，则它就不是帕累托最优，因为在这种情况下，总存在帕累托改进，即总可以改变该状态，使至少有一个人的状况变好而没有人的状况变坏。

如果假定初始的产品分配状态处于两条无差异曲线的切点处，如 c 点上，则容易看出，此时不存在任何帕累托改进，即它们均为帕累托最优。改变 c 点状态只有如下几种可能：c 点向右上方移到消费者 A 的效用水平更高的无差异曲线上，消费者 A 的效用水平提高了，但消费者 B 的效用水平却下降了；c 点向左下方移到消费者 B 的效用水平更高的无差异曲线上，消费者 B 的效用水平提高了，但消费者 A 的效用水平却下降了；剩下来的唯一可能则是消费者 A 和消费者 B 的效用水平都降低。例如，从 c 点移到 g 点或 f 点，都属此种情况。由此可得结论：在交换的埃奇沃思盒形图中，处于消费者 A 和消费者 B 的两条无差异曲线的切点上，就是帕累托最优，称为交换的帕累托最优状态。在这种情况下，不存在帕累托改进。

3. 交换的契约曲线

无差异曲线的切点不只有 c 点，还有 b 点和 e 点等其他无差异曲线的切点，它们都代表帕累托最优。连接所有无差异曲线的切点，构成曲线 VV'，叫作交换的契约曲线（contract curve）（或效率曲线），它表示两种产品在两个消费者之间的所有最优分配（即帕累托最优）状态的集合。

在交换的帕累托最优集合，即在交换的契约曲线 VV' 上，两个消费者的福利分配具有不同的情况。当我们沿着 VV' 曲线从 e 点移到 c 点时，消费者 A 通过牺牲消费者 B 的利益来增加自己的利益；反之消费者 B 通过牺牲消费者 A 的利益来增加自己的利益。根据帕累托标准，我们不能说 VV' 曲线上的任何点比曲线上的其他点要更好一些。例如，我们不能说 c 点比 e 点代表更好的分配。因为从 e 点移到 c 点（或者相反）会使一个人的状况变好，却会使另一个人的状况变坏。根据帕累托标准，它们之间是不可比较的。我们可以讲，给定任何不在 VV' 曲线上的点，总存在比它更好的点，而这些点均在 VV' 曲线上。

从交换的帕累托最优状态可以得到交换的帕累托最优条件。我们知道，交换的帕累托最优状态是无差异曲线的切点的集合，而在无差异曲线中产生切点的条件是在该点上，两条无差异曲线的斜率相等。无差异曲线的斜率的绝对值又叫作两种商品的边际替代率（更准确地说，是商品 X 对商品 Y 的边际替代率）。因此，交换的帕累托最优条件可以用边际替代率来表示：要使两种商品 X 和 Y 在两个消费者 A 和 B 之间的分配达到帕累托最优，则对于两个消费者来说，这两种商品的边际替代率必须相等。对于消费者 A 和 B 来说，X 代替 Y 的边际替代率分别用 $MRS_{XY}{}^A$ 和 $MRS_{XY}{}^B$ 来表示，则交换的帕累托最优条件可表示为

$$MRS_{XY}{}^A = MRS_{XY}{}^B \qquad\qquad (7\text{-}2)$$

7.2.2　生产的帕累托最优条件及其证明

1. 问题和假定

生产的帕累托最优则要研究两种既定数量的要素在两个生产者之间的分配情况。假定这两种要素分别为 L 和 K，其既定数量为 $\overline{L}$ 和 $\overline{K}$，两个生产者分别为 C 和 D。于是要素 L 和 K 在生产者 C 和 D 之间的分配状况亦可以用埃奇沃思盒形图来表示。

2. 埃奇沃思盒形图中的生产

在图 7-2 中，盒子的水平长度表示整个经济中第一种要素 L 的数量 $\overline{L}$，盒子的垂直高度表示第二种要素 K 的数量 $\overline{K}$。O_C 为第一个生产者 C 的原点；O_D 为第二个生产者 D 的原点。从 O_C 水平向右测量生产者 C 对第一种要素的生产消费量 L_C，垂直向上测量它对第二种要素的生产消费量 K_C；从 O_D 水平向左测量生产者 D 对第一种要素 L 的生产消费量 L_D，垂直向下测量它对第二种要素 K 的生产消费量 K_D。

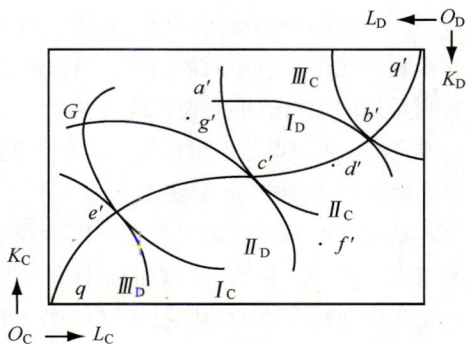

图 7-2　埃奇沃思盒形图中的生产

盒中任意一点为两种要素在两个生产者之间可能的分配情况，如 a' 点，它对应于生产者 C 的生产消费量 (L_C, K_C) 和生产者 D 的生产消费量 (L_D, K_D)，且满足下式

$$L_C + L_D = \overline{L} \qquad\qquad K_C + K_D = \overline{K} \qquad\qquad (7\text{-}3)$$

在埃奇沃思盒中的全部可能的要素分配状态中，哪些是帕累托最优呢？为此，在盒中加入每个生产者的生产函数的信息，即其等产量线。由于 O_C 是生产者 C 的原点，故 C 的等产量线如 I_C、II_C 和 III_C 所示。其中 III_C 代表较高的产量水平，I_C 代表较低的产量水平。一般来说，从 O_C 点向右移动，标志着生产者 C 的产量水平增加。另外，由于 O_D 是生产者 D 的原点，故 D 的等产量线如 I_D、II_D 和 III_D 所示。其中，值得注意的是，III_D 代表较高的产量水平，I_D 代表较低的产量水平。一般说来，从 O_D 点向左移动，标志着生产者 D 的产量水平增加。

在埃奇沃思盒中任选一点，如 a' 点。由于假定生产函数是连续的，故 a' 点必然处于生产者 C 和 D 的等产量线的交点或切点上。假设 a' 点是等产量线的交点（如图 7-2 所示，点 a' 是等产量线 II_C 和 I_D 的交点）。容易看出，a' 点不可能是帕累托最优。这是因为，通过改变该初始分配状态，例如让 a' 点变动到 b' 点，则生产者 C 的产量水平从等产量线 II_C 提高到 III_C，而生产者 D 的产量水平并未发生变化，仍然停留在等产量线 I_D 上。因此，在 a' 点上仍然存在帕累托改进。此外，让 a' 点变动到 c' 点，生产者 C 的产量未提高，但生产者 D 的产量却提高了。如果让 a' 点变动到 d' 点，则生产者 C 和 D 的产量均会提高。由此得到结论：在生产的埃奇沃思盒形图中，对于任意一点，如果它是生产者 C 和 D 的两条等产量线的交点，则它就不是帕累托最优。

如果假定初始的要素分配状态处于两条等产量线的切点，如 c' 点，则容易看出此时不存在任

何帕累托改进，即它们均为帕累托最优。只有如下几种情况可能改变 c' 点状态：向右上方移到生产者 C 的产量较高的等产量线上，则生产者 D 的产量会下降；向左下方移到生产者 D 的产量较高的等产量线上，则生产者 C 的产量水平会下降；剩下的唯一一种可能则是使生产者 C 和 D 的产量水平都降低，如从 c' 点移到 g' 点和 f' 点，都属此种情况。由此可得结论：在生产的埃奇沃思盒形图中，生产者 C 和 D 的两条等产量线的所有切点，都是帕累托最优，称为生产的帕累托最优状态。

3. 生产的契约曲线

等产量线的切点包括 c' 点、b' 点和 e' 点，都代表帕累托最优。所有等产量线切点的连线构成曲线 qq'。qq' 曲线叫作生产的契约曲线（或效率曲线）。它表示两种要素在两个生产者之间所有最优分配（即帕累托最优）状态的集合。

与交换的契约曲线一样，在生产的契约曲线上，即在生产的帕累托最优的集合中，两个生产者的福利分配也具有不同的情况。当我们沿着 qq' 曲线从 e' 点移到 c' 点时，生产者 C 通过牺牲生产者 D 的利益来增加自己的利益；反之生产者 D 通过牺牲生产者 C 的利益来增加自己的利益。根据帕累托标准，e' 点和 c' 点是不可比较的。但我们可以说，给定任何不在 qq' 曲线上的点，总存在比它更好的点，而这些点均在 qq' 曲线上。

从生产的帕累托最优状态可以得到生产的帕累托最优条件。生产的帕累托最优状态是等产量线的切点，而等产量线的切点的条件是在该点上，两条等产量线的斜率相等。等产量线的斜率的绝对值又叫作两种要素的边际技术替代率（更准确地说，是要素 L 对要素 K 的边际技术替代率）。因此，生产的帕累托最优条件可以用边际技术替代率来表示：要使两种要素 L 和 K 在两个生产者 C 和 D 之间的分配达到帕累托最优，则对于这两个生产者来说，两种要素的边际技术替代率必须相等。如对于生产者 C 和 D 来说，L 代替 K 的边际技术替代率分别用 $MRTS_{LK}^{C}$ 和 $MRTS_{LK}^{D}$ 来表示，则生产的帕累托最优状态条件可以表示为

$$MRTS_{LK}^{C}=MRTS_{LK}^{D} \tag{7-4}$$

7.2.3　生产与交换的帕累托最优条件及其证明

1. 问题和假定

前面分别讨论了交换的帕累托最优条件和生产的帕累托最优条件，现在要将交换和生产这两个方面综合起来，讨论交换和生产的帕累托最优条件。应当注意的是，交换和生产的帕累托最优条件并不是将交换的帕累托最优条件和生产的帕累托最优条件简单地并列起来。交换的帕累托最优只能说明消费是最有效率的；生产的帕累托最优只能说明生产是最有效率的。两者的简单并列，只是说明将消费和生产分开来看时，各自独立地达到了帕累托最优，但并不能说明，当交换和生产综合起来时，也达到了帕累托最优。

为了把交换和生产结合在一起加以论述，我们合并分别研究时所做的那些假定，即假定整个经济包括两个消费者 A 和 B，它们在两种产品 X 和 Y 之间进行选择；两个生产者 C 和 D，它们在两种要素 K 和 L 之间进行选择以生产两种产品 X 和 Y。为方便分析问题，假定 C 生产 X，D 生产 Y，并假定消费者的效用函数即无差异曲线簇给定不变，生产者的生产函数即等产量线簇也给定不变。我们先从生产方面开始讨论，再过渡到消费问题，最后推出交换和生产的帕累托

最优条件。

2. 生产可能性曲线

（1）从生产契约曲线到生产可能性曲线。

由以上假定，现在的生产问题是两个生产者 C 和 D 在两种要素 L 和 K 之间进行选择，分别生产两种产品 X 和 Y。还是可以用生产的埃奇沃思盒形图加以分析。回到图 7-2，我们知道生产契约曲线 qq' 代表了生产的所有帕累托最优的集合，每一点表示两种投入在两个生产者之间的最优投入方式。同时，生产契约曲线还向我们提供了另一有用的信息，即在该曲线上的每一点也表示了一定量投入要素在最优配置时所能得到的一对最优产出：曲线上每一点均为两个生产者的等产量线的切点，故它同时处在（两个生产者的）两条等产量线上，从而代表了两种产品的产量。这两种产出也是帕累托最优，即在现有资源约束下，要增加某一产出的数量，就不得不减少另一种产出的数量。

例如，图 7-2 中生产契约曲线上的 c' 点。它是两条等产量线 II_C 和 II_D 切点。如果设 II_C 所表示的 X 的产量为 X_1，II_D 所表示的 Y 的产量为 Y_1，则 c' 点就表示最优产量 (X_1, Y_1)。同样，生产契约曲线上的另一点 e' 是等产量线 I_C 和 III_D 的切点。如果设 I_C 和 III_D 所表示的产量分别为 X_2 和 Y_2，则 e' 点就表示最优产量 (X_2, Y_2)。取遍生产契约曲线上的每一点，都可得到相应的所有最优产量。

现在观察上述所有最优产量的集合的特点。在图 7-3 中，横轴表示最优产量中 X 产品的数量，纵轴表示最优产量中 Y 产品的数量。利用图 7-3，可以画出最优产量的轨迹。例如，对应于图 7-2 中的生产契约曲线上的点 c'，最优产量为 (X_1, Y_1)，该产量在图 7-3 中就是 c'' 点。同样，对应于生产契约曲线上的点 e'，最优产量为 (X_2, Y_2)，该产出量在图 7-3 中就是 e'' 点。将生产契约曲线上每一点都使用这种方法"转移"到图 7-3 中，便得到曲线 PP'。曲线 PP' 通常被称作生产可能性曲线（production possibilities' frontier）或产品转换曲线。

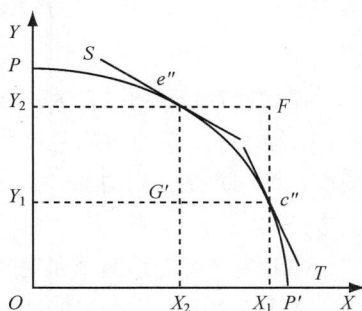

图 7-3 生产可能性曲线

显而易见，生产可能性曲线 PP' 就是最优产量的几何表示。

（2）生产可能性曲线的特点。

在图 7-3 中，生产可能性曲线 PP' 具有两个特点：第一，它向右下方倾斜；第二，它向右上方凸出。第一个特点容易解释，从生产的契约曲线可知，当沿着该曲线运动时，一种产量的增加必然伴随着另一种产量的减少，即在最优产量中，两种最优产量的变化是相反的。例如，当我们从点 e'' 移到点 c'' 时，X 的产量增加了，但 Y 的产量却下降了。这种反方向变化说明两种最优产量之间的一种"转换"关系，即可以通过减少某种产品的产量求增加另一种产品的产量。因此，我们也称生产可能性曲线为产品转换曲线。如果设 X 产品的变动量为 ΔX，Y 产品的变动量为 ΔY，则它们的比率的绝对值 $|\Delta Y/\Delta X|$ 为 1 单位 X 产品转换为 Y 产品的比率。当 $\Delta X \to 0$ 时，该比率被定义为 X 产品对 Y 产品的边际转换率 MRT，如果两种商品可以无限细分，那么边际转换率可以表示为导数形式，即

$$MRT = \lim_{\Delta X \to 0} \left| \frac{\Delta Y}{\Delta X} \right| = \left| \frac{\mathrm{d}Y}{\mathrm{d}X} \right| \tag{7-5}$$

式（7-5）表示，产品的边际转换率就是生产可能性曲线的斜率的绝对值。

现在来看生产可能性曲线的第二个特点——向右上方凸出。借用产品的边际转换率概念，则可以将该特点描述为产品的边际转换率递增。例如，在图 7-3 中，当 X 产品的产量为 X_2 时，相应的边际转换率等于生产可能性曲线上点 e'' 的切线 S 的斜率的绝对值，而当 X 产品的产量增加到 X_1 时，相应的边际转换率等于点 c'' 的切线 T 的斜率的绝对值。显而易见，切线 T 的斜率的绝对值要大于切线 S 的斜率的绝对值。因此，随着 X 产品的产量的增加，X 产品转换为 Y 产品的边际转换率也在增加。

产品的边际转换率递增的原因在于要素的边际报酬递减。我们将生产的埃奇沃思盒形图中两种生产要素 L 和 K "捆"在一起，看成一种要素，称为要素（$L+K$），并假定该要素在产品 X 和 Y 生产上的边际报酬是递减的。为什么 X 产品可能转换成 Y 产品？因为减少 X 产品的产量，可以"释放"出一部分要素（$L+K$），而释放出的这部分要素（$L+K$）可以用来生产 Y 产品。由于要素（$L+K$）的边际生产力递减，在较高的 X 产品的产量水平和较低的 Y 产品的产量水平上，减少一单位 X 产品的产量所释放的要素更多，用于生产 Y 产品的边际生产力也较高，故 X 产品替换 Y 产品的边际转换率也较大。

上述推理可以用公式简单推导如下。首先将产品的边际转换率公式稍稍变形为

$$MRT = \left| \frac{\mathrm{d}Y}{\mathrm{d}X} \right| = \left| \frac{\mathrm{d}Y}{\mathrm{d}(L+K)} \cdot \frac{\mathrm{d}(L+K)}{\mathrm{d}X} \right| = \left| \frac{\dfrac{\mathrm{d}Y}{\mathrm{d}(L+K)}}{\dfrac{\mathrm{d}X}{\mathrm{d}(L+K)}} \right| \tag{7-6}$$

在式（7-6）中，（$L+K$）被看作一种要素；$\mathrm{d}Y/\mathrm{d}(L+K)$ 和 $\mathrm{d}X/\mathrm{d}(L+K)$ 分别为要素（$L+K$）生产 X 产品和 Y 产品的边际生产力。随着 X 产品的产量的增加，Y 产品的产量的减少，$\mathrm{d}X/\mathrm{d}(L+K)$ 减少，而 $\mathrm{d}Y/\mathrm{d}(L+K)$ 增加，从而产品的边际转换率 MRT 不断变大。因此，生产可能性曲线向右上方凸出。

（3）生产可能性区域和生产无效率区域。

在图 7-3 中，生产可能性曲线将整个产品空间分为 3 个互不相交的组成部分：曲线 PP' 本身，曲线 PP' 右上方的区域，以及曲线 PP' 左下方的区域。由于生产可能性曲线上每一点均表示在现有资源（$\overline{L}, \overline{K}$）和技术条件下，整个经济所能达到的最大产量组合，故在生产可能性曲线右上方的区域实际上是在目前条件下不可能达到的区域，即在现有资源和技术条件下，不可能生产出如点 $F(X_1, Y_2)$ 那样的产量组合。因此，右上方的区域称为"生产不可能性区域"。另外，在生产可能性曲线左下方的区域则是"生产无效率"区域，就是说，如果经济处于该区域中，则它还没有达到其可能有的最大产量水平。例如，在生产可能性曲线左下方一点 G'，所对应的产量为 X_2 和 Y_1。在生产的埃奇沃思盒形图 7-2 中，X_2 的产量水平由等产量线 I_C 表示，Y_1 的产量水平由等产量线 II_D 表示，故 G' 点就为等产量线 I_C 和 II_D 的交点，即图 7-2 中的 G 点。G 点不是等产量线的切点，不在生产契约曲线上，故不是生产的帕累托最优，其投入要素的配置不是最优的，从而它所代表的产量也不是最优的。通过重新配置投入要素，例如，让图 7-2 中 G 点沿等产量线 I_C 移到 e' 点，则 X 产品的产量没有变化，但 Y 产品的产量增加到等产量线 III_D 所代表的较高水平。在图 7-3 中，这相当于 G' 点向上垂直移动到 e'' 点处。如果让图 7-2 中 G 点沿等产量线 II_C 移到 c' 点处，则 Y 产品的产量没有变化，但 X 产品的产量却增加到由等产量线 II_C 所代表的较高水平。在图 7-3 之中，这相当于从 G' 点向右水平移动到 c'' 点处。如果让图 7-2 中 G 点沿等产量线 I_C 和 II_D 之间任一路线移到 e' 点和 c' 两点之间的生产契约曲线上，则这相当于在图 7-3 中让 G' 点沿任一路线移动到 e'' 点和

c'' 点之间的生产可能性曲线上。

可以给生产可能性曲线另外一个解释，即它是生产可能性区域的"边界"，或简单地叫作生产可能性边界。

3. 生产与交换的帕累托最优条件

在详细地讨论了生产可能性曲线的情况之后，我们来研究如何利用该曲线将生产和交换两个方面综合在一起，从而得到生产和交换的帕累托最优条件，如图 7-4 所示。

首先，在图中的生产可能性曲线上任选一点，如 B 点。由生产可能性曲线的性质可知，B 点是生产契约曲线上的一点，故满足生产的帕累托最优条件。另外，B 点表示一对产出的最优组合，即生产和交换的最优，即 $(\overline{X}, \overline{Y})$。如果从 B 点出发分别引一条垂线到横轴和一条水平线到纵轴，则得到一个矩形 $A\overline{Y}B\overline{X}$。该矩形恰好与上文中引入的交换的埃奇沃思盒形图相同：它的水平长度和垂直高度分别表示两种产品的产量 $\overline{X}$ 和 $\overline{Y}$。如果设 A 点和 B 点分别为消费者 A 和 B 的原点，则该矩形中任意一点也表示既定产出 $\overline{X}$ 和 $\overline{Y}$ 在两个消费者之间的分配状态。

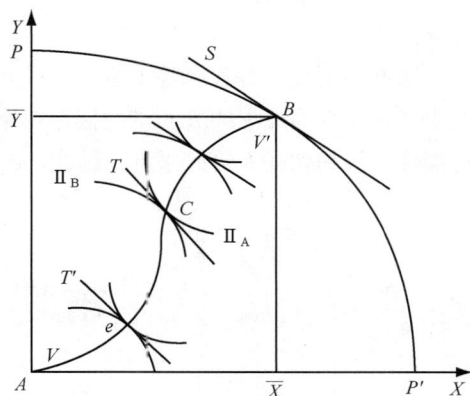

图 7-4　生产与交换的帕累托最优条件

按照前面分析，埃奇沃思盒形图 $A\overline{Y}B\overline{X}$ 中的交换契约曲线 VV'，其上任意一点均为交换的帕累托最优。给定生产契约曲线上的一点，即给定一个生产的帕累托最优，在交换的契约曲线 VV' 上有无穷多个交换的帕累托最优与之对应。在这无穷多个交换的帕累托最优之中，任意一个点都表示交换在单独来看时已经处于帕累托最优，但并不一定表示与生产联合起来时亦达到了帕累托最优。

我们利用产品的边际转换率和边际替代率这两个概念来加以说明。在图 7-4 中，生产可能性曲线上 B 点的切线 S 的斜率的绝对值是 X 产品在该点上转换为 Y 产品的边际转换率 MRT，交换契约曲线上的 C 点是无差异曲线 $Ⅱ_A$ 和 $Ⅱ_B$ 的切点。$Ⅱ_A$ 和 $Ⅱ_B$ 的共同切线 T 的斜率的绝对值是 X 产品在该点上替代 Y 产品的边际替代率 MRS。切线 S 和切换 T 可能平行，也可能不平行，即产品的边际转换率与边际替代率可能相等，也可能不等。如果边际转换率与边际替代率不相等，则可以证明这时并未达到生产和交换的帕累托最优。举例说明如下。

假定产品的边际转换率为 2，边际替代率为 1，即边际转换率大于边际替代率。边际转换率等于 2 意味着生产者通过减少 1 单位 X 产品的生产可以增加 2 单位 Y 的生产。边际替代率等于 1 意味着消费者减少 1 单位 X 产品的消费只要增加 1 单位 Y 产品消费，消费者效用水平不变。在这种情况下，如果生产者少生产 1 单位 X 产品，从而少给消费者 1 单位 X 产品，但多生产出 2 单位的 Y 产品。从多增加的两个单位的 Y 产品中拿出 1 个单位给消费者，即可维持消费者的心理满足程度不变，从而多余的 1 单位 Y 产品就代表了社会福利的净增加。这就说明，如果产品的边际转换率大于边际替代率，则仍然存在帕累托改进，即仍未达到生产和交换的帕累托最优。

同样，可以分析产品的边际转换率小于边际替代率的情况。例如假定产品的边际转换率为 1，边际替代率为 2。此时如果生产者减少 1 单位 Y 产品的生产，从而少给消费者 1 单位 Y 产品，但多生产出 1 单位的 X 产品。从多增加的 1 单位 X 产品中拿出半个单位 X 产品给消费者，即可维持消费者的心理满足程度不变，从而多余的半个单位 X 产品就代表了社会福利的净增加。这就说明了，如果产品的边际转换率小于边际替代率，则仍然存在帕累托改进，即同样未达到生产和交换的帕累托最优。

由此，我们给出生产和交换的帕累托最优条件

$$MRS_{XY}=MRT_{XY} \tag{7-7}$$

即产品的边际替代率等于边际转换率。例如，在图7-4中的交换契约曲线上，e点的边际替代率与生产可能性曲线上的B点的边际转换率相等，因为过e点的无差异曲线的切线T'与过B点的生产可能性曲线的切线S恰好平行。因此，e点满足生产和交换的帕累托最优条件。

7.3 市场失灵及微观经济政策

微观经济学的主旨在于论证所谓的"看不见的手"的原理，即完全竞争市场经济在一系列理想化假定条件下，可以使整个经济达到一般均衡，使资源配置达到帕累托最优。但是，由于完全竞争市场以及其他一系列理想化假定条件并不是现实经济的真实写照，这个原理并不适用于现实经济。因此，在现实经济中，"看不见的手"的原理一般来说并不成立，帕累托最优通常也不能实现，市场机制在很多场合中并不能实现资源的有效配置，这种情况被称为"市场失灵"。本节将分别论述市场失灵的几种情况，即垄断、外部性、公共物品、不完全信息，以及相应的微观经济政策。

7.3.1 垄断

1. 垄断与低效率

首先来看某具有代表性的垄断厂商的利润最大化情况。在图7-5中，横轴表示产量，纵轴表示价格。曲线D和曲线MR分别为该厂商的需求曲线和边际收益曲线。为方便起见，假定平均成本和边际成本相等且固定不变，由水平直线$AC=MC$表示。根据利润最大化原则，边际成本等于边际收益，垄断厂商利润最大化时的产量为q_m。在该产量水平上，垄断价格为P_m。

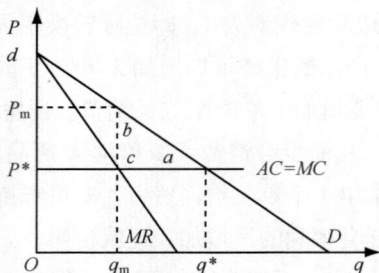

图 7-5 垄断与低效率

显然，在利润最大化时，产品的价格高于边际成本，$P_m>MC$。这表明，消费者愿意为增加额外一单位产量所支付的数额超过了生产该单位产量所需的成本。进一步考虑，如果让垄断厂商再多生产一单位产量，让消费者以低于垄断价格但高于边际成本的某种价格购买，则垄断厂商和消费者都

从中得到了好处：因为最后一单位产量带来的收益大于支出的成本，垄断厂商的利润得以提高；同时，消费者的福利进一步提高，因为他对最后一单位产量的实际支付价格低于其愿意支付的价格。这就是典型的帕累托改进过程。既然存在帕累托改进，可见，垄断状态下的均衡并没有达到帕累托最优。

帕累托最优在 q^* 的产量水平上达到。在产量水平为 q^* 时，需求曲线与边际成本曲线相交，即消费者为额外一单位产量愿意支付的价格等于生产该额外 1 单位产量的成本。此时，不再存在任何帕累托改进的余地。因此，q^* 是帕累托意义上的最优产量。如果设法使产量从垄断水平 q_m 增加到最优水平 q^*，那么就可以实现帕累托最优。一种可能的方法是：垄断厂商同意生产产量 q^*，并使用等于边际成本的价格 P^* 出售该产量；其结果是垄断厂商的利润下降了 $(P_m-P^*) \cdot q_m$。为了弥补该损失，消费者之间达成一项协议，共同给予垄断厂商至少等于该损失的一揽子支付。在给予这一揽子支付之后，消费者此时获得的福利与垄断条件下的情况相比，仍然有所改善，因为垄断厂商将价格从 P_m 下降到 P^* 给消费者带来的全部好处可表示为消费者剩余的增加，即区域 P_mbaP^* 的面积。这部分增加的消费者剩余扣除垄断厂商的利润损失部分 $(P_m-P^*) \cdot q_m$ 之后，还剩余了三角形区域 abc 的面积。当产量从垄断水平 q_m 增加到最优水平 q^* 时，垄断厂商的利益没有减少，但消费者的利益增进了，这就是典型的帕累托改进过程。

在实际中，为什么均衡产量不是 q^* 呢？原因是垄断厂商和消费者之间，以及消费者本身之间难以达成一致意见。例如，消费者之间在如何分摊弥补垄断厂商利润损失的一揽子支付问题上难以达成一致，同时某些消费者不愿意负担一揽子支付，却要享受低价格的好处，即存在"搭便车者"。因此，实际中的垄断通常是无效率的。

上述关于垄断情况的分析，也适用于垄断竞争或寡头垄断等其他非完全竞争情况。实际上，只要市场不是完全竞争市场，厂商的需求曲线就会向右下方倾斜，根据利润最大化原则确定的均衡价格就会高于边际成本，这样就出现了低效率的资源配置状态。

2. 对垄断的公共管制

以上分析表明，垄断会导致资源配置缺乏效率。此外，垄断利润通常也被看成是不公平的。这样政府就有必要对垄断进行干预。政府对垄断的干预是多种多样的。我们先来讨论政府对垄断价格和垄断产量的管制。

图 7-6 反映的是某垄断厂商的情况。曲线 $D=AR$ 和曲线 MR 是它的需求曲线（也是平均收益曲线）和边际收益曲线，曲线 AC 和曲线 MC 是其平均成本曲线和边际成本曲线，这里的平均成本曲线向右上方倾斜。在没有管制的条件下，垄断厂商生产使其利润最大化的产量 q_m，并据此确定垄断价格 P_m，P_m 高于边际成本，因此这种垄断均衡缺乏效率。现在考虑政府的价格管制。政府应当制定怎样的价格呢？如果政府的目标是提高效率，则政府应当将价格定在 P_c 水平。此时，最大化产量为 q_c。在该产量水平上，价格恰好等于边际成本，实现了帕累托最优。

当政府将价格定为 P_c 时，垄断厂商仍然可以得到一部分经济利润，即平均收益 P_c 超过平均成本 AC 的部分。如果政府试图制定一个更低的"公平价格"使垄断厂商得不到经济利润，则该价格须为 P_z。在价格为 P_z 时，产量为 q_z，此时，平均收益恰好等于平均成本。因此，P_z 可称为零经济利润价格。但现在出现另一个问题，即在零经济利润价格水平上，帕累托最优条件被违反了：此时边际成本大于价格。因此，按帕累托最优条件而言，在垄断情况下，产量太低、价格太高；而在零经济利润情况下，价格太低、产量太高。

现在考虑平均成本曲线向右下方倾斜的所谓自然垄断情况，如图 7-7 所示。

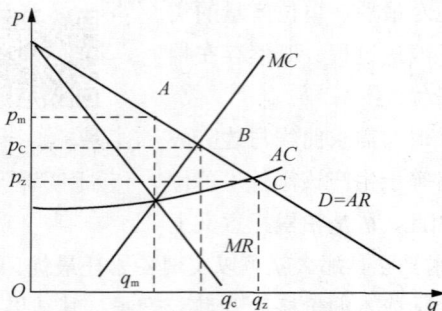

图 7-6 对垄断的管制：递增成本

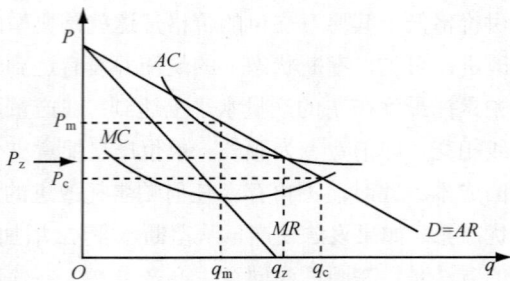

图 7-7 对垄断的管制：递减成本

在图 7-7 中，由于平均成本曲线 AC 向右下方倾斜，故边际成本曲线 MC 位于其下方。在不存在政府管制时，垄断厂商的产量和价格分别为 q_m 和 P_m。当政府管制价格为 P_c 时，产量为 q_c，达到帕累托最优。但是，如果政府要制定零经济利润价格 P_z，则在这种情况下，P_z 高于 P_c。值得注意的是，在自然垄断情况下帕累托最优价格 P_c 和最优产量 q_c 上，垄断厂商的平均收益小于平均成本，从而会出现亏损。在这种情况下，政府往往会对亏损的垄断厂商进行补贴。

7.3.2 外部性

1. 外部性影响及其分类

某个生产者或消费者的一项经济活动会给社会上其他成员带来好处，但他自己却不能由此而得到补偿；或者，该项经济活动给社会上其他成员带来危害，但他自己却并不为此而支付足够抵偿这种危害的成本。此时，我们说经济出现了"外部性"。外部性可以分为正的外部性和负的外部性；根据经济活动的主体是生产者还是消费者，也可以分为生产的外部性和消费的外部性。

当一个生产者采取的经济行动对他人产生了有利的影响，而自己却不能从中得到报酬时，便产生了生产的正外部性，即生产的外部经济。例如，一个企业对所雇佣的工人进行培训，而这些工人可能到其他单位工作。该企业并不能从其他单位索回培训费用或得到其他形式的补偿。因此，该企业从培训工人中得到的私人利益就小于该活动的社会利益。

当一个消费者采取的行动对他人产生了有利的影响，而自己却不能从中得到补偿时，便产生了消费的正外部性，即消费的外部经济。例如，当某个人对自己的房屋和草坪进行保养时，他的隔壁邻居也从中得到了不用支付报酬的好处。

当一个生产者采取的行动使他人付出了代价而生产者又未补偿他人时，便产生了生产的负外部性，即生产的外部不经济。例如，一个企业排放脏水而污染了河流，或者排放烟尘而污染了空气。这种行为使附近的人们和整个社会都遭受了损失。

当一个消费者采取的行动使他人付出了代价而消费者又未补偿他人时，便产生了消费的外部不经济。例如，吸烟者的行为危害了被动吸烟者的身体健康，但吸烟者并未对此付出代价。此外，在公共场所随意丢果皮时，丢弃果皮者也不用付出任何代价。

上述各种外部影响在现实生活中很常见。尽管就单个生产者或消费者来说，他造成的外部经济或外部不经济对整个社会的经济运行也许微不足道，但将所有消费者和生产者的外部影响加总起来，所造成的外部经济或不经济的总的效果则是巨大的。

2. 外部性和无效率

外部性出现后的主要问题是市场机制达不到帕累托最优。换句话说，纵使假定整个经济是完全竞争的，但由于存在着外部性，整个经济的资源配置也不可能达到帕累托最优。

（1）外部经济与无效率。

假定某个人采取某项行动所产生的私人利益和社会利益分别为 V_p 和 V_s。由于存在外部经济，故私人利益小于社会利益：$V_p<V_s$。如果这个人采取该行动所付出的私人成本 C_p 大于私人利益而小于社会利益，即有 $V_p<C_p<V_s$，那么他显然不会采取这项行动，尽管从社会的角度看，该行动是有利的，但在这种情况下，帕累托最优没有得到实现，因为存在着帕累托改进的余地。如果这个人采取这项行动，则他所受损失部分为 C_p-V_p，社会上其他人由此而得到的好处为 V_s-V_p。由于 $V_s-V_p>C_p-V_p$，故可以从社会上其他人所得到的好处中拿出一部分来补偿行动者。结果会使社会上某些人的状况变好而没有任何人的状况变坏。一般而言，在存在外部经济的情况下，私人活动的水平常常要低于社会所要求的最优水平。

（2）外部不经济与无效率。

假定某个人采取某项活动的私人成本和社会成本分别为 C_p 和 C_s。由于存在外部不经济，故私人成本小于社会成本：$C_p<C_s$。如果这个人采取该行动所得到的私人利益 V_p 大于其私人成本而小于社会成本，即有 $C_p<V_p<C_s$，那么他显然会采取该行动，尽管从社会的观点看，该行动是不利的，因为在这种情况下，也存在着帕累托改进的余地。如果这个人不采取这项行动，则他放弃的好处即损失为 V_p-C_p，但社会上其他人由此而避免的损失却为 C_s-C_p。由于 $C_s-C_p>V_p-C_p$，如果以某些方式重新分配损失，则可以使每个人的损失都减少，也就是使每个人的"福利"增大，这也是帕累托改进的过程。一般而言，在存在外部不经济的情况下，私人活动的水平常常要高于社会所要求的最优水平。

3. 有关外部性的政策

经济学理论提出以下政策建议，用以纠正外部性所造成的资源配置的低效率。

（1）使用税收和津贴。

对造成外部不经济的企业，国家应该征税，其数额应该等于该企业给社会其他成员造成的损失，从而使该企业的私人成本恰好等于社会成本。例如，政府向排放污水者征税，税额等于政府治理污水所需要的费用。反之，对造成外部经济的企业，国家则可以采取给予津贴的办法，使得企业的私人利益与社会利益相等。无论是何种情况，只要政府采取措施使得私人成本和私人利益与相应的社会成本和社会利益相等，则资源配置便可达到帕累托最优。

（2）使用企业合并的方法。

例如，一个企业的生产影响另外一个企业。如果影响是正的（外部经济），则第一个企业的生产就会低于社会最优水平；反之，如果影响是负的（外部不经济），则第一个企业的生产就会高于社会最优水平。但是如果把这两个企业合并为一个企业，则外部影响就"消失"了，即被"内部化"了。合并后的单个企业为了自己的利益将会把自己的生产水平确定在边际成本等于边际收益的水平上。由于此时不存在外部性，故合并后的企业的成本与收益就等于社会的成本与收益。于是资源配置达到帕累托最优。

4. 科斯定理

关于科斯定理（Coase theorem），科斯本人并没有给出一个明确的说法，其他西方经济学家则给出了许多不同的表达方式。一种比较通行的表述是：只要财产权是明确的，并且其交易成本为零或者很小，则无论在开始时将财产权赋予谁，市场均衡的最终结果都是有效率的。

我们举例来说明科斯定理。

【例7-1】 假设有一个工厂，它的烟囱排出的烟尘使得居住于工厂附近的5户居民所洗晒的衣服受到污染，由此造成的损失每户为75元，从而5户的损失总额为5×75=375元。再假设存在着两种治理污染的办法：一是在工厂的烟囱上安装一个除尘器，其费用为150元；二是给每户居民提供一个烘干机，使他们不需要到外面去晒衣服。烘干机的费用为每户50元，5户的成本总和是250元。显而易见，在这两种解决办法中，第一种的成本低，因而是最有效率的解决方案。这种最有效率的解决方案在经济学中就被称为帕累托最优。

按照科斯定理的含义，在例 7-1 中，不论给予工厂以烟囱排放烟尘的权利，还是给予 5 户居民以晒衣服不受烟尘污染的权利（即上述的财产所有权的分配），只要工厂与 5 户居民协商时其协商费用（即上述的交易成本）为零或者很小，那么，市场机制（即自由进行交易）总是可以得到最有效率的结果（即采用安装除尘器的办法）。

如果把排放烟尘的权利给予工厂，即工厂有权排放烟尘，那么，5 户居民便会联合起来，共同给工厂的烟囱义务安装一台除尘器，因为除尘器的费用只有 150 元，远远低于 5 台烘干机的费用（250元），更低于未装除尘器时晒衣服所受到的烟尘之害（375 元）。另外，如果把晒衣服不受烟尘之害的权利给予 5 户居民，那么，工厂便会自己安装除尘器，因为，在居民具有不受污染之害的权利的条件下，工厂就有义务解决污染问题，而在两种解决污染的办法中，安装除尘器的费用较低。因此，科斯定理宣称，只要交易成本为零或者很小，则不论财产权归谁，自由的市场机制总会找到最有效率的办法，从而达到帕累托最优。当然，科斯定理的结论只有在交易成本为零或者很小的情况下才成立。如果不是这样，结果就会不同。

在科斯定理提出之前，经济学家一般认为，市场机制这一"看不见的手"只有在不存在外部性的情况下才起作用，如果存在外部性，市场机制就无法达到资源的最优配置。科斯定理的出现则进一步强调了"看不见的手"的作用。按照这个定理，只要假设条件成立，则外部性也不可能导致资源配置不当。也就是说，市场力量足够强大，总能够使外部影响"内部化"，从而仍然可以达到帕累托最优。

运用科斯定理解决外部性问题在实际生活中并不一定有效，主要原因是存在以下几个难题：第一，资产的财产权不一定能明确；第二，即使可以明确财产权，但财产权不一定能顺利转让；最后，假使财产权既可以明确也可以顺利转让，则可能使资源配置效率得以改善，但并不总能实现资源的最优配置。

7.3.3 公共物品

1. 公共物品性质

到目前为止，我们讨论的对象主要是所谓的"私人物品"。私人物品具有两个鲜明的特点。第一是"排他性"，只有支付了商品的价格的人才能够使用该商品；第二是"竞用性"，如果某人正在使用某个商品，则其他人就不能同时使用该商品。实际上，市场机制只有在具备上述两个特点的私人物品的场合才会真正起作用，经济才有效率。

然而，在现实的经济生活中，还存在着许多不具有排他性或竞用性特点的物品。如果一件物品不具有排他性，即会有一些人"不付费便使用"，毫无疑问这会导致外部性，并造成市场机制的失灵。"国防"和"海渔"就是缺乏排他性的两个生动例子。一个公民即使拒绝为国防支付成本，也可以享受国防的好处；同样，我们也很难阻止渔民自由地在公海上捕捞海鱼。"国防"和"海渔"的区别在于"竞用性"方面。容易看出，国防除了不具有排他性之外，同时也不具有竞用性。例如，新生人口一样享受国防提供的安全服务，但原有人口对国防的"消费"水平不会因此而降低。另外，道路和广播等也与国防一样既不具有排他性也不具有竞用性。在到达目的地之前，道路上多一辆汽车不会妨碍原有汽车的行驶；同样，某个人打开广播同样不会影响其他人收听。"海渔"则毫无疑问是具有"竞用性"的：当某个人捕捞到一些海鱼时，其他人所能捕捞到的海鱼数量就减少了。

通常把"国防"这样一类既不具有排他性也不具有竞用性的物品叫作公共物品，而把"海渔"这样一类不具有排他性却具有竞用性的物品叫作公共资源。公共物品和公共资源可以看成由外部性导致市场失灵的两个特殊例子。

2. 公共物品与市场失灵

微观经济学告诉我们，有效的生产水平必须满足边际成本等于边际收益这一条件。公共物品的非竞用性意味着边际成本几乎等于 0，那么边际收益也应为 0，可是边际收益为 0 意味着产品应缺乏供给，从而公共物品的非排他性决定它不适宜由私人生产。首先，单个消费者通常并不很清楚自己对公共物品的需求，更不用说去准确地陈述他对公共物品的需求与公共物品的价格之间的关系；其次，即使单个消费者了解自己对公共物品的偏好程度，他们也不会如实地说出来。为了少支付或不支付，消费者会低报或隐瞒自己对公共物品的偏好。他们在使用公共物品时都想当"搭便车者"，企图不付出成本就得到利益。因此我们难以得到公共物品的市场需求曲线，从而也难以确定公共物品的最优供给数量。

尽管如此，我们却可以有把握地说，市场本身提供的公共物品的数量通常低于最优供给数量，即市场机制分配给公共物品生产的资源常常会不足。因为，在竞争的市场中，如果是私人物品，则市场均衡时的资源配置是最优的。生产者之间的竞争将保证消费者购买产品时的价格等于商品的边际成本的价格，消费者则在既定的商品产量上展开竞争，没有哪个消费者会得到以低于市场价格买到商品的好处。但是，如果是公共物品，情况将完全不同。任何一个消费者消费一单位商品的机会成本都为 0。这意味着，没有任何消费者要为他所消费的公共物品与其他任何人竞争。因此，市场不再是竞争的。如果消费者认识到他自己消费的机会成本为 0，他就会以尽量低的支出来换取消费公共物品的权利。如果所有消费者均如此行事，则消费者们的总支出将不足以弥补公共物品的生产成本。结果产量低于最优供给数量，甚至为 0。

3. 公共资源保护

对许多产权比较模糊的公共资源来说，外部性往会往带来资源的不恰当的、过度的使用。在现实生活中，我们常常可以看到公海里的鱼类被过度捕捞，森林被过度砍伐，野生动物被毁灭性猎杀，矿产资源被掠夺性地开发等，这些都是公共资源的悲剧。

解决这一问题的一个简单办法，就是让这些资源有一个明确的所有者。所有者为了避免资源的过早耗竭，就会限定资源的使用数量或确定应该征收的资源使用费。然而，公共资源的规模过于庞大，个体所有权显然不可行，因此在公共资源领域仍然需要保留政府所有权和政府的硬性管制权，并用有效的法律支持必要规则的实施。我们可以找到很多政府采取措施以休渔、禁猎、封山、划定自然保护区或限制开采矿藏的成功案例。

7.3.4　不完全信息

1. 信息、不完全信息和信息不对称

信息是一种很有价值的资源，它能够提高经济主体的效用和利润。信息在"质"和"量"上有其独特的性质。从质的方面看，信息类似于前面讨论过的"公共物品"。但信息不具有竞用性，因为信息可以同时被许多人利用。在一定的程度上也可以说不具有排他性：信息的最初所有者可以封锁信息，可是，一旦信息被泄露出去之后，他就很难阻止信息的传播。从量的方面看，确定信息的价值也不像确定普通商品的价格那样简单。我们采用比较的方法来确定信息的价值，获得的信息可能会促使经济主体改变自己的决策，而决策的改变又可能导致预期收益的变化，于是可以用预期收益的变化来确定这一新增信息的价值。

扫码看视频

不完全信息

完全竞争模型的一个重要假定是完全信息，即市场的供求双方掌握了所交换的商品的充分的信息。例如，消费者充分地了解自己的偏好函数，了解在什么地方、什么时候存在何种质量的以何种价格出售的商品；生产者充分地了解自己的生产函数，了解在什么地方、什么时候存在何种质量的以何种价格出售的投入要素，等等。完全信息的假定（以及其他一些关于完全竞争市场的假定）保证了帕累托最优的实现。

视野拓展

从北京到南京，买的不如卖的精

显然，上述关于完全信息的假定并不符合现实情况。在现实经济中，信息常常是不完全的，甚至是很不完全的。在这里，不完全信息不仅指那种绝对意义上的不完全，即由于认识能力的限制，人们不可能知道在任何时候、任何地方发生的或将要发生的任何情况，还指"相对"意义上的不完全，即市场经济本身不能够生产出足够的信息并有效地配置它们。这是因为，作为一种有价值的资源，信息不同于普通的商品。人们在购买普通商品时，先要了解它的价值，看值不值得购买。但是，购买信息商品却无法做到这一点。人们之所以愿意出

视野拓展

乔治·斯蒂格勒

钱购买信息，是因为还不知道它，一旦知道了它，就没有人会愿意再为此进行支付。这就出现了一个困难的问题：卖者让不让买者在购买之前就充分地了解所出售的信息的价值呢？如果不让，则买者就可能因为不知道信息的价值而不去购买它；如果让，则买者又可能因为已经知道了该信息而不去购买它。在这种情况下，要想做成"生意"，就只能靠买卖双方的并不十分可靠的相互信赖：卖者让买者充分了解信息的价值，而买者则答应在了解信息的价值之后购买。市场的作用在这里受到了很大的限制。

进一步分析会发现，不同的经济主体对信息的缺乏程度往往是不一样的。市场经济的一个重要特点是，产品的卖方一般要比产品的买方对产品的质量有更多的了解。例如，出售二手汽车的卖方要比买方更加了解自己汽车的缺陷；出售"风险"的投保人要比保险公司更加了解自己所面临风险

的大小；出售劳动的工人要比雇主更加了解自己劳动技能的高低。上述种种情况都是所谓"信息不对称"的具体表现，即有些人比其他人拥有更多的相关信息。

在不完全信息和信息不对称的情况下，市场机制有时就不能很好地起作用。例如，由于缺乏足够的信息，生产者的生产可能会带有一定的"盲目"性；有些产品生产过多，而另一些产品又生产过少；消费者的消费选择也可能会出现"失误"，如购买了一些有害的"坏"商品，而错过了一些有益的"好"商品。

2. 次品市场和逆向选择

在次品市场中，参与交易的双方对所交易的次品的信息的掌握情况是不同的。次品卖方更了解次品的质量、性能等情况，而次品买方则较不了解次品的情况。于是出现了买卖双方之间的信息不对称，从而造成次品市场的特殊的"逆向选择"，即作为消息较为灵通的次品卖方，以一种损害次品买方的方式进行自我选择。当那些处于市场信息灵通方面的人以一种损害市场信息迟钝方面的人的方式进行自我选择时，这便是一种逆向选择。

例如，二手车市场中，二手车的卖方对于其所出售的汽车有多方面的了解，包括损坏的记录、发生过的事故、耗油量、车速等。而一个可能的买方只能基于汽车的外表对这些情况做出猜想，或者进行试驾。买方不经过几个月时间的驾驶，便不能真正了解这辆汽车是好是坏，所以，二手车的买方掌握的信息要比卖方少得多。

假定只有两类二手车出售：好汽车和劣汽车。另外，只有卖方知道所出售汽车的优劣。假定购买方愿意为好汽车支付 10 000 美元，愿意为劣汽车支付 3 000 美元。如果买方认为在市场上出售的二手车一半是好汽车，一半是劣汽车，买方在不能确知其优劣的情况下只愿意按汽车在市场上的平均价值支付，即 6 500 美元。

再考虑一下潜在的卖方的行为，他了解二手车为何种类型，如果二手车的卖方明知其汽车能值 10 000 美元面仅能卖 6 500 美元，那么许多人将选择不卖。但是，劣汽车平均只值 3 000 美元，而现在却能卖到 6 500 美元，于是二手车的卖方便会增加劣汽车的销售。结果，二手车市场上的好汽车的比例下降，劣汽车的比例将上升。

当买方认识到市场行情转向劣汽车的时候，他们就不大情愿为不知质量的汽车支付较多的货币。当二手车市场价格下降的时候，潜在的好汽车的卖方更加不愿意按如此低的价格销售，于是，劣汽车的比例再次上升，导致其价格进一步下降。这个过程冷持续下去，直到把好汽车全部逐出二手车市场为止。当卖方比买方对于产品质量具有更多信息的时候，劣质产品便会逐渐占领市场。

3. 保险市场和道德风险

一般来说，当那些处于交易一方的人因另一方无法注意其行为而怀有一种推卸责任动机的时候，便会产生"道德风险"。道德风险在保险市场上有较为典型的表现。

保险市场的道德风险问题是由于一旦人们购买了保险，他们的行为就可能改变，也就是说，购买保险后，他们会有新的不同的要求。一些购买了健康保险的人可能比没有购买健康保险的人更不注意自己的健康。同样的行为问题也会影响到其他类型的保险，像火灾、汽车事故、盗窃等的保险。例如，在购买了盗窃保险之后，人们可能就不太注意对财产的保护。这种动机问题被归结于道德风险。当一个人的行为改变，使发生不利后果的可能性增加的时候，便会产生道德风险。

在保险的例子中，保险购买者是委托人，作为委托人的保险购买者属于可以进行隐蔽活动的一方，因此在他们身上便易于出现道德风险问题。当然，在另外的情况下，道德风险也可能发生在代理人方面。例如，汽车修理工是车主（委托人）的代理人，由于车主对如何修理汽车不甚了解，汽车修理工就可以索取较高的修理费。在这里，作为代理人的汽车修理工是可以进行隐蔽活动的一方，在他身上便可能出现道德风险问题。因此，发生道德风险的人既可能是代理人，也可能是委托人，道德风险问题出现在什么人的身上取决于他是否能够进行隐蔽活动。

4. 纠正不完全信息的政策

纠正不完全信息的政策的主要目标应是保证经济活动者（消费者和企业）获得充分而准确的信息，即增加市场"透明度"。从消费者的角度来说，要使其了解产品的质量、性能，不能做虚假广告；从生产者的角度来说，要使其了解市场行情、新产品开发、新技术应用等情况。在不完全信息的情况下，委托—代理关系也将出现信息不对称的情况，应该实行有效监督、检查经济合同的履行情况等措施，以避免或克服机会主义行为。

为了减轻信息不对称的后果，可以采取各种处理方式。例如，可以建立一种动机检查机构或一种显示信息的体系，以减少与信息不对称相关的问题发生。保险公司以不同的方式处理逆向选择和道德风险问题。如大多数保险公司要求购买保险者填写医疗史，并做体验。

发展质量信誉也能起到信息不完全的部分作用。许多公司常常通过讲述企业历史，作为对其多年来满足顾客的能力的证明。例如，在广告牌上常常看到这样的话，"一个世纪以上的服务""百余年的市场领导者"。许多生产者试图树立其质量形象和可靠性。从某种意义上说，一个企业的高质量声誉是作为一种抵押品提供给消费者的，如果失去了顾客，企业也就声誉扫地了。特许经营权的成功就可以由声誉的效果来解释。例如，麦当劳公司拥有上万个门店，而且一年中新开业的门店有数百家。麦当劳成功的秘密在于，顾客能够期望产品的一致性，在世界各地都可以买到货真价实的大汉堡包。

课后习题

一、单项选择题

1. 在两个人（甲和乙）、两种商品（X和Y）的经济中，达到交换的全面均衡的条件为（　　）。

　　A. 对甲和乙，$MPT_{XY}=MRS_{XY}$　　　　　B. 对甲和乙，$MRS_{XY}=P_X/P_Y$

　　C. $MRS_{XY}^{甲}=MRS_{XY}^{乙}$　　　　　D. 以上所有条件均不成立

2. 假设居民A和居民B出席一次酒宴，宴会上只有两种酒——葡萄酒和啤酒，对于居民A来说，葡萄酒替代啤酒的边际替代率等于3；对于居民B来说，葡萄酒替代啤酒的边际替代率等于2，那么有可能发生的是（　　）。

　　A. 居民B用葡萄酒向居民A换啤酒　　　B. 居民B用啤酒向居民A换葡萄酒

　　C. 居民A和居民B不会互换酒　　　　　D. 以上均不正确

3. 虽然在完全竞争情况下，一般均衡理论阐述了稀缺资源的有效配置，但是，即使这些规则均被满足了，有时候均衡也不是最优的，如在（　　）的情况下。

　　A. 价格等于边际成本

　　B. 外部经济或外部不经济存在

　　C. 只有几种商品的生产导致经济非专业化

　　D. 价格等于平均成本

4. 生产契约曲线与转换曲线之间的关系是（　　　）。

    A. 生产契约曲线导出转换曲线   B. 转换曲线导出生产契约曲线

    C. 两者之间不存在导出关系   D. 两者可以互相推导

5. 根据微观经济学，为实现交换效率最大化，则有（　　　）。

    A. 两个生产者的边际技术替代率必须相等

    B. 两个消费者的边际替代率必须相等

    C. 一个消费者的边际替代率与一个生产者的边际技术替代率必须相等

    D. 一个消费者的边际技术替代率与一个生产者的边际替代率必须相等

6. 若我们称一种活动具有正的外部性，是因为该活动的（　　　）。

    A. 私人成本小于社会成本   B. 私人成本大于社会成本

    C. 私人收益大于社会收益   D. 私人收益小于社会收益

7. 微观意义下的市场失灵现象有（　　　）。

    A. 失业   B. 通货膨胀

    C. 国际收支不平衡   D. 垄断

8. 若某条河流的上游建有一个化工厂，且其污染了下游居民的饮用水，根据科斯定理，（　　　），问题就可以得到有效的解决。

    A. 不管产权是否明确，只要交易成本为零

    B. 只要产权明确，且交易成本为零

    C. 只要产权明确，不管交易成本有多大

    D. 不论产权是否明确，交易成本是否为零

9. 中国的许多一线城市都严格控制物流货车许可证的颁发，以限制物流货车的数量。这种做法相比自由地进入物流货运行业的结果是能够（　　　）。

    A. 获得更好的物流服务   B. 促进物流行业的竞争

    C. 抬高物流行业的价格   D. 压低物流行业的价格

10. 在我国，可以在广播和电视服务领域中减少搭便车现象的方法是（　　　）。

    A. 将这些服务由私人产品转化为公共产品

    B. 要求政府为服务付费

    C. 使用广告为这些服务付费

    D. 将这些服务由排他性物品转化为非排他性物品

二、判断题

1. 公共物品的市场需求曲线是个别需求曲线的垂直和水平加总。（　　　）

2. 对于福利最大化来说，完全竞争的长期一般均衡是必要的，也是充分的。（　　　）

3. 任意的市场竞争均衡都是帕累托最优的。（　　　）

4. 如果所有消费者的边际收益相等，则市场达到公平。（　　　）

5. 把富人的部分财富转移给穷人不会提高经济效率。（　　　）

6. 垄断企业从销售者向购买者转移一部分潜在的生产者剩余。（　　　）

7. 相对于市场分配而言，政府向穷人的转移支付并没有减轻收入或财政分配的不平等状况。（　　　）

8. 公共物品的特征是具有竞争性和非排他性。（　　　　）

三、简答题

1. 什么是帕累托最优和帕累托改进？

2. 什么是交换契约曲线？当资源配置状态不在交换契约曲线上时，市场会怎样调整？

3. 什么是生产契约曲线？当资源配置状态不在生产契约曲线上时，市场会怎样调整？

4. 在应用埃奇沃斯盒形图的交换分析中，为什么两个消费者的边际替代率在契约曲线上的每一点都相等？

5. 简述生产可能性曲线。

6. 为什么说完全竞争市场能实现帕累托效率？

7. 什么是市场失灵？市场失灵的原因有哪些？

8. 为什么说垄断会导致市场失灵？政府应如何解决垄断问题？

9. 举例说明什么是外部性。

10. 试分析为什么外部性会造成市场失灵，政府在解决外部性问题上应发挥哪些积极作用？

11. 公共物品的特征是什么？如何决定公共物品的最优数量？

12. 分析道德风险和逆向选择对市场活动的影响。

四、计算题

1. 若垄断企业面临的市场需求曲线为 $Q=1\,000-10P$，其成本函数为 $TC=40Q$。

（1）求该企业的最优产量、产品价格和利润。

（2）求该企业达到帕累托最优时的产量与产品价格。

（3）求垄断造成的社会福利损失。

2. 假定某社会只有甲、乙、丙3个公民，他们对公用品的需求分别为：$P_1=100-X$，$P_2=100-2X$，$P_3=100-3X$，其中 X 是公用品数量，公用品的供给函数为 $P=4X$。

（1）求社会对公用品的需求函数。

（2）该社会公用品的最优数量是多少？

（3）每个公民的价格是多少？

3. 一家垄断钢铁厂的成本函数为 $c(q)=q^2+60q+100$，该企业的需求曲线为 $p=200-q$，该厂每生产1单位的钢铁将产生0.1单位的污染物 z，即 $z=0.1q$。清理污染的成本函数为：污染总成本$=100+400z$，其中 z 为污染物数量。

（1）如果企业可以自由排放污染，其产品价格（单位：元）和产量水平多少？

（2）假定企业必须内部化其外部性，即它必须支付污染成本，则其产品价格和产量水平为多少？

（3）上述计划能否消除污染？请分别计算（1）、（2）两种情况下的污染物数量。

4. 设一个公共牧场的成本是 $C=5x^2+2\,000$，其中，x 是牧场上养的牛的数量。牛的价格为 $P=800$ 元。

（1）求牧场净收益最大时的牛的数量。

（2）若该牧场有5户牧民，牧场成本由他们平均分担。这时牧场上将会有多少头牛？这会引发什么问题？

5. 假设有10个人住在一条街上，每个人愿意为增加一盏路灯支付4美元，而不管已提供的路灯数量。若提供x盏路灯的成本函数为$c(x)=x^2$，试求最优路灯安装盏数。

6. 假定一个社会由A和B两个人组成。设生产某公共物品的边际成本为120，A和B对该公共物品的需求分别为$Q_A=100-p$和$Q_B=200-p$。

（1）该公共物品的社会最优产量水平是多少？

（2）如该公共物品由私人生产，其产量水平是多少？

第8章 国民账户核算体系

本章开始，我们学习宏观经济部分。

宏观经济学与微观经济学既有联系又有区别。宏观经济学着眼于经济整体，而微观经济学着眼于经济个体。学习过程中要始终注意这一区别。希望读者通过对本章的学习，掌握宏观经济学研究对象，国民收入各个总量的概念及其关系，特别要掌握国内生产总值、国民收入核算的基本方法和国民收入核算中的恒等式。

扫码看视频

王福重经济学
五十讲之《国富论》

8.1 宏观经济概述

8.1.1 宏观经济学研究对象及体系的建立与发展

1. 研究对象与研究历史

经济学是研究一国如何合理配置与充分利用稀缺资源，以最大限度地满足人类欲望的学科。微观经济学研究的是一国在市场经济条件下如何合理配置稀缺资源以增加社会福利；宏观经济学研究一国的国民经济整体，包括国民经济运行方式、运行状况、运行规律，以及政府如何运用经济政策来影响国民经济的运行。

扫码看视频

宏观经济学发展与
演变

经济增长常用国民收入增长来衡量。因此，宏观经济学主要是研究一国如何充分利用稀缺资源，以促进国民收入增长的学科。

任何国家的国民收入增长都是一种波浪式的推进或螺旋式的上升。国民收入增长率在短期会有所波动，有时增长很快，出现较高的通货膨胀；有时增长很慢甚至下降，产生大量的失业，稀缺资源不能被充分利用。无论是出现通货膨胀还是产生失业，都不利于社会经济的顺利发展和社会福利的增加。从长期来看，各国的国民收入虽然总是在不断增长，但有些国家增长的速度较快，有些国家增长的速度较慢。

宏观经济学主要研究一国国民收入的短期波动与长期增长的决定因素，试图弄清一国国民收入短期波动和长期增长的原因，找出消除或减轻经济波动的对策，促进一国国民收入沿着充分就业轨迹持续（长期）而又稳定地增长。故宏观经济学又叫国民收入决定理论。

从宏观的角度研究经济问题由来已久。在历史上，威廉·配第第一次估算了国民收入的数量，亚当·斯密提出了与现代经济学中的"国民生产总值"十分相近的"国民财富"的概念，布阿吉尔贝尔对国民财富的来源进行了分析，萨伊的"生产三要素理论"成了国民收入核算理论与方法的出发点。魁奈的《经济表》对社会总资本再生产与流通的分析，实际上是把经济中的许多变量归结为总收入、总消费、总投资等形式的经济总量，这是古典经济学宏观分析的典范。配第、斯密、休谟、李嘉图、洛克等对货币的交易作用、货币数量、利率等有关问题进行了分析。另外，古典经济学对国防、救助贫困的职能也进行了分析，特别是对财政政策进行了论述。在 19 世纪 70 年代至 20 世纪 30 年代，新古典经济学的古典宏观经济模型分析了整个经济的产量、就业、消费、储蓄、利率、工资等经济总量的决定。瑞典学派对储蓄与投资不一致问题的分析涉及了整个经济的总量分析。这个时期，许多经济学家研究了属于宏观经济学范围的国民收入核算、经济周期、经济政策实践等内容。

2. 体系的建立与发展

古典经济学与新古典经济学对宏观经济学的研究是支离破碎的，并没有形成一个完整的体系，直到 1936 年，凯恩斯在对 1929—1933 年的资本主义世界经济危机进行分析的基础上出版了《就业、利息与货币通论》，这也标志着现代宏观经济学理论体系的初步建立。此后，凯恩斯的追随者，如哈罗德、希克斯、汉森、莫迪利安尼、索洛、奥肯等人又进一步发展了凯恩斯的宏观经济理论，希克斯提出了 IS-LM 模型，哈罗德与多马建立了经济增长模型，托宾发展了凯恩斯的货币理论。此外在消费函数、投资函数、总供给理论、通货膨胀理论、开放经济理论、宏观经济计量模型、宏观经济政策等方面，宏观经济理论都得到了发展。20 世纪 70 年代以后，西方国家"滞胀"现象的出现，使凯恩斯主义遭受到了重大打击。货币主义、理性预期学派、供给学派等所谓的新古典主义，大力抨击凯恩斯主义的政府干预理论，极力坚持自由放任的经济主张。此后，新凯恩斯主义学派对凯恩斯主义重新进行了解释，并不断吸收经济自由主义的合理部分。这样，随着各国与世界经济的变化与发展，在新古典主义与新凯恩斯主义的争论中，宏观经济学在货币、经济周期、经济增长等方面有了许多重要的进展。

视野拓展

约翰·梅纳德·凯恩斯

8.1.2 宏观经济学的研究内容与研究重点

1. 研究内容

（1）国民收入决定理论。国民收入是衡量一个国家国民经济状况的基本指标，国民收入决定理论从总供求关系来分析国民收入决定因素、国民收入决定过程、国民收入量的多少及其变动规律。

（2）通货膨胀与失业理论。市场经济国家都会出现通货膨胀与失业现象，通货膨胀与失业伴随着一个国家的经济发展，一些宏观经济理论的建立与发展都与通货膨胀和失业有关。通货膨胀与失业理论就是研究通货膨胀与失业的性质、分类、原因与对策等问题的理论。

（3）经济增长理论与经济周期理论。一个国家的经济增长会出现正增长、零增长甚至负增长，经济增长理论就是要研究经济增长的影响因素或源泉、经济增长的过程与结果以及经济增长的长期趋势。经济周期理论就是通过对有关经济波动的统计资料的分析，研究经济周期的特点、形成原因、影响后果，探寻政府反经济周期的应对措施，以实现经济的长期、稳定、均衡增长。

（4）开放经济理论。各国之间存在着日益密切的经济联系，每个国家的经济运行状况都会受到世界经济的影响，开放经济理论就是在世界经济的框架内，研究国民收入的决定、通货膨胀与失业、经济增长与经济周期等，进而说明一个国家的经济政策如何对国民收入进行调整。

（5）宏观经济政策。经济理论是经济政策的基础与依据，经济政策是经济理论的运用与实践。在国民收入决定理论、通货膨胀与失业理论等宏观经济学主要理论的基础上，宏观经济政策研究的是政府宏观经济政策的目标、政策工具、政策机制、政策效果等内容。

对以上所述的宏观经济理论，各个经济学流派表现出不同的观点；对具体宏观经济问题的分析，各个经济学流派所运用的方法也不尽相同；对解决国民经济运行中出现的问题，各个经济学流派的政策主张也不同，甚至是对立的。西方宏观经济理论并没有形成一个内容完整、逻辑一致、方法统一的体系，而是多种宏观经济理论并存。

2. 研究重点

宏观经济学以国民收入与就业分析为研究重点。凯恩斯主义宏观经济理论认为，由消费、投资、政府购买支出、净出口组成的社会总购买如果小于整个经济社会所能提供的商品总供给，将会导致社会生产水平下降，国民收入减少，失业增多。反之，当社会总购买大于社会总供给时，则会出现通货膨胀，社会生产水平将上升，国民收入增多，就业增加。国民收入的决定是分析其他宏观经济问题的基础，或者说其他宏观经济问题都是运用国民收入决定理论来分析、解释的，因此，国民收入决定理论是宏观经济学的研究重点之一。又由于就业状况是伴随国民收入的变化而变化的，与国民收入相联系的就业量的变化也反映在经济周期、经济增长，乃至政府的经济政策等方面，因而，宏观经济学也就以国民收入与就业分析为研究重点。

8.1.3 宏观经济学的研究方法

宏观经济学的研究方法主要是总量分析方法。经济总量是指反映国民经济整体运行状况的经济变量。经济总量包括两类，一类是个量之和，如国民收入、总消费、总投资、总储蓄、总供给、总需求、财政盈余与赤字等。当然，这类总量中有的总量并非是个量的简单相加，而是需要运用数学或统计学中的各种方法得出的总量。另一类经济总量是平均量，如价格总水平、失业率、利率、经济增长率等。总量分析方法是研究经济总量的决定、变动及其相互关系，以及以此为基础说明国民经济运行状况和宏观经济政策选择的分析方法。另外，宏观经济学的研究方法还有短期与长期分析、静态和比较静态分析、动态分析、均衡分析、边际分析等。需要说明的是，在宏观经济分析中，这些方法中运用的经济变量大多是经济总量。

8.1.4 宏观经济学的中心问题

我们已经知道，微观经济学的中心问题是价格问题，价格的形成、决定以及变化规律是微观经济学研究的重点。

宏观经济学研究的中心问题则是整个经济社会的国民收入总量。这个国民收入总量如何决定，如何增长，是宏观经济学关注的重点。

很显然，宏观经济学关注国民收入总量的决定与增长，并不考虑这些财富总量为哪些人占有、支配和使用。也就是说，财富只要生产出来，不管它处在社会的哪个角落，被何人占有，都是我们的社会财富，都是财富总量的一部分。宏观经济学关注的就是这个总量的增长。因为这个总量增长了，国家才能富强，人民的生活质量才有可能提高。

国民收入是下一节将要定义的 GDP，是广义的国民收入。围绕国民收入决定，宏观经济学将会展开对各种问题的研究。国民收入决定理论是整个宏观经济学理论的核心，它为其他宏观经济理论的建立提供了基础。国民收入决定理论是在均

扫码看视频

微观经济学 VS 宏观经济学

衡的前提下得到的，也基本上是短期的收入决定理论。

经济增长实际上就是国民收入的长期增长。国民收入长期的趋势是增长的，但其变化是周期性的。各国政府调控经济就是希望本国的经济能够长期增长，以不断提高和改善本国人民的生活水平。所以，经济增长或者国民收入的长期增长，也是从宏观经济学的中心问题演化出来的一个重要课题。

8.2 国内生产总值

本节我们从国内生产总值的定义入手，学习宏观经济学的度量方法。

8.2.1 国内生产总值定义

个人或家庭所能得到的收入，通常以货币量表示。而一个国家或地区所能得到的总收入，却不能用货币量来表示，只能用这个国家或地区能够生产出来的全部最终产品或服务来表示。这些产品或服务在生产过程中，一步一步增加价值，从而形成最终产品的价值。这些最终产品的总价值，就是我们所要度量和核算的宏观经济核心指标——国内生产总值（gross domestic product，GDP）。

扫码看视频

GDP 和 GNP

国内生产总值是指一个国家或地区在一定时期内（通常为一年）运用生产要素所生产的全部最终产品的市场价值总和。

为了大家能深入理解 GDP 的含义，举一个比较简单的产业链例子来说明。

设有丝绸生产产业链，其生产工序和各工序产值、增值如表 8-1 所示。

表 8-1　　　　　　　　　　丝绸生产产业链各工序产值、增值

工序	种桑	蚕茧	抽丝	织绸	印染	制衣	成衣售卖
增值	3 000	3 000	2 000	6 000	2 000	6 000	4 000
产值	3 000	6 000	8 000	14 000	16 000	22 000	26 000

表 8-1 中的增值部分加总起来，3 000+3 000+2 000+6 000+2 000+6 000+4 000=26 000（元）。

可见，如果种桑没有初始投入，则生产各环节的增值部分加起来，正好等于售卖环节的产值。这个售卖环节的产值就是最终产品的市场价值。在现实的经济活动中，许多时候都难以把产业链理清，因此很少能够清楚地找到最终产品。但可参照这里的办法，将各企业的生产增值部分统计、加总起来，得到全部最终产品的市场价值，也就是国内生产总值。

1. 国内生产总值的意义

（1）GDP 是产品，不是货币。从 GDP 的英文理解，它是最终产品的总量。但是由于最终产品是多种多样的不同质的物品或服务，其总量无法累加，所以就用其市场价值来度量它们，然后再进行加总。因此，GDP 虽然是以货币为单位的价值总量，其实质是产品总量。所以要明确，GDP 指的是产品总量，而不能被理解为货币量；GDP 是物品或服务，不是货币。在宏观经济中，货币不是财富，只是一种手段；而 GDP 是实实在在的财富或服务。

扫码看视频

什么是 GDP

在日常理解时，我们所说的 3 000 亿元的 GDP，就是指有 3 000 亿元的货物或服务，而不是指 3 000 亿元货币本身。货币在这里只起一个度量的作用。

（2）GDP 是最终产品的总量，不是中间产品。要想理解国内生产总值的含义，就需要先搞清楚最终产品的意义。所谓最终产品，就是由最后的使用者购买的产品或服务。而用于再出售或者供生产别种产品用的产品，则称作中间产品。在前面的例子中，除了成衣是最终产品外，其他产品如桑叶、蚕茧、丝、绸等，都是中间产品。如果把中间产品也加进去，必然会出现同一种最终产品，多个中间产品同时加总，会造成重复计算，计量将失去意义。

视野拓展

绿色 GDP

（3）GDP 是生产出来的产品，不是指售卖掉的产品。只要是这一年内生产出来的产品，即使没有卖掉，也作为厂商自己以成本价购买的存货计入 GDP。当然，如果只生产了 100 万元的产品，却卖掉了 120 万元产品，也只能计入 100 万元，另外 20 万元的产品只能是存货减少，而存货已经计入上期或上上期的 GDP，故本期不计入。

（4）GDP 附加了地域限制。定义中的"一个国家或地区"，表明 GDP 是以地理区域为界限进行统计的产品总量。这就是说，只要在规定的国境线（地区线）以内的企业，无论这个企业主权属于哪个国家，都在统计之列。

例如，中国人在美国办的企业，其产值将计入美国的 GDP；而美国人在中国办的企业，其产值计入中国的 GDP。

（5）GDP 附加了时间限定。因而 GDP 是一个流量，不是存量。定义中的"一定时期内（通常为一年）"，表明 GDP 是单位时间内的产量。这类似于流体力学中的流量概念。流量，指单位时间通过某一截面的液体的量；宏观经济中的流量是指单位时间内的产出量，也可以理解为单位时间内，从自然界流入人类社会的产品量。存量，只有某一时刻的限制，就像水库里的水量，不管是何时进来的，只要现在这一时刻水还存在，就是这个水库里的水。

所以当年新生产出来的产品或服务就计入 GDP；而以前生产的产品，就只能是财富存量，不能计入 GDP。例如，今年生产了 100 万辆汽车，计入今年的 GDP；而一个兵马俑，即使价值 1 000 万元，也不能计入 GDP。如果要计入，也应该计入秦朝的 GDP。而今天只能把兵马俑计入存量财富。

（6）GDP 强调市场价值。在统计口径上，GDP 只计入用于市场交换的产品。按照 GDP 的原意，只要是这一年新生产出来的产品，都应当计入 GDP。但由于市场价值的限制，只计入用于交换的产品，不用于或没有用于市场交换的产品不计入 GDP。例如，深山里的一家农户，自产了许多生活用品，但都是自己和家人消费了，就不计入 GDP。城市家庭中，妻子的家务劳动，没有用于市场交换，也不计入 GDP。而保姆的家务劳动，因为有交换存在，所以应当计入 GDP。

强调市场价值，就会忽略市场以外的产品的价值，导致统计出的 GDP 小于实际的总产量。这表明 GDP 统计出来的结果是保守的、实在的，在原理上是"没有水分"的。

2. 国内生产总值的特点

GDP 是宏观经济学中度量财富的一个主要指标，GDP 度量方式，实现了不同性质的千差万别的产品的累加，给宏观经济学的计量带来了便利。在理解 GDP 含义的基础上，我们来探讨 GDP 度量方式的特点。

（1）不同质的财富可累加。

GDP 是以货币为单位，以价格为度量手段而得到的产品总量。价格的本质，是货币量与产品量之间的一个对应比例。只要产品或服务有价格，就可以测出 GDP 的量。

在没有价格以前，产品是一些不同质的物品和服务。数学上的加法原则，必须是同质的东西才能累加。而不同质的产品和服务，当然无法累加。

通过 GDP 度量以后，各种产品都以其市场价值来计量，在市场价值这个属性上，不同产品具有共同的价值属性，所以不同质的产品实现了累加。这是 GDP 度量方式的一个优点。

（2）可度量范围广。

GDP 以价格为度量手段，由于价格范围非常广泛，物品或服务只要有用，都可以有价格。所以，只要是有用的物品或服务，都可以用 GDP 来度量。这使得 GDP 度量方式具有极大的广泛性，它涵盖了一切最终产品。

关于最终产品，可以以人的需要为标准，划分为生活用品、能力扩展用品、生产用品三大类。而 GDP 是用价格来度量的，完全涵盖了以上三大类产品，所以其度量范围非常广泛，为宏观经济学提供了一个普适的计量手段。这是 GDP 度量方式的另一个优点。

（3）GDP 度量方式的缺点。

GDP 度量方式具有一定的优点，但也存在一些缺陷。我们说 GDP 度量方式是一种间接的度量方式，号称价值度量。但其实它并没有真正地度量价值，因为经济学上的价值、效用等概念，是不能用货币来度量的，二者具有不同的性质。

这里所谓的价值总量，其实是一个价格总量。而价格只是产品量与货币量之间的一个对应。并不能用货币来衡量产品本身的价值。例如，花 40 元买了一份炸鸡，而这个人不喜欢吃，于是没吃饱；花 8 元钱买了一份盒饭，却吃饱了。从人的消费价值看，显然盒饭的价值更高。但从计入 GDP 的量来看，炸鸡的价值更高。

因此，GDP 度量方式是间接的度量方式。在某些时候，通过 GDP 度量的数值与人们的福利感受是不一致的。在宏观经济中，这种间接性度量方式有时会带来明显的问题。

例如，A 地环境优美、山清水秀、老人长寿、社会和谐，可是没有工业发展，人均 GDP 较低。B 地到处是工厂、家家富裕、人均 GDP 很高，可是污水横流、臭气熏天、人的健康受到严重损害。这种情况下，GDP 就无法反映社会财富和人们福利的真实情况。其原因主要是优美的环境并没有反映到市场价值中，故 GDP 没有度量这些财富。

正因为 GDP 指标有这些局限性。世界银行于 1997 年开始使用绿色 GDP 国民经济核算体系来衡量一国的真实财富。

绿色 GDP 是一个国家或地区在受自然资源（主要包括土地、森林、矿产、水和海洋）与环境因素（包括生态环境、自然环境、人文环境等）的影响后，经济活动的最终成果，即将经济活动中所付出的资源耗减成本和环境降级成本从 GDP 中予以扣除。从 20 世纪 70 年代开始，联合国和世界银行等国际组织在绿色 GDP 的研究和推广方面做了大量工作。近年来，我国也在积极开展绿色 GDP 核算的研究。2004 年，国家统计局、原国家环境保护总局（现为中华人民共和国生态环境部）正式联合开展了中国环境与经济核算绿色 GDP 研究工作。

许多学者研究并计算了我国由环境污染造成的经济损失占 GDP 的比重。过孝民、张慧勤计算的 1983 年的数据为 6.75%；郑易生计算的 1993 年的数据为 3.16%，1995 年的数据为 3.29%；夏光计算的 1992 年的数据为 4.04%；孙炳彦计算的 1994 年的数据为 5.8%；美国东西方研究中心计算的 1990 年的数据为 2.17%；世界银行计算的 1997 年的数据为 3.4%（低估）、7.7%（中估）。2007 年世界银行花费数年时间与中国国务院发展研究中心合作完成了《中国污染代价》（*Cost of Pollution in China*），报告称，中国每年因污染导致的经济损失达 6 000 亿元至 1.8 万亿元人民币，占 GDP 的 5.8%

3. 国内生产总值与国民生产总值

宏观经济学发展早期，都使用国民生产总值（gross national product，GNP）来度量经济总量。而现在都改用 GDP，使用 GNP 来度量经济总量已经成为历史。GNP 与 GDP 的实质几乎完全相同，唯一差别是 GNP 以国民身份统计产品总量；而 GDP 则以国境范围统计产品总量。

按 GNP 口径统计产品，中国公民在美国经营企业得到的产品总量，要计入中国的 GNP；美国公民在中国经营企业获得的收入，将计入美国的 GNP。这样操作起来很不方便。相比之下，GDP 则方便很多。在数量方面，GDP 与 GNP 会有差异，但相差不大。

8.2.2　国内生产总值的统计、计算方法

GDP 作为最重要的宏观经济指标，它的统计是国家统计局最重要的工作之一。这里我们介绍 3 种常用的 GDP 统计方法。

1. 国内生产总值的计算、统计原理

GDP 的统计原理，在 GDP 定义中已经基本规定好了，就是统计价格。市场价格一经形成，在货币量与产品量之间，就形成了一个比例，这个比例实际上就是一个价格测度。我们通常的表述是，这些产品值若干货币。这里的若干货币，就是对产品的一个度量。

为了满足 GDP 定义的各项要求，这个量必须既不重复，又不遗漏。

GDP，也就是国内生产总值，是一个国家在一年内生产的产品总量。这个产品总量，一个国家一年只有一个。这个产品在生产的过程中，要经历 3 个环节。

首先，产品要生产出来，剥离自然；其次，一旦生产出来，立刻就形成这个国家的国民收入；最后，生产出来的产品要被买走，要有支出。这是 GDP 形成过程的 3 个环节，但产品只有一个。所以，在 3 个不同的环节中统计的同一个产品总量，理论上应当是完全相等的。从 3 个不同的环节中进行统计就形成了 GDP 统计的三种方法：支出法、生产法、收入法。

2. 国内生产总值 3 种统计方法

（1）支出法。

在用支出法统计 GDP 前，要弄清一个国家的总产品最终是被哪些人或组织买走的。我们通常把买家分成 4 类：消费者、投资者、政府和外国，即四大经济部门。

消费者，买走消费品以满足自身消费需求。消费需求也是经济发展最重要、最直接的原动力。经济发展的最终目的是生产消费品，满足人们的消费需求，提高人民的福利水平。

投资者，主要是厂商。他们为了投资而购买，或者说为了生产而购买，他们买走的都是资本品，用于生产未来的消费品。

政府，其购买的产品复杂，消费品、资本品都可以购买，还购买一些军火。

外国，指一切外国的集合，其购买的产品也是多样化的。消费品和资本品都会购买，也包括一些军火。

这 4 类买家要想购买产品，就得按价格支付货币。价格一出现，度量就实现了。将这 4 类买家支出的货币量加起来，就得到以货币计量的产品总量。

如果消费品总量用 C 表示，资本品总量以 I 表示，政府购买支出以 G 表示，出口用 X 表示，进口用 M 表示。那么，GDP 就是这 4 项之总和。即

$$GDP=C+I+G+(X-M) \tag{8-1}$$

这里（$X-M$）是净出口，它是出口与进口的差额。

式（8-1）就是 GDP 统计的支出法。

（2）生产法。

生产法也叫增值法。它是按照 GDP 定义来实现对产品总量的计量的。我们还用表 8-1 所示内容介绍生产法。

根据 GDP 定义，它是最终产品的市场价值总量，所以 GDP 为 26 000 元。

如果种桑没有初始投入，则上面各生产环节的增值部分加总起来为 26 000 元，正好等于最终产品的市场价值。对于现实经济活动，许多时候都难以把产业链理清，因此很少能够清楚地找到最终产品。但是，根据这个原理，将各企业的生产增值部分统计、加总起来，就能得到全部最终产品的市场价值。这就是 GDP 统计的生产法。

（3）收入法。

一国的 GDP 最终是要分配到这个国家的各个组织或个人，成为社会各阶层人们的收入的。因此，将这些形形色色的收入加总起来，也等于 GDP。

在西方国家，最终产品主要分成三大类收入，即工资、利息和地租。但实际的统计口径还要复杂一些。收入法基本的累加公式如下

$$GDP=工资+利息+租金+利润+间接税和企业转移支付+折旧 \tag{8-2}$$

具体统计的项目包括以下几项。

① 三要素收入，即工资、利息和租金。工资包括个人纳税前的一切收入，如工资、奖金、津贴等。利息指货币资本提供方得到的利息，如银行利息、企业债券利息等，但不包括政府债券利息和消费信贷利息。租金包括出租土地、房产等的租赁收入及专利版权收入。

② 非公司企业收入，这些收入中各种要素混在一起，不必细分，笼统计入。

③ 公司税前利润。

④ 企业转移支付和企业间接税。

⑤ 资本折旧。

以上 3 种统计方法，是在不同环节点上对同一个量进行度量，从理论上来说，统计结果应当完全相等。但实际上由于统计口径的细微差异和操作误差，不同统计方法得到的总量会存在细小差异。

8.2.3 国内生产总值系列指标

国内生产总值（GDP），过去就是国民生产总值，通常称为国民收入，这是广义的国民收入，也是宏观经济学中最重要的总量指标。但是除了这个指标以外，还衍生了一系列的总量指标，下面逐一介绍。

1. 国内生产总值（GDP）

GDP 的定义已经详细讨论过了，它是指一国在一年内新生产出来的进入市场的全部最终产品。

只要是新产出，都要归算进去。显然，用于补偿当期生产消耗的折旧，也是当期新生产出来的，也包含在当期的 GDP 之中。

2. 国内生产净值（NDP）

国内生产净值（NDP）是指这一年新产出的总产品弥补了资本设备折旧以后剩下的部分，即净增产值。GDP 中未扣除设备折旧，所以是总值；NDP 扣除了折旧，所以是净值。

$$NDP=GDP-折旧$$

3. 国民收入（狭义 NI）

狭义的国民收入是指以生产要素报酬计算的国民收入，也就是企业层面上获得的扣除所得税以前的收入。但是，NI 已经扣除了企业间接税，扣除了企业转移支付，又加上了政府的补助金，可以理解为企业的税前收入。它的计算方法如下。

$$NI=NDP-间接税-转移支付+政府补助金$$

4. 个人收入（PI）

NI 通过一定处理，最终要分配到个人名下，形成个人收入（PI）。

NI 不能全部分配到个人，要先扣除公司未分配利润，扣除公司所得税和社会保险税（费），然后还要加上政府给个人的转移支付，这样就得到了 PI。所以 PI 的计算公式如下。

$$PI=NI-未分配利润-公司所得税-社会保险税+政府给个人的转移支付$$

5. 个人可支配收入（DPI）

个人可支配收入（DPI）是指从个人收入中扣除个人所得税之后的收入，也就是税后的个人收入。这个收入可以由个人用于消费和储蓄。计算公式如下。

$$DPI=PI-个人所得税$$

以上五大指标，是宏观经济学的常用指标，它们各自都有自己的用途。如无特别说明，GDP 就是人们经常说的国民收入（广义）。在 GDP 的定义中，一国的总收入、总支出和总产量应当相等，因为它们是同一个量。

8.2.4　名义国内生产总值与实际国内生产总值

GDP 是以价格进行计算的，实际中的 GDP 会发生变化，变化的原因：一是实际生产的物品或服务的数量变动；二是价格发生变动。

实际生产的物品和服务的数量的变动是真实的 GDP 变动；而即使产品总量不变，由于价格变动，由此测量出的 GDP 也会发生变化。这种变化只是名义 GDP 变化。

名义 GDP 是指用物品或服务当年的价格计算的全部最终产品的市场价值。而实际 GDP 是指以某一年度的价格作为基期计算出来的全部最终产品的市场价值。

视野拓展

一图带你读懂中国经济年报

1. 度量尺度的不可伸缩性

我们为什么要专门讨论名义 GDP 和实际 GDP？因为依据计量学的要求，要保证度量准确，度量结果可比较、可传递，必须要求度量尺度本身具有刚性，不能变动。例如，丈量一匹布料，如果使用的尺子是橡皮尺子，度量出来的结果就不具备可比较、可传递的性质，也就失去了度量的意义。

GDP 度量也是一样的，要求度量的"尺子"不改变。GDP 度量的尺子就是货币，货币本身的"长度"就是指它本身的购买力，购买力实际上是经常变动的，也就是说，价格每时每刻都在变动，以现实价格度量出来的 GDP，也在不断变化中，因此它只能是一个名义上的 GDP。头脑清醒的读者，经常会感觉 GDP 似乎不可靠，正是这个原因。

为了消除这个弊端，经济学家设法让度量尺度本身"刚性化"，当然不可能让现实市场价格凝固，因而采取了基期价格的办法，用基期价格作为测量用价格，这样价格尺度就刚性化了。度量的结果自然有了可比较、可传递的性质。

2. 名义国内生产总值与实际国内生产总值的折算

实际统计、计算 GDP 时，还是按当年的现实价格，先得到一个名义 GDP，然后再折算为选定好的基期价格，就得到了实际 GDP。因此需要一个 GDP 折算指数。

GDP 折算指数将在后续章节中详细讲解（详见 11.1.2 节）。现在我们只给出其定义，同种同量产品，当期价格水平与基期价格水平的比值，就是 GDP 折算指数。它实际就是一个价格折算指数。

$$GDP折算指数=名义GDP÷实际GDP$$

通过这个公式，名义 GDP 和实际 GDP 之间可以相互折算。

名义 GDP 并不具有计量学要求的可比较、可传递的性质，它也不能反映实际最终产品总量的增减。而实际 GDP 则满足了计量要求，数据可比较、可传递，它客观反映了一国最终产品总量的变化。如不特别注明，GDP 一般都指实际 GDP。

8.3 国民收入的几个公式

在完全认识了 GDP 度量方式以后，我们初步进入宏观经济学内部，来研究一下国民收入最基本的几个恒等式，即储蓄—投资恒等式。

8.3.1 GDP概念中的恒等关系

为了说明 GDP 概念中的恒等关系，我们以图 8-1 来进行解释。

在图 8-1 中，我们将企业、买方、居民收入方分别用企业截面、购买截面和收入截面来表示，在产品流管道中，截面 A、B 恒等；货币流管道中，截面 C、D、E 恒等。

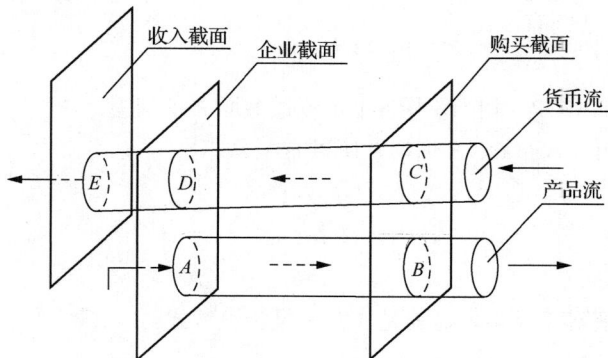

图 8-1　GDP 恒等关系示意图

实际上，截面 C 和 B 也相等。因为流过 B 的产品流，就是 GDP 的实物形态。在实际 GDP 的度量中，流过 C 截面的货币流正好是 GDP 的价值形态。二者指代同一个对象——总产品量。

于是，在图 8-1 中，A、B、C、D、E 各截面的流量互相恒等。

这个示意图中，截面 A、C、E 分别表示 GDP 的 3 种统计方法所对应的流量。

通过截面 A 的流量是生产法统计出的 GDP，这个截面表示自然界与人类社会的分界面；通过截面 C 的流量就是支出法统计的 GDP，这个截面是消费者的"钱袋子"的出口处的分界面；通过截面 E 的流量就是收入法统计的 GDP，这个截面表示要素提供方的"钱袋子"的入口处的分界面。

显然，通过这 3 个截面的流量，从实际 GDP 的角度上看，是指同一个产品总量，是恒等的。

下面几个恒等公式，是利用图 8-1 中 C、E 两个截面的恒等关系推导出来的。

8.3.2　两部门到四部门结构下的总量恒等公式

我们将从最少的两部门经济开始，由简单到复杂，逐步展示出全部四大经济部门之间的逻辑关系。最少的经济部门是两部门，最完整的经济部门是四部门，下面分别讨论。

1. 两部门公式

最基本的两大经济部门是居民和厂商。这两个部门可以形成最原始的经济社会。这里暂时没有政府和外国存在，是孤立的原始的经济体系，如图 8-2 所示。

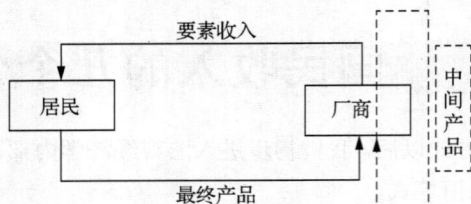

图 8-2　两部门经济示意图

在两部门的情况下，支出可分为两部分，一是居民购买消费品的支出，用 C 表示；二是厂商购买中间产品或资本品的支出，用 I 表示；GDP 用 Y 表示。则应当有

$$Y=C+I$$

这是用支出法统计 GDP 的思路，相当于图 8-1 中流过 C 截面的流量。

两部门条件下，收入可用作两个出路，一是用于消费，也用 C 表示；二是用于储蓄，用 S 表示，总收入 GDP 还用 Y 表示。则有

$$Y=C+S$$

这是用收入法统计的 GDP，相当于图 8-1 中流过截面 E 的流量。

显然，由图 8-1 可知，截面 C、E 恒等，所以有

$$C+I=Y=C+S$$
$$C+I=C+S$$
$$I=S \tag{8-3}$$

这个公式表明，投资等于储蓄。这就是储蓄—投资恒等式。

2. 三部门公式

假设现在有 3 个经济部门，除了居民、厂商外，又增加一个政府部门，其经济流程如图 8-3

所示。

在三部门经济条件下，社会总支出增加了政府购买支出这一项，用 G 表示。原有支出项目依然存在，所以用支出法统计的 GDP 为

$$Y=C+I+G$$

在总收入中，增加了税收用途项，用 T 表示。其余项目依然不变。因为转移支付数量较小，暂时忽略。则用收入法统计的 GDP 为

$$Y=C+S+T$$

于是，依据与两部门同样的理由，可得

$$C+I+G=Y=C+S+T$$

$$I+G=S+T$$

$$I=S+(T-G) \tag{8-4}$$

这就是三部门经济的储蓄—投资恒等式。

式（8-4）中，$T-G$ 项如果是正的，就是财政盈余；如果是负的，就是财政赤字。

式（8-4）表明，总投资等于私人储蓄与政府储蓄之和。

3. 四部门公式

把全部经济部门考虑进去，就是四部门经济。它是在三部门的基础上增加了一个外国部门，其经济流程如图 8-4 所示。

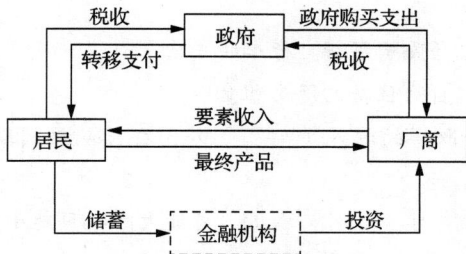

图 8-3 三部门经济示意图　　　　图 8-4 四部门经济示意图

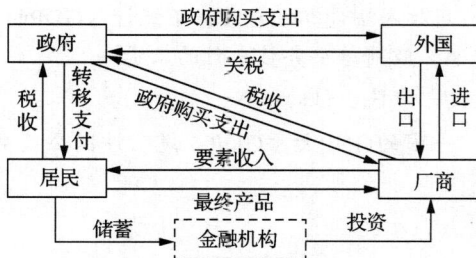

从支出角度看，四部门在三部门基础上，增加了一个出口量，用 X 表示。暂时忽略国内外之间的转移支付，所以总支出为

$$Y=C+I+G+X$$

从收入角度看，总收入比三部门增加一项进口花费的用途，用 M 表示进口量。总收入则为

$$Y=C+S+T+M$$

于是由恒等关系得到

$$C+I+G+X=Y=C+S+T+M$$

$$I+G+X=S+T+M$$

$$I=S+(T-G)+(M-X) \tag{8-5}$$

式（8-5）中，$T-G$ 为财政盈余，是政府储蓄；$M-X$ 为净进口，视作外国储蓄。

因此，社会总投资等于私人储蓄、政府储蓄及外国储蓄之和。

上文推导出了两部门、三部门、四部门经济中最基本的几个宏观经济基本恒等式，为读者展示了一个宏观经济学的基本结构模型。后续的各章节，都将在这个基本结构模型的基础上展开。

课后习题

一、单项选择题

1. 不属于政府转移支付的是（　　　）。
    A. 退伍军人的津贴　　　　　　　　B. 失业救济金
    C. 出售政府债券的收入　　　　　　D. 贫困家庭的补贴

2. 机器被使用以后价值降低，称为（　　　）。
    A. 资本损失　　　B. 资本化　　　C. 折旧　　　D. 贬值

3. 净出口是指（　　　）。
    A. 进口减出口　　　　　　　　　　B. 出口加进口
    C. 出口加政府转移支付　　　　　　D. 出口减进口

4. 支出法计算的GDP的公式为（　　　）。
    A. GDP=$C+I+G+(X-M)$　　　　B. GDP=$C+S+G+(X-M)$
    C. GDP=$C+I+T+(X-M)$　　　　D. GDP=$C+S+T+(M-X)$

5. 从最终使用者的角度看，将最终产品和服务的市场价值加总起来计算GDP的方法是（　　　）。
    A. 支出法　　　B. 收入法　　　C. 生产法　　　D. 增加值法

6. 用收入法计算GDP时，不能计入GDP的是（　　　）。
    A. 政府给公务员支付的工资　　　B. 居民购买新自行车的支出
    C. 农民卖粮的收入　　　　　　　D. 自有住房的隐形租金

7. 一国的GNP大于GDP，说明该国公民从国外取得的收入（　　　）外国公民从该国取得的收入。
    A. 大于　　　B. 小于　　　C. 等于　　　D. 可能大于也可能小于

8. 实际GDP反映了（　　　）的变化。
    A. 实物　　　B. 价格　　　C. 实物和价格　　　D. 既非实物，又非价格

9. 假定2020年的名义GDP是40 000亿美元，GDP缩减指数是200（基期1997年的价格指数是100），那么2020年的实际GDP以1997年的价格水平衡量相当于（　　　）。
    A. 200亿美元　　　B. 400亿美元　　　C. 20 000亿美元　　　D. 40 000亿美元

10. 经济分析中通常使用GDP而不是GNP，因为（　　　）。
    A. 联合国有关机构的规定
    B. GDP比GNP更好地反映了一国一年间新增的产品总量
    C. GNP比GDP更好地反映了一国一年间新增的产品总量
    D. GDP比GNP更容易做准确的估算

二、判断题

1. 国民收入核算体系将GNP作为核算国民经济活动的核心指标。（　　　）

2. 用货币去度量性质不同的各种产品，才能使各种产品能够进行加总，得出一国产出的总价值。（　　　）

3. 家庭成员提供的家务劳动要计入GDP之内。（　　　）

4. 最终产品只包括消费品，不包括投资品。（　　　）

5. 某种物品是中间产品还是最终产品取决于它本身的性质，如汽车一定是最终产品，煤只能是中间产品。（　　　）

6. 用价值增值法计算一国产出的总价值，可以避免重复计算的问题。（　　　）

7. 对于整个经济来说，所有的产品的价值增值之和必定等于所有的最终产品的总价值。（　　　）

8. 一个在日本工作的美国公民的收入是美国GDP的一部分，也是日本GNP的一部分。（　　　）

9. 某人2020年用10万元购买了一辆产于2016年的小汽车，这10万元应该计入2020年的GDP。（　　　）

10. 销售一栋建筑物的房地产经纪商的佣金应加到国民生产总值中去。（　　　）

三、简答题

1. 下列项目是否计入GDP，为什么？

（1）政府转移支付；（2）购买一辆用过的卡车；（3）购买普通股票；（4）购买一块地产。

2. 为什么从公司债券得到的利息应计入GDP，而人们从政府得到的公债利息不计入GDP？

3. 如果甲、乙两国合并为一个国家，对GDP总和会有什么影响（假定两国产出不变）？

4. 储蓄与投资恒等式是否意味着计划储蓄总是等于计划投资？为什么？

5. 在国民收入账户中，以下的区别是什么？

（1）厂商为总经理购买了一辆汽车和厂商支付给总经理另外一份收入让他为自己购买一辆汽车。

（2）雇佣你的配偶收拾房子，不愿意让他做没有报酬的工作。

（3）你决定购买一辆美国产的汽车，而不是一辆德国产的汽车。

6. 如果政府雇用失业工人并把他们看成是无事可做的政府雇员，这些人以前得到相当于TR美元的失业救济金，现在政府付给他们TR美元的工资。那么，这会对GDP产生什么影响？并加以解释。

7. 宏观经济学和微观经济学有什么联系和区别？为什么有些经济活动从微观的角度看是合理的、有效的，而从宏观的角度看却是不合理的、无效的？

四、计算题

1. 假定国内生产总值是5 000，个人可支配收入是4 100，政府预算赤字是200，消费是3 800，贸易赤字是100（单位：亿元）。

试计算：（1）储蓄；（2）投资；（3）政府支出。

2. 假设某国某年发生了以下活动：（a）一银矿公司支付7.5万美元工资给矿工，矿工开采了50千克银卖给一银器制造商，售价10万美元；（b）银器制造商支付5万美元工资给工人，工人加工一批项链卖给消费者，售价40万美元。

（1）用最终产品生产法计算GDP。

（2）每个生产阶段生产了多少价值？用增值法计算GDP。

（3）在生产活动中赚得的工资和利润各为多少？用收入法计算GDP。

3. 请根据下表计算：GDP、NDP、NI、PI、DPI（单位：亿美元）。

净投资	125	政府转移支付	120	个人消费支出	500
净出口	15	企业间接税	75	未分配利润	100
储蓄	25	政府购买支出	200	公司所得税	50
折旧	50	社会保险金	130	个人所得税	80

4. 某国企业在本国的总收益为200亿美元，在外国的收益为50亿美元；该国国民在本国的劳动收入为120亿美元，在外国的劳动收入为10亿美元；外国企业在该国的收益为80亿美元，外国人在该国的劳动收入为12亿美元。求该国的GNP与GDP。

5. 一经济社会生产3种产品：书本、面包和菜豆。它们在2015年和2016年的产量和价格如下表所示。

类别	2015 年		2016 年	
	数量	价格	数量	价格
书本	100	10 美元	110	10 美元
面包	200	1 美元	200	1.5 美元
菜豆	500	0.5 美元	450	1 美元

（1）求2015年的名义GDP。

（2）求2016年的名义GDP。

（3）以2015年为基期，2015年和2016年的实际GDP是多少，这两年实际GDP的变化是多少？

（4）以2016年为基期，2015年和2016年的实际GDP是多少，这两年实际GDP的变化是多少？

（5）"GDP的变化取决于我们用哪一年的价格作衡量实际GDP的基期的价格。"这句话对否？

（6）用2015年作为基期，计算2015年和2016年的GDP折算指数。

6. 某地区居民总是把相当于GDP60%的部分存起来，并且不用缴税也不购买外地商品。今年该地区将总值2 000万美元的汽车销往邻省，这对该地区的GDP产生影响，试问：

（1）该地区的GDP增加了多少？

（2）假如当地政府用2 000万美元购买本地汽车，是否会产生与（1）相同的结果？为什么？

（3）假如政府将2 000万美元以补贴形式发给居民，该地GDP是否会增加？与（1）相比如何？为什么？

国民收入决定理论 | 第9章

第 8 章我们讨论了国民收入核算，本章研究不考虑利率变动的，只有产品市场的简单国民收入决定理论；有利率影响的，但在一般价格水平固定不变的假定下，产品市场和货币市场的一般均衡；取消了价格水平固定不变的假定后，产量和价格水平的决定，即总需求—总供给模型。希望读者通过对本章的学习，理解国民收入的决定，即理解经济社会的生产或收入水平是怎样决定的。

9.1 简单国民收入决定理论

在宏观经济学中，市场按交易对象划分，可分为产品市场、货币市场、劳动市场和外汇市场等 4 种市场。本节介绍简单国民收入决定理论，即撇开其他市场，仅仅分析产品市场上均衡国民收入的决定和变动。通过本节的学习，读者应当掌握凯恩斯的消费理论，两部门、三部门、四部门经济中国民收入的决定，以及投资乘数等乘数概念。

9.1.1 均衡产出

1. 简单的经济关系

说明一个国家的生产或收入是如何决定的，要从最简单的经济关系分析开始。为此，我们先做出以下假定。

（1）两部门经济的假设。在一个只有居民部门与厂商部门的两部门经济也就是经济关系最简单的经济社会中，居民部门的经济行为是消费与储蓄，厂商部门的经济行为是投资与生产，厂商的投资是不随利率与产量变动的自主投资。

（2）假定折旧与公司未分配利润都为零，从而使得 GDP、NDP、NI、PI 在数量上都相等。

（3）在价格具有黏性的条件下，社会总需求的变动只会引起社会产量的变动，从而使社会总供求相等，价格总水平不发生变动，也就是所谓的凯恩斯定律。凯恩斯写作《就业、利息与货币通论》的背景是 1929—1933 年的资本主义世界经济大萧条，资源大量闲置，产品大量积压，工人大批失业。此背景下，社会总需求的增加，可使闲置资源得到利用，从而使生产增加，就业也有所增加，或者使积压产品售出，但产品成本和产品价格基本上保持不变。

2. 均衡产出的概念

均衡产出是指与总需求相等的产出。

均衡产出的条件下，经济社会的总收入刚好等于所有居民和全体厂商想要有的消费支出与投资支出。也就是说，企业的产量以至于整个社会的产量一定稳定在社会对产品的需求水平上。由于两部门经济中的总需求只包括居民的消费需求和厂商的投资需求，因此，均衡产出用公式就表示为

$$y=c+i \tag{9-1}$$

小写的 y、c、i 分别表示实际产出、实际消费与实际投资。同时，c 和 i 分别代表居民、厂商实际想要有的消费与投资，即意愿消费和意愿投资，而不是国民收入构成公式中实际发生的消费与投资。因为企业的产量如果比市场的需求量多出一部分价值，多出来的这部分价值就会成为企业的非意愿存货投资或非计划存货投资。在国民收入核算中，这部分存货投资是投资支出的一部分，但不是计划投资，故国民收入核算中的实际产出就等于计划支出与非计划存货投资之和。但在国民收入决定理论中，均衡产出是指与计划支出相等的产出，故在均衡产出水平上，计划支出和计划产出正好相等，也就是说非计划存货投资等于零。当国民经济处于均衡收入水平上时，实际收入一定与计划支出相等。若用 E 代表总支出，y 代表总收入，则经济均衡条件就是 $E=y$。$E=y$ 也表示总支出（即总需求）决定总收入。这一关系可以用图9-1来表示。

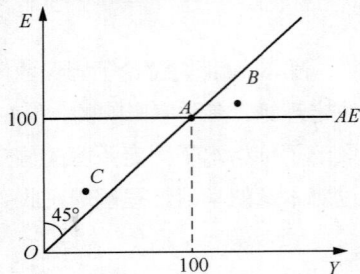

图9-1　经济均衡

图中的横轴表示总收入，纵轴表示总支出。45°线上的任何一点都表示总支出与总收入相等。假定总支出，即包括总消费与总投资的总需求为100，图中的 A 点表示总支出与总收入相等，都是100，A 点也就是均衡点，表明生产总额正好等于总需求；B 点表示总收入大于总支出，非计划存货投资大于零，产生库存，企业就要削减生产，直到总供求相等的 A 点表示的100为止，实现总供求相等。反之，C 点表示总收入小于总支出，社会生产额小于社会需求量，企业就要增加生产，也是到总供求相等的 A 点表示的100为止，实现总供求相等。当然，总支出（即总需求）变化了，总收入也就相应发生变化。

由于计划支出用 $E=c+i$ 表示，生产创造的总收入等于计划消费与计划储蓄之和，即 $y=c+s$，所以均衡产出的条件 $E=y$，就可简化为

$$i=s \tag{9-2}$$

这表示计划投资等于计划储蓄，即当计划投资与计划储蓄相等时，国民收入就达到均衡状态。

要注意，这里的投资等于储蓄是指经济要达到均衡，计划投资必须等于计划储蓄。而实际的投资和储蓄，根据二者的定义，必然是相等的。

9.1.2　凯恩斯的消费理论

本小节将主要从消费函数、储蓄函数、消费函数与储蓄函数的关系、社会消费函数4个方面介绍凯恩斯的消费理论。

1. 消费函数

（1）消费函数概述。

消费函数就是消费与收入的依存关系。影响消费的因素很多，如收入水平、利率水平、收入分配、消费者财富、个人偏好、制度以及风俗习惯等。凯恩斯认为，影响消费的众多因素中，具有决定意义的是消费者的收入。因此如果用 c 代表消费，用 y 代表收入，则消费函数可以表示为

$$c=f(y) \tag{9-3}$$

边际消费倾向（MPC）指收入的微小变动所引起的消费支出的变动，可以用公式表示为

$$MPC = \frac{\Delta c}{\Delta y} \tag{9-4}$$

由于边际消费倾向会被经常用到，为书写方便，就用 β 代替 MPC，于是，边际消费倾向可以表达为另外一种形式

$$\beta = \frac{\Delta c}{\Delta y} \tag{9-5}$$

如果收入增量极小，边际消费倾向又可以表达为

$$MPC = \frac{dc}{dy} \text{ 或 } \beta = \frac{dc}{dy} \tag{9-6}$$

消费随着收入的增加而增加，但消费的增量不如收入的增量多，这就是边际消费倾向递减规律。凯恩斯认为，边际消费倾向递减规律是引起总需求不足的 3 个基本心理规律之一。

平均消费倾向（APC）是指消费支出在收入中所占的比重，平均消费倾向可以表达为

$$APC = \frac{c}{y} \tag{9-7}$$

由于消费增量只是收入增量的一部分，故边际消费倾向的取值范围为 0～1；由于消费可能大于、等于或小于收入，因此平均消费倾向也可能大于、等于或小于 1。

（2）消费曲线。

消费与收入的关系也可以用消费曲线表示，消费曲线包括线性消费曲线与非线性消费曲线。

消费与收入存在线性关系的消费函数可表示为

$$c = \alpha + \beta y \tag{9-8}$$

α 为生活中必不可少的消费部分，称为自发消费，即与收入没有关系的消费，即使收入为 0 时，也会借钱或者动用过去的储蓄来进行的基本生活消费支出；β 为边际消费倾向，边际消费倾向为常数；β 与 y 之积是引致消费，这是边际消费倾向既定的条件下，与收入相联系的消费。$c = \alpha + \beta y$ 的经济含义是：消费等于自发消费加上引致消费。如果 $\alpha = 200$，$\beta = 0.8$，则 $c = 200 + 0.8y$，即收入增加 1 单位，其中的 80% 就被用于消费，只要知道了收入 y，就可以计算出消费者的全部消费量了。线性消费曲线如图 9-2 所示。

在图 9-2 中，横轴表示收入，纵轴表示消费，45°线上的任何一点都表示消费等于收入。$c = f(y)$ 曲线是消费曲线，表示消费和收入之间的函数关系。E 点是消费曲线与 45°线的交点，表示此时的消费等于收入。位于消费曲线上 E 点左下方的点，如 A 点，表示消费大于收入；而位于 E 点右上方的点，如 B 点，则表示消费小于收入。消费曲线向右上方倾斜，表示消费随收入的增加而增加。OF 或 Gy_b 为自发消费 α，BG 为引致消费 βy_b，By_b 为消费总量，即自发消费与引致消费之和。

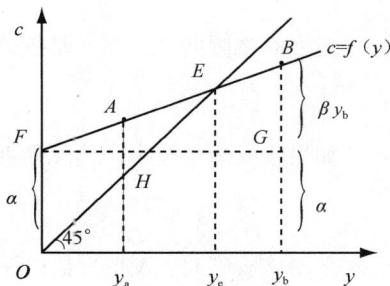

图 9-2　线性消费曲线

消费曲线上某一段或某一点的斜率，就是边际消费倾向，所以，线性消费曲线上任意一段或一点的斜率都相等，都等于数值不变的边际消费倾向。消费曲线上任一点与原点的连线的斜率，是与该点相对应的平均消费倾向。随着消费曲线向右上方延长，曲线上各点与原点连线的斜率越来越小，即平均消费倾向是递减的。

从图 9-2 中还可看到，消费曲线上任意一点与原点的连线的斜率都比线性消费曲线的斜率大，说明平均消费倾向总是大于边际消费倾向，即 $APC > MPC$。即使从公式看，$APC > MPC$ 也是成立

的。因为 $APC = \dfrac{c}{y} = \dfrac{\alpha + \beta y}{y} = \dfrac{\alpha}{y} + \beta$，由于 α 和 y 都是正数，因

而 $\dfrac{\alpha}{y} > 0$，所以 $APC > MPC$。当然，随着收入的增加，$\dfrac{\alpha}{y}$ 会越

来越小，表明 APC 会逐渐接近于 MPC。

图 9-3 所示为非线性消费曲线。同样，横轴表示收入，纵轴表示消费，45°线上的任何一点都表示消费等于收入。$c=f(y)$ 曲线是消费曲线，表示消费和收入之间的函数关系。消费曲线上某一段或某一点的斜率，就是边际消费倾向；消费曲线上的任一点与原点的连线的斜率，也是与该点相对应的平均消费倾向。E 点是消费曲线与 45°线的交点，表示此时的消费等于收入。消费曲线上的 A 点，表示消费大于收入；B 点表示消费小于收入。从图中也可以看到，随着非线性消费曲线向右上方延伸，曲线上各点与原点的连线的斜率越来越小，即平均消费倾向也是递减的。消费曲线上任意一点与原点的连线的斜率都比消费曲线上相应点的切线的斜率大，说明平均消费倾向总是大于边际消费倾向的，即 $APC > MPC$。

与线性消费曲线相比，非线性消费曲线的特殊性在于：随着收入的增加，非线性消费曲线的斜率越来越小，即非线性消费曲线上各点的切线越来越平缓，各点的切线的斜率越来越小，非线性消费曲线以递减的速率向右上方倾斜，这表现出边际消费倾向的递减。这一点在图 9-3 上可直观看到：随着收入的增加，非线性消费曲线在和 45°线相交之前，与 45°线的距离越来越小，而在相交之后，与 45°线的距离越来越大，表示消费增加的幅度越来越小于收入增加的幅度，即边际消费倾向递减。

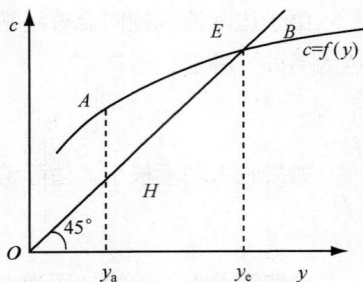
图 9-3　非线性消费曲线

2. 储蓄函数

（1）储蓄函数概述。

由于 $y=c+s$，所以 $s=y-c$，故储蓄是收入减去消费后的剩余部分。储蓄函数表示的是储蓄与收入的关系，其公式是

$$s=f(y) \tag{9-9}$$

边际储蓄倾向（MPS）是指储蓄增量与收入增量之比，可用公式表示为

$$MPS = \frac{\Delta s}{\Delta y} \tag{9-10}$$

如果收入增量极小，边际储蓄倾向又可以表达为

$$MPS = \frac{\mathrm{d}s}{\mathrm{d}y} \tag{9-11}$$

平均储蓄倾向（APS）是指任一收入水平上储蓄在收入中的比例，用公式表示为

$$APS = \frac{s}{y} \tag{9-12}$$

（2）储蓄曲线。

与消费函数一样，储蓄与收入的关系也可以用储蓄曲线表示，储蓄曲线包括线性储蓄曲线与非线性储蓄曲线。

储蓄与收入存在线性关系的储蓄函数可表示为

$$s = -\alpha + (1-\beta)y \tag{9-13}$$

这是因为 $s=y-c$，$c = \alpha + \beta y$，故有

$$s = y - c = y - (\alpha + \beta y) = -\alpha + (1-\beta)y$$

图 9-4 表示了线性储蓄函数 $s = -\alpha + (1-\beta)y$。图中的横轴表示收入，纵轴表示储蓄，储蓄曲线向右上方倾斜，表明储蓄随收入的增加而增加。OA 等于 $-\alpha$，表示收入为 0 时，储蓄的减少量，即储蓄是自发消费的来源。B 点是储蓄曲线与横轴的交点，表示收入为 OB 时，全部的收入都用于消费，此时的储蓄为 0；位于储蓄曲线上横轴以上的点，比如 C 点，表示存在正储蓄，而位于储蓄曲线上横轴以下的点，比如 D 点，表示存在负储蓄。

储蓄曲线上任意任一点的斜率，就是边际储蓄倾向，所以，线性储蓄曲线上任意一点的斜率都相等，等于数值不变的边际储蓄倾向。储蓄曲线上任何一点与原点的连线的斜率，就是平均储蓄倾向。

图 9-5 为非线性储蓄曲线。与线性储蓄曲线相比，非线性储蓄曲线有自己的特殊性。随着收入的增加，非线性储蓄曲线的斜率越来越大，即非线性储蓄曲线上各点的切线越来越陡峭，各点的切线的斜率越来越大，非线性消费曲线以递增的速率向右上方倾斜，这表明了边际储蓄倾向递增的状况。图 9-5 中，随收入的增加，非线性储蓄曲线向右上方延伸，在 B 点与横轴相交后，与横轴的距离越来越大，越来越陡峭，表示储蓄增加的幅度越来越大，边际储蓄倾向是递增的。

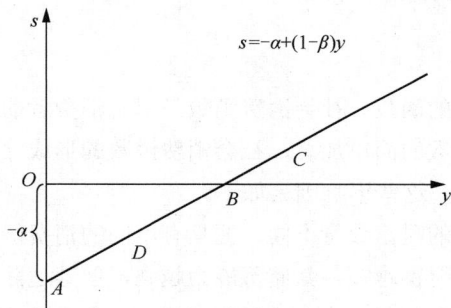

图 9-4 线性储蓄曲线　　　　　　　图 9-5 非线性储蓄曲线

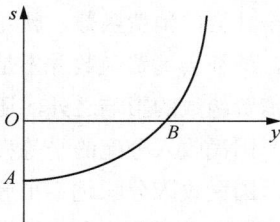

3. 消费函数与储蓄函数的关系

从 $y=c+s$、$s=y-c$ 中可以看到消费函数与储蓄函数的关系。

（1）消费函数与储蓄函数互为补数，消费与储蓄之和总是等于收入。

由于 $c = \alpha + \beta y$，$s = -\alpha + (1-\beta)y$，故而有

$$c + s = (\alpha + \beta y) + [-\alpha + (1-\beta)y] = y \tag{9-14}$$

消费与储蓄的这一关系还可用图 9-6 表示。

在图 9-6 中，消费者的收入等于 y_0 时，消费曲线与 45°线相交于 A 点，储蓄曲线与横轴相交于 y_0 点，此时消费等于收入，储蓄等于 0；A 点左下方、在 45°线以上的消费曲线上的各点，表示消费大于收入，相应的储蓄曲线位于横轴以下，存在负储蓄；A 点右上方、位于 45°线下方的消费曲线上的各点，表示消费小于收入，相应的储蓄曲线位于横轴以上，存在正储蓄。

（2）由于 APC、MPC 都随着收入的增加而递减，但 $APC > MPC$，相应地，APS、MPS 都随着收入的增加而递增，但 $APS < MPS$。这一点在图 9-6 上表现为：消费曲线上任何一点与原点的连线的斜率都大于消费曲

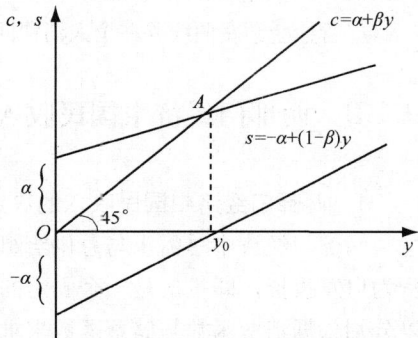

图 9-6 消费与储蓄的关系

线上该点的斜率；从存在正储蓄开始，即 y_0 点右上方的储蓄曲线上的任何一点与原点的连线的斜率都小于消费曲线上该点的斜率。

（3）APC 与 APS 之和恒等于 1，MPC 与 MPS 之和也恒等于 1。这两个恒等式可以证明如下。

$y=c+s$，等式两边都除以 y，得 $\dfrac{y}{y}=\dfrac{c}{y}+\dfrac{s}{y}$，即

$$APC+APS=1 \tag{9-15}$$

由式（9-15）可得 $1-APC=APS$，$1-APS=APC$。

同样，由于 $\Delta y=\Delta c+\Delta s$，等式两边都除以 Δy，得

$$\frac{\Delta y}{\Delta y}=\frac{\Delta c}{\Delta y}+\frac{\Delta s}{\Delta y}$$

即

$$MPC+MPS=1 \tag{9-16}$$

由式（9-16）可得 $1-MPC=MPS$，$1-MPS=MPC$。

根据以上消费函数与储蓄函数的关系，只要知道消费函数和储蓄函数中的一个函数，就可以将另一个推算出来。

4．社会消费函数

整个社会的消费函数，就是总消费与总收入之间的函数。社会消费函数是单个消费者的消费函数之和，但社会消费函数并不是单个消费者的消费函数的简单加总，社会消费函数的形成除了受消费者的消费函数的影响之外，还受到其他因素的影响，这些影响因素如下。

（1）国民收入分配的平等程度。社会成员因拥有的财富数量不同，便具有不同的消费能力与储蓄能力。国民收入分配越不平等，富有者拥有的社会财富越多，其储蓄能力越强，但其边际消费倾向越低，社会消费曲线在坐标轴中的位置就越低。反之，国民收入分配越平等，社会成员的边际消费倾向就越高，社会消费曲线在坐标轴中的位置也就越高。

（2）政府的税收政策。如果实行的是累进个人所得税制，高收入者的一些可能的储蓄就会转化为政府税收，政府将这部分税收以政府购买支出和政府转移支付的方式花掉，会直接或间接增加消费，最终使得社会消费总量增加。这样，社会消费曲线的位置就较高。

（3）公司未分配利润的数量。若公司未分配利润的数量较少，意味着股东得到了更多的红利，从而消费就增多，社会消费曲线的位置就较高。反之，若公司未分配利润的数量较多，消费就减少，社会消费曲线的位置就较低。

尽管社会消费曲线并非个人消费曲线的简单相加，但社会消费曲线与个人消费曲线的形状是相似的。

9.1.3　两部门经济中国民收入的决定及变动

1．两部门经济中国民收入的决定

两部门经济中总需求与总供给组成部分中的任何一项，都会对国民收入产生影响。如果假定投资为自发投资，即投资是一个固定的量，不随收入的变动而变动，或者说投资 i 是一个常数，则可以分别依据消费函数与储蓄函数来求得均衡国民收入。

（1）消费与均衡国民收入的决定。

由于收入恒等式为 $y=c+i$，$c=\alpha+\beta y$，将这两个方程联立并求解，就得到均衡收入，公式如下。

$$y = \frac{\alpha + i}{1 - \beta} \tag{9-17}$$

根据式（9-17），如果已知消费函数与投资，便可求出均衡的国民收入。

【例9-1】 消费函数为$c=600+0.8y$，自发投资为200亿美元，则均衡收入为

$$y = \frac{600 + 200}{1 - 0.8} = 4\,000 \text{（亿美元）}$$

表9-1说明了消费函数$c=600+0.8y$和自发投资为200亿美元时的均衡收入的决定情况。

表 9-1　　消费函数 $c=600+0.8y$ 和自发投资为 200 亿美元时均衡收入的决定情况（单位：亿美元）

收入 y	消费 c	储蓄 s	投资 I
1 000	1 400	-400	200
2 000	2 200	-200	200
3 000	3 000	0	200
4 000	3 800	200	200
5 000	4 600	400	200
6 000	5 400	600	200
7 000	6 200	800	200

表9-1中的数据表明，$y=4\,000$亿美元时，$c=3\,800$亿美元，$i=200$亿美元，$y=c+i=3\,800+200=4\,000$（亿美元），说明4 000亿美元是均衡收入。在收入小于4 000亿美元时，c与i之和都大于相应的总供给，这意味着此时的厂商的产量小于市场需求。于是，厂商增加工人的数量，增加生产，使均衡收入增加。相反，收入大于4 000亿美元时，c与i之和都小于相应的总供给，这意味着厂商的产量比市场需求多，产生了存货投资，这会迫使厂商解雇一部分工人，减少生产，使均衡收入减少。两种不同情况变化的结果都是产量正好等于需求量，即总供求相等，收入达到均衡水平。

两部门经济中均衡收入的决定还可用图 9-7 来表示。图中的横轴表示收入，纵轴表示消费、投资。消费曲线 c 上加投资曲线 i 就得到总支出曲线 $c+i$，因投资为自发投资，自发投资固定为 200 亿美元，故总支出曲线 $c+i$ 与消费曲线 c 是平行的，两条曲线在任何收入水平上的垂直距离都等于自发投资 200 亿美元。总支出曲线与 45° 线相交于 E 点，E 点为均衡点，E 点决定的收入是均衡收入，为 4 000 亿美元。如果经济处于总支出曲线除 E 点之外的其他点上，就会出现总供求不相等的情况，这会引起生产的扩大与收缩，直至总供求回到均衡。例如，A 点的总需求为 2 400 亿美元，比总供给 2 000 亿美元多出 400 亿美元，这会使得国民收入增加，增加到均衡的 4 000 亿美元为止。F 点的总需求为 4 800 亿美元，比总供给 5 000 亿美元少了 200 亿美元，国民收入就会减少，减少到均衡的 4 000 亿美元为止。

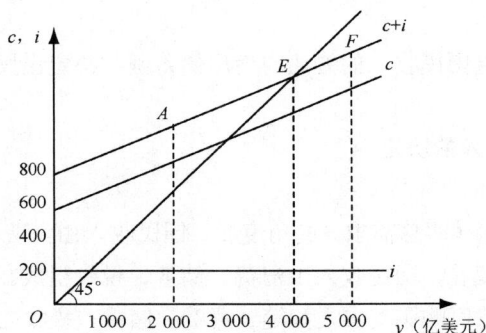

图 9-7　消费与国民均衡收入的决定

（2）储蓄与均衡国民收入的决定。

由于$y=c+i$，$y=c+s$，得$i=y-c=s$。

而$s=-\alpha+(1-\beta)y$。

将以上两个方程联立并求解，也可得均衡收入为

$$y=\frac{\alpha+i}{1-\beta}$$

在【例9-1】中，$c=600+0.8y$，$s=-600+(1-0.8)y=-600+0.2y$，$i=200$，令$i=s$，即$200=-600+0.2y$，得$y=4\ 000$（亿美元）。这一结果在表9-1中也有所体现，即$y=4\ 000$亿美元时，投资$i$与储蓄$s$正好相等，从而实现了均衡。可以看到，这一结果与使用消费决定均衡收入的方法得到的结果是一样的。

储蓄与均衡国民收入的决定也可以用图9-8表示。图中横轴表示收入，纵轴表示投资、储蓄。s为储蓄曲线，由于储蓄随收入的增多而增多，故储蓄曲线向右上方倾斜。i代表投资曲线，由于投资为自发投资，自发投资不随收入的变化而变化，其值总固定为200亿美元，故投资曲线是一条水平线。储蓄曲线与投资曲线相交于E点，E点为$i=s$的均衡点，由E点决定的收入是均衡收入，即4 000亿美元。如果实际产量小于均衡收入，比如实际产量为2 000亿美元，此时的投资大于储蓄，社会总需求大于总供给，产品供不应求，存货投资为负，厂商就会扩大生产，社会收入水平就会增加，直至达到均衡水平。反之，实际产量大于均衡收入，比如实际产量为5 000亿美元，此时的投资小于储蓄，社会总需求小于总供给，产品过剩，产生了非计划存货投资，厂商就会缩小生产，社会收入水平因此减少，直至达到均衡水平。只要投资与储蓄不相等，社会收入就处于非均衡状态，只有经过调整，才能最终达到均衡水平。

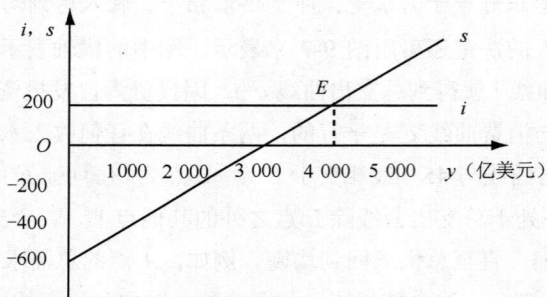

图9-8　储蓄与均衡国民收入的决定

由于消费函数与储蓄函数的互补关系，无论使用哪种函数决定收入的方法，最后得到的均衡收入结果都是相同的。

可以将使用消费函数决定国民收入的方法与使用储蓄函数决定国民收入的方法在一个图中表示出来。试一试自己能否画出。

2. 三部门经济中国民收入的决定

（1）国民收入均衡的条件。

三部门经济中，从总支出（即总需求）的角度看，国民收入由消费、投资、政府购买支出构成；从总收入（即总供给）的角度看，国民收入由消费、储蓄、税收组成。因此，三部门经济的国民收入均衡条件是消费、投资、政府购买支出之和等于消费、储蓄、税收之和，即

$$c+i+g=c+s+t$$

消去等号两边的 c，便得到

$$i+g=s+t \tag{9-18}$$

式（9-18）是三部门经济的国民收入均衡的条件，在此条件下的国民收入就是均衡收入。

（2）不同税收形式下的收入决定。

税收可以分为定量税与比例税两种，定量税是不随收入变动而变动的税收，比例税则是随收入变动而变动的税收。定量税与比例税对均衡收入产生不同的影响。

先看定量税的情况。假定有消费函数 $c=1\,000+0.8y_d$，y_d 为可支配收入，定量税 $t=50$，投资 $i=100$，政府购买支出 $g=150$，单位为亿美元。

根据以上条件可得 $y_d=y-t=y-50$。

又由于

$$s = -\alpha +(1-\beta)y_d$$
$$=-1\,000 +(1- 0.8)(y-50)$$
$$=0.2y -1\,010$$

将已知和已求出的变量代入经济均衡的公式 $i+g=s+t$ 中，即

$100+150=(0.2\,y -1\,010)+ 50$，求解，得出均衡收入

$$y=6\,050 \text{（亿美元）}$$

再看比例税的情况。假设其他条件不变，税收形式由定量税改为比例税，税率为 0.25，则税收 $t=0.25\,y$，可支配收入 $y_d=y-t=y-0.25y=0.75y$，可得

$$s = -\alpha +(1-\beta)y_d$$
$$=-1\,000+(1-0.8)\times 0.75y$$
$$=0.15y-1\,000$$

此时也将已知和已求出的变量代入经济均衡的公式 $i+g=s+t$ 中，即 $100+150=0.15y-1\,000+0.25\,y$，求解，得出均衡收入为

$$y=3\,125 \text{（亿美元）}$$

从以上的例子可以看出不同的税收政策下有不同的均衡收入。

3. 四部门经济中国民收入的决定

四部门经济是开放经济，国家之间通过对外贸易等形式与其他国家建立了经济联系。所以，一个国家均衡的国民收入不仅取决于国内的消费、投资、政府购买支出，还取决于其净出口，即

$$y=c+i +g +(x-m) \tag{9-19}$$

式（9-19）可分解如下

$$c = \alpha + \beta y_d$$

$y_d=y-T+TR$，其中，T 为总税收，TR 为政府转移支付，y_d 也就是个人可支配收入。

$T=T_0+ty$，其中 T_0 为定量税，ty 为比例税收量。

$i=\bar{i}$，假定投资既定。

$g=\bar{g}$，假定政府购买支出既定。

$TR=\overline{TR}$，假定政府转移支付既定。

$x=\bar{x}$，假定出口既定。

$m=m_0+\theta y$，其中 m_0 为自发进口，即不受国民收入变化影响的进口，θ 为边际进口倾向，$\theta = \dfrac{\Delta m}{\Delta y}$，$\theta y$ 为引致进口。

经整理，得到四部门经济的均衡的国民收入为

$$y = \frac{1}{1-\beta(1-t)+\theta}(\alpha + \bar{i} + \bar{g} - \beta T_0 + \beta TR + \bar{x} - m_0) \tag{9-20}$$

9.1.4　乘数论

不论从总需求看，还是从总供给看，组成国民收入的任何一个因素（如投资、政府购买支出、税收等）在数量上的变动都会对国民收入的数量产生影响。乘数理论就是要说明国民收入的变动量与引起这种变动的某一因素的变动量在数量上的对比关系。

1．投资乘数

（1）投资乘数的概念与公式。

投资乘数就是收入的变化量与带来收入变化的投资的变化量的比率。如果用 k_i 表示投资乘数，用 Δy 表示收入的增量，用 Δi 表示投资的增量，则投资乘数用公式可表示为

$$k_i = \frac{\Delta y}{\Delta i} \tag{9-21}$$

由于收入与投资是同方向变动关系，故 $k_i > 0$，即投资乘数为正数。

（2）投资乘数原理。

【例9-2】假定某企业决定新建一个工厂，投资为100亿美元，这些投资用来购买生产所用的劳动、资本、土地、企业家才能等生产要素，于是100亿美元就相应地以工资、利息、地租、利润等形式成为要素所有者即居民的收入而流入到居民手中，社会收入就增加了100亿美元。居民收入增加了100亿美元后，因边际消费倾向$\beta=0.8$，故居民会有80亿美元的消费支出，生产部门相应得到出售产品的80亿美元。生产部门用此80亿美元购买80亿美元的生产要素，80亿美元就以工资、利息、地租、利润等形式又流回到居民手中，即社会收入增加了80亿美元。在边际消费倾向仍然是0.8的条件下，居民会有64亿美元的消费支出，生产部门就相应得到64亿美元，而生产部门又用此购买64亿美元的生产要素，64亿美元便以工资、利息、地租、利润等形式流回到居民手中，社会收入因此而增加了64亿美元。在$\beta=0.8$不变的条件下，居民消费会有51.2亿美元，生产部门得到51.2亿美元。生产部门再购买51.2亿美元的生产要素，51.2亿美元以工资、利息、地租、利润等形式又流回到居民手中，社会收入再次增加，增加了51.2亿美元。这样的过程不断持续下去，投资、收入、消费就一轮一轮地增加，最终的社会收入会增加500亿美元。可以用以下公式表示出收入的增加。

$$100+80+64+51.2+\cdots$$
$$=100+100\times0.8+100\times0.8^2+100\times0.8^3+\cdots+100\times0.8^{n-1}$$
$$=100\ (1+0.8+0.8^2+0.8^3+\cdots+0.8^{n-1})$$
$$=100\frac{1}{1-0.8}=500\ (亿美元)$$

$\dfrac{500}{100}=5$ 就是投资乘数。

很显然，根据以上例子，投资乘数公式又可写为

$$k_i = \frac{1}{1-\beta} \tag{9-22}$$

又由于 $1-\beta = MPS$，投资乘数又可表示为

$$k_i = \frac{1}{MPS} \tag{9-23}$$

可见，投资乘数与边际消费倾向成正比，与边际储蓄倾向成反比，且 $k_i>0$，即收入的变动与投资的变动是同方向的。

（3）投资乘数效应图示。

在图 9-9 中，横轴表示收入，纵轴表示消费与投资，$c+i$ 表示原有的总支出曲线，相应的均衡收入为 y_1；$c+i_n$ 表示新的总支出曲线；$i_n=i+\Delta i$，相应的均衡收入为 y_n，$y_n - y_1=\Delta y=k_i \cdot \Delta i$。当投资增加 100 亿美元，即 $\Delta i=100$ 时，若 $k_i=5$，收入将增加 500 亿美元，即 $\Delta y=5\times 100=500$（亿美元）。

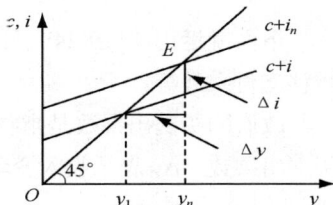

（4）投资乘数是一把"双刃剑"。

投资增加会导致收入成倍增加，同时，如果投资减少，收入则成倍减少。也就是说，无论是增加的投资还是减少的投资，都有乘数作用，都会对收入产生或增加或减少的倍乘作用。因而，投资乘数是一把"双刃剑"。

（5）影响投资乘数作用发挥的因素。

在现实生活中，投资增加对国民收入增加的影响即投资乘数作用与社会经济状况有密切关系，以下 4 个因素影响着投资乘数作用的发挥。第一，经济中为零或较小的过剩生产能力。如果经济中没有过剩的生产能力或者过剩的生产能力较小，增加投资只会引起总需求的增长，却不会或难以使生产增加，最终的结果只能是物价水平上升。只有在社会过剩的生产能力大、社会的闲置资源比如生产设备、劳动力等数量多的情况下，增加投资才能较充分地利用闲置资源，从而更多地增加国民收入。第二，投资与储蓄的关联性。如果投资与储蓄的联系非常密切，投资增加会产生对货币需求的增长，从而提高利率水平，进而引起储蓄增加，消费相应减少，这会抵消投资增加对国民收入增加的影响。反之，只有投资与储蓄独立性较强时，投资增加才不会使利率上升，也就不会增加储蓄和减少消费，收入自然就能增多。第三，货币供给量的非适应性。如果货币供给量不能随投资的增加而增加，即投资增加得不到相应的货币支持，投资增加只会增加货币需求，促使利率上升，从而抑制总需求水平的提高，国民收入的增长就会遇到阻碍。第四，投资的外购性。如果增加的投资用于购买进口的生产要素，则不会对国内的总需求产生什么影响，也就不会增加多少国民收入。

2. 政府购买支出乘数

如果税收为定量税，三部门经济的总支出或总需求为

$$y = c+i+g = \alpha + \beta(y-T+TR) + i + g \tag{9-24}$$

整理后，定量税下均衡国民收入公式为

$$y = \frac{\alpha + i + g - \beta T + \beta TR}{1-\beta} \tag{9-25}$$

其中的税收 T 是定量税。

如果定量税之外再加上比例税，三部门经济的总支出或总需求的公式会有一些变化。

定量税、比例税并存条件下的可支配收入为

$$y_d = y - T - ty + TR = y(1-t) - T + TR$$
$$y = c + i + g$$
$$= \alpha + \beta(y - T - ty + TR) + i + g$$
$$= \alpha + \beta y(1-t) - \beta T + \beta TR + i + g$$

整理后，定量税、比例税并存条件下的均衡国民收入的公式为

$$y = \frac{\alpha + i + g - \beta T + \beta TR}{1 - \beta(1-t)} \tag{9-26}$$

下面就运用式（9-24）、式（9-25）和式（9-26），分别分析政府购买支出乘数、税收乘数、政府转移支付乘数等。

政府购买支出乘数是指收入变动与引起收入变动的政府购买支出变动的比率。用 k_g 表示政府购买支出乘数，Δy 表示收入变动，Δg 表示政府购买支出变动，则有

$$k_g = \frac{\Delta y}{\Delta g} \tag{9-27}$$

（1）定量税下的政府购买支出乘数。

假定除 g 之外，组成收入的其他因素保持不变，当政府购买支出从 g_1 变为 g_2 时，收入分别为

$$y_1 = \frac{\alpha + i + g_1 - \beta T + \beta TR}{1 - \beta}$$
$$y_2 = \frac{\alpha + i + g_2 - \beta T + \beta TR}{1 - \beta}$$
$$y_2 - y_1 = \Delta y = \frac{g_2 - g_1}{1 - \beta} = \frac{\Delta g}{1 - \beta}$$
$$\frac{\Delta y}{\Delta g} = k_g = \frac{1}{1 - \beta} \tag{9-28}$$

可见，政府购买支出乘数等于 1 减去边际消费倾向 β 的倒数，与边际消费倾向 β 成正比。由于 $1-\beta > 0$，故 $k_g > 0$，即收入的变动与政府购买支出的变动是同方向的。

（2）定量税与比例税并存条件下的政府购买支出乘数。

同样假定除 g 之外，组成收入的其他因素保持不变，当政府购买支出从 g_1 变为 g_2 时，收入分别为

$$y_1 = \frac{\alpha + i + g_1 - \beta T + \beta TR}{1 - \beta(1-t)}$$
$$y_2 = \frac{\alpha + i + g_2 - \beta T + \beta TR}{1 - \beta(1-t)}$$
$$y_2 - y_1 = \Delta y = \frac{g_2 - g_1}{1 - \beta(1-t)} = \frac{\Delta g}{1 - \beta(1-t)}$$
$$\frac{\Delta y}{\Delta g} = k_g = \frac{1}{1 - \beta(1-t)} \tag{9-29}$$

可见，政府购买支出乘数与税率 t 成反比。

显然，定量税、比例税并存条件下的政府购买支出乘数小于只有定量税的政府购买支出乘数。

3. 税收乘数

税收乘数是指收入变动与引起收入变动的税收变动的比率。用 k_T 表示税收乘数，Δy 表示收入变动，ΔT 表示税收变动，则有

$$k_{\mathrm{T}} = \frac{\Delta y}{\Delta T} \qquad (9\text{-}30)$$

$$\frac{\Delta y}{\Delta T} = k_{\mathrm{T}} = \frac{-\beta}{1-\beta} \qquad (9\text{-}31)$$

式（9-31）为定量税下的税收乘数的另外一种表达式。读者可以试着自己推导出来。

可见，税收乘数等于边际消费倾向 β 与 1 减去边际消费倾向 β 之比的负值，$k_{\mathrm{T}}<0$，表明收入变动与税收变动是反方向的。

定量税与比例税并存条件下的定量税收乘数为

$$k_{\mathrm{T}} = \frac{-\beta}{1-\beta(1-t)} \qquad (9\text{-}32)$$

可见，定量税收乘数与税率 t 成正比。

显然，定量税、比例税并存条件下的税收乘数的绝对值小于仅有定量税的税收乘数的绝对值。

4. 政府转移支付乘数

政府转移支付的增加，会增加居民的可支配收入，社会消费因此而增加，从而国民收入增加。所以，政府转移支付也具有乘数作用。

政府转移支付乘数是指收入变动与引起收入变动的政府转移支付变动的比率。用 k_{TR} 表示政府转移支付乘数，Δy 表示收入变动，ΔTR 表示政府转移支付变动，则有

$$k_{\mathrm{TR}} = \frac{\Delta y}{\Delta TR} \qquad (9\text{-}33)$$

定量税下的政府转移支付乘数的另外一种表达式为

$$\frac{\Delta y}{\Delta TR} = k_{\mathrm{TR}} = \frac{\beta}{1-\beta} \qquad (9\text{-}34)$$

可见，政府转移支付乘数等于边际消费倾向 β 与 1 减去边际消费倾向 β 的比值，政府转移支付乘数与边际消费倾向 β 成正比，且 $k_{\mathrm{TR}}>0$，表明收入变动与政府转移支付变动是同方向的。

定量税与比例税并存条件下的政府转移支付乘数可表示为

$$k_{\mathrm{TR}} = \frac{\beta}{1-\beta(1-t)} \qquad (9\text{-}35)$$

可见，政府转移支付乘数与税率 t 成反比。

显然，定量税、比例税并存条件下的政府转移支付乘数小于仅有定量税的政府转移支付乘数。

5. 平衡预算乘数

平衡预算乘数是指政府支出和政府收入同时以相等的数量增加或减少时，国民收入变动与政府收支变动的比率。

用 k_{b} 表示平衡预算乘数，Δy 表示政府支出和政府收入同时以相等的数量变动时国民收入的变动量，则有

$$\Delta y = k_{\mathrm{g}}\Delta g + k_{\mathrm{T}}\Delta T = \frac{1}{1-\beta}\Delta g + \frac{-\beta}{1-\beta}\Delta T$$

由于政府支出和政府收入相等，即 $\Delta g = \Delta T$，所以可得

$$\Delta y = \frac{1}{1-\beta}\Delta g + \frac{-\beta}{1-\beta}\Delta g = \frac{1-\beta}{1-\beta}\Delta g = \Delta g$$

$$\Delta y = \frac{1}{1-\beta}\Delta T + \frac{-\beta}{1-\beta}\Delta T = \frac{1-\beta}{1-\beta}\Delta T = \Delta T$$

$$\frac{\Delta y}{\Delta g} = \frac{\Delta y}{\Delta T} = \frac{1-\beta}{1-\beta} = 1 = k_b \tag{9-36}$$

式（9-36）是定量税条件下的平衡预算乘数，可见，定量税条件下的平衡预算乘数等于1。

在定量税、比例税并存条件下，平衡预算乘数则小于1，即

$$k_b = \frac{1-\beta}{1-\beta(1-t)} \tag{9-37}$$

由于 $1-\beta < 1-\beta(1-t)$，故而 $k_b < 1$。

6. 对外贸易乘数

上一节曾推导出如下公式。

$$y = \frac{1}{1-\beta(1-t)+\theta}(\alpha + \bar{i} + \bar{g} - \beta T_0 + \beta TR + \bar{x} - m_0)$$

则对外贸易乘数为

$$\frac{\mathrm{d}y}{\mathrm{d}\bar{x}} = \frac{1}{1-\beta(1-t)+\theta} \tag{9-38}$$

对外贸易乘数表明，在 β 与 t 既定的条件下，对外贸易乘数取决于 θ，二者呈反方向变动。由于 $\theta = \frac{\Delta m}{\Delta y}$，即增加的收入中有一部分用于进口而未用于国内需求，对外贸易乘数就小于政府购买支出乘数 $\frac{1}{1-\beta(1-t)}$。

9.2 | IS–LM 模型

本节在简单国民收入决定理论的基础上，引进货币市场的概念，关注利率变化的影响，构建 IS-LM 模型，由产品市场与货币市场的同时均衡，说明国民收入的决定。本节仍然假定有效需求不足导致了经济处于低于充分就业的状态，需求的增加只增加收入，不会提高价格。

通过本节的学习，读者应当掌握投资的概念及影响投资的因素，掌握 IS 曲线和 LM 曲线的概念及其移动，掌握货币需求动机和货币需求函数，了解利率的决定，掌握 IS-LM 模型的分析方法和凯恩斯主义的主要理论内容。

扫码看视频

IS-LM 模型

9.2.1 投资的决定

现实经济社会中，投资的含义很多，本章所分析的投资是指资本的形成，即社会实际资本的增加，包括厂房、设备、新住宅的增加等，其中主要是指厂房、设备的增加。从价值形态讲，投资就是增加对厂房、设备投入的货币量。

1. 资本边际效率

（1）贴现率和现值的公式。

下面举例对贴现率和现值加以说明。

视野拓展

约翰·希克斯

【例9-3】 假定本金为100美元，年利息率为5%，则

第1年本利之和为100×(1+5%)=105

第2年本利之和为105×(1+5%)=100×(1+5%)^2

$$\approx 110.25$$

第3年本利之和为110.25×(1+5%)=100×(1+5%)^3

$$\approx 115.76$$

依此可类推以后各年的本利之和。

如果以 r 表示利率，R_0 表示本金，R_1、R_2、R_3…R_n 分别表示第 1 年、第 2 年、第 3 年…第 n 年本利之和，则各年本利之和为

$$R_1 = R_0(1+r)$$
$$R_2 = R_1(1+r) = R_0(1+r)^2$$
$$R_3 = R_2(1+r) = R_0(1+r)^3$$
$$\cdots\cdots$$
$$R_n = R_0(1+r)^n$$

现在对以上的问题进行逆向分析，即已知利率 r 和各年的本利之和，利用以上公式求本金。仍使用以上具体数字为例。

【例9-4】 已知1年后的本利之和 R_1 为105美元，利率 r 为5%，则可以求得本金 R_0。

$$R_0 = \frac{R_1}{1+r} = \frac{105}{1+5\%} = 100 \ （美元）$$

求出的100美元就是在利率为5%时，1年后所获得的本利之和为105美元的现值。

以同样的方法，可以求出以后各年本利之和的现值，这些现值都是 100 美元。从以上例子中，可以得出现值的一般公式为

$$R_0 = \frac{R_n}{(1+r)^n}$$

这里的 r 就可以认为是贴现率，R_0 就是 n 年后 R_n 元的现值。

（2）资本边际效率的概念及其公式。

利用现值可以说明资本边际效率（MEC）。

【例9-5】 假定某企业花费50 000美元购买一台设备，该设备使用期为5年，5年后该设备损耗完毕；再假定除设备外，生产所需的人工、原材料等成本不予考虑；以后5年里各年的预期收益分别为12 000美元、14 400美元、17 280美元、20 736美元、24 883.2美元，这些预期收益是预期毛收益。

如果贴现率为20%，则5年内各年预期收益的现值之和正好等于50 000美元，即

$$R_0 = \frac{12\,000}{(1+20\%)} + \frac{14\,400}{(1+20\%)^2} + \frac{17\,280}{(1+20\%)^3} + \frac{20\,736}{(1+20\%)^4} + \frac{24\,883.2}{(1+20\%)^5}$$

$$=10\,000+10\,000+10\,000+10\,000+10\,000$$

$$=50\,000 \ （美元）$$

在【例9-5】中，20%的贴现率表明了一个投资项目每年的收益必须按照固定的20%的速度增长，才能实现预期的收益，故贴现率也代表投资的预期收益率。

可以将【例9-5】用一般公式表达如下

$$R = \frac{R_1}{(1+r)} + \frac{R_2}{(1+r)^2} + \frac{R_3}{(1+r)^3} + \cdots + \frac{R_n}{(1+r)^n} \tag{9-39}$$

式（9-39）中的 R 为投资品在各年预期收益的现值之和，也是资本品的价格，r 为资本边际效率。

因此，资本边际效率是一种贴现率，这种贴现率（也代表投资的预期收益率）使一项资本品在使用期内各个预期收益的现值之和正好等于该资本品的供给价格或重置成本。

显然，作为预期收益率的资本边际效率如果大于市场利率，就值得投资；反之，如果资本边际效率小于市场利率，就不值得投资。在资本边际效率既定的条件下，市场利率越低，投资的预期收益率相对而言也就会越高，投资就越多；而市场利率越高，投资的预期收益率相对而言也就会越低，投资就越少。因此，与资本边际效率相等的市场利率是企业投资的最低参考界限，所以，可将资本边际效率与投资的反方向变动关系表现为市场利率与投资量的反方向变动关系，如图 9-10 所示。

在图 9-10 中，横轴表示投资量，纵轴表示资本边际效率或利率，MEC 为资本边际效率曲线。资本边际效率曲线向右下方倾斜，表示投资量与利率之间为反方向变动关系，即利率越高，投资量越小；利率越低，投资量越大。

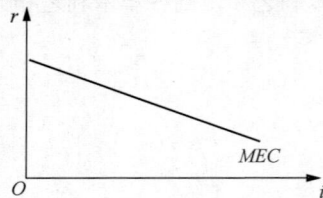
图 9-10　资本边际效率曲线

2. 投资边际效率

以上对资本边际效率曲线的分析，仅仅涉及一个企业的投资活动，分析的是一个企业的投资受利率影响的状况，并没有把这一企业的投资活动与其他企业的投资活动联系在一起。实际上，所有企业的投资都会受到利率的影响，如果把一个企业的投资活动纳入所有企业都参与的整个社会范围内，在此条件下的某一特殊企业的投资与利率的数量关系会发生一些变化，从而该企业的资本边际效率曲线也会发生相应的移动。比如，当市场利率下降时，如果经济社会中的每个企业都增加投资，就会增加社会对资本品的需求，从而推动资本品的价格上升。资本品价格的上升，表现在资本边际效率式中，就是资本品供给价格 R 增大，在预期收益 R_1、R_2、R_3、$\cdots$、R_n 不变的假定下，若想等式成立，必然要求资本边际效率 r 减少。由于资本品供给价格的上升，缩小后的资本边际效率就叫投资边际效率（MEI）。图 9-11 中的 r_i 就是投资边际效率。很明显，投资边际效率 r_i 是资本边际效率 r_c 的一部分，是缩小后的资本边际效率，资本边际效率 r_c 的缩小量是 $r_c r_i$。

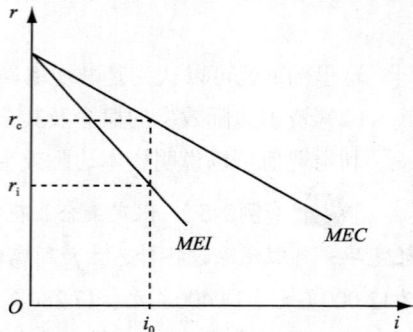
图 9-11　投资边际效率曲线 MEI

从图 9-11 中可以看出，MEI 曲线与 MEC 曲线一样，都表现出了投资与利率之间的反方向变动的关系。由于 $MEI<MEC$，故 MEI 曲线比 MEC 曲线陡峭。同时，MEI 曲线表示的利率变动对投资变动的影响小于 MEC 曲线表示的利率变动对投资变动的影响。由于投资边际效率的分析更符合现实经济，所以，更能准确地表示投资与利率关系的曲线是 MEI 曲线。于是，就用 MEI 曲线表示投资与利率的关系，即用 MEI 曲线表示投资曲线，此后所涉及的投资曲线，一般指 MEI 曲线。

3. 投资函数

以上分析的投资与利率之间的反方向变动关系就是投资函数，投资函数可表示为

$$i=f(r)$$

一个较为具体的投资函数表达式是

$$i=e-dr \tag{9-40}$$

式（9-40）中，e 为自发投资，即不受利率影响的投资；d 是投资对利率变动的反应程度，表示利率变动一定幅度时，投资变动的程度，可称 d 为利率对投资需求的影响系数或投资的利率弹性，将其简单表示为 $d = \dfrac{\Delta i}{\Delta r}$；$r$ 为实际利率，即名义利率与通货膨胀率的差额；$-dr$ 为受利率影响的投资，它与利率反方向变化，也称引致投资。投资函数表明投资由自发投资与引致投资两部分组成，且投资与利率之间存在反方向变动关系。

9.2.2　IS曲线

1. IS 曲线的概念与推导

上一节分析两部门经济的消费与均衡国民收入的决定时，曾得到如下均衡收入公式

$$y = \frac{\alpha + i}{1-\beta} \tag{9-41}$$

式（9-41）中的投资 i 如果不是常数，而随利率变化，为 $i=e-dr$，则均衡收入公式就变为

$$y = \frac{\alpha + e - dr}{1-\beta} \tag{9-42}$$

式（9-42）表明均衡的国民收入与利率之间存在反方向变动关系。

【例9-6】　假设投资函数 $i=1\,250-250r$，消费函数 $c=500+0.5y$，相应的储蓄函数 $s=-\alpha +(1-\beta)y=-500+(1-0.5)\,y=-500+0.5y$（本例中的单位为亿美元）。根据 $y = \dfrac{\alpha + e - dr}{1-\beta}$ 式可得

$$y = \frac{\alpha + e - dr}{1-\beta} = \frac{500 + 1\,250 - 250r}{1-0.5} = 3\,500 - 500r$$

当 $r=1$ 时，$y=3\,000$
当 $r=2$ 时，$y=2\,500$
当 $r=3$ 时，$y=2\,000$
当 $r=4$ 时，$y=1\,500$
当 $r=5$ 时，$y=1\,000$
……

如果用横轴代表收入，纵轴代表利率，由此便得到一条向右下方倾斜的曲线。这条向右下方倾斜的曲线就是 IS 曲线，如图 9-12 所示。IS 曲线是表示在投资与储蓄相等的产品市场均衡条件下，利率与收入的组合点的轨迹。IS 曲线上任何一点都代表利率与收入的任一组合，在任何一个组合点上，投资与储蓄都相等，即产品市场是均衡的，故把这条曲线称作 IS 曲线。

IS 曲线是从表示投资与利率关系的投资函数、储蓄与收入关系的储蓄函数，以及投资与储蓄相等

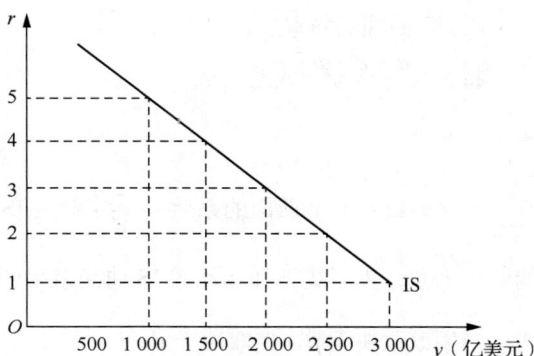

图 9-12　IS 曲线

的关系中推导出来的。IS 曲线的推导还可以用图 9-13 来描述。

（1）在图 9-13（a）中，横轴表示投资，纵轴表示利率，投资曲线表示投资是利率的减函数，该曲线是根据上例中的投资函数 $i=1\,250-250r$ 画出来的。

（2）在图 9-13（b）中，横轴表示投资，纵轴表示储蓄，从原点出发的倾角为 45°的直线上的任何一点，都表示投资与储蓄相等。

（3）在图 9-13（c）中，横轴表示收入，纵轴表示储蓄，储蓄曲线表示储蓄是国民收入的增函数，该曲线是根据上例中的储蓄函数 $s=-500+0.5y$ 画出来的，比如，（a）图中的 $r=3$ 时，$i=500$；（b）图中由于 $s=i$，储蓄 s 也就等于 500；在（c）图中，由储蓄函数 $s=-500+0.5y$ 可知，与 500 储蓄相对应的收入应当是 2 000。当然，如果利率 r 上升到 4，投资就减少到 250，储蓄也是 250，均衡收入就减少到 1 500。

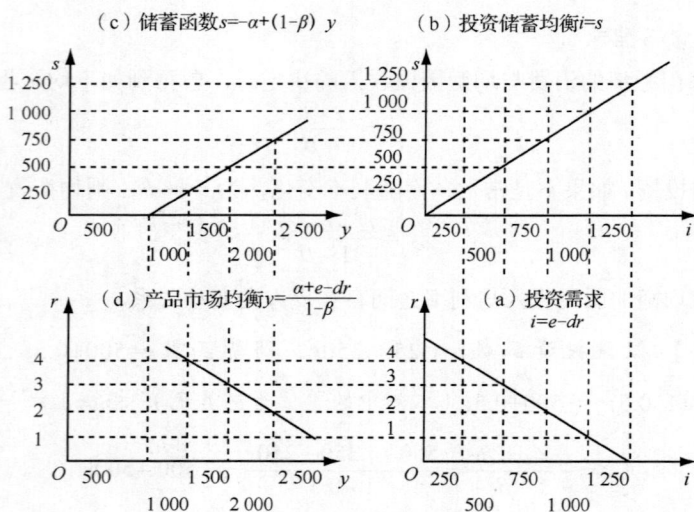

图 9-13   IS 曲线的推导

（4）在图 9-13（d）中，横轴表示收入，纵轴表示利率。当利率为 3 时，收入为 2 000；利率为 4 时，收入为 1 500；利率为 5 时，收入为 1 000；等等。每一利率下的收入，都是通过 $s=i$ 得到的。将均衡利率与均衡收入的众多组合点连接起来，就得到了 IS 曲线。由于 IS 曲线的代数式 $y=\dfrac{\alpha+e-dr}{1-\beta}$ 表明收入是利率的减函数，所以 IS 曲线是向右下方倾斜的。

2. IS 曲线的斜率

将 $y=\dfrac{\alpha+e-dr}{1-\beta}$ 式改写成

$$r=\frac{\alpha+e}{d}-\frac{1-\beta}{d}y \qquad (9\text{-}43)$$

式（9-43）中 y 前面的系数 $-\dfrac{1-\beta}{d}$ 就是 IS 曲线的斜率。由于收入是利率的减函数，故 IS 曲线的斜率为负。为了更方便地比较 IS 曲线斜率的大小，取斜率 $-\dfrac{1-\beta}{d}$ 的绝对值 $\left|-\dfrac{1-\beta}{d}\right|$。显然，IS 曲线的斜率既取决于 β，也取决于 d。

β 是边际消费倾向。如果 β 较大，意味着投资乘数就大，即投资较小的变动会引起收入较大的变动，因而 IS 曲线就较平缓，表明 IS 曲线的斜率的绝对值就小。反之，β 较小，IS 曲线的斜率的绝对值就大。所以，IS 曲线的斜率的绝对值与 β 成反比。

d 是投资对利率变动的反应程度，表示利率变动一定幅度时投资的变动程度。如果 d 较大，表示投资对利率反应比较敏感，即利率较小的变动能引起投资较大的变动，进而引起收入的更大变动，IS 曲线就较平缓，IS 曲线斜率的绝对值就小。反之，d 较小，IS 曲线斜率的绝对值就大。所以，IS 曲线斜率的绝对值与 d 成反比。

另外，在三部门经济中，由于存在政府购买支出与税收，消费是个人可支配收入的函数，即 $c = \alpha + \beta(1-t)y$，则 IS 曲线斜率的绝对值就变为 $\dfrac{1-\beta(1-t)}{d}$。在 β 和 d 既定时，t 越小，投资乘数就越大，收入的变动就越大，IS 曲线就越平缓，于是 IS 曲线斜率的绝对值就越小。反之，t 越大，IS 曲线斜率的绝对值就大。因此，IS 曲线斜率的绝对值与 t 成正比。

3. IS 曲线的移动

不论从公式推导还是从几何推导的过程看，投资函数与储蓄函数的变动都会使 IS 曲线发生移动。

（1）投资变动的影响。无论是自发投资的变动，还是引致投资的变动，都会使得投资需求变动。如果投资需求增加，会使得收入增多，IS 曲线就会向右移动。IS 曲线向右移动的幅度等于投资乘数与投资增量之积。相反，如果投资需求减少，收入会减少，IS 曲线就向左移动，移动幅度为投资乘数与投资增量之积。

（2）储蓄变动的影响。如果储蓄增加，表明消费减少，收入减少，IS 曲线就向左移动，移动幅度为投资乘数与储蓄增量之积。反之，储蓄减少，IS 曲线就向右移动。

（3）政府购买支出变动的影响。政府购买支出最终是要转化为消费与投资的。政府购买支出增加，会使消费与投资增加，进而增加国民收入，因此，IS 曲线向右移动，移动幅度为政府购买支出乘数与政府购买支出增量之积，即移动幅度 $\Delta y = k_g \cdot \Delta g$。反之，政府购买支出减少，IS 曲线就向左移动。

（4）税收变动的影响。政府增加税收，会使消费与投资减少，从而使收入减少，IS 曲线向左移动，移动幅度为税收乘数与税收增量之积，即移动幅度 $\Delta y = -k_T \cdot \Delta T$。税收减少，IS 曲线则向右移动。

9.2.3 利率的决定

1. 货币的供求决定利率

投资函数说明投资的决定因素是利率，但利率又是由什么因素决定的呢？对这个问题，古典主义认为，投资与储蓄都与利率相关，投资是利率的减函数，即利率越高，投资越少，利率越低，投资越多；储蓄是利率的增函数，即利率越高，储蓄越多，利率越低，储蓄越少；投资与储蓄相等时，利率就确定下来了。但是，宏观经济学的奠基人凯恩斯认为，利率不是由投资与储蓄决定的，利率是由货币的供给量与货币的需求量决定的。由于货币的实际供给量是由代表国家对金融运行进行管理的中央银行控制的，因而，货币的实际供给量是一个外生变量，在分析利率决定时，

扫码看视频

利率

只需分析货币的需求就可以了。

2. 货币的需求动机

货币的需求是指个人与企业在不同条件下出于各种考虑而产生的对货币的需要。

凯恩斯认为个人与企业需要货币出于 3 种动机。

一是交易动机。交易动机是指个人与企业为了正常的交易活动而需要货币的动机。比如，个人购买消费品需要货币，企业购买生产要素也需要货币。尽管收入、商业制度、交易惯例等都影响着交易所需的货币量，但出于交易动机的货币需求量主要取决于收入，收入越多，用于交易的货币量就越多；收入越少，用于交易的货币量就越少。

二是谨慎动机或预防性动机。谨慎动机或预防性动机是指为预防诸如突发事故、疾病、失业等意外事件所引起的开支而需要事先持有一部分货币的动机。交易动机下的货币交易需求主要用于即时支出，预防性动机下的货币需求则用于以后的支出。货币的预防性需求产生于个人今后收入与支出的不确定性，其量的多少尽管取决于个人的预期与判断，但从全社会来看，出于预防性动机的货币需求仍然取决于收入，其量的多少与收入成正比。

三是投机动机。投机动机是指人们为了抓住有利的购买有价证券的机会而持有货币的动机。假定财富的形式有两种，一种是货币，一种是有价证券。人们在货币与有价证券之间进行选择以保留财富。对货币与有价证券进行选择，就是利用利率与有价证券价格的变化进行投机。有价证券的价格与有价证券的收益成正比，与利率成反比，即

$$有价证券的价格 = \frac{有价证券收益}{利率}$$

可见，有价证券的价格会随利率的变化而变化，人们对有价证券和货币的选择也就随利率的变化而变化。市场利率越高，则意味着有价证券的价格越低，当预计有价证券的价格不会再降低而是将要上升时，人们就会抓住有利的机会，用货币低价买进有价证券，以便今后在证券价格升高后以高价卖出，于是，人们手中出于投机动机而持有的货币量就会减少。相反，市场利率越低，则意味着有价证券的价格越高，当预计有价证券的价格再也不会上升而将要下降时，人们就会抓住时机将手中的有价证券卖出，于是，人们手中出于投机动机而持有的货币量就会增加。由此可见，出于投机的货币需求取决于利率，其量的多少与利率成反比。

3. 货币需求函数

（1）货币的交易需求函数。

因为出于交易动机与预防性动机的货币需求量都取决于收入，所以把出于交易动机与预防性动机的货币需求量统称为货币的交易需求量，并用 L_1 来表示，用 y 表示实际收入，那么货币的交易需求量与收入的关系可表示为

$$L_1 = f(y)$$

具体表达式为

$$L_1 = ky \tag{9-44}$$

式（9-44）中的 k 为货币的交易需求量对实际收入变动的反应程度，也叫货币需求的收入弹性，可简单表示为 $k = \dfrac{\Delta L_1}{\Delta y}$ 。$L_1 = ky$ 反映了货币的交易需求量与实际收入之间的同方向变动关系。

（2）货币的投机需求函数。

货币的投机需求取决于利率，如果用 L_2 表示货币的投机需求，用 r 表示利率，则货币的投机需

求与利率的关系可表示为

$$L_2=f(r)$$

具体表达式为

$$L_2=w_0-hr \tag{9-45}$$

式（9-45）中的 w_0 为投机者的全部金融资产的实际货币值，h 为货币的投机需求量对实际利率变动的反应程度，也称作货币需求的利率弹性，可简单表示为 $h=\dfrac{\Delta L_2}{\Delta r}$。$L_2=w_0-hr$ 反映了货币的投机需求量与实际利率之间的反方向变动关系。

（3）货币需求函数。

对货币的总需求就是货币的交易需求与货币的投机需求之和，因此，货币需求函数 L 可表示为

$$L=L_1+L_2=ky+w_0-hr \tag{9-46}$$

（4）货币需求曲线。

货币需求函数如图 9-14 所示。图 9-14（a）中的横轴表示货币需求量或货币供给量，纵轴表示利率。L_1 为货币的交易需求曲线，由于 L_1 取决于收入，与利率无关，故 L_1 对应的需求曲线是一条垂直于横轴的直线。L_2 为货币的投机需求曲线，它最初向右下方倾斜，表示货币的投机需求量随利率的下降而增加，即货币的投机需求与利率呈反方向变动关系；货币投机需求曲线的右下端为水平状，在这一区段，即使货币供给增加，利率也不会降低。图 9-14（b）中的曲线 L 为包括货币的交易需求与投机需求在内的货币需求曲线，其上的任何一点表示的货币需求量都是相应的货币交易需求量与投机需求量之和。L 曲线向右下方倾斜，表示货币需求量与利率之间的反方向变动关系，即利率上升时，货币需求量减少；利率下降时，货币需求量增多。

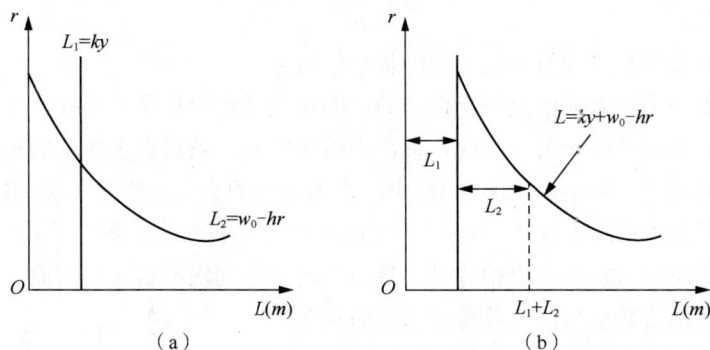

图 9-14　货币需求曲线

图 9-15 表示了货币需求函数 $L=L_1+L_2=ky+w_0-hr$ 中货币需求量与收入之间的同方向变动关系、货币需求量与利率之间的反方向变动关系。

图 9-15 中有 3 条货币需求曲线 L'、L''、L'''，分别代表收入水平为 y_1、y_2、y_3 时的货币需求量。货币需求量与收入的同方向变动关系表现为 3 条货币需求曲线的左移与右移，货币需求量与利率的反方向变动关系则表现为 3 条货币需求曲线向右下方倾斜。图 9-15（a）表示，利率同为 r_1 时，由于收入水平不同，实际货币需求量分别为 L'、L''、L'''，即 $y=y_1$ 时，$L=L'$；$y=y_2$ 时，$L=L''$；$y=y_3$ 时，$L=L'''$。图 9-15（b）表示，收入水平相同，如都为 y_1 时，由于利率水平不同，实际货币需求量也不同，即 $r=r_1$ 时，$L=L_a$；$r=r_2$ 时，$L=L_b$。

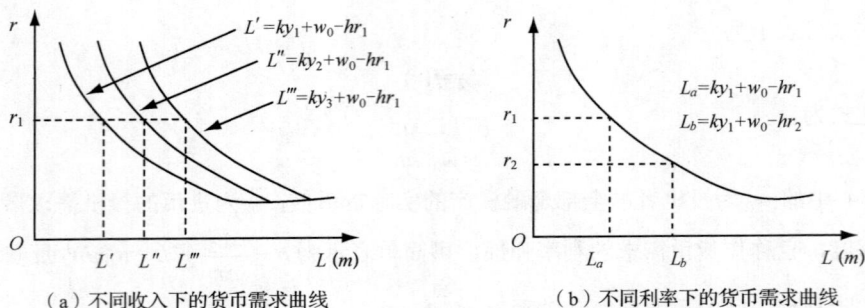

（a）不同收入下的货币需求曲线 （b）不同利率下的货币需求曲线

图 9-15 不同收入、利率下的收入曲线

4. 均衡利率的决定

货币供给是一个存量概念，是指一个经济社会在某一时点上所持有的不属于政府与银行的流通中的现金与银行活期存款的总和。

货币供给分狭义的货币供给与广义的货币供给两种。狭义的货币供给是指流通中的现金与银行活期存款的总和，狭义的货币供给用 M_1 表示。银行活期存款可以随时提取，并可当作货币在市场上流通，因而属于狭义的货币供给。狭义的货币供给加上银行定期存款便是广义的货币供给，广义的货币供给用 M_2 表示。

如果 M_2 加上个人与企业持有的政府债券等流动资产或"货币近似物"，就是意义更广泛的货币供给 M_3。在此后的分析中，使用的货币供给一般是指狭义的货币供给，即 M_1。

另外，分析中所使用的货币供给量是指实际的货币供给量。如果用 M、m、P 分别表示名义的货币供给量、实际的货币供给量、价格指数，三者的关系为

$$m = \frac{M}{P} \tag{9-47}$$

此后所提到的货币供给量一般是指实际的货币供给量。

货币供给量是由一个国家或中央银行调节的，因而货币供给量是一个外生变量，货币供给量的大小与利率无关，因此，货币供给曲线是一条垂直于横轴的直线。货币的供给与需求决定利率，在图 9-16 中，作为垂线的货币供给曲线 m 与向右下方倾斜的货币需求曲线 L 在 E 点相交，交点 E 决定了利率的均衡水平 r_0，它表示，只有当货币需求与货币供给相等时，货币市场才达到均衡状态。因而，均衡利率就是货币的供给数量与需求数量相等时的利率。

调节货币市场，会使货币供求关系发生变化，从而形成均衡利率。图 9-16 说明了均衡利率的形成。如果市场利率 r_1 低于均衡利率 r_0，说明货币需求大于货币供给，人们感到持有的货币少，此时，人们就会售出手中的有价证券。随着证券供给量的增加，证券价格就会下降，利率相应就会上升，货币需求也会逐步减少。货币需求的减少、证券价格的下降与利率的上升一直持续到货币供求相等，均衡利率 r_0 形成为止。反之，如果市场利率 r_2 高于均衡利率 r_0，说明货币需求小于货币供给，人们认为持有的货币太多，此时，人们就会利用手中多余的货币购买有价证券。随着证券需求量的增加，证券的价格就会上升，利率会下降，货币需求会逐步增加。货币需求的增加、证券价格的上升与利率的下降一直持续到货币供求相等，均衡利率

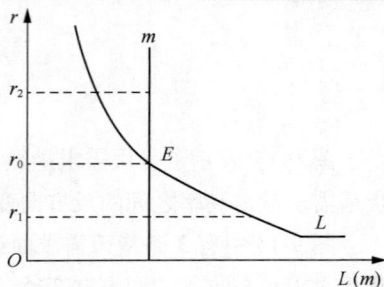

图 9-16 均衡利率的决定

r_0 形成为止。只有当货币供求相等时，利率才会相对静止不变。

均衡利率不是恒定不变的，会随着货币供求的变化而变化。大家可尝试用图进行说明。

5. 流动偏好陷阱

在分析投机动机时，可看到利率会影响人们对有价证券和货币的选择。当利率非常低时，人们认为利率不会再降低而只能上升，或者认为有价证券的价格不会再上升而只会跌落，因而会将所持有的有价证券售出、换成货币，即使手中另外新增了货币，也决不肯再去购买有价证券，以免证券价格下跌而遭受损失，即人们不管有多少货币都会持在手中，这种情况叫作"凯恩斯陷阱"，也叫作"流动偏好陷阱"。流动偏好是指人们持有货币的偏好，即人们愿意以货币的形式保留财富，而不愿以有价的证券形式保留财富的心理。对货币产生偏好，是因为货币的流动性很强，可以随时用于交易、应付不测、投机等，故把人们对货币的偏好称为流动偏好。流动偏好陷阱是指，利率极低时，人们不论有多少货币，都会留在手中而不会去购买有价证券，流动偏好趋于无限大，此时，即使银行增加货币供给，也不会使利率下降。

在图 9-17 中，货币供给曲线 m_1 与货币需求曲线 L 相交于 A 点，由此决定的均衡利率为 r_0。由于货币需求曲线 L 在 A 点右侧呈水平状，当货币供给增加、货币供给曲线由 m_1 右移至 m_2 时，利率并没有降低，仍然是 r_0。货币需求曲线 L 上 A 点右侧的水平区域，就是"流动偏好陷阱"。

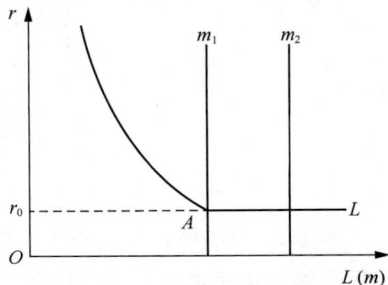

图 9-17　流动偏好陷阱

9.2.4　LM曲线

1. LM 曲线的概念与推导

货币供给用 m 表示，货币需求为 $L=L_1+L_2=ky+w_0-hr$，则货币市场的均衡条件就是 $m=L$，即

$$m=ky+w_0-hr \qquad (9\text{-}48)$$

从式（9-48）可知，m 一定时，L_1 与 L_2 是此消彼长的关系。货币的交易需求 L_1 随收入的增加而增加，货币的投机需求 L_2 随利率的上升而减少。因此，国民收入的增加使货币的交易需求增加时，利率必须相应提高，从而使货币的投机需求减少，货币市场才能保持均衡。相反，收入减少时，利率必须相应下降，以使货币市场保持均衡。

货币市场均衡条件的表达式还可写为

$$y=\frac{h}{k}r+\frac{m-w_0}{k}$$

或

$$r=\frac{k}{h}y+\frac{w_0-m}{h} \qquad (9\text{-}49)$$

【例9-7】 假定货币的交易需求函数 $L_1=m_1=0.5y$，货币的投机需求函数 $L_2=m_2=1\,000-250r$，货币供给量 $m=1\,250$，（例子中的单位为亿美元）。货币市场均衡时，$m=L=L_1+L_2$，即

　　$1\,250=0.5y+1\,000-250r$，

　　整理得 $y=500+500r$

　　当 $r=1$ 时，$y=1\,000$；

　　当 $r=2$ 时，$y=1\,500$；

当$r=3$时，$y=2\,000$；

当$r=4$时，$y=2\,500$；

当$r=5$时，$y=3\,000$；

……

将这些点在坐标图上描绘出来，即为LM曲线，如图9-18所示。

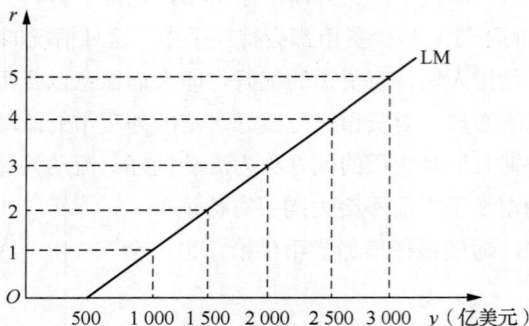

图9-18　LM曲线

图9-18中的横轴代表收入，纵轴代表利率，向右上方倾斜的曲线就是LM曲线。LM曲线是在货币供给与货币需求相等的货币市场均衡条件下，利率与收入的组合点的轨迹。从图中可以看出，LM曲线上任何一点都代表一定的利率与收入的组合，在任何一个组合点上，货币供给与货币需求都相等，即货币市场是均衡的，故把这条曲线称作LM曲线。

LM曲线是从表示货币交易需求与收入关系的交易需求函数、货币投机需求与利率关系的投机需求函数，以及货币供求相等的关系中推导出来的。LM曲线的推导过程还可以用图9-19来描述。

在图9-19（a）中，横轴表示货币投机需求m_2，纵轴表示利率，向右下方倾斜的曲线是货币的投机需求曲线。可以由已知的货币投机需求函数$L_2=m_2=1\,000-250r$得到出于投机需求的货币供给量。比如，$r=2$时，$m_2=500$；$r=3$时，$m_2=250$；等等。根据利率r与货币投机需求量的关系，画出货币投机需求曲线m_2。

在图9-19（b）中，横轴表示货币投机需求m_2，纵轴表示货币交易需求m_1。由于$m=m_2+m_1$，所以$m_1=m-m_2$。因为货币供给总量m与用于货币投机需求的货币供给m_2已知，故可求出货币交易需求m_1。比如，$m_2=750$时，$m_1=500$。据此可以画出向右下方倾斜的，表示货币供给量既定时，货币交易需求与货币投机需求呈反方向变动关系的曲线。

在图9-19（c）中，横轴表示收入，纵轴表示货币交易需求m_1。由已知的货币交易需求$m_1=0.5y$，可得出收入。如，$m_1=1\,000$时，收入就相应等于$2\,000$；$m_1=500$时，收入就相应等于$1\,000$；等等。货币交易需求曲线向右上方倾斜，表明收入与货币交易需求呈同方向变动。

在图9-19（d）中，横轴表示收入，纵轴表示利率。当利率为3时，收入为$2\,000$；利率为2时，收入为$1\,500$；等等。每一利率下的收入，都是通过货币的供求相等得到的。将货币市场均衡条件下得到的利率与收入的众多数量组合点连接起来，就得到了LM曲线。LM曲线向右上方倾斜，这与$y=\dfrac{h}{k}r+\dfrac{m-w_0}{k}$表示的收入是利率的增函数是一致的。

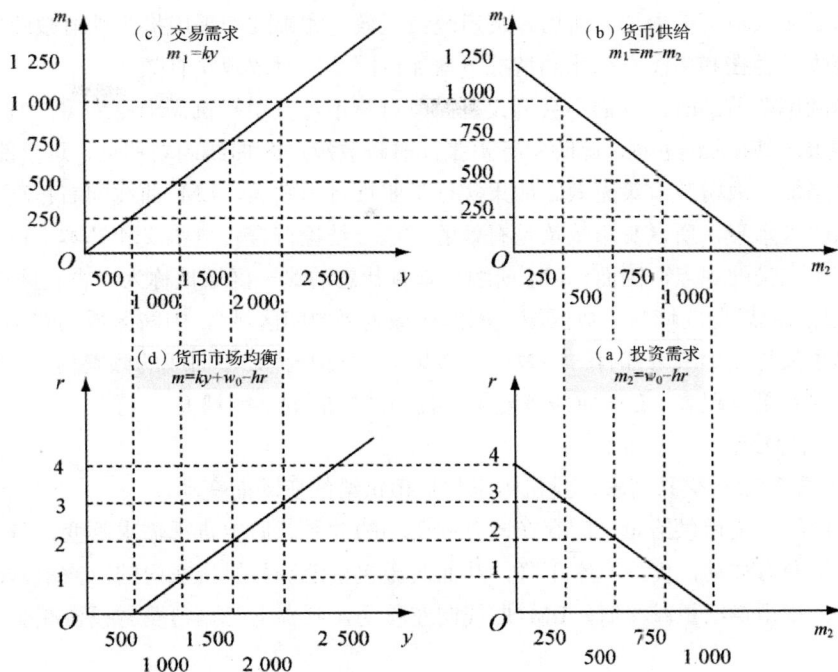

图 9-19　LM 曲线的推导

2. LM 曲线的斜率

（1）LM 曲线的斜率。

在公式 $r = \dfrac{k}{h}y + \dfrac{w_0 - m}{h}$ 中，等式右边的变量 y 前面的系数 $\dfrac{k}{h}$ 就是 LM 曲线的斜率。显然，LM 曲线的斜率取决于 k 与 h，即取决于货币的交易需求对实际收入的反应程度 k 与货币的投机需求对实际利率的反应程度 h，LM 曲线的斜率与 k 成正比，与 h 成反比。在 h 为定值时，k 值越大，表示货币的交易需求对实际收入的反应越敏感，意味着一定的货币交易需求量仅需较少的收入来支持，故 LM 曲线就陡峭；反之，k 值越小，LM 曲线就越平缓。在 k 为定值时，h 值越大，表示货币的投机需求对实际利率的反应越敏感，一定的利率水平需要更多的货币投机需求量来支持，货币的交易需求量相应增加，从而使国民收入量增加，LM 曲线就较平缓；相反，h 值越小，LM 曲线就越陡峭。

（2）LM 曲线的 3 个区域。

根据 LM 曲线斜率的大小，LM 曲线可分成 3 个区域，如图 9-20 所示。

货币投机需求曲线上有一段水平区域，这表示利率极低时，货币的投机需求无限大，这一段就是"凯恩斯陷阱"。从"凯恩斯陷阱"中可以推导出水平状的 LM 曲线，LM 曲线上水平状的区域叫"凯恩斯区域"或"萧条区域"。在"凯恩斯区域"，LM 曲线的斜率为零。"凯恩斯区域"的利率非常低，此时，政府采用扩张性货币政策，使货币供给增加，LM 曲线向右移动，可利率并

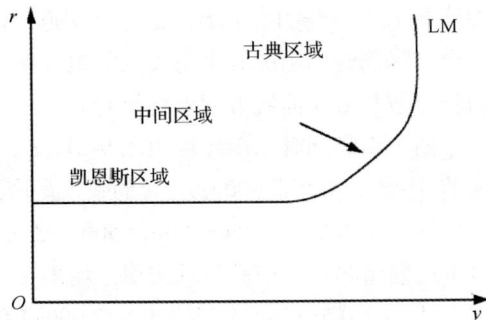

图 9-20　LM 曲线的 3 个区域

不能降低，从而收入也不会增加，所以，货币政策无效。如果政府采用扩张性财政政策，IS 曲线就向右移动，但收入会在利率没有变化的情况下增加，因此，财政政策有效。

同样，当利率非常高时，人们不会为投机而持有货币，货币投机需求则为零，货币需求全部为货币的交易需求，LM 曲线垂直。此时实行扩张性财政政策，IS 曲线向右移动，这只能使利率提高，而收入并不会增加，故财政政策无效。如果实行扩张性货币政策，LM 曲线向右移动，会使利率下降，从而提高收入水平，所以货币政策是有效的。这一结论符合古典主义和基本上以古典主义的理论为基础的货币主义的观点，因而，LM 曲线呈垂直状态的这一区域被称为"古典区域"。

LM 曲线上的凯恩斯区域与古典区域之间的区域为"中间区域"，中间区域的斜率大于零。在中间区域，财政政策与货币政策都有一些效果，效果大小取决于 LM 曲线的倾斜程度，LM 曲线越平缓，财政政策的效果就越大；LM 曲线越陡峭，货币政策的效果就越大。

3. LM 曲线的移动

LM 曲线会随货币的交易需求、投机需求与货币供给的变动而变动。

（1）LM 曲线与货币供给量之间存在同方向变动的关系。假定货币需求不变，货币供给量增加时，LM 曲线将向右移动，促使利率下降，从而刺激包括消费与投资在内的总需求，国民收入因此而增加。相反，货币供给量减少时，LM 曲线向左移动，利率上升，消费与投资减少，从而使国民收入减少。

（2）LM 曲线与货币交易需求曲线之间存在同方向变动的关系。假定其他因素不变，货币交易需求曲线右移，即货币交易需求减少，LM 曲线右移，因为完成同量交易所需的货币量减少，即同量货币可以完成更多收入的交易了。反之，货币交易需求增加，LM 曲线向左移动。

（3）LM 曲线与货币投机需求量之间存在反方向变动的关系。其他因素不变，如果货币投机需求量增加，则会相应减少货币的交易需求量，国民收入因此减少，故 LM 曲线左移。相反，货币投机需求量减少，LM 曲线右移。

9.2.5　IS-LM分析

1. 产品市场与货币市场同时均衡的利率与收入

IS 曲线表明在产品市场均衡条件下，存在着一系列利率与收入的组合；LM 曲线表明在货币市场均衡条件下，也存在着一系列利率与收入的组合。产品市场均衡时，货币市场不一定处于均衡状态；货币市场均衡时，产品市场不一定处于均衡状态。产品市场与货币市场的同时均衡，出现在 IS 曲线与 LM 曲线的交点上，在这个交点上，产品市场与货币市场同时实现了均衡。也就是说，表示两个市场同时均衡的利率与收入的组合仅有一个。两个市场同时均衡的利率与收入可以通过联立 IS 曲线方程与 LM 曲线方程求解得到。

两个市场同时均衡还可用图 9-21 表示。在图 9-21 中，IS 曲线与 LM 曲线相交于 E 点，E 点代表的 3%的利率和 2 000 亿美元的收入是产品市场与货币市场同时实现均衡的利率与收入。此时，产品市场上，投资 i=1 250-250×3=500（亿美元），储蓄 s=-500+0.5y=-500+0.5×2 000=500（亿美元），投资与储蓄相等，产品市场实现了均衡。与此同时，在货币市场上，货币供给量 M=1 250，货币需求 L=L_1+L_2=0.5y+1 000-250r=0.5×2 000+1 000-250×3=1 250（亿美元），货币市场也实现了均衡。所以，在 E 点上，产品市场与货币市场同时实现了均衡。

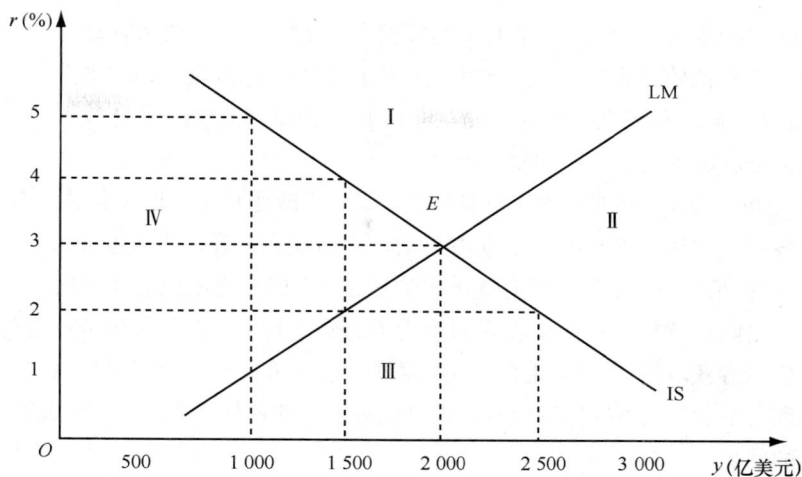

图 9-21 产品市场与货币市场的一般均衡

在图 9-21 中，除 E 点之外的任何地方都不能同时实现两个市场的均衡。IS 曲线与 LM 曲线上的点，分别满足 $i=s$、$L=M$；IS 曲线与 LM 曲线之外的点，i 与 s、L 与 M 都不相等。相交的 IS 曲线与 LM 曲线，把坐标平面分成 4 个区域：Ⅰ区域、Ⅱ区域、Ⅲ区域、Ⅳ区域。每个区域中，产品市场与货币市场都处于非均衡状态。4 个区域的非均衡状态如表 9-2 所示。

表 9-2   产品市场与货币市场的非均衡

区域	产品市场的非均衡	货币市场的非均衡
Ⅰ	$i<s$，有超额产品供给	$L<M$，有超额货币供给
Ⅱ	$i<s$，有超额产品供给	$L>M$，有超额货币需求
Ⅲ	$i>s$，有超额产品需求	$L>M$，有超额货币需求
Ⅳ	$i>s$，有超额产品需求	$L<M$，有超额货币供给

4 个区域中存在着不同的非均衡状态，经过调整，非均衡状态会逐步地趋向均衡（见表 9-3）。IS 的不均衡会导致收入变动：$i>s$ 会导致收入增加，$i<s$ 会导致收入减少。LM 的不均衡会导致利率变动：$L>M$ 会导致利率上升，$L<M$ 会导致利率下降。这种调整最终会使经济趋向于均衡利率与均衡收入。

表 9-3   从非均衡到均衡的调整

区域	产品市场		货币市场	
	非均衡	产量的调整方向	非均衡	利率的调整方向
Ⅰ	供给过度	下降	供给过度	下降
Ⅱ	供给过度	下降	需求过度	上升
Ⅲ	需求过度	上升	需求过度	上升
Ⅳ	需求过度	上升	供给过度	下降

2. 均衡收入与均衡利率的变动

IS 曲线与 LM 曲线的交点表示产品市场与货币市场同时实现了均衡，但这一均衡并不一定是充分就业的均衡。如在图 9-22 中，IS 曲线与 LM 曲线相交于 E 点，均衡利率与均衡收入分别是 r_e、y_e，但充分就业的收入是 y_f，均衡收入低于充分就业的收入，即 $y_e<y_f$。此时，需要政府运用财政政策、货币政策来调整，以实现充分就业。如果政府运用增支、减税或增支减税双管齐下的扩张性财政政

策，IS 曲线会向右移动至 IS'的位置，与 LM 曲线相交于 E' 点，均衡收入就增至 y_f ，从而实现充分就业的收入水平。政府也可以运用扩张性货币政策，即增加货币供给量，LM 曲线会向右移动至 LM'的位置，与 IS 曲线相交于 E'' 点，均衡收入也能增至 y_f，同样可以达到充分就业的收入水平。

从图 9-22 中也可以看出，IS 曲线和 LM 曲线的移动，会改变利率与收入水平。比如，在 LM 曲线不变的情况下，IS 曲线向右移动，会使利率上升、收入增加。这是因为 IS 曲线右移是消费、投资或政府支出增加的结果，即总支出或总需求增加，这会使得生产与收入增加，从而增加人们对货币的交易需求。在货币供给不变的情况下，人们只能通过出售有价证券获取货币，以用于交易。这样，在有价证券供给增多的情况下，有价证券价格下降，也会导致利率上升。用同样的道理，也可以说明 LM 曲线不变而 IS 曲线向左移动时，收入减少、利率下降的状况。

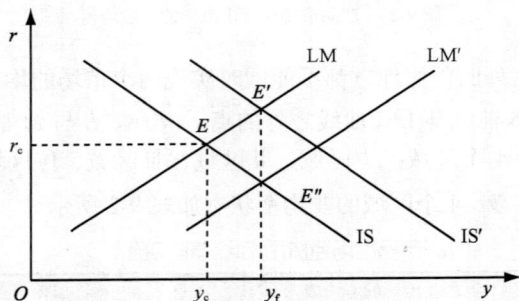

图 9-22　均衡收入与均衡利率的变动

当然，在 IS 曲线不变时，LM 曲线的移动也会引起利率与收入的变化。例如，假定 IS 曲线不变，LM 曲线向右移动，会使利率下降，收入增加。这是因为 LM 曲线向右移动，可能是货币需求不变而货币供给增加的结果，也可能是货币供给不变而货币需求减少的结果。在 IS 曲线不变，即产品市场供求不变的情况下，LM 曲线向右移动，意味着货币供给大于货币需求，利率必然下降。利率的下降，会刺激消费、增加投资，从而使收入增加。相反，IS 曲线不变，LM 曲线向左移动后，收入会减少，利率会上升。

另外，IS 曲线与 LM 曲线同时移动时，收入与利率也会发生变化，具体变化则取决于两条曲线最终的交点。

9.2.6　凯恩斯国民收入决定理论的基本框架

凯恩斯国民收入决定理论可以分别用数学模型、图表、文字的形式进行概括与阐述。

1. 凯恩斯国民收入决定理论的数学模型表示

（1）投资函数。投资函数可表示为

$$i=f(r)，\ 即\ i=e-dr$$

（2）储蓄函数。储蓄函数可以表示为

$$s=f(y)，\ 即\ s=-\alpha+(1-\beta)y$$

（3）产品市场均衡条件。产品市场均衡条件可表示为

$$i=s，即 y = \frac{\alpha+e-dr}{1-\beta}$$

$$或 r = \frac{\alpha+e}{d} - \frac{1-\beta}{d}y$$

这就是 IS 曲线方程。

（4）货币需求函数。货币需求函数可表示为

$$L=L_1+L_2=ky+w_0-hr$$

（5）货币供给函数。货币供给函数可表示为

$$m = \frac{M}{P} = m_1 + m_2$$

（6）货币市场均衡条件。货币市场均衡条件可表示为

$$L=m，即 y = \frac{h}{k}r + \frac{m-w_0}{k}，y = \frac{1}{k}\cdot\frac{M}{P} - \frac{1}{k}w_3 + \frac{h}{k}r$$

$$或 r = \frac{k}{h}y - \frac{m-w_0}{h}，r = \frac{k}{h}y - \frac{1}{h}\cdot\frac{M}{P} + \frac{1}{h}w_0$$

这就是 LM 曲线方程。

将 IS 曲线方程与 LM 曲线方程联立，便可求得产品市场与货币市场同时均衡时的收入与利率。

2. 凯恩斯国民收入决定理论的图表表示

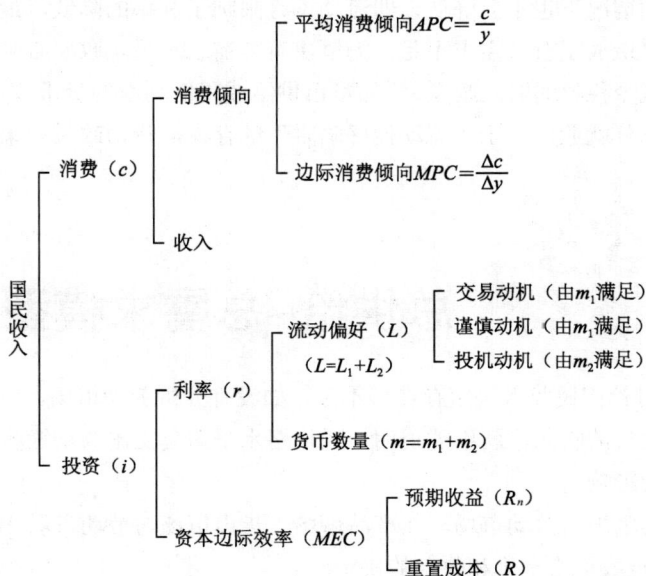

3. 凯恩斯国民收入决定理论的文字概括

第一，国民收入取决于消费与投资。消费与投资是总需求或总支出的组成部分，凯恩斯认为，总需求决定国民收入，也就是消费与投资决定国民收入。

第二，消费由消费倾向与收入决定。消费倾向包括平均消费倾向与边际消费倾向。边际消费倾向大于 0 且小于 1，因此，收入增加时，消费也增加，但在增加的收入中，用来增加消费的部分会越来越少，而用于储蓄的部分会越来越多。

第三，国民收入的变动主要受投资的影响。消费倾向相对比较稳定，故投资成为影响国民收入

变动的主要因素。投资的增加或减少会引起国民收入成倍地增加或减少。投资乘数与边际消费倾向成正比，而边际消费倾向大于 0 且小于 1，故投资乘数大于 1。

第四，投资由利率与资本边际效率决定。投资与利率成反比，与资本边际效率成正比。如果利率小于资本边际效率，就值得投资；如果利率大于资本边际效率，就不值得投资。

第五，利率取决于流动偏好与货币数量。流动偏好是货币需求，由对货币的交易需求与对货币的投机需求组成，其中，对货币的交易需求来自交易动机与谨慎动机，对货币的投机需求来自投机动机。货币数量是货币供给，由满足交易动机、谨慎动机的货币数量和满足投机动机的货币数量组成。

第六，资本边际效率由投资的预期收益与资本资产的供给价格或重置成本决定。资本边际效率与预期收益成正比，与重置成本成反比。

第七，凯恩斯认为，出现资本主义经济萧条的根源在于由消费需求与投资需求组成的总需求不足，而总需求不足的原因是三大基本心理规律。边际消费倾向递减规律决定了消费需求不足。边际消费倾向小于 1，意味着人们不会把增加的收入全部用来增加消费，并且增加的收入用于增加消费的量会越来越少，这就造成了消费不足。资本边际效率递减规律决定了投资需求不足。增加一笔投资，既会增加对资本资产的需求，增加重置成本，又会在将来提高生产能力、增加产品供给、促使产品价格下降后，收益减少。因此，资本边际效率会随重置成本的增加、预期收益的减少而降低，从而使得投资需求不足。作为货币需求的流动偏好，会在利率极低时形成"流动偏好陷阱"，从而使利率在货币供给增加的情况下也不会降低，即流动偏好限制了利率的降低，最终抑制投资需求。这样，三大基本心理规律造成了有效需求不足。为解决有效需求不足，政府必须发挥作用。政府应当运用增加政府支出或减少税收的财政政策，增加货币供给或降低利率的货币政策以刺激消费与投资，从而增加收入，实现充分就业。由于"流动偏好陷阱"的存在，货币政策效果有限，增加收入应主要靠财政政策。

9.3 总供给–总需求模型

利用 IS-LM 模型讨论国民收入决定存在着不足，如没有分析劳动市场，就不知道两市场均衡时的收入是否是充分就业时的收入，就不能说明一般价格水平对总支出与均衡收入的影响，就不能分析总供给变动对收入的影响。

本节引进一般价格水平与劳动市场，在产品市场、货币市场与劳动市场 3 个市场中，构建总需求–总供给模型，分析一般价格水平和收入的决定。

在前两节中，没有引入价格水平，所有变量都可以看成是实际变量。这一节引进价格水平，变量就有名义变量和实际变量的区分。名义变量和实际变量的关系是

$$实际变量值 = \frac{名义变量值}{一般价格水平} \tag{9-50}$$

通过本节的学习，读者应当掌握总需求曲线和总供给曲线的基本形状与基本含义，了解总供求曲线的推导过程，掌握总供求的均衡模型和总需求曲线移动对收入产生的效应，了解总供求模型的应用及凯恩斯主义理论的局限。

9.3.1　总需求曲线

1．总需求与总需求函数

（1）总需求。

总需求（aggregate demand）是经济社会对物品和劳务的需求总量。在宏观经济学中，总需求是指整个社会的有效需求，它不仅指整个社会对物品和劳务的需求，而且指该社会对这些物品和劳务的支付能力。因此，总需求实际上就是经济社会的总支出。由总支出的构成可知，在开放经济条件下，总需求由消费、投资、政府购买支出和净出口组成，公式如下

$$AD=C+I+G+(X-M) \tag{9-51}$$

（2）总需求函数。

总需求函数（aggregate demand function）被定义为产出（收入）和价格水平之间的关系，它表示在某个特定的价格水平下，经济社会需要达到的产出水平。它一般与产品市场和货币市场有关，可以从产品市场与货币市场的均衡中得到。总需求函数的几何表示称为总需求曲线。

（3）进一步的说明。

① 单一市场中的均衡收入与两市场中的均衡收入都可以叫作总需求，因为收入达到均衡的条件是收入=总需求，因此，均衡收入≡总需求。

② 由于对国民收入决定的研究已进入到三市场之中，为了思路的连贯，在以后的分析中，假定两市场中的均衡收入，即 IS 曲线与 LM 曲线交点所对应的收入，为总需求。

2．总需求曲线的推导

（1）一般价格水平影响总需求的机制：财富效应与利率效应。

① 财富效应（庇古效应）

财富效应是指一般价格水平的变动会影响财富的实际价值，进而影响消费，最终影响总需求，即

价格↓→财富的实际价值↑→人们不急于增加储蓄→消费↑→总需求↑

② 利率效应

利率效应是指价格水平的变动会影响实际货币供给量，进而影响利率与投资，最终影响总需求，即

$$P\downarrow \to \frac{M_0}{P}\uparrow \to r\downarrow \to I\uparrow \to Y_d\uparrow$$

（2）简单收入决定推导的总需求曲线。

总需求曲线（aggregate demand curve）是产品市场和货币市场同时实现均衡时，国民收入与价格水平的结合，描述了每一物价总水平与均衡支出或国民收入的关系。总需求曲线可由下述方法导出：从同时满足产品市场和货币市场的均衡条件出发，寻求国民收入与价格水平的关系。

在 IS-LM 模型中，假设其他条件都不变，唯一变动的就是价格水平。价格水平的变动并不影响产品市场的均衡，即不影响 IS 曲线。但是，价格水平的变动却会影响货币市场的均衡，即会影响 LM 曲线。这是因为，LM 曲线中所说的货币供给量是实际货币供给量，如果以 M 代表名义货币供给量，M/P 就是实际货币供给量。当名义货币供给量不变，价格水平发生变动时，实际货币供给量就会发生变动。实际货币量的变动会影响货币市场的均衡，引起利率的变动，而利率的变动就会使总需求变动，即

$$P\downarrow \rightarrow M/P\uparrow \rightarrow M/P>L \rightarrow r\downarrow \rightarrow I\uparrow \rightarrow AD\uparrow$$

假定一般价格水平的变动只产生利率效应，不产生财富效应，则总需求模型可以构造如下

$$\begin{cases} I(r)=S(Y) \\ \dfrac{M_0}{P}=L_1(Y)+L_2(r) \end{cases} \tag{9-52}$$

（3）总需求曲线的几何推导。

在图 9-23 中，设初始的价格水平为 P_1，LM_1 曲线与 IS 曲线的交点 E_1 点所对应的收入为 y_1，y_1 实际上就是与价格水平 P_1 相对应的总需求，这样，(P_1,y_1) 便是总需求曲线上的一点，即图 9-23 中的 D_1 点。现在，令价格水平下降到 P_2。价格水平的下降，意味着实际货币供给增加，导致 LM 曲线向右平移到 LM_2，并与 IS 曲线相交于 E_2 点，使总需求增加到 D_2，(P_2,y_2) 便为总需求曲线上的另一点，即图 9-23 中的 D_2 点。假定总需求曲线是线性的，连接 D_1、D_2 两点就可以得到一条总需求曲线。

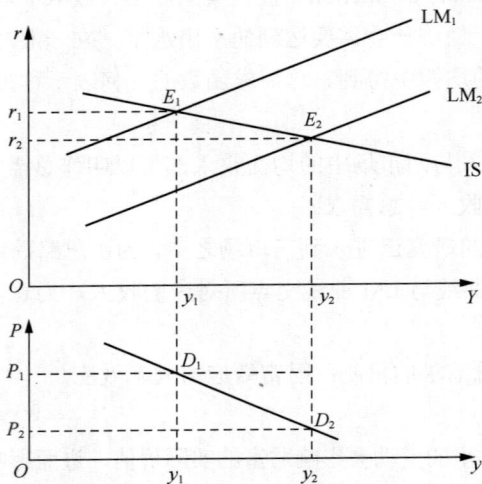

图 9-23　总需求曲线的推导

3. 总需求曲线的特征与移动

（1）总需求曲线的特征。

从总需求曲线的推导中可知，总需求曲线表示社会的需求总量和价格水平之间存在反方向变化的关系，即总需求曲线是向右下方倾斜的。总需求曲线向右下方倾斜的原因主要有以下 4 个。

① 价格水平上升时，实际货币供给量下降，货币供给小于货币需求，导致利率上升，投资下降，总需求量减少。

② 价格总水平上升时，资产的实际价值下降，人们实际拥有的财富减少，为了保持一定量的财富，人们必然增加储蓄，减少消费。

③ 价格总水平上升时，居民的名义收入水平增加，居民进入更高的纳税等级，从而居民的税收负担增加，可支配收入减少，进而减少消费。

④ 国内物价水平上升，在汇率不变的条件下，进口商品的价格相对下降，出口商品的价格相对上升，导致进口增加，出口减少。

扫码看视频

经济政策和总需求曲线

通常总是假定消费函数比较稳定，即一般价格水平的变动不会影响消费水平。故价格水平的变动只影响利率与投资，即仅使 LM 曲线移动，而 IS 曲线不移动。

（2）总需求的变动或总需求曲线的移动。

总需求既然是 IS、LM 曲线交点所对应的收入，那么，任何引起 IS、LM 曲线移动的因素，都有可能引起总需求的变动，即引起总需求曲线移动。

① 如果经济处于中间区域，任何引起 IS、LM 曲线移动的因素，都将导致总需求曲线移动。

消费、投资、政府购买支出和净出口等因素的增加导致的 IS 曲线的右移，货币供给量的增加导致的 LM 曲线的右移，将引起总需求曲线右移；而储蓄、税收与进口等因素的增加所导致的 IS 曲线的左移，货币供给量的减少所导致的 LM 曲线的左移，将使总需求曲线左移。

因此，扩张性财政政策与货币政策，将增加总需求，使总需求曲线右移；紧缩性财政政策与货币政策，将减少总需求，使总需求曲线左移。

② 特殊情况下，IS 曲线的移动或 LM 曲线的移动不能使总需求曲线移动。

第一，在"凯恩斯区域"，LM 曲线的移动不能移动总需求曲线。因为在"凯恩斯区域"，货币供给的增加，不会降低利率（因为利率已经降低到最低水平）。由于利率不变，从而投资不变，进而总需求不变。

第二，在"古典区域"，IS 曲线的移动不能移动总需求曲线。因为在"古典区域"，扩张性的财政政策产生了 100%的挤出效应，总需求将不变。

9.3.2 总供给曲线

1. 总供给的一般说明

（1）总供给的定义。

总供给是指一国在每一个一般价格水平上愿意且能够销售的最终产品和劳务的总量。

（2）一般价格水平影响总供给的过程或者机制。

一般价格水平影响总供给水平的过程分为 3 个阶段。

① 一般价格水平变化影响实际工资水平。在名义工资不变的情况下，实际工资与一般价格水平变化负相关，即实际工资 $= \dfrac{W}{P}$。

② 实际工资的变动影响实际就业量。实际工资的变动会使劳动市场上的供求发生变化。一般来说，劳动供给是实际工资的增函数，劳动需求是实际工资的减函数。劳动供给与劳动需求共同决定了实际就业量。

③ 就业量的变化引起产量或总供给的变化。就业量增加时，供给量（产量）随之增加。反之，供给量（产量）随之减少。

价格水平影响总供给水平的一般过程可以如下表示

$$P \to \frac{W}{P} \to N(N_\mathrm{d}, N_\mathrm{s}) \to y$$

（3）宏观生产函数。

假设社会仅使用资本和劳动两种要素进行生产，则宏观生产函数可以表示为 $y=Af(N \cdot K)$（A 表示技术水平）。该函数说明，经济社会的产出取决于该社会的技术水平、就业量和资本存量。

国民收入决定理论主要适用于短期分析。在短期，假定资本存量和技术水平不变，总产量仅取决于就业量，即总产量是就业量的函数，则有短期宏观生产函数 $y=f(N)$。短期宏观生产函数具有两个基本性质：一是总产量随就业量的增加而增加；二是总产量的增加受边际报酬递减规律的制约，随就业量的增加呈现出增长递减的趋势。因此，如果以横轴表示就业量，纵轴表示总产量，总产量曲线就是一条向右上方倾斜且凹向横轴的曲线，如图 9-24 所示。

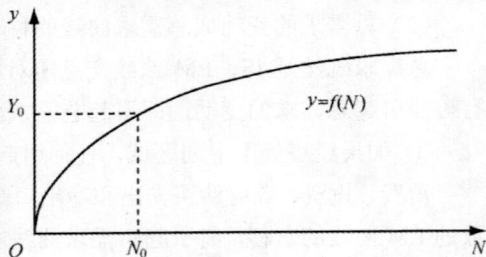

图 9-24　总产量曲线

（4）就业量的决定（就业量由劳动需求和劳动供给决定）。

① 劳动需求函数与劳动需求曲线。

a. 劳动需求函数。厂商对劳动的需求原则是 $MRP=MFC$。在完全竞争市场中，厂商对劳动的需求原则变为 $VMP=W$，或 $MP \cdot P=W$，即 $MP=\dfrac{W}{P}$。因此，劳动需求函数可以表示为

$$N_d = N_d \left(\frac{W}{P} \right) \tag{9-53}$$

b. 劳动需求曲线。

由于厂商对劳动的需求量总是确定在实际工资等于劳动的边际产量这种状态下，因此，厂商对劳动的需求曲线与劳动的边际产量曲线重合。劳动的边际产量曲线受边际报酬递减规律的作用向右下方倾斜，故厂商对劳动的需求曲线也向右下方倾斜，从而市场劳动需求曲线也向右下方倾斜，如图 9-25 所示。

② 劳动供给曲线。

劳动供给曲线如图 9-26 所示，详细内容已在收入分配理论中介绍过，这里不再赘述。

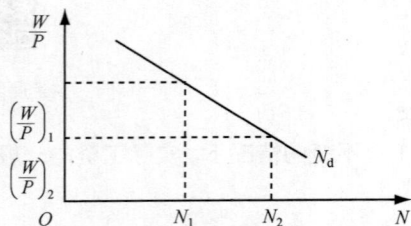

图 9-25　劳动需求曲线

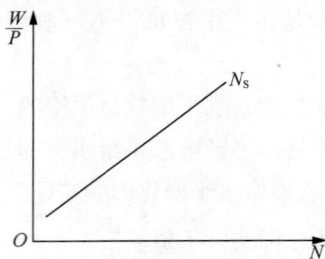

图 9-26　劳动供给曲线

③ 均衡就业量的决定。

a. 均衡就业量是指劳动供给与劳动需求相等，即劳动市场出清时的就业量。此时，所有愿意按现行工资率工作的人都找到了工作，故均衡就业量又叫充分就业量。

b. 劳动市场就业量决定模型为

$$\begin{cases} N_d = N_s \\ N_d = N_d \left(\dfrac{W}{P} \right) \\ N_s = N_s \left(\dfrac{W}{P} \right) \end{cases} \tag{9-54}$$

c. 均衡就业量的决定过程如图 9-27 所示。

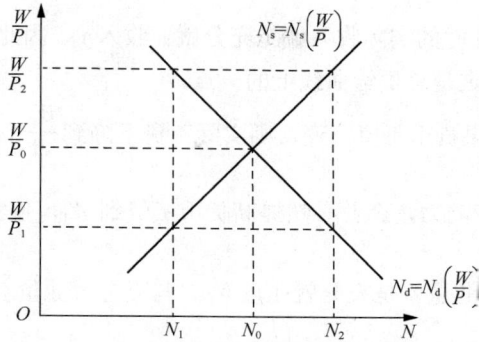

图 9-27　均衡就业量的决定

2.（长期）总供给曲线

（1）假定条件。

劳动市场完全竞争，货币工资富有弹性，就业量始终是充分就业量，收入始终是充分就业收入。

（2）古典（长期）总供给曲线的推导。

古典总供给曲线是在充分就业量水平上垂直的、供给价格弹性等于零的供给曲线，推导过程如图 9-28 所示。

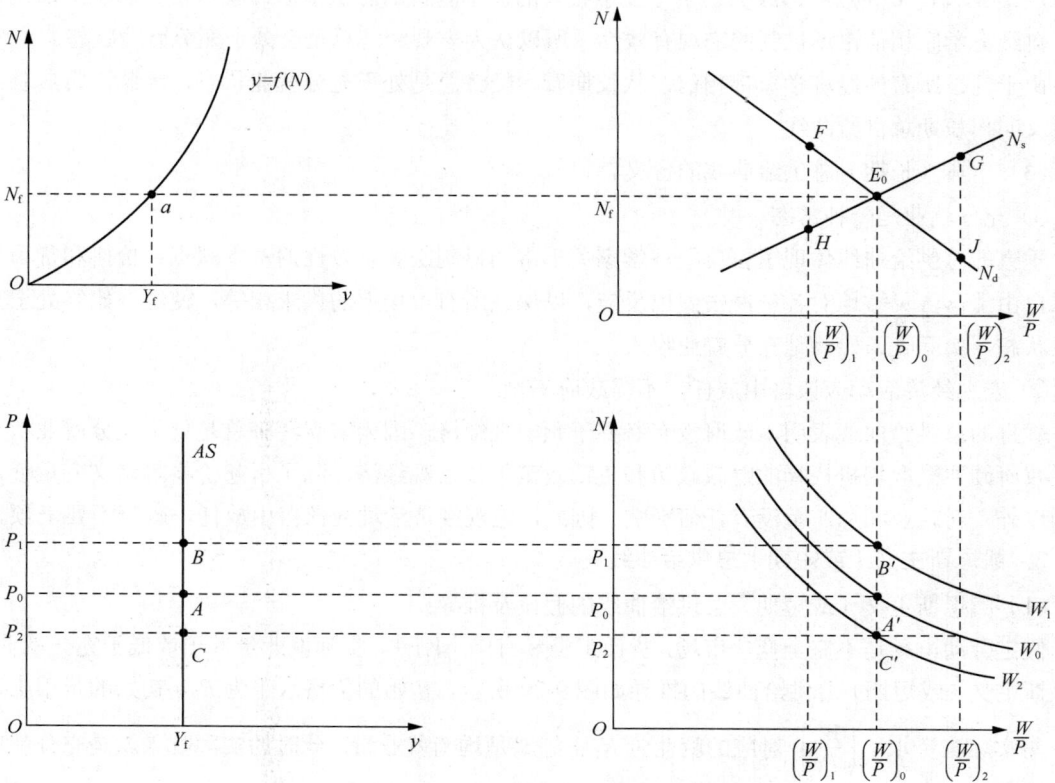

图 9-28　古典总供给曲线的推导

在图 9-28 中，初始的价格水平为 P_0，初始的货币工资为 W_0，与实际工资为 $\left(\dfrac{W}{P}\right)_0$ 对应的就业量 N_f 正好就是均衡就业量，此时的实际收入就是充分就业收入 y_f。因此，与价格水平 P_0 对应的总供给为 y_f，显然，A 点(P_0, y_f)一定是总供给曲线上的一点。

现在价格上升到 P_1，如果货币工资不变，则实际工资下降到 $\dfrac{W_0}{P_1}$，此时，劳动市场上的供给小于需求。为了雇佣到足够的劳动力，企业必然提高货币工资到 W_1，使实际工资 $\left(\dfrac{W}{P}\right)_1$ 等于均衡实际工资 $\left(\dfrac{W}{P}\right)_0$。均衡工资下的就业量就是充分就业量 N_f，与充分就业量对应的收入就是充分就业收入 y_f。可见，$B(P_1, y_f)$也一定是总供给曲线上的一点。

如果价格从 P_0 处下降到 P_2，货币工资不变，仍然为 W_0，则实际工资上升到 $\dfrac{W_0}{P_2}$，此时，劳动市场上的供给大于需求。为了找到工作，工人必然降低货币工资需求到 W_2，使实际工资 $\left(\dfrac{W}{P}\right)_2$ 等于均衡实际工资 $\left(\dfrac{W}{P}\right)_0$。于是就业量为充分就业量 N_f，收入就是充分就业收入 y_f。可见，与价格水平 P_2 对应的总供给也是 y_f，C 点(P_2, y_f)也一定是总供给曲线上的一点。

连接 A、B、C 3 点所形成的一条与表示收入的横轴垂直的总供给曲线就是古典总供给曲线，因为古典经济学家相信市场机制的宏观有效性，所以认为宏观经济总是会处于充分就业状态。

由于几乎所有的经济学家都相信，从长期看，经济总是处于充分就业状态，因此，古典总供给曲线又叫作长期总供给曲线。

（3）古典（长期）总供给曲线的含义。

① 充分就业是一种常态。

垂直的总供给曲线体现了古典经济学家关于市场机制宏观有效性的基本观点：价格和货币工资可以自由涨落，灵敏地对各种冲击做出反应，以保证所有市场上的供求相等，使经济始终处于充分就业状态，实际收入始终是充分就业收入。

② 宏观经济活动应该自由放任，不需政府干预。

垂直的总供给曲线表明，政府没有必要干预宏观经济，因为宏观经济总是处于充分就业状态。如果政府硬要采取相机抉择的财政政策和货币政策干预宏观经济，除了引起价格等名义变量值发生变动以外，对就业和总产量没有任何影响。因此，宏观经济活动应该自由放任，政府不要干预。

3. 凯恩斯主义（或短期）总供给曲线

（1）凯恩斯主义（或短期）总供给曲线的假设及推导。

假定劳动市场是不完全竞争市场，货币工具具有向下刚性，实际就业量等于或低于充分就业量。凯恩斯主义（或短期）总供给曲线的推导如图 9-29 所示。初始的价格水平为 P_0，初始的货币工资为 W_0，与实际工资水平 $\left(\dfrac{W}{P}\right)_0$ 对应的就业量 N_f 正好就是均衡就业量，此时的实际收入就是充分就业收入 y_f。因此，与价格水平 P_0 对应的总供给为 y_f，显然，$A(P_0, y_f)$一定是总供给曲线上的一点。

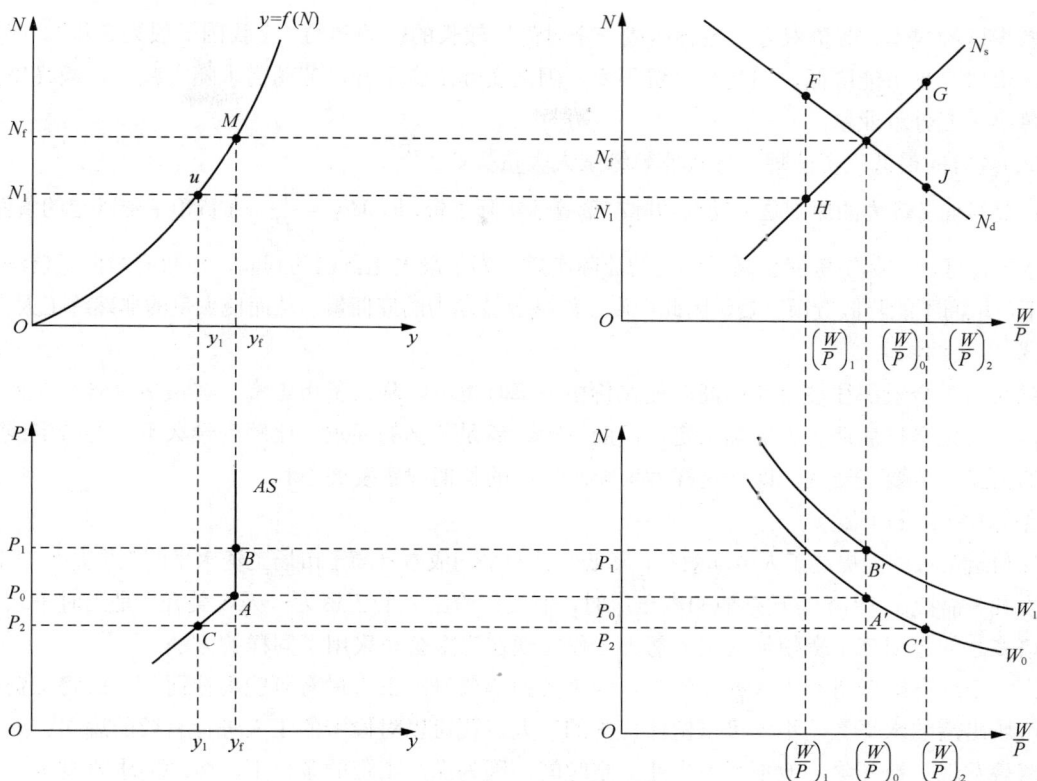

图 9-29　短期总供给曲线的推导

现在价格上升到 P_1，如果货币工资不变，则实际工资下降到 $\dfrac{W_0}{P_1}$，此时，劳动市场上的供给小

于需求。为了雇佣到足够的劳动力，企业必然提高货币工资直到 W_1，使实际工资 $\left(\dfrac{W}{P}\right)_1$ 等于均衡实

际工资 $\left(\dfrac{W}{P}\right)_0$。均衡工资下的就业量就是充分就业量 N_f，与充分就业量对应的收入就是充分就业收

入 y_f。可见，$B(P_1, y_f)$ 也一定是总供给曲线上的一点。

如果价格从 P_0 下降到 P_2，货币工资不变，仍然为 W_0，则实际工资上升到 $\dfrac{W_0}{P_2}$，此时，尽管劳

动市场上的供给大于需求，但由于种种原因，货币工资并不下降。此时的实际工资 $\dfrac{W_0}{P_2}$ 高于均衡实

际工资 $\left(\dfrac{W}{P}\right)_0$。实际就业量由需求方决定，为 N_1，低于充分就业量 N_f，从而实际收入为 y_1，低于充

分就业收入 y_f。这样，与价格水平 P_2 对应的总供给为 y_1，$C(P_2, y_1)$ 也一定是总供给曲线上的一点。

连接 A、B、C 3 点所形成的一条先向右上方倾斜，然后在达到充分就业收入水平后与横轴垂直

的曲线就是凯恩斯主义总供给曲线或短期总供给曲线。因为凯恩斯主义者不相信市场机制的宏观有

效性，认为宏观经济至少在短期内会常常处于小于充分就业状态。

（2）凯恩斯主义者假设货币工资具有向下刚性的原因。

①　长期劳动契约。

无论是工人寻找一份合适的工作，还是厂商雇佣一个合适的工人，都要花费成本（交易费用）。

为了减少这种成本，劳资双方都愿意达成一个时间比较长的劳动契约（在我国一般为 3 年）。在契约期内，价格水平可能降低，但货币工资不变，因此实际工资上升，劳动需求随之减少，最终使实际就业量小于充分就业量。

② 政府的最低工资法规，导致非熟练工人大量失业。

厂商雇佣劳动力的原则是劳动的边际产量等于实际工资，即 $MP_L = \dfrac{W}{P}$。在货币工资既定的条件下，价格水平降低，实际工资就会高于劳动的边际产量。为了最大化自己的利润，在政府最低工资法规的前提下，厂商不能降低货币工资，因此厂商必然减少劳动力的雇佣量，从而使大量的非熟练工人失业。

③ 工会组织。

强大的工会组织往往会使厂商即使在价格下降时也不能降低货币工资。在很多时候，即使失业增加，工会也坚持雇佣工人的高工资。厂商发现，满足工会的要求，比蒙受经久不决的劳资谈判或工人的罢工之苦要好一些，即使这样做可能对厂商的长期健康发展不利。

④ 效率工资理论。

支付给工人的能提高工人劳动效率，降低产品的平均成本且高于市场工资水平的工资是效率工资。

亨利·福特在 1914 年开办他的汽车厂时，他支付给工人的工资为一天 5 美元，是当时平均工资的 2 倍多。他想用高工资使他的工人努力工作，现在许多公司采用了同样的方法。

当一个厂商降低所有工人的工资时，他常常担心最好的工人最有可能离他而去。而将工资定在高于市场出清的水平上，不仅可以留住优秀的工人，还可以对偷懒的工人进行有效的惩罚：如果工人偷懒被发现且被开除，他不得不失业一定时间，因为在高工资的条件下，劳动需求将减少，而且他不得不接受其他厂商提供的较低工资。

（3）20 世纪 90 年代的凯恩斯主义总供给曲线。

在 20 世纪 90 年代，大多数凯恩斯主义者相信，在达到充分就业收入之前，短期总供给曲线比较平坦地向右上方倾斜；在达到充分就业收入后，短期总供给曲线则变得相当陡峭，如图 9-30 所示。

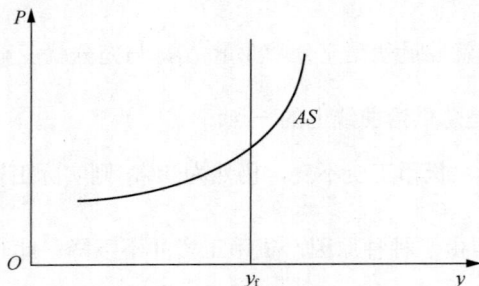

图 9-30　20 世纪 90 年代的正统凯恩斯主义总供给曲线

（4）凯恩斯主义总供给曲线的含义。

① 由于有效需求不足和货币工资的刚性，经济体系可能出现低于充分就业的状态。

② 相机抉择的总需求管理政策对就业与总产量有一定的影响。

当经济处于低于充分就业的状态时，政府可以而且有必要采取相机抉择的财政政策和货币政策干预宏观经济活动，以增加就业和收入，即总需求管理政策具有一定的真实效应。

③ 在不同的就业或收入水平下，总需求管理政策对就业与总产量的影响程度不同。

在实现充分就业之前，总需求的变动对产出具有重大且持久的影响，对价格的影响则相当小。

因为当时有大量的闲置资源，总需求的增加在增加厂商产量的同时，几乎不会提高资源或要素的价格。要素价格不变，会使得产品的平均成本不变。因此，总需求的增加必然使产量大幅增加，较少地提高价格水平。在充分就业以后，总需求的增加主要会使价格水平提高，很少会增加产量。因为实现充分就业以后，要想增加产量，就必须提高货币工资，使那些自愿失业者参加工作，从而必然极大地增加边际成本，提高一般价格水平，而产量的增加却十分有限。故总供给曲线相当陡峭。此时，总需求管理政策的作用比较小。

（5）凯恩斯主义总供给曲线的移动。

① 潜在产出变动对总供给曲线的影响。

a. 潜在产出的定义。潜在产出是指劳动市场与产品市场均衡时的产出，或者是指在资源（要素）和技术水平既定的条件下，一国所能提供的最大的可持续产出，也叫作充分就业产出。

b. 潜在产出的决定因素：一国所拥有的要素的数量、质量和技术水平。

c. 当潜在产出增加时，总供给曲线向右移动，如图 9-31 所示。

② 投入品价格变动对总供给曲线的影响。

投入品价格的上升，会引起产品的平均成本增加，因此只有在较高的价格水平上，厂商才愿意提供与以前数量相同的产出。故投入品价格的上升，将导致总供给曲线上移，如图 9-32 所示。

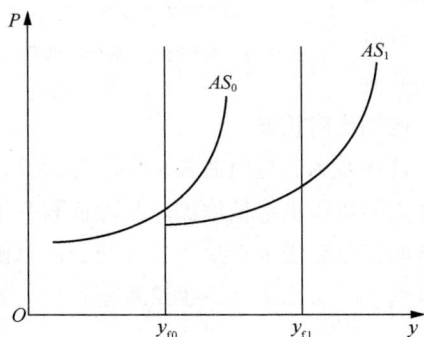

图 9-31 潜在产出增加引起的总供给曲线移动

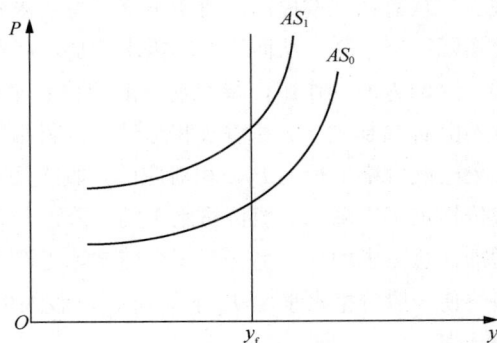

图 9-32 投入品价格上升引起的总供给曲线上移

在现实生活中，总供给的变动常常是由成本上升和潜在产出增加共同造成的。因此，总供给曲线常常向右上方移动，如图 9-33 所示。

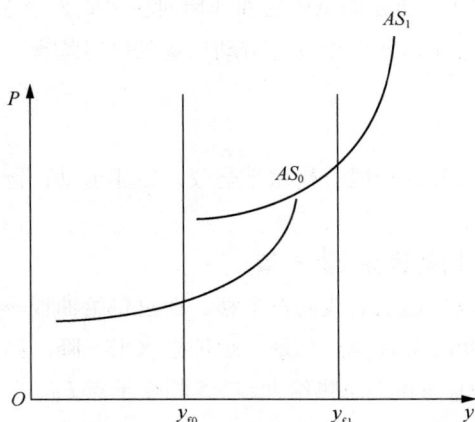

扫码看视频

价格调节过程

图 9-33 潜在产出增加和投入品价格上升共同引起的总供给曲线的移动

4. 总需求-总供给模型的应用及其局限

（1）总需求-总供给模型。

① 构建总需求-总供给模型。

总需求与总供给二者联系起来，就可构建如下总需求-总供给模型。

$$\begin{cases} AD = AS \\ AD = AD(P) \\ AS = AS(P) \end{cases}$$

求解该模型，就可以得到均衡的一般价格水平与收入。

② 总供给、总需求均衡及其决定机制。

在图 9-34 中，AS 表示短期总供给曲线，AS' 表示长期总供给曲线，AD 表示总需求曲线。均衡时的一般价格水平与收入即总供给曲线与总需求曲线的交点 E 所决定的一般价格水平与收入分别为 P^*、y_f。如果一般价格水平为 P_1，相对应的，收入为 y_1，小于均衡收入。这时总需求大于总供给，会导致一般价格水平上升。一般价格水平的上升，一方面会使实际货币供给量减少，从而使利率提高，投资下降，总需求减少；另一方面会使实际工资下降，从而使劳动需求增加，就业增加，总供给增加。这两方面的作用，最终使一般价格水平由 P_1 上升到

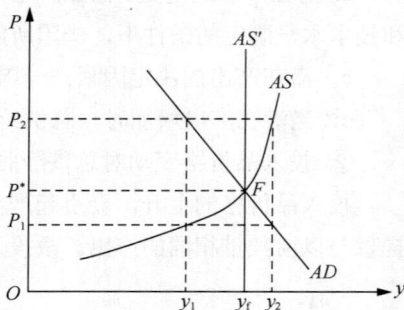

图 9-34　均衡时的一般价格水平与收入

P^*，收入由 y_1 增加到 y_f，总需求和总供给重新相等，经济达到均衡状态。

如果一般价格水平为 P_2，相对应的，收入为 y_2，大于均衡收入。这时总需求小于总供给，会导致一般价格水平下降。一般价格水平的下降，一方面会使实际货币供给量增加，从而使利率下降，投资增加，总需求增加；另一方面会使实际工资上升，从而使劳动需求减少，就业减少，总供给减少，最终使一般价格水平由 P_2 下降到 P^*，收入由 y_2 减少到 y_f，总需求和总供给重新相等，经济达到均衡状态。

短期总供给曲线与总需求曲线在长期总供给曲线上的 E 点相交，此时的均衡，是三市场即产品市场、货币市场、劳动市场的同时均衡。因为总需求曲线是根据 IS-LM 模型推导出的，所以总需求曲线上的点代表产品市场和货币市场的同时均衡。在图 9-34 中，长期总供给曲线 AS' 也经过短期总供给曲线 AS 与总需求曲线 AD 的交点 E，而长期总供给曲线所对应的收入是充分就业收入 y_f，此时的劳动市场也实现了均衡。这种产品市场、货币市场与劳动市场的同时均衡，是一种理想的经济状态。

（2）总需求-总供给模型及应用。

总需求曲线和总供给曲线的移动，会导致一般价格水平与收入发生变动，因此可根据经济发展的实际情况及宏观调控的需要进行调整。

① 总需求减少引起的低于充分就业均衡状态及其对策。

消费、投资和净出口的减少都会导致总需求曲线向左平移。在总供给曲线不变的情况下，总需求曲线左移将产生两个结果：一是就业和收入减少；二是一般价格水平下降，如图 9-35 所示。

在图 9-35 中，初始的总需求曲线 AD_0 与短期总供给曲线 AS 相交于点 E_0，此时的收入为充分就业收入 y_f，一般价格水平为 P^*。现在总需求减少，总需求曲线由 AD_0 左移到 AD_1，总需求曲线 AD_1

与短期总供给曲线 AS 相交于点 E_1，一般价格水平下降到 P_1，收入减少到 y_1，此时的实际就业量小于充分就业量。

当经济处于低于充分就业均衡状态时，政府可以采取扩张性财政政策或货币政策，使总需求曲线右移，增加就业与收入，实现充分就业均衡。

② 总需求增加引起的通货膨胀及其对策。

由于短期总供给曲线在实现充分就业以后变得比较陡峭，在总供给曲线不变的情况下，总需求增加或总需求曲线右移将产生两个结果：一是就业与收入的少量增加；二是一般价格水平的大幅度上升，如图 9-36 所示。

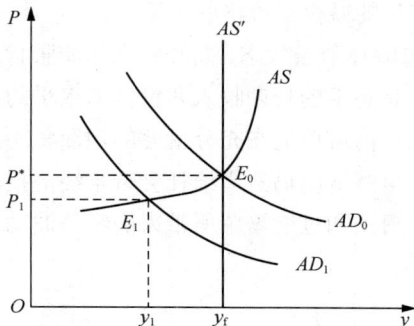

图 9-35　低于充分就业均衡状态

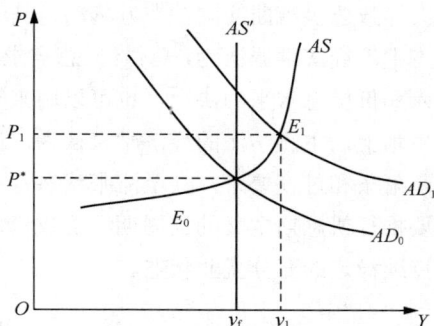

图 9-36　通货膨胀

在图 9-36 中，初始的总需求曲线 AD_0 与短期总供给曲线 AS 相交于点 E_0，此时的收入为充分就业收入 y_f，一般价格水平为 P^*。现在总需求增加，总需求曲线由 AD_0 向右平移到 AD_1，AD_1 与 AS 相交于点 E_1，一般价格水平由 P^* 上升到 P_1，发生通货膨胀。此时，政府可以采取紧缩性财政政策和货币政策，使总需求曲线左移，降低通货膨胀率。

（3）总供给减少引起的"滞胀"和凯恩斯主义需求管理政策的失灵。

如果短期总供给曲线受到供给方面的冲击（如原材料价格上升或工资提高以及垄断等因素）而左移时，就会形成收入减少、价格水平上升的"滞胀"局面，如图 9-37 所示。

在图 9-37 中，初始的短期总供给曲线 AS_0 与总需求曲线 AD_0 相交于点 E_0，此时的收入为充分就业收入 y_f，一般价格水平为 P_0。现在由于种种原因，总供给减少，短期总供给曲线由 AS_0 向左平移到 AS_1，AS_1 与 AD_0 相交于点 E_1，一般价格水平由 P_0 上升到 P_1，而收入下降到 y_1，低于充分就业收入。这种现象被称为"滞胀"。

面对"滞胀"，凯恩斯主义的相机抉择的需求管理政策会失灵。如果政府采取紧缩性政策，使总需求曲线向左平移到 AD_1，虽然可以降低价格，但也会使失业增加，收入减少到 y_2，经济更加萧条；如果政府采取扩张性政策，将总需求曲线向右平移到 AD_2，

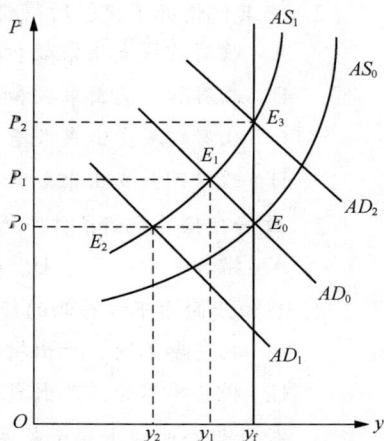

图 9-37　经济滞胀和需求管理政策的失灵

虽然会增加就业与收入，但也会使一般价格水平上升到 P_2，加剧道货膨胀。因此，在"滞胀"情况下，凯恩斯主义需求管理政策失灵。

总之，总供给-总需求模型是用来表明产出与价格两者之间均衡水平的决定的。总供给曲线表示

在各个价格水平上，企业愿意供给的实际产出数量。总需求曲线表示在各个价格水平上，产品市场和货币市场处于均衡时的产出水平，可以由在不同价格水平下，产品市场与货币市场的均衡推导出来。总供给曲线可以分为3种状态：凯恩斯总供给曲线是水平的，它意味着企业在现有价格水平上愿意供给的商品数量；古典总供给曲线是垂直的，它表示充分就业条件下的总供给状态；常规形态的总供给曲线是向右上方倾斜的，它表明随着价格的上升，厂商的供给数量会不断提高。

总需求的扩张（如实施扩张性财政政策或货币政策等）会使总需求曲线向右上方移动。在凯恩斯主义的供给条件下，总需求的扩张会导致总供给的增加，但不会引致价格的上升。在古典供给条件下，总需求的上升只能引致价格的上涨。投入品价格的突然上升（例如20世纪70年代初的石油危机）会导致总供给曲线向左上方移动，其结果会导致产量的减少与价格的上涨。

西方主流经济学派认为，总供给–总需求模型可以用来解释萧条状态、高涨状态和滞胀状态下的短期收入和价格总水平的决定，也可以用来解释充分就业状态下的长期收入和价格总水平的决定。在政策主张上，主流学派的经济学家认为，虽然经济在长期内可以处在充分就业的均衡状态，但在短期内，萧条和过度繁荣，甚至滞胀状态是不可避免的，这些情况仍然会给社会带来经济损失，因此有必要推行凯恩斯主义的反周期经济政策，以"熨平"萧条和过度繁荣所带来的经济波动，使经济处于持续稳定的充分就业状态。

课后习题

一、单项选择题

1. 假定某国经济目前的均衡收入为5 500亿元，如果政府要把收入提高到6 000亿元，在边际消费倾向等于0.9的条件下，应增加政府支出（　　　　）亿元。

    A. 10   B. 30   C. 50   D. 500

2. 若其他情况不变，所得税的征收将会使（　　　）。

    A. 政府购买支出乘数和税收乘数都增大

    B. 政府购买支出乘数和税收乘数都变小

    C. 政府购买支出乘数增大，税收乘数变小

    D. 政府购买支出乘数变小，税收乘数增大

3. 政府在预算平衡条件下增加支出会使总产出（　　　）。

    A. 增加   B. 减少   C. 不变   D. 不确定

4. IS曲线向右下方移动的经济含义是（　　　）。

    A. 利息率不变，产出增加   B. 产出不变，利息率提高

    C. 利息率不变，产出减少   D. 产出不变，利息率降低

5. 使总供给曲线上移（或左移）的原因是（　　　）。

    A. 工资提高   B. 价格提高   C. 需求增加   D. 技术进步

6. 在短期总供给曲线区域，决定价格的因素是（　　　）。

    A. 需求   B. 供给   C. 工资   D. 技术

7. 在长期总供给曲线区域，决定价格的因素是（　　　）。

    A. 需求   B. 供给   C. 工资   D. 技术

8. 当总供给曲线的斜率为正时，单位原材料的实际成本增加总供给曲线移向（　　　）。

 A. 右下方，价格水平下降，实际产出增加

 B. 左下方，价格水平下降，实际产出增加

 C. 右上方，价格水平上升，实际产出减少

 D. 左上方，价格水平上升，实际产出减少

9. 根据总供求模型，扩张性财政政策使产出（　　　）。

 A. 增加   B. 减少   C. 不变   D. 不确定

10. 根据总供求模型，扩张性货币政策使价格水平（　　　）。

 A. 增加   B. 减少   C. 不变   D. 不确定

二、判断题

1. 从根本上说，储蓄就是未来的消费。（　　　）

2. 均衡国民收入就是达到充分就业时的国民收入。（　　　）

3. 边际消费倾向越大，政府购买支出变动对国民收入的影响就越大。（　　　）

4. 在资源没有被充分利用时，增加储蓄会使国民收入减少，减少储蓄会使国民收入增加。（　　　）

5. 在产品市场上，利率与国民收入呈反方向变动，而在货币市场上利率与国民收入呈同方向变动。（　　　）

6. 价格水平降低时，总需求曲线向右移动。（　　　）

7. 扩张性总需求管理政策的价格效应最大，表明总供给曲线是长期总供给曲线。（　　　）

8. 在短期总供给曲线时，总需求的变动会引国民收入与价格水平反方向变动。（　　　）

9. 在总需求不变时，短期总供给的增加会使国民收入增加，价格水平下降。（　　　）

10. 若扩张性总需求管理政策的产出效应最大，则表明总供给曲线是水平的。（　　　）

三、简答题

1. 什么是"流动偏好陷阱"？

2. 运用IS-LM模型分析产品市场和货币市场失衡时的调整过程。

3. 在何种情况下，总供给曲线是水平的、垂直的、向右上方倾斜的？政府的宏观政策对总产出会有什么样的影响？

4. 简析古典总供给-总需求模型与凯恩斯主义总供给-总需求模型的区别。

5. 运用IS-LM模型分析均衡国民收入与利率的决定与变动。

6. 怎样理解IS-LM模型是凯恩斯主义宏观经济学的核心？

7. 在IS和LM两条曲线相交时所形成的均衡收入是否就是充分就业时的国民收入？为什么？

8. 解释下面每一个事件将使长期总供给增加、减少，还是没有影响。

（1）大量外来移民潮。

（2）最低工资提高到每小时10美元。

（3）英特尔公司投资开发新的、更强劲的电脑芯片。

（4）严重的暴风雨危及工厂。

四、计算题

1. 已知总需求曲线为$Y_d=600-50P$，总供给函数为$Y_s=500P$（单位：亿元）。

（1）求供求均衡点。

（2）如果总供给曲线不变，总需求增加10%，求新的供求均衡点。

（3）如果总需求曲线不变，总供给增加10%，求新的供求均衡点。

（4）求总需求曲线和总供给曲线同时增加10%后的供求均衡点。

2．若货币交易需求为$L_1=0.20y$，货币投机性需求$L_2=2\,000-500r$。

（1）写出货币总需求函数。

（2）当利率$r=6$，收入$y=10\,000$亿美元时，货币需求量为多少？

（3）若货币供给$M_s=2\,500$亿美元，收入$y=6\,000$亿美元时，可满足投机需求的货币量是多少？

（4）当收入$y=10\,000$亿美元，货币供给$M_s=2\,500$亿美元时，货币市场均衡时的利率为多少？

3．假定某经济中消费函数为$C=0.8(1-t)Y$，税率为$t=0.25$，投资函数为$I=900-50r$，政府购买$G=800$，货币需求为$L=0.25y-62.5r$，实际货币供给为500。

试求：（1）IS曲线；（2）LM曲线；（3）两个市场同时均衡时的利率和收入。

4．假设货币需求为$L=0.20Y$，货币供给量为200美元，$C=90+0.8Yd$，$t=50$美元，$I=140-5r$，$g=50$美元。

（1）导出IS和LM方程，求均衡收入，利率和投资。

（2）若其他情况不变，g增加20美元，均衡收入、利率和投资各为多少？

（3）是否存在"挤出效应"？

（4）用草图表示上述情况。

5．某两部门经济中，假定货币需求为$L=0.2y-4r$，货币供给为200亿美元，消费为$c=100+0.8y$，投资$i=150$亿美元。

（1）求IS和LM方程，画出图形。

（2）求均衡收入、利率、消费和投资。

（3）若货币供给增加20美元，货币需求不变，收入、利率、投资和消费有什么变化？

（4）为什么货币供给增加后收入不变而利率下降？

本章学习宏观经济政策及其作用与实践，通过学习，读者应当掌握宏观经济政策的作用及其原理，了解宏观经济政策的目标，掌握财政政策的功能及运用，掌握货币政策工具及其作用机制，理解什么是相机抉择的宏观经济政策。

10.1 宏观经济政策的作用及其原理

在短期内，影响国民收入波动的主要原因就是需求，因此宏观经济政策的理论基础就是凯恩斯主义的总需求理论，即上一章分析的 IS-LM 模型。财政政策和货币政策作为总需求管理的两大基本政策工具，其作用原理和效果都可以通过 IS-LM 模型得到说明。

10.1.1 财政政策的作用及其原理

1. 财政政策的概念及其作用

（1）财政政策的概念。

财政政策是国家干预经济的主要政策之一。财政政策是根据稳定经济的需要，政府改变支出和税收以影响总需求进而影响就业和国民收入的政策。政府的财政政策主要包括两大类：改变政府支出和改变税收。其中政府支出包括政府公共工程支出（比如政府投资兴建基础设施）、政府购买支出（政府对各种产品和劳务的购买）和转移支付（各种福利支出）。税收主要是个人所得税、公司所得税和其他税收。增加政府支出可以刺激总需求，从而增加国民收入，反之则压抑总需求，减少国民收入。税收是国民收入的一种收缩性力量，因此，增加政府税收可以抑制总需求，从而减少国民收入，反之，则能刺激总需求、增加国民收入。

根据财政政策在调节国民经济总量方面的不同功能，财政政策可区分为扩张型财政政策、紧缩型财政政策和中性财政政策 3 类。

扩张性财政政策是指通过财政分配活动来增加和刺激社会总需求。扩张性财政政策主要通过减税、增加支出的方式实现。由于减少财政收入、扩大财政支出的结果往往表现为财政赤字，因此，扩张性财政政策亦称赤字财政政策。

紧缩性财政政策是指通过财政分配活动来减少和抑制总需求。紧缩性财政政策主要通过增税、减少支出的方式实现。由于增加财政收入、减少财政支出的结果往往表现为财政结余，因此紧缩性财政政策也称盈余性财政政策。紧缩性财政政策是作为反通货膨胀的对策出现的。

中性财政政策是指财政分配活动对社会总需求的影响保持中性，即财政的收支活动既不会产生扩张效应，也不会产生紧缩效应。实践中，这种情况是很少存在的。

（2）IS 曲线、LM 曲线的斜率与财政政策效果。

尽管实行扩张性的财政政策和货币政策都会使国民收入增加，但国民收入增加的多少即政策效果的大小会因 IS 曲线和 LM 曲线的斜率的不同而不同。

从 IS-LM 模型看，LM 曲线的斜率不变时，IS 曲线斜率的绝对值越小，IS 曲线越平坦，IS 曲线移动对国民收入变动的影响就越小，即财政政策效果越小；相反，IS 曲线斜率的绝对值越大，IS 曲线越陡峭，IS 曲线移动对国民收入变动的影响就越大，即财政政策效果越大。可用图 10-1 来进行说明。

图 10-1（a）和图 10-1（b）中，假设 LM 曲线的斜率相同，初始均衡收入 Y_0 和利率 r_0 也相同。现在政府实行扩张性财政政策，使 IS 曲线右移，从而使国民收入增加。由于 IS 曲线斜率不同，国民收入增加的多少会有所不同。

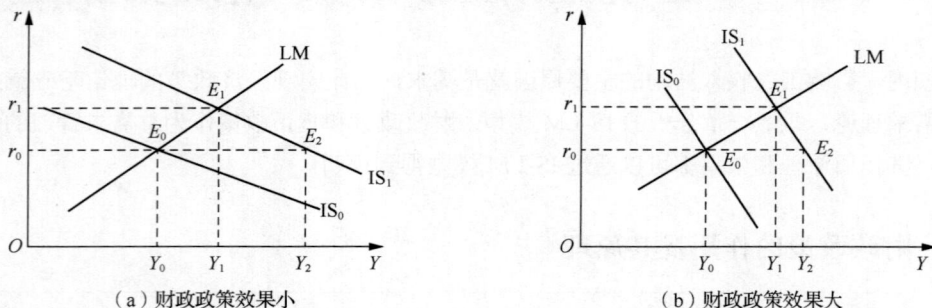

| （a）财政政策效果小 | （b）财政政策效果大 |

图 10-1　IS 曲线的斜率与财政政策效果

如果 IS 曲线的斜率不变，则 LM 曲线的斜率越大，LM 曲线越陡峭，则 IS 曲线移动对国民收入变动的影响就越小，即财政政策效果越小；相反，LM 曲线斜率越小，LM 曲线越平坦，IS 曲线移动对国民收入变动的影响就越大，即财政政策效果越大，可用图 10-2 来进行说明。

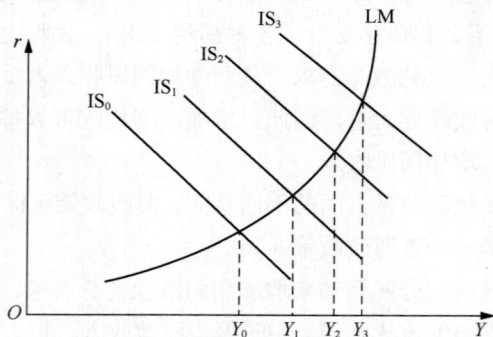

图 10-2　LM 曲线的斜率与财政政策效果

图 10-2 中，LM 曲线逐渐由平坦变陡峭，其斜率由小变大。由图中可以看出，在 LM 曲线比较陡峭的阶段如由 IS_2 到 IS_3 的阶段，扩张性财政政策使国民收入增加较少，说明财政政策效果较小；而在 LM 曲线比较平坦的阶段如由 IS_0 到 IS_1 的阶段，扩张性财政政策使国民收入增加较多，说明财政政策效果较大。

2. 凯恩斯主义的极端情况

凯恩斯主义的极端情况如下。如果 LM 曲线平坦，或 IS 曲线陡峭，则财政政策效果大，货币政策效果小。如果出现一种 IS 曲线为垂直线，而 LM 曲线为水平线的情况，则财政政策将完全有效，而货币政策将完全无效，如图 10-3 所示。

在图 10-3（a）中，在 LM 曲线的水平区域，扩张性财政政策的结果是使收入增加到 Y_1，而利率保持不变，仍然为 r_0。

在 LM 曲线的水平区域即"凯恩斯陷阱"中，即使 IS 曲线不垂直而向右下方倾斜，政府实行财政政策也完全有效，如图 10-3（b）所示。

如果 IS 曲线为垂直线，说明投资需求的利率弹性系数等于零，则即使利率发生了变化，投资也不会发生变动。也就是说，即使 LM 曲线不为水平线，政府的货币政策能改变利率，收入也不会受到影响，如图 10-3（c）所示。

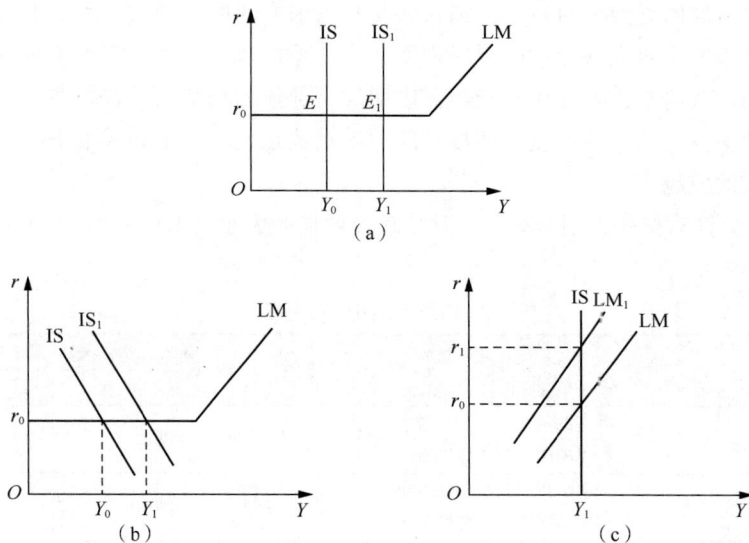

图 10-3　凯恩斯主义的极端情况

在凯恩斯主义的极端情况下，货币需求的利率弹性为无限大，而投资需求的利率弹性为 0。因此财政政策的挤出效应为 0，财政政策效果极大。反之，在古典主义的极端情况下，货币需求的利率弹性为 0，而投资需求的利率弹性极大。因此，挤出效应是完全的，政府支出增加多少，私人投资就被挤出了多少，财政政策毫无效果。

3. 挤出效应

财政政策的"挤出效应"是指政府实行扩张性财政政策所引起的私人消费与投资减少的经济效应。于是，扩张性财政政策刺激经济的作用就减弱了，可用图 10-4 来说明财政政策的挤出效应。

图 10-4 是 IS-LM 模型，当 IS 曲线与 LM 曲线相交于 A 点时，决定了均衡国民收入 Y_0 和均衡利率 r_0。在货币供应量不变的条件下，政府支出增加，加大采购开支或采取减税政策，即自发总需求增加。由于总支出增加了，宏观经济处于新的均衡状态，总需求就会随之上升，货币需求量必然加大，IS 会右

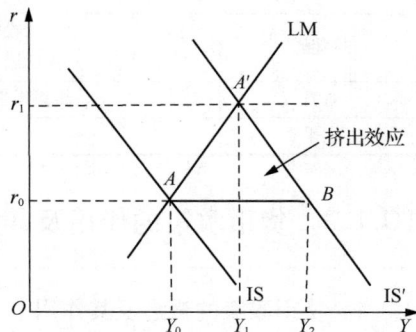

图 10-4　挤出效应

移到 IS′，均衡利率也会攀升到 r_1。移动后的 IS′曲线上对应 r_0 利率的投资应当在 B 点，由于利率提高，人们会减少投资，B 点向新的均衡点 A′逼近，货币需求量上升，私人投资被挤掉一部分，造成投资下降，减少的部分即为 Y_2-Y_1，就是财政政策的"挤出效应"。挤出效应的大小会直接影响到财政政策的效果，图中的 Y_1-Y_0 即为财政政策的效果。

一般可以认为，如果增加的政府支出是用于公共产品领域（如国防和城市公路这些私人不愿意投资的领域），挤出效应就会小一些；如果增加的政府，支出是用于纯粹的私人产品领域（私营企业愿意投资的领域），挤出效应就会大一些。另外，政府支出在多大程度上"挤占"私人支出呢？这取决于以下 4 个因素。第一，支出乘数的大小。乘数越大，政府支出引起的产出增加越多，利率增加引起国民收入减少也越多，挤出效应越大。第二，货币需求对产出变动的反应程度。政府支出引起的一定量产出水平增加所导致的对货币的需求（交易需求）的增加越大，利率上升也越多，挤出效应越大。第三，货币需求对利率变动的反应程度。这一系数越小，货币需求稍有变动，就会引起利率越大幅度的变动，政府支出增加引起货币需求增加所导致的利率上升就越多，挤出效应越大。第四，投资需求对利率变动的敏感程度。即投资的利率系数越大，一定利率水平的变动对投资水平的影响就越大，挤出效应越大。

综合上述分析，针对扩张性财政政策，财政政策效果的大小与 LM 曲线和 IS 曲线的斜率可以用表 10-1 和表 10-2 说明。

表 10-1 扩张性财政政策和 LM 曲线

LM 曲线	含义	给定正常的 IS 曲线，财政政策的效果	
		对产量	对利率
越平坦	利率的货币需求弹性越大 利率的国民收入弹性越大	越大	越小
越陡峭	利率的货币需求弹性越小 利率的国民收入弹性越小	越小	越大
垂直	古典情形	无	最大
水平	凯恩斯主义的极端情形	最大	无

表 10-2 扩张性财政政策和 IS 曲线

IS 曲线	含义	给定正常的 LM 曲线，财政政策的效果	
		对产量	对利率
越平坦	利率的投资需求弹性越大 利率的国民收入弹性越大	越小	越大
越陡峭	利率的投资需求弹性越小 利率的国民收入弹性越小	越大	越小
垂直	凯恩斯主义的极端情形	最大	最大
水平	古典情形	无	无

10.1.2 货币政策的作用及其原理

1. 货币政策的概念及其作用

（1）货币政策的概念。

宏观经济政策的第二大工具是货币政策，它是政府货币当局即中央银行通过银行体系变动货币供给量来调节总需求的政策。中央银行通过改变货币供给量能够影响到许多金融变量和经济变量，如利率、股价、房地产价格、汇率等。在经济萧条时，增加货币供给，可降低利息率，刺激私人投资，进而刺激消费，使生产和就业增加。反之，在经济过热，通胀率太高时，减少货币供给量，可以提高利率，抑制投资和消费，使生产和就业减少或增长得慢一些。前者是扩张性货币政策，后者是紧缩性货币政策。与财政政策一样，货币政策也体现了政府对国民经济的管理，但是这部分财力主要是指由银行代表的财力。另外货币政策并不像财政政策那样，体现出国家对一部分社会产品的分配管理。因此，货币政策与财政政策有相近功效，也有不同之处。

（2）IS 曲线、LM 曲线的斜率与货币政策效果。

① IS 曲线的斜率与货币政策的效果。

图 10-5 说明了货币政策效果和 IS 曲线的关系。图中有 3 条 IS 曲线，第一条是正常的，或者说是绝大多数经济学家认同的，斜率为负的 IS 曲线，第二条是水平的 IS_A 曲线，第三条是垂直的 IS_B 曲线。

如果 IS 曲线为一条水平线，货币供给量的上升，使得 LM_1 曲线向右平移至 LM_2，导致国民收入的增长量完全等于 LM 曲线的水平移动量。

当 IS 曲线为一条水平线时，货币政策对产出具有完全的效应，但利率不变；当 IS 曲线为一条垂线时，货币存量的增加使得利率从 r_1 下降到 r_3，货币政策对利率有完全的效应，但对实际收入水平没有影响。因此，IS 曲线越平坦，货币政策对实际产量影响越大，对利率影响越小。

那么，在什么情况下有可能使 IS 曲线为一条水平线呢？在什么情况下有可能使 IS 曲线为一条垂线呢？如前所述，只有当投资对利率具有完全弹性时，IS 曲线才有可能为一条水平线，只有当投资对利率的变化没有反应，IS 曲线才有可能为一条垂线。

以上讨论的两种情形都属极端特例。但是，我们至少可以得到以下结论，投资对利率的弹性愈大，货币存量的变化对实际收入影响越大、对利率的影响越小。

② LM 曲线的斜率与货币政策的效果。

货币政策对产量和利率的效果不仅取决于 IS 曲线的斜率，还同时依赖于 LM 曲线的斜率。

如果 IS 曲线的斜率不变，LM 曲线的斜率越大，即 LM 曲线越陡峭，则货币政策效果越大；相反，LM 曲线的斜率越小，即 LM 曲线越平坦，则货币政策效果越小，如图 10-6 所示。

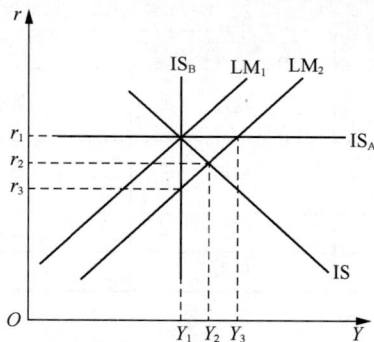

图 10-5　IS 曲线的斜率和货币政策效果

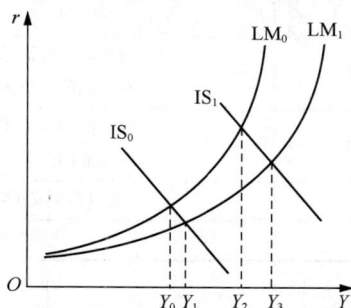

图 10-6　LM 曲线的斜率和货币政策效果

2. 水平的 LM 曲线：凯恩斯主义的极端情况——流动性陷阱。

流动偏好陷阱（liquidity trap）是指以下这种情形：在任一给定的较低利率水平上，公众持有货币的机会成本小到可以完全忽略不计时，公众愿意持有任何数量的货币。这就隐含着 LM 曲线为一条水平线，同时，改变货币存量使得 LM 曲线从 LM 变为 LM′，这样，货币供给量增加使得 LM 曲线在 r_1A 水平段上没有任何变化。在这种情况下，实施公开市场业务等货币政策对利率和收入水平均不会产生影响。货币政策在流动性陷阱里无法影响利率和产量，如图 10-7 所示。

流动性陷阱理论是极端的凯恩斯主义反对货币政策的一种理论。它认为，在某一给定的较低利率水平之上，如 r_1，公众愿意持有任意数量的货币，因而 LM 曲线为一水平线。此时，增加货币供给对经济没有任何影响。

图 10-7 中的 r_1 是一个人为给定的很低的利率，但是，至少在零利率以上。当利率为零时，人们持有货币的机会成本几乎为零，因此，公众不愿意持有任何债券，同时，持有货币还具有利于交易的优势。相应地，如果由于某种原因使利率为零，货币供给量的增加并不会引诱人们去购买债券，因此，这对利率没有任何影响，进而对产量也没有影响，该经济便处于流动性陷阱之中。

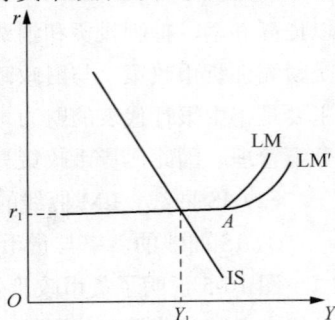

图 10-7 流动性陷阱

3. 古典主义的极端情况

当 LM 曲线为垂直线、IS 曲线为水平线时，货币政策十分有效，而财政政策完全无效。这种情况被称为古典主义极端，如图 10-8 所示。

在图 10-8 中，当 LM 曲线垂直时，说明货币需求的利率弹性等于零，人们不愿意为投资而持有货币。这时，如果增加政府支出或减税使利率上升，私人投资会大大减少，挤出效应会非常大。这说明，在古典主义极端的情形下，财政政策完全无效。但是，如果实行扩张性的货币政策，则效果会很大。

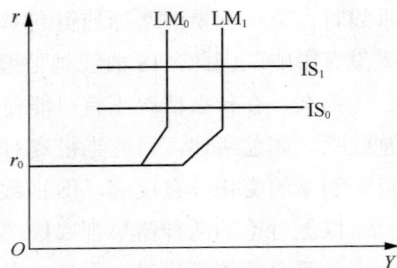

图 10-8 古典主义的极端情况

综合上述分析，针对扩张性货币政策，货币政策效果的大小与 IS 曲线和 LM 曲线的斜率可以用表 10-3 和表 10-4 说明。

表 10-3　　　　　　　　扩张性货币政策与 IS 曲线

IS 曲线	含义	给定正常的 LM 曲线，货币政策的效果	
		对产量	对利率
越平坦	利率的投资需求弹性越大 利率的国民收入弹性越大	越大	越小
越陡峭	利率的投资需求弹性越小 利率的国民收入弹性越小	越小	越大
垂直	凯恩斯主义的极端情形	无	最大
水平	古典情形	最大	无

表 10-4　　　　　　　　扩张性货币政策与 LM 曲线

LM 曲线	含义	给定正常的 IS 曲线，货币政策的效力	
		对产量	对利率
越平坦	利率的货币需求弹性越大 利率的国民收入弹性越大	越小	越小

续表

LM 曲线	含义	给定正常的 IS 曲线，货币政策的效力	
		对产量	对利率
越陡峭	利率的货币需求弹性越小 利率的国民收入弹性越小	越大	越大
垂直	古典情形	最大	最大
水平	极端的凯恩斯主义情形（流动性陷阱）	无	无

4. 货币政策的局限性

货币政策在实施过程中也会遇到一些局限性，具体表现在如下几个方面。

第一，在通货膨胀时期，实行紧缩性货币政策的效果可能比较显著，但在经济衰退时期，实行扩张性货币政策的效果可能就不明显。经济衰退时期，公众对经济前景持悲观态度，即使中央银行松动银根，降低利率，投资者也不肯增加贷款从事投资活动，银行为了安全起见也不肯轻易贷款，特别是存在流动性陷阱的情况下，不论银根如何松动，利息率都不会降低。这样，货币政策作为反衰退的政策，效果就会差一些。进一步而言，对成本推进型的通货膨胀，货币政策的效果也比较小。

第二，从货币市场的均衡情况看，想要增加或减少货币供给以影响利率的话，必须以货币流通速度不变为前提。例如，当经济衰退时，货币流通速度下降，这时中央银行增加货币供给对经济的影响也就可能被货币流通速度下降带来的影响所抵消。

第三，货币政策作用的外部时滞也影响政策效果。中央银行变动货币供给量，要先影响利率，再影响投资，然后影响就业和国民收入，货币政策要通过很长的一段时间才能起作用。而从执行货币政策到产生效果也要有一个相当长的过程，此时经济情况很可能已经发生了变化，执行的政策可能已经不符合实际情况。

第四，在开放经济中，货币政策的效果还要因为资金在国际上流动而受到影响。比如，一国实行紧缩性货币政策，利率上升，国外资金流入，若汇率浮动，则本币升值，出口受到抑制，进口受到刺激，本国总需求比在封闭条件下有更大的下降。若实行固定汇率，央行要维持本币不升值，抛本币，购外币，本国货币供给增加，则紧缩性货币政策效果下降。

10.1.3 两种政策的协调配合及其作用

1. 财政政策与货币政策的作用特点比较

扫码看视频

财政政策和货币政策是宏观调控的两大工具，它们各自的特点决定了在调节经济的过程中，二者是互补的关系，缺一不可，不能互相替代。

（1）财政政策与货币政策调节范围的不同要求两者必须协调配合。

财政政策和货币政策都是以调节社会总需求为基点来实现社会总供求平衡的政策，但两者的调节范围却不尽相同。具体表现为：财政政策主要在分配领域进行调节，货币政策对社会总需求的影响则主要是通过影响流通中的货币量来实现的，其调节行为主要发生在流通领域。正是这种调节范围的不同，使得不论是财政政策还是货币政策，对社会总供求的调节都有局限性。

财政政策与货币政策的关系

（2）财政政策与货币政策目标的侧重点不同要求两者协调配合。

财政政策与货币政策都对总量和结构进行调节，但在资源配置和经济结构上，财政政策比货币政策更强调资源配置的优化和经济结构的调整，具有结构特征。而货币政策的重点是调节社会需求总量，具有总量特征。

（3）财政政策与货币政策时滞性的不同要求两者协调配合。

在政策制定上，财政政策的变动，需要通过立法机构的审批、走立法程序，而货币政策的变动通常由中央银行决定的；在政策执行上，财政政策措施通过立法之后，还要交给有关执行单位具体实施，而货币政策具有很强的灵活性，在中央银行决策之后，可以立即付诸实施，相比起来，货币政策的作用快一些，受到的阻力也小一些。因此，财政政策的决策时滞一般比货币政策要长。但是，从效果时滞来看，财政政策则可能优于货币政策。由于财政政策直接影响消费总量和投资总量，从而直接影响社会的有效需求，效用会更强一些。而货币政策主要是影响利率水平的变化，通过利率水平变化引导经济活动的改变，对社会总需求的影响是间接的。从这一点分析，货币政策对经济运行产生影响所需的时间比财政政策要长。

2. 财政政策和货币政策协调配合的作用

财政政策包括国家税收政策和财政支出政策，增税和减支是"紧"的财政政策，可以减少社会需求总量，但对投资不利。反之，是"松"的财政政策，有利于投资，但社会需求总量的扩大容易导致通货膨胀。货币政策主要包括信贷政策和利率政策，收缩信贷和提高利率是"紧"的货币政策，能够抑制社会总需求，但也会制约投资和经济的短期发展。反之，是"松"的货币政策，能扩大社会总需求，对投资和经济的短期发展有利，但容易引起通货膨胀率的上升。

当经济中存在失业时，既可以实行扩张性的财政政策，也可以实行扩张性的货币政策，还可以将二者结合起来使用，如图 10-9 所示。

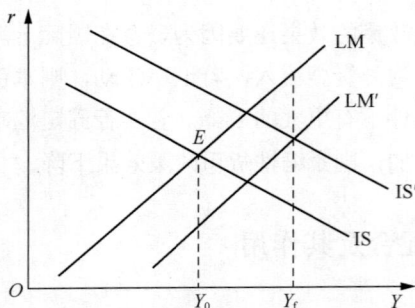

图 10-9　财政政策与货币政策的协调使用

假定经济最初处于 E 点，而充分就业的收入为 Y_f，为了达到充分就业，政府可实行扩张性财政政策或扩张性货币政策使 IS 或 LM 曲线右移，但这会导致利率的上升或下降。为了增加收入而不使利率变动，可采用扩张性财政政策和货币政策相结合的方法。通过扩张性财政政策使收入增加到 Y_f，同时通过扩张性货币政策增加货币供应量，使利率保持原有水平。

财政政策与货币政策有 4 种不同的搭配组合，政府究竟采用哪种组合取决于客观的经济环境。概括地说，"一松一紧"主要是解决结构问题；单独使用"双松"或"双紧"主要为解决总量问题，如表 10-5 所示。

表 10-5   财政政策和货币政策协调使用的政策效应

	政策混合	产出	利率
1	扩张性财政政策和紧缩性货币政策	不确定	上升
2	紧缩性财政政策和紧缩性货币政策	减少	不确定
3	紧缩性财政政策和扩张性货币政策	不确定	下降
4	扩张性财政政策和扩张性货币政策	增加	不确定

当经济萧条但又不太严重时，可以采用第一种组合，用扩张性财政政策刺激总需求，用紧缩性货币政策控制通货膨胀；当经济发生严重的通货膨胀时，可采用第二种组合，用紧缩性货币政策提高利率，降低总需求，同时用紧缩性财政政策防止利率过分提高；当经济出现通货膨胀又不太严重时，可用第三种组合，用紧缩性财政政策压缩总需求，用扩张性货币政策降低利率，防止紧缩性财政引起衰退；当经济出现严重萧条时，可以用第四种组合，用扩张性财政政策增加总需求，用扩张性货币政策降低利率克服"挤出效应"。

3. 相机抉择

相机抉择是指政府在运用宏观经济政策来调节经济时，可以根据市场情况和各项调节措施的特点，明确在什么情况下不用采取政策措施，依靠经济本身的机制自发调节即可；什么情况下必须机动地决定或选择当前应该采用哪一种或哪几种政策措施。这种对政策的配合要根据不同的经济形势采取不同的政策。

在经济发生严重的衰退时，政府不能运用作用缓慢的政策，而是要采用作用比较猛烈的政策，如通过紧急增加政府支出与政府购买、增加转移支付等扩张性财政政策来刺激总需求，以实现充分就业。在经济开始出现衰退的苗头时，要采用一些较为温和的政策，如有计划地在金融市场上收购债券以缓慢地增加货币供给量，降低利息率。

4. 政策实施的困难

宏观经济政策实施中会遇到一些困难，影响政策的实施效果，具体包括以下内容。

（1）政策时滞。

任何一项政策，从决策到在经济中达到预期的目标都会有一定的时间间隔，这种时间间隔就叫政策时延。这种政策时延的长短，对政策能否达到预期的目标有重要的影响。

政策时延可以分为内在时延与外在时延。内在时延是指从经济中发生了引起不稳定的变动，到决策者制定出适当的经济政策并付诸实施之间的时间间隔。其中包括从经济中发生了引起不稳定的变动，到决策者认识到有必要采取某种政策的认识时延，从认识到有必要采取某种政策到实际做出决策的决策时延，以及从做出决策到政策付诸实施的实施时延。外在时延是指从政策实施到政策在经济中完全发生作用，达到预期目标之间的时间间隔。

各种宏观经济政策的时延是不同的。一般来说，财政政策从决策、批准到实施，需要经过许多中间环节，内在时延较长，但其作用比较直接，见效快，外在时延较短。货币政策由中央银行直接决定，所经过的中间环节少，内在时延较短，但它的作用比较间接，外在时延较长。缩短政策时延，使政策更快地发挥作用是十分必要的。但是时延是客观存在的，无法消除。这样，在决定采取何种政策时，一定要考虑到各种政策的时延，以免政策无法达到预期目标。

（2）公共预期的影响。

公众对政策本身和经济形势的预期也会影响宏观经济政策的效果。如果公众认为政策的变动只是暂时的，从而不对政府出台的政策做出相应反应，政策就很难达到预期的目标。如果公众认为经济会发生严重衰退，这样即使政府采取了减税等措施，公众也不会增加消费或投资，减税也就不会起到刺激总需求的作用。因此，只有当公众认为政策是一种长期的政策，并与政府有相近的经济预期时，才会配合政策，达到出台政策的预期目标。

（3）非经济因素的影响。

经济政策的出台与实施都不是孤立的，要综合考虑多方因素，同样，宏观经济政策的效果也受到众多因素尤其是国内外政治因素的影响。比如，在西方国家大选前夕，尽管经济中已经出现了通货膨胀，但本届总统为了连任，一般不会采取紧缩性政策，否则会导致失业增加，经济萧条，对其当选带来不利影响。再比如，减少政府支出的政策会受到接受政府补助的穷人的反对或抵制，政府出于政治上的考虑，也会中止或减缓这种政策。另外，国际政治关系的变动，某些重大事件的发生、意想不到的自然灾害等，都会影响政策的预期目标。

10.2 宏观经济政策的目标与实践

经济政策是指国家或政府为了增进社会经济福利而制定的解决经济问题的指导原则和措施。它是为了达到一定的经济目标而对经济活动进行的有意识的干预。因此，任何一项经济政策的制定都是根据一定的经济目标进行的。

10.2.1 经济政策目标

宏观经济政策的目标一般有 4 种，即充分就业、物价稳定、经济增长和国际收支平衡。

1. 充分就业

充分就业是宏观经济政策的第一目标。所谓充分就业，是指一切生产要素包括劳动都有机会以自己愿意的报酬参加生产的状态。由于测量各种经济资源的就业程度非常困难，因此通常以失业率作为衡量充分就业与否的尺度。失业率是失业者人数与劳动力人数的比率，失业者是劳动力中想工作但尚未找到工作的人，失业人数等于全部劳动力人数与就业人数之差。

充分就业并非人人都有工作，在充分就业的状态下，有可能存在失业。这是由于在市场经济中，劳动力的供求双方都有自由选择的权力。例如，有人对其工作不满意而辞掉工作，一般需要一段时间才能再找到工作；学生从学校毕业也往往需要一段时间才能找到合适的工作。所以，从整个经济看来，任何时候都会有一些正在寻找工作的人，经济学家把在这种情况下的失业率称为自然失业率，有时也被称作"充分就业状态下的失业率"，有时也被称作"无加速通货膨胀下的失业率"。在凯恩斯看来，失业一般分为 3 类：摩擦失业、自愿失业和非自愿失业。除此以外，还有所谓的结构性失业和周期性失业。凯恩斯认为，如果非自愿失业已经消除，失业仅限于摩擦失业和自愿失业的话，就是实现了充分就业。随着经济结构的调整和生产技术的进步，人员流动、职工下岗和失业都是难以避免的，国际上通常认为，失业率在 5%以内是正常的。

2. 物价稳定

物价稳定是指价格总水平的稳定。一般采用价格指数来表示价格水平的变化，价格指数有消费价格指数（CPI）、批发价格指数（PPI）、和 GDP 平减指数（GDP deflator）等。价格稳定不是指每种商品的价格固定不变，也不是指价格总水平固定不变，而且指价格指数相对稳定。市场物价总水平的适度变动，有利于国民经济的调整，有利于调节供求矛盾，但如具物价总水平出现大幅度的上升或下降，则会给国民经济和人民生活带来极其不利的影响。

3. 经济增长

经济增长是指在一定时期内，经济的持续均衡增长。即在一个时期内，经济社会所生产的人均产量或者人均收入的增长，它既要求维持一个较高的经济增长率，又要求社会有一个经济持续增长的能力，一般认为，经济增长与充分就业目标是一致的。

4. 国际收支平衡

国际收支平衡是指一国净出口与净资本进出相等而形成的平衡，一国的国际收支状况不仅反映了这个国家的对外经济交往情况，还反映了该国经济的稳定程度。收入总额高于支出总额，就是国际收支顺差；反之，就是国际收支逆差。国际收支平衡一般用国际收支平衡表来反映。国际收支平衡表可综合反映一国的国际收支平衡状况、收支结构及储备资产的增减变动情况，为制定对外经济政策、分析影响国际收支平衡的基本经济因素、采取相应的调控措施提供依据，并为其他核算表中有关国外的部分提供基础性资料。

从根本上说，宏观调控的 4 个政策目标是一致的。但具体来说，这 4 个政策目标之间既存在着一致性或互补性，也存在着矛盾性或冲突性。

一致性或互补性是指政府对某一目标的追求或实现的同时也能促进其他目标的实现。如充分就业与经济增长之间就存在一致性，国民经济越是能持续均衡增长，就业率就越高，失业率就越低；反之，就业率就越低，失业率就越高。经济增长与就业之间的高度相关关系可以通过奥肯定律来说明，即当实际 GDP 增长相对于潜在 GDP 增长下降 2%时，失业率上升大约 1%；当实际 GDP 增长相对于潜在 GDP 增长上升 2%时，失业率下降大约 1%。需要注意的是，奥肯所提出的经济增长与失业率之间的具体数量关系只是对美国经济所做的描述，而且是对特定一段历史时期的描述。因此，奥肯定律的意义在于揭示了经济增长与就业增长之间的关系，而不在于其所提供的具体数值。

矛盾性或冲突性是指政府要实现某一目标，就无法同时实现另一目标，甚至要以牺牲另一目标为代价。物价稳定与充分就业之间存在一种此高彼低的交替关系。当失业过多时要实现充分就业的目标，就需要扩张信用和增加货币供应量，以刺激投资需求和消费需求，扩大生产规模，增加就业人数；同时由于需求的大幅增加，会带来一定程度的物价上升。反之，如果货币政策要实现物价稳定，又会带来就业人数的减少。

物价稳定与经济增长也存在矛盾。要刺激经济增长，就应促进信贷和货币发行的扩张，结果会带来物价上涨；为了防止通货膨胀，就要采取信用收缩的措施，这又会对经济增长产生不利的影响。

物价稳定与国际收支平衡也存在矛盾。若其他国家发生通货膨胀，本国物价稳定，则会造成本国输出增加、输入减少，出现国际收支顺差；反之，则出现逆差，使国际收支恶化。

经济增长与国际收支平衡也存在矛盾。随着经济增长，对进口商品的需求通常也会增加，结果会出现贸易逆差；反之，为消除逆差、平衡国际收支，需要紧缩信用，减少货币供给，从而导致经济增长速度放慢。

综上所述，由于各目标间存在的矛盾性，政府应根据不同的情况选择具体的政策目标。

10.2.2　财政政策

1．财政政策功能

财政政策作为宏观调控的重要手段，主要具有 4 种功能。

（1）导向功能。

财政政策的导向功能就是通过调整物质利益进而调节个人和企业的经济行为来引导国民经济的运行。具体表现在两个方面：第一，配合国民经济总体政策和各部门、各行业政策，提出明确的调节目标；第二，财政政策不仅规定应该做什么，不应该做什么，同时要通过利益机制，引导人们的经济行为。

（2）协调功能。

财政政策的协调功能是指对社会经济发展过程中出现的某些失衡状态的制约和调节能力，它可以协调地区之间、行业之间、部门之间、阶层之间的利益关系。

（3）控制功能。

财政政策的控制功能是指政府通过调节企业和居民的经济行为，实现对宏观经济的有效控制，如对个人所得征收超额累进税，可以防止两极分化。

（4）稳定功能。

财政政策的稳定功能是指国家通过财政政策调节总支出水平，使货币支出水平恒等于产出水平，实现国民经济的稳定发展。其稳定功能主要体现为实施反周期操作。

2．财政政策工具

财政政策是经济政策的重要组成部分，概括地说，它是政府财政行为的准则。政府财政行为主要是指政府的财政收支行为，因此，财政政策就是政府管理财政收支的准则。财政政策工具的选取以有明确可行的财政政策目标为前提，而且必须以财政政策目标为转移，即它必须是既定财政政策目标所需要的，否则它就失去了意义。一般来说，财政政策工具主要包括预算、税收、公债、财政支出等。

（1）预算。

国家预算是财政政策工具中的基本工具，它全面反映国家财政收支的规模和平衡状况，综合体现各种财政政策工具的运用结果，制约着其他资金的活动。国家预算对经济的调控主要是通过调整国家预算收支之间的关系来实现的。当社会总需求大于社会总供给时，可以通过实行国家预算收入大于预算支出的结余预算政策进行调节，结余预算政策可在一定程度上削减社会需求总量；反之，当社会总需求小于社会总供给时，可以实行国家预算支出大于预算收入的赤字预算政策来扩大社会总需求，刺激生产和消费。另外，通过调节国家预算支出结构还可调节社会供给结构与产业结构，例如，调整预算支出的方向和不同支出方向的预算支出数量，促使形成符合国家要求的供给结构与产业结构；或者调整预算支出结构，形成相应的需求结构以影响供给结构与产业结构的发展变化等。

（2）税收。

税收是主要的财政政策工具，它具有强制性、无偿性、固定性特征，因而具有广泛强烈的调节作用。通过调节税收总量和税收结构，税收政策将从两个方面对宏观经济产生影响。其一，税收对人们的收入产生直接影响，进而会影响人们的消费和储蓄；其二，政府对企业征税会影响商品和生产要素的价格，进而影响企业的激励机制和行为方向。

（3）公债。

公债是一种特殊的财政政策工具，有偿性是其根本特征。政府通过对公债发行数量与期限、公债利率等的调整，可以将一部分消费基金转化为积累基金，从宏观上掌握积累基金的流向，调节产业结构和投资结构，调节资金供求和货币流通量，从而影响金融市场。

（4）财政支出。

财政支出又可分为两个方面，即财政投资与财政补贴。财政投资的主要方向是各种新兴工业部门、基础工业部门与基础设施等，以促进产业结构的更新换代或消除经济发展的瓶颈。财政补贴主要包括价格补贴、投资补贴、利息补贴与生活补贴等，它具有与税收调节方向相反的调节作用，即增加补贴可以刺激生产与需求，而减少补贴则可以抑制生产与需求。

3. 自动稳定器

自动稳定器也称内在稳定器，是指政府不改变其政策，而是利用财政政策工具与经济运行的内在联系来影响经济运行的政策，它可以在经济周期中自动调节社会总需求变化所带来的经济波动。

（1）政府税收的自动调节。

主要调节的是个人所得税与公司所得税。在经济繁荣时期，个人收入与公司利润都增加，符合所得税纳税规定的个人或公司企业的税收也随之增加，就会使所得税总额自动增加。因此，政府税收能自动调节总需求，在经济萧条时，由于收入减少，税收也会减少，从而刺激消费与投资，有助于减轻萧条的程度。反之，则有利于减轻通货膨胀的程度。

（2）政府支出的自动调节。

主要调节的是失业救济金和各种福利支出。失业救济金的发放有一定标准，发放的数量与失业人数有着直接的关系。经济萧条时、失业人数增多，失业救济金和各种福利发放增多，从而增加政府的转移支付，可以增加人们的收入，特别是可支配收入，进而刺激消费。

（3）对农产品的保护价格。

经济萧条时，国民收入下降，农产品价格下降，政府以对农产品的保护价格收购农产品，使农民收入维持在一定水平上。反之，经济繁荣时，农产品价格上升，政府减少收购并抛售农产品，限制农产品价格上升。

这种内在稳定器会自动地发生作用、调节经济，无须政府做出任何决策，但是，这种内在稳定器调节经济的作用是非常有限的，它只能减轻萧条和通货膨胀的程度，并不能改变萧条或通货膨胀的总趋势。

10.2.3 货币政策

1. 商业银行与中央银行

许多国家的银行体系主要由中央银行、商业银行和其他金融机构组成。中央银行是国家的银行，它的主要职责是：第一，作为一国货币发行的银行，代表国家发行纸币；第二，作为商业银行的银行，接受商业银行的存款，向商业银行发放贷款，并领导与监督商业银行的业务活动；第三，作为国家的银行，运用货币政策调节经济。商业银行从事的业务包括负债业务、资产业务和中间业务，它从这些活动中获得利润。负债业务主要是吸收存款，包括活期存款、定期存款和储蓄存款。资产业务主要包括贷款和投资两类业务。中间业务是代顾客办理支付事项和其他委托事项，从中收取手续费的业务。其他金融机构是指保险公司、信托投资公司、邮政储蓄机构等非银行的金融机构，它们都是重要的金融中介。

2. 信用货币创造

（1）原始存款、派生存款与存款货币。

原始存款一般是指商业银行接受的客户现金和中央银行对商业银行的再贷款。原始存款是商业银行从事资产业务的基础。相对原始存款而言，派生存款是指由商业银行发放贷款、办理贴现或投资等业务活动引申出来的存款，也叫衍生存款。派生存款的产生过程，就是商业银行吸收存款、发放贷款、形成新的存款额……不断在各银行存款账户之间转移，最终使银行体系的存款总量增加的过程。因此，银行创造派生存款的实质，是以非现金形式增加社会的货币供应量。

存款货币是指存在商业银行的使用支票可以随时提取的活期存款。客户存入商业银行的活期存款没有期限规定，如果所签发的支票被存款人用来从银行提取现金，它仅作为一种普通的记账凭证，证明存款已转化为现金；当签发的支票被存款人用来支付货款或偿还债务，它就成了信用流通工具并执行着货币的部分职能。从一个国家各商业银行的整体构成来看，它们的活期存款形成了一个国家货币供应量的重要组成部分；而商业银行的存、放款信用业务又直接影响着活期存款的增减变化。

（2）信用货币的创造过程。

商业银行的存款创造有两个基本前提条件。第一，储备金制度。商业银行的储备金有法定储备金和超额储备金之分。所谓法定储备金是指商业银行按照中央银行规定的法定储备金率对其所接受的存款必须按一定比例保有的储备额，法定储备金一般表现为中央银行的负债；超额储备金指商业银行持有的超过法定储备金的储备部分，也称过度储备金。商业银行在吸收存款后，必须按法定准备金率保留储备金，其余的部分才可以作为贷款放出。第二，非现金结算制度。在非现金结算制度下，所有经济（支付）往来均通过银行支票或转账的形式进行结算。只要在商业银行开立了活期存款账户（可开支票的），则所有的支付结算业务都由银行来完成，因此人们对现金的需要转而成为对存款的需要，商业银行这才具备创造存款的能力。

由于支票作为货币在市场上流通，活期存款就是货币，所以客户在得到商业银行的贷款以后，一般并不取出现金，而是把所得到的贷款作为活期存款存入同自己有业务往来的商业银行，以便随时开具支票使用。所以，银行贷款的增加又意味着活期存款的增加、货币供给量的增加。这样，商业银行的存款与贷款活动就会创造货币，在中央银行货币发行量并未增加的情况下，使流通中的货币量增加。而商业银行所创造的货币的多少，取决于法定准备金率。

【例10-1】 假设法定准备金率为20%，最初某商业银行A所吸收的存款为1 000万元，该商业银行可放款800万元，得到800万元贷款的客户把这笔贷款存入另一家商业银行B，商业银行B又可放款640万元，得到640万元贷款的客户把这笔贷款存入另一家商业银行C，商业银行C又可放款512万元……这样继续下去，各个银行存款总和为

$$1\ 000+1\ 000 \cdot (1-0.2)+1\ 000 \cdot (1-0.2)^2+1\ 000 \cdot (1-0.2)^3+\cdots$$
$$=1\ 000+800+640+512+\cdots=1\ 000/0.2=5\ 000（万元）$$

这就是通常所说的银行通过存款和贷款"创造"货币。整个商业银行体系可以增加5 000万元存款，即1 000万元的存款创造了5 000万元的货币。

（3）简单的存款创造乘数。

从上例可见，新增一定存款，它会创造出新的贷款。这种贷款如全部都在支票账户中，它们都是 M_1，因此，存款会创造出货币，这就是所谓的存款创造货币理论，有时简称存款创造。存款总额与原始存款和法定储备率之间存在一定的关系。以 R 代表最初存款，D 代表存款总额（即最初存款"创造"出的货币总额），r 代表法定准备金率。$0<r<1$，$n \rightarrow \infty$。则商业银行体系所能创造出的货币量的公式为

$$D=R[1+(1-r)+(1-r)^2+(1-r)^3+\cdots+(1-r)^n]$$

$$=R/r \tag{10-1}$$

这里存款总额 D 是最初存款 R 的 $1/r$ 倍，这个倍数就是存款创造乘数。以 K_m 表示存款创造乘数或货币乘数，即

$$K_m=1/r \tag{10-2}$$

这个公式表明，存款创造乘数的大小实际上取决于法定准备金率的大小，存款创造乘数是准备金率的倒数。法定准备金率越大时，每家银行可留下来贷款的数量越少，所增加的存款也就越少，所增加的货币也就越少。反之，法定准备金率越小时，银行创造的货币存款就越多。如果中央银行增发一笔货币供给，流入公众手中并转存在支票账户中，这笔新增货币量会创造出新货币来，因此，存款创造乘数亦被称为"货币创造乘数""货币供给乘数""货币乘数"等。

（4）复杂的存款创造乘数。

这里的分析有两个假定：第一，商业银行没有超额储备金；第二，银行客户将一切货币存入银行，支付完全以支票的形式进行。但在现实经济生活中，每一位银行客户都会考虑到日常生活中的零星支付而保留一部分现金；每一个商业银行都会考虑到要应付客户的经常性提取而保留有一部分超额储备金。这样的结果必使存款创造乘数减小。

① 现金漏损。所谓现金漏损是指银行的客户得到贷款后并不全部存入银行，而留一部分现金后再存入银行，从而使得用于存款创造的货币数量减少。设定现金漏损率为 a，即每一所得贷款中按 a 的比率扣除后再存入银行。则存款创造乘数为

$$存款创造乘数 \approx 1/(r+a) \tag{10-3}$$

② 超额储备金。各商业银行为了维持其日常业务的正常进行，一般都保留有一定的数额的超额储备金。这种现象，必须使存款创造乘数进一步缩小，因为银行可用来贷款的货币的数量下降。若以 β 表示商业银行的超额储备金率，则存款创造乘数为

$$存款创造乘数 \approx 1/(r+a+\beta) \tag{10-4}$$

从式（10-4）可知，一笔新增的原始存款，最终产生的存款总和为 $D=R/(r+a+\beta)$。因此，式（10-4）可改为

$$D/R \approx 1/(r+a+\beta) \tag{10-5}$$

3. 货币政策工具

尽管货币供给量并不完全由政府（中央银行）决定，也并不完全等同于政府印刷的钞票的数量，但是政府可以通过各种手段来强有力地影响货币供给量。中央银行影响货币供给量主要通过下述几种方式。

（1）再贴现率。

贴现政策是指中央银行直接调整对合格票据（如短期商业票据、短期政府债券等）的贴现率（discount rate），以影响利率水平，实现对贷款规模和货币供给量的调节。贴现率实质上是中央银行向商业银行的放款利率。再贴现政策是指中央银行对商业银行持有未到期票据向中央银行申请再贴

现时的政策。其包括两个方面的内容：一是再贴现率的确定与调整，二是规定向中央银行申请再贴现的资格。当出现通货膨胀压力的时候，中央银行就提高再贴现率，使商业银行因借贷成本提高而缩小法定准备金和放款规模，从而使价格得以稳定或者回落；反之，中央银行也可以降低再贴现率，从而使商业银行以至工商企业增加借贷，增加总需求。

再贴现政策效果体现在以下两个方面。第一，再贴现率的调整可以改变货币供给总量。中央银行提高再贴现率，商业银行就会因融资成本上升而提高放款利率，从而减少社会对借款的需求，最终达到收缩信贷规模及减少货币供给量的目的。降低贴现率则会出现相反的结果。第二，对再贴现资格条件的规定可以起到抑制或扶持的作用，并能够改变资金流向。再贴现政策的局限性：第一，主动权并非只在中央银行，市场的变化可能会违背其政策意愿；第二，再贴现率的调节作用是有限度的；第三，再贴现率易于调整，但频繁调整会引起市场利率的经常波动，使商业银行无所适从。

（2）公开市场业务。

所谓公开市场业务，是指中央银行以某一时期的货币供给量为依据。在金融市场上向社会公众、企业以及中央银行以外的各种金融机构买卖政府债券，通过增加或减少非借贷性资金的办法，来扩张或紧缩货币供给量并影响利率水平。

当整个市场价格水平上升，需要加以抑制的时候，中央银行就卖出证券，使商业银行的超额准备金下降，贷款规模缩小，从而使投资以及物价总水平的上升得到控制或逆转。当经济呈现萧条迹象时，中央银行就买进证券，使商业银行的超额准备金增加，贷款规模扩大，从而使投资需求和收入水平上升。由于中央银行通过这种办法能非常准确、有效地控制银行准备金，所以公开市场业务在西方国家被当作最重要的货币政策工具之一。

中央银行公开市场业务的另一个作用是影响市场利率。中央银行公开市场业务，买卖债券的数量十分巨大。中央银行出售大量债券，会使债券的价格下跌，市场利率提高，增大借贷资金的费用，减少社会投资，从而抑制国民经济发展过程中过旺的投资和消费势头。反之，中央银行大量购买债券，则会提高债券价格，降低市场利率，增加货币供给量，刺激国民经济的发展。

公开市场业务的优点：第一，主动性强，它可以按照政策目标主动进行操作；第二，灵活性高，买卖数量、方向可以灵活控制；第三，调控效果和缓，震动性小；第四，影响范围广。公开市场业务的局限性：第一，中央银行必须具有强大的、足以干预和控制整个金融市场的金融实力；第二，要有一个发达、完善的金融市场，且必须是全国性的，金融市场上的证券种类齐全并达到一定规模。只有有了发达、完善的金融市场，中央银行买卖政府债券才有市场，才能在买时有人卖，卖时有人买；只有政府债券达到了相当大的规模，中央银行才能通过对它的吞吐来影响全国的银根松紧情况，左右整个金融市场的局势；第三，必须有其他政策工具的配合。

（3）法定准备金率。

法定准备金率是指中央银行在法律赋予的权限内，规定商业银行对于存款所必须保持的最低储备金的比率。按规定，法定储备金必须存入中央银行的户头，因此，它是商业银行的资产，中央银行的负债。其目的就是以此来改变商业银行持有的储备金数额，使商业银行的信贷规模发生变化，达到金融控制和调节货币供给量的目的。假定商业银行的法定准备金率正好达到了法定要求，这时中央银行降低法定准备金率就会使商业银行产生超额准备金，这部分超额准备金可以作为贷款放出，从而又通过银行创造货币的机制增加货币供给量。相反，中央银行提高法定准备金率就会使商业银行原有的法定准备金低于法定要求，于是商业银行不得不收回贷款，从而又通过银行创造货币的机制减少货币供给量。

法定准备金率的效果：第一，即使法定准备金率调整的幅度很小，也会引起货币供应量的巨大波动，它直接影响到各商业银行的利润，因而效果非常猛烈，一般情况下不会经常使用；第二，其他货币政策工具都是以法定准备金为基础的；第三，即使商业银行等金融机构由于种种原因持有超额准备金，法定准备金率的调整也会产生一定影响；第四，即使法定准备金率维持不变，它也在很大程度上限制商业银行体系创造派生存款的能力。

法定准备金率的局限性：第一，法定准备金率调整的效果比较强烈，致使它有了固定化的倾向；第二，法定准备金率的调整对不同类别的金融机构和不同种类的存款的影响不一致，因而其的效果可能因这些复杂情况的存在而不易把握。

这 3 种工具是政府最常采用的货币政策工具如表 10-6 所示。

表 10-6 三大货币政策工具

货币政策	政策的变动	变动的结果	政策归类
再贴现率	提高	货币供给量减少	紧缩性
	降低	货币供给量增加	扩张性
公开市场业务	卖出政府债券	货币供给量减少	紧缩性
	买入政府债券	货币供给量增加	扩张性
法定储备金率	提高	货币供给量减少	紧缩性
	降低	货币供给量增加	扩张性

（4）其他工具。

除了上述 3 种主要工具外，中央银行还有其他一些次要的货币政策工具。例如，道义上的劝告，即中央银行运用自己在金融体系中的特殊地位和威望，通过对银行及其他金融机构的劝告，影响其贷款和投资方向，以达到控制信用的目的。这种劝告没有法律上的约束力，也不同于强制性的行政手段，但也能起作用。同时，依照法令，中央银行对商业银行的信贷活动实施直接干预和控制也是必不可少的一种工具。

课后习题

一、单项选择题

1. 假定政府没有实行财政政策，国民收入水平的提高可能导致（　　　）。
   A. 政府支出增加　　B. 政府税收增加　　C. 政府税收减少　　D. 政府财政赤字增加

2. 扩张性财政政策对经济的影响是（　　　）。
   A. 缓和了经济萧条但增加了政府债务　　B. 缓和了经济萧条也减轻了政府债务
   C. 加剧了通货膨胀但减轻了政府债务　　D. 缓和了通货膨胀但增加了政府债务

3. "挤出效应"发生于（　　　）。
   A. 货币供给减少使利率提高，挤出了对利率变动敏感的私人部门支出
   B. 私人部门增税，减少了私人部门的可支配收入和支出
   C. 政府支出增加，提高了利率，挤出了对利率变动敏感的私人部门支出
   D. 政府支出减少，引起消费支出下降

4. 市场利率提高，银行的准备金会（　　　）。

    A. 增加　　　　　　　B. 减少　　　　　　　C. 不变　　　　　　　D. 以上几种情况都有可能

5. 中央银行降低再贴现率，会使银行准备金（　　　）。

    A. 增加　　　　　　　B. 减少　　　　　　　C. 不变　　　　　　　D. 以上几种情况都有可能

6. 中央银行在公开市场卖出政府债券是试图（　　　）。

    A. 收集一笔资金帮助政府弥补财政赤字　　B. 减少商业银行在中央银行的存款

    C. 减少流通中的基础货币以紧缩货币供给　　D. 通过买卖债券获取差价收益

二、判断题

1. 宏观经济政策的目标之一是使失业率降到自然失业率之下。（　　　）

2. 中央银行发行的钞票是中央银行的负债。（　　　）

3. 大众持有现金的偏好增强，存款创造乘数会下降。（　　　）

4. 提高再贴现率可以刺激银行增加贷款。（　　　）

5. 大多数经济学家认为，扩张性货币政策会使利率下降，国民收入上升。（　　　）

6. 一般来说，货币政策的决策要比财政政策的决策迅速。（　　　）

7. 在物价水平不变时，中央银行决定提高法定准备金率使得IS曲线向右移动。（　　　）

8. 当LM曲线越平坦，IS曲线越陡峭时，财政政策效果越大。（　　　）

三、简答题

1. 宏观经济政策的目标有哪些？

2. 什么是凯恩斯主义的极端情况？与古典主义极端的差别是什么？

3. 什么是财政政策和货币政策，为什么财政政策和货币政策可以用来调节经济？

4. 政府购买和转移支付这两项中哪一项对总需求变动影响更大些？会使LM曲线朝什么方向移动？

5. 叙述并比较货币政策的3种主要工具。

6. 什么是存款创造乘数？其大小主要和哪些变量有关？

四、计算题

1. 假设某银行吸收存款100万元，法定准备金率为10%，请计算：

（1）按规定银行要留多少法定准备金？

（2）通过银行信贷能创造出多少货币？

（3）如法定准备金率下调至5%，能创造出多少货币？

（4）结合（2）和（3）的计算结果，对中央银行调整法定准备金率的政策效果做出评价。

2. 假定货币需求为$L=0.2Y$，货币供给为$M=200$，消费$C=90+0.8Yd$，税收了$T=50$，投资$I=140-500r$，政府支出$G=50$，求：

（1）均衡收入、利率和投资；

（2）若其他情况不变，政府支出G增加20，那么收入、利率和投资有什么变化？

（3）是否存在"挤出效应"？

3. 已知某经济社会中消费函数$C=200+0.5（Y-T）$，投资函数$I=150-100r$，货币需求$M_d=0.25Y-200r+50$，货币供给$M_s=200$。试求：

（1）在不含政府部门条件下的国民收入和利率水平；

（2）在$G=T=50$条件下（即平衡财政）的国民收入和利率水平。

本章介绍宏观经济学中的几个问题，读者通过学习应当掌握失业的原因；能够运用奥肯定律；掌握通货膨胀的度量及原因；掌握经济增长的概念，能够运用哈罗德-多马经济增长模型；掌握经济周期的含义、特征及类型。

11.1 失业与通货膨胀

11.1.1 失业问题

1. 概述

（1）失业的概念。

失业（unemployment）是指居民在一定年龄范围内、有工作能力且愿意按现行工资水平工作（或在最近一段时间内寻找过工作）且没有工作的现象。

失业者其实是劳动力当中没有工作的人。我们可以把一个国家的劳动力总数表示为失业人数和就业人数之和，那么一个国家的劳动力实际上只是该国总人口的一部分，而非全部。例如，我们必须将学生、病人等排除于劳动力或需要统计的失业人数之外。

（2）失业率

失业率（unemployment rate）是指失业人数在劳动力总数中所占的比重。用 N 表示就业人数，U 表示失业人数，L 表示劳动总数，n 表示就业率，u 表示失业率，那么有

$$n = \frac{N}{L}, u = \frac{U}{L} \tag{11-1}$$

这样，失业率 u 可以通过就业率 n 得到，因为 $u=1-n$。同样，知道了失业率 u，也可以得到就业率 n。因此，研究失业问题，实际也是在研究就业问题。失业率随着就业量的提高而下降，但失业率从来不会降为零。在社会经济正常发展的条件下，仍然存在着失业，此时的失业率叫作自然失业率，与自然失业率相对应的就业量叫作潜在就业量。如果存在的失业率是自然失业率，那么就业量就是潜在就业量。只存在自然失业率的就业状况就是充分就业。

2. 失业的种类

（1）自愿失业与非自愿失业。

所谓自愿失业，是指工人不愿接受现行的工资水平从而导致的失业。这种失业是由于工人主观上不接受现行的收入条件，自愿选择不工作而造成的，所以称为自愿失业。这种失业无法通过相应的经济政策加以消除。

非自愿失业是指有劳动能力、愿意接受现行工资水平但仍然找不到工作的失业。这种失业是由客观原因造成的，因而可以通过经济手段和政策来消除。经济学中所讲的失业是指非自愿失业。

（2）摩擦性失业、周期性失业、结构性失业。

摩擦性失业（frictional unemployment）是劳动者在正常流动过程中所产生的失业，即由生命周期、人口迁移以及努力想得到更好的工作等原因而产生的失业。摩擦性失业是充分就业下的失业，此时，不仅劳动供求总量相等，而且劳动供求结构互相适应。一般来说，决定摩擦性失业大小的因素主要有两个。一是劳动力流动性的大小。劳动力流动性的大小在很大程度上是由制度性因素、社会文化因素和劳动力的构成状况决定的。二是寻找工作所需要的时间。该时间长短主要取决于失业者对就业信息的掌握程度、寻找工作的成本、承受失业的能力等因素。如果人们的生活有一定保障，他们就可能花更多的时间去寻找工作。失业救济等社会保险制度和家庭中其他成员的收入都可为摩擦性失业者花更多的时间寻找工作提供支持。

结构性失业（structural unemployment）是由于经济结构（产业结构和地区经济结构）变化，劳动力的供给和需求在产业、地区等方面的分布不一致而引起的失业。结构性失业往往属于非自愿失业。其特点是既有失业，也有职位空缺。当经济结构变化时，比如有些部门或产业迅速发展，一些地区正在开发，同时，某些部门或产业正在衰落，这就使得劳动力市场对劳动力的需求发生了变化。当劳动力因技术、性别、心理等原因而不能适应劳动力需求的变化时，就会出现工作岗位与劳动人口的非均衡，从而形成结构性失业。在结构性失业出现后，劳动力的供给结构必须根据产业结构和产品结构去调整。在这种调整中，年长者调整的速度慢于年轻者，因为年长者接受新知识的主动性及经济行为的灵活性低于年轻者。所以，结构性失业人口中，年长者所占比例高于年轻者。

周期性失业（cyclical unemployment）又称需求不足的失业（deficient-demand unemployment），是指由于经济衰退中有效需求不足引起的劳动力需求小于劳动力供给时的失业，是一种非自愿失业。一国的宏观经济总是会经历周期性的波动，在经济不景气时，经济中的消费需求和投资需求会出现不足，也就是会小于经济中的总供给，所以此时生产缩减，企业对劳动力的需求减少，劳动力的需求就会小于劳动力的供给。并且由于劳动力市场中存在着工资刚性，工资水平在劳动力供过于求的情况下很难下降，所以就会有一部分劳动力处于失业状态，这就是周期性失业。

3. 自然失业率

充分就业是宏观经济学的首要目标，但现实生活中永远不能达到 100%的就业，因为即使有足够的职位空缺，失业率也不会等于零，也仍然会存在摩擦性失业和结构性失业。在一个变化迅速的现代社会中，永远存在着职业的流动和行业的结构性兴衰，所以，总有少部分人会处于失业的状态。因此，现代经济学认为，当一个社会中的周期性失业被消除，只剩下摩擦性失业和结构性失业时，这个经济社会就实现了充分就业。与充分就业相对应的概念是自然失业。

扫码看视频

失业率

（1）自然失业率的定义。

自然失业率是指劳动力市场和产品市场均衡时的失业率（劳动力市场均衡，则货币工资率不变；产品市场均衡，则价格不变。两个市场的均衡意味着实际工资率不变，实际就业量正好就是充分就业量），即充分就业时的失业率，也是一国长期可维持的最低失业率。

（2）自然失业率并不是一成不变。

自然失业率不仅受客观经济条件的影响，而且受许多制度性因素（失业救济制度）和政策性因素（最低工资法）的影响。因此，自然失业率并非"自然"而不能改变的，政府可以通过某些措施降低自然失业率。而且，自然失业率也不是最优失业率。对许多西方国家来说，目前的自然失业率是偏高的，降低自然失业率可以增加国民产出，增加社会福利。

4. 失业的影响与奥肯定律

（1）失业的影响。

失业会产生诸多影响，一般可以分成两种：社会影响和经济影响。失业的社会影响虽然难以估计和衡量，但它最易为人们所感受到。失业威胁着作为社会单位和经济单位的家庭的稳定。家庭的要求和需要得不到满足，家庭关系将因此而受到损害。此外，家庭之外的人际关系也受到失业的严重影响。

失业的经济影响可以用机会成本的概念来理解。当失业率上升时，经济中本可由失业者生产出来的产品和劳务就损失了。失业期间的损失，就好像是将众多的汽车、房屋、衣物和其他物品都销毁掉了。从产出核算的角度看，失业者的收入总损失等于生产的损失，因此，损失的产量是计量周期性失业损失的主要尺度，因为它表明经济处于非充分就业状态。

（2）奥肯定律。

20 世纪 60 年代，美国经济学家阿瑟·奥肯根据美国的数据，提出了经济周期中失业变动与产出变动的经验关系，被称为奥肯定律。奥肯定律的内容是：失业率每高于自然失业率一个百分点，实际 GDP 将低于潜在 GDP 两个百分点。换一种方式说，相对于潜在 GDP，实际 GDP 每下降两个百分点，实际失业率就会比自然失业率上升一个百分点。

奥肯定律主要适用于没有实现充分就业的情况，即失业是周期性失业。在充分就业情况下，自然失业率与实际国民收入增长率的关系就要弱得多。一般在 0.76 左右。例如，美国在 1979—1982 年的 3 个经济停滞时期内，实际 GDP 没有增长，而潜在产出每年增长 3%，3 年共增长 9%，相对潜在产出，实际产出下降了 9%。如果奥肯定律的系数为 2，则失业率应该上升 4.5%。1979 年的失业率为 5.8%，1982 年的预期失业率为 10.3%。官方统计显示，1982 年的实际失业率为 9.7%。

奥肯定律表明，实际产出必须保持与潜在产出同样的增长速度，以防止失业率的上升。如果要降低失业率，必须使实际产出的增长快于潜在产出的增长。

11.1.2　通货膨胀

1. 通货膨胀的基本情况

（1）通货膨胀的定义。

通货膨胀（inflation）是指一般物价水平持续、普遍上涨。理解通货膨胀要注意两点：一是少数几种商品的价格上涨不能称为通货膨胀，必须是大部分商品的价格同时上涨；二是偶尔的物价上涨也不能称为通货膨胀，必须是物价在一段时间内的持续上涨。

（2）通货膨胀的衡量指标。

衡量通货膨胀的指标是物价指数。物价指数是表明商品价格从一个时期到下一个时期变动程度的指数。物价指数一般采用加权平均的方式计算，即根据某种商品在总支出中所占的比重来确定其价格的加权数的大小。物价指数的计算公式为

$$物价指数 = \frac{\sum P_t Q_t}{\sum P_0 Q_t} \times 100\%$$

（11-2）

式（11-2）中，P_0，P_t 是基期和本期的价格水平，Q_t 是本期的商品量（注：上式中采用的是报告期加权平均法，计算物价指数还有一种方式，即采用基期加权法，即用基期的商品量作为权数来计算物价指数）。

根据计算物价指数时包括的产品和劳务种类的不同，可以计算出 3 种主要的物价指数。

① 消费者价格指数（consumer price index，CPI），也称零售物价指数或生活费用指数，是衡量各个时期居民个人的日常生活用品和劳务的价格水平变化的指标。这是与居民个人生活关系最为密切的物价指数，因为这个指标最能衡量居民货币的实际购买力水平。

② 生产者价格指数（producer price index，PPI），又称批发价格指数，是衡量各个时期生产者在生产过程中用到的产品的价格水平的变动而得到的指数。通常这些产品包括产成品和原材料。

③ GDP 折算指数，是衡量各个时期所有产品和劳务的价格变化的指标。

GDP 折算指数可以根据物价指数计算出一时期内物价上升或下降的精确幅度，也就是通常所说的通货膨胀率，所谓通货膨胀率是指从一个时期到另一个时期内价格水平变动的百分比。其计算公式为

$$通货膨胀率 = \frac{P_t - P_{t-1}}{P_{t-1}} \times 100\% \tag{11-3}$$

式（11-3）中，P_t 和 P_{t-1} 分别为 t 时期和（$t-1$）时期的价格水平。假定某国去年的物价水平为 102，今年的物价水平上升到 108，那么这一时期的通货膨胀率就为（108-102）÷102≈5.88%。

（3）通货膨胀的类型。

① 按照价格上升的速度划分。

a. 温和的通货膨胀（moderate inflation），指每年物价的上升率在 10%以内。

其中 3%以下的物价上升率称为爬行的通货膨胀，是经济发展的润滑剂。因为通常人们感觉不到这种价格上升，从而人们会将任何小于物价上升幅度的货币工资的上升当作实际工资的上升。这样，一方面，工人增加劳动供给；另一方面，厂商增加劳动需求（实际工资下降），最终使就业量和收入增加。

b. 奔腾的通货膨胀（galloping inflation），指年通货膨胀率为 10%～100%。

c. 超级通货膨胀（hyperinflation）又称恶性通货膨胀，指年通货膨胀率在 100%以上。德国在 1922 年 1 月到 1923 年 1 月物指数从 100 上升到 10 000 亿，是原来的 100 亿倍。

② 按通货膨胀的表现形式划分。

a. 公开的通货膨胀（open inflation），指完全通过一般物价水平上升的形式表现出来的通货膨胀。

b. 隐蔽的通货膨胀（hidden inflation），指不以物价水平的上升而以物品短缺表现出来的通货膨胀。

③ 按照公众对通货膨胀是否存在预期划分。

a. 预期的通货膨胀（perfectly anticipated inflation），是指公众正确地预期到的通货膨胀。由于人们都会将预期到的通货膨胀考虑到交易契约中去，故预期到的通货膨胀常常变成有惯性的通货膨胀，会年复一年地持续下去。

b. 非预期的通货膨胀（imperfectly anticipated inflation），是指公众没有正确地预期到的通货膨胀，即价格上升的速度超出人们的预料，或者人们根本没有想到价格的上涨问题。非预期到的通货膨胀没有惯性。

④ 按所有物价是否均等上升划分。

a．平衡的通货膨胀。此时，商品的相对价格不变，和没有发生通货膨胀时一样。

b．不平衡的通货膨胀。此时，商品的相对价格改变。

2．通货膨胀的成因

形成通货膨胀的原因是多方面的。宏观经济主体及其行为、微观经济主体及其行为，都会从货币供给量、总需求、总供给、经济结构等方面促成通货膨胀。

（1）货币供给的增加形成的通货膨胀。

把通货膨胀与货币供给联系起来的经济理论是以货币数量论为理论依据的。货币数量论用交易方程作为分析工具，提出了商品价格取决于货币供给量的理论。

货币数量论者提出的交易方程为

$$MV=Py \tag{11-4}$$

式（11-4）中的 M、V、P、y 分别表示货币的供给量、货币的流通速度、一般物价水平和实际国民收入。等式的左边是经济中的总支出，等式的右边是名义收入。货币数量论认为，在这个等式中，货币流通速度 V 和实际国民收入 y 在短期内都是常数，因此，一般物价水平 P 就随着货币供给量的变动而变动。当货币供给量增加时，一般物价水平就上升，形成通货膨胀。

传统货币数量论和现代货币数量论在形成通货膨胀的原因上具有相同的观点，但是，它们也有一个值得注意的区别，即传统货币数量论认为货币供给量的变动只会导致物价水平的变动，而现代货币数量论则认为货币供给量的变动会导致总产量或国民收入的变动。

（2）需求拉动型通货膨胀。

需求拉动型通货膨胀又称超额需求型通货膨胀，是指总需求超过总供给所引起的一般物价水平普遍、持续上涨。通俗地说，这种通货膨胀是"过多的货币追逐过少的商品"导致的物价上涨。可用图 11-1 来说明总需求是如何拉动物价上涨的。在图 11-1 中，横轴表国民收入，纵轴表示一般物价水平，AD 为总需求曲线，AS 为总供给曲线，总供给曲线 AS 起初为水平状态，这表示在国民收入水平较低时，总需求的增加不会引起物价水平的上涨，图中总需求从 AD_0 增加到 AD_1，国民收入也从 Y_0 的水平上升到 Y_1，但物价水平仍保持在 P_1 水平；当国民收入增加到 Y_1 时，总需求继续增加，此时将导致国民收入和一般物价水平同时上升，图中总需求从 AD_1 增加到 AD_2 时，国民收入从 Y_1 增加到 Y_2 的水平，物价也从 P_1 上升到 P_2 的水平。也就是说，在这个阶段，总需求的增加，在提高国民收入的同时也拉升了一般物价水平；当国民收入增加到潜在的国民收入水平即 Y_f 时，此时国民经济已经处于充分就业状态，在这种情况下，总需求的增加只会带动物价上涨，而不会使国民收入增加。图中总需求从 AD_3 上升到 AD_4，国民收入仍然保持在 Y_f，但物价水平从 P_3 上升到 P_4 水平。

也就是说，当经济体系中有大量资源闲置时，总需求的增加不会引起物价上涨，只会导致国民收入增加；当经济体系中的资源接近充分利用时，总需求的增加会同时增加国民收入和拉升一般物价水平；当经济体系中的资源利用达到充分状态，即处于充分就业状态时，总需求的增加不会使国民收入增加，而只会导致一般物价水平上涨。

构成总需求增加的因素是多方面的。我们将其分成实际因素与货币因素。

① 实际因素造成的通货膨胀：G、I、X 的增加和 T、M、S 的减少，即 IS 曲线右移造成的通货膨胀。

a．实际因素变动引起的通货膨胀。

实际因素变动引起通货膨胀的机制：政府购买增加使 IS 曲线右移，导致总需求增加，总需求大于总供给，使物价上升；物价上升又使 LM 曲线左移，减少总需求量，恢复供求均衡。实际因素变动引起的通货膨胀如图 11-2 所示。

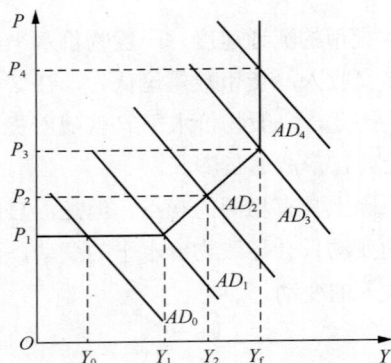

图 11-1　需求拉动型通货膨胀

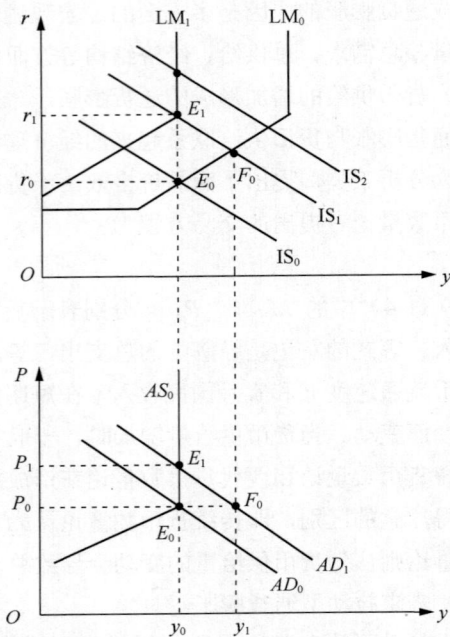

图 11-2　实际因素变动引起的通货膨胀

b．实际因素变动引起的不能持续的通货膨胀。

在充分就业的条件下，如果其他条件不变，由实际因素导致的物价水平上升，并不会持续下去。这是因为物价上升使 LM 曲线左移。物价一次又一次地上升，使 LM 曲线一次又一次地左移，LM 曲线终将左移到这一点：其垂直部分正好位于充分就业收入水平上。此时，进入古典区域，财政政策具有100%的挤出效应，IS 曲线的右移再也不能扩大总需求，从而不能右移总需求曲线，故物价将不再上升。

② 货币因素造成的通货膨胀。

a．货币因素变动引起的通货膨胀。

货币因素变动引起的通货膨胀机制：货币供给增加使 LM 曲线右移，导致总需求增加，总需求大于总供给，使物价上升；物价上升又使 LM 曲线左移，减少总需求量，恢复供求均衡。

b．货币因素变动引起的持续的通货膨胀

如果货币供给不断增加，LM 曲线连续右移，导致需求增加，上述过程将不断重复，物价可以持续上升。LM 曲线的持续右移来源于货币供给的不断增加。所以通货膨胀本质上是一种货币现象（弗里德曼），货币变动引起的通货膨胀如图 11-3 所示。

（3）成本推动型通货膨胀。

成本推动型通货膨胀又称成本通货膨胀或供给通货膨胀，是指在没有超额需求的情况下由于供给方面成本的提高所引起的通货膨胀。成本的增加意味着只有在高于以前的物价水平时，才能达到与以前同样的产量水平，即总供给曲线向左上方移动。在总需求不变的情况下，总供给曲线向左上方移动使国民收入减少，物价水平上升，这种物价上升就是成本推动型通货膨胀，可以用图 11-4 来说明这种情况。

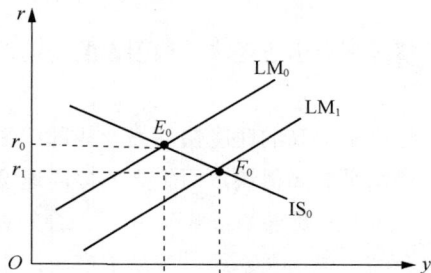

图 11-3 货币因素变动引起的通货膨胀

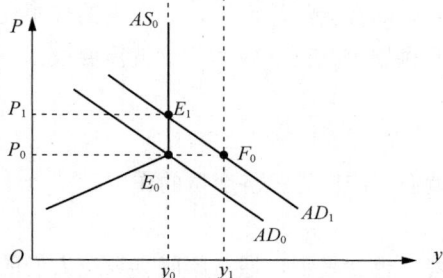

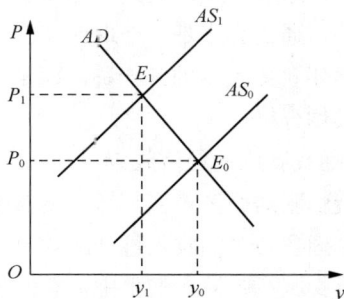

图 11-4 成本推动的通货膨胀

在图 11-4 中，原来的总供给曲线 AS_0 与总需求曲线 AD 决定了国民收入水平为 Y_0，物价水平为 P_0，成本增加后，总供给曲线向左上方移动到 AS_1，总需求保持不变，从而决定了新的国民收入为 Y_1，物价水平为 P_1，物价水平由 P_0 上升到 P_1 是由于成本的增加所引起的，这即是成本推动的通货膨胀。

成本推动的通货膨胀又可以根据其原因的不同而分为以下几种。

① 工资成本推动的通货膨胀。工资是厂商成本的主要构成部分之一，工资水平的上升会导致厂商成本增加，厂商因此会提高产品和劳务的价格，从而导致通货膨胀。在劳动市场中，工会利用其垄断地位要求厂商提高工资，厂商迫于压力提高了工资后，就会将提高的工资计入成本，从而提高产品和劳务的价格引起通货膨胀。工资的增加往往是从个别部门开始的，但由于各部门之间的工资攀比行为，个别部门工资的增加往往会导致整个社会的工资水平上升，从而引起普遍的通货膨胀。而且这种通货膨胀一旦形成，还会形成"工资—物价螺旋式上升"，即工资上升引起物价上升，物价上升又引起工资上升。这样，工资与物价不断互相推动，形成严重的通货膨胀。

② 利润推动的通货膨胀。这也称价格推动的通货膨胀，指市场上具有垄断地位的厂商为了增加利润而提高价格所引起的通货膨胀。在不完全竞争市场中，具有垄断地位的厂商控制了产品的销售价格，从而可以提高价格以提高利润。这种通货膨胀是由于利润的推动而产生的，尤其是在工资增加时，垄断厂商以工资的增加为借口，较大幅度地提高物价，使物价的上升幅度大于工资的上升幅度，其差额就是利润的增加，这种利润的增加使物价上升，形成通货膨胀。

③ 原材料成本推动的通货膨胀。这是指厂商生产中所需要的原材料价格上升，推动产品和劳务的价格上升而形成的通货膨胀。在现代经济中，某些能源或关键的原材料供给不足，会导致其价格上升，进而引起厂商的成本上升，如石油价格的上升，或者某种进口原材料的价格上升等，最典型

的事例是 20 世纪 70 年代覆盖整个西方发达国家的滞胀（即经济停滞和通货膨胀同时并存），其主要根源之一就在于当时石油价格的大幅上升。

（4）结构性通货膨胀。

结构性通货膨胀是指在没有需求拉动和成本推动的情况下，由于经济结构因素的变动，引起的一般物价水平的持续上涨。

社会经济结构一般存在着这样的特点，即一些部门生产率提高的速度快，另一些部门生产率提高的速度慢。一般来说，生产率提高速度快的部门的工资水平提高得快，而生产率提高速度慢的部门工资水平提高得慢，但是处于生产率提高速度慢的部门的工人要求"公平"，由于工会的存在，他们要求的工资水平的上升往往会实现，从而使得整个社会的工资增长率超过劳动生产率，引起通货膨胀，这种通货膨胀即是结构性通货膨胀。

当然，通货膨胀是一个现代经济社会中常见的、复杂的社会经济现象，其产生的根源往往不仅仅是上述 4 种原因中的某一种，而是由其中的两种或几种原因共同导致的，这就需要根据不同的情况进行具体分析。

3. 通货膨胀的经济效应

通货膨胀的经济效应是指通货膨胀对收入分配、就业、产出等经济变量的作用。

（1）通货膨胀的收入再分配效应。

通货膨胀意味着人们手中持有的货币的购买力下降，也就是说，通货膨胀会导致人们的实际收入水平发生变化，这就是通货膨胀的再分配效应，但是通货膨胀对不同经济主体的再分配效应是不同的。

① 通货膨胀不利于靠固定货币收入维持生活的人。对于固定收入阶层来说，其收入是固定的，落后于上升的物价水平，也就是说，他们获得的货币收入的实际购买力下降，其实际收入因通货膨胀而减少。

在现实生活中，靠政府救济金维持生活的人比较容易受到通货膨胀的冲击。此外，工薪阶层、公务员以及其他靠福利和转移支付维持生活的人，也比较容易受到这种冲击。而那些收入能随着通货膨胀变动的人，则会从通货膨胀中得益，如受到强大的工会保护的工人。

② 通货膨胀对储蓄者不利。随着价格上涨，存款的购买力就会降低，那些持有闲置货币和将钱存在银行的人会受到严重打击，同样，像保险金、养老金以及其他固定价值的证券财产等，它们本来是用于应对风险和养老的，在通货膨胀中，其实际价值也会下降。

③ 通货膨胀还会在债务人和债权人之间产生收入再分配的作用。具体地说，通货膨胀牺牲了债权人的利益而使债务人得益。例如，A 向 B 借款 1 万元，约定一年以后归还，假定这一年中发生了通货膨胀，物价上升了一倍，那么一年后 A 归还给 B 的 1 万元只能购买到原来一半的产品和劳务，也就是说，通货膨胀使得 B 损失了一半的实际收入。

为了反映通货膨胀对于借贷款人实际收入的影响，一般用实际利率来代替名义利率，实际利率等于名义利率减去通货膨胀率，假设银行存款利率为 5%，而通货膨胀率为 10%，则此时存款的实际收益率为-5%（5%-10%）。

实际研究表明，第二次世界大战以来，西方国家政府从通货膨胀中获得了大量的收入再分配的财富，其来源有两点。第一，政府获得了通货膨胀税收入。因为政府税收中有部分税收是累进的，如个人所得税。在通货膨胀期间，一些个人的名义收入增加了，原来不用交税的，现在需要交税了，另一些本来就交税的人则进入更高的纳税级别，政府因而获得了更多的税收。因此，有些西方的经济学家认为，希望政府去努力制止通货膨胀是比较难的。第二，现代经济中，政府把发行公债作为筹集资金的手段和调控经济的手段，从而使得政府都负有较大数额的国债，通货膨胀使得政府作为债务人而获益。

（2）通货膨胀的产出效应。

一般认为，温和的通货膨胀对经济发展比较有利。因为人们消费时会有"买涨不买跌"的倾向，即当人们认为物价会涨时，会采取及时消费的策略，消费增加会刺激厂商扩大生产规模，从而使就业增加、国民收入增加；而当人们认为物价将下跌时，会采取持币等待的策略，消费减少会导致厂商缩小生产规模，从而失业增加、国民收入减少。当然，这只是一般的分析，通货膨胀的产出效应有以下 3 种情况。

① 随着通货膨胀的出现，产出增加。当一个经济体系有一定的资源被闲置时，物价温和地上涨会刺激人们的购买欲望，从而使消费增加，拉升就业量和产出水平。

② 成本推动型通货膨胀引致失业，也就是说，通货膨胀引起就业水平和产出水平的下降。这种情况产生的前提条件是经济体系已经实现了充分就业。如果发生成本推动型通货膨胀，则原来的总需求所能购买的实际产品的数量将会减少，也就是说，当成本推动的压力抬高物价水平时，既定的总需求只能在市场上得到一个较小的实际产出。所以，实际产出会下降，失业率会上升。如 1973 年，石油输出国组织的石油价格翻了两番，从而引发了成本推动型通货膨胀，1973—1975 年，美国等主要发达国家的物价水平迅速上升，与此同时，美国的失业率从 1973 年的不到 5% 上升到了 1975 年的 8.5%。

③ 超级通货膨胀导致经济崩溃。首先，当物价持续上涨时，居民和企业都会产生对通货膨胀的预期，即估计物价会再度升高。在这种情况下，人们就不会让自己的储蓄和现行的收入贬值，而宁愿在价格上升前将货币花掉，从而产生过度的消费，导致储蓄和投资都减少，产出水平下降。其次，随着通货膨胀而来的是生活费用的上升，劳动者会要求提高工资，企业成本上升，导致企业的生产规模缩小，产出水平下降。再次，企业在通货膨胀率上升时会力求增加存货，以便在稍后按高价出售，增加利润，从而使得市场可供销售的货物减少，物价将进一步上涨。最后，当出现超级通货膨胀时，情况会变得更加恶劣，经济体系极有可能陷入崩溃。

扫码看视频

通货膨胀与居民消费指数

11.1.3 菲利普斯曲线

失业与通货膨胀是短期宏观经济运行中存在的两个主要问题，经济决策者在解决这两个问题的时候，往往会碰到这样一个矛盾，即降低通货膨胀率与降低失业率这两个目标是互相冲突的。利用总供给-总需求模型来分析，当政府希望通过财政政策或货币政策来扩大总需求以增加就业的时候，客观上得到的结果是产出增加、就业增加、一般物价水平提高，也就是说，就业的增加是以物价上升为代价的。相反，如果政府紧缩总需求的话，则会使得通货膨胀率下降了，而失业率却又上升了。在宏观经济学中，失业和通货膨胀的关系主要是用菲利普斯曲线来说明的。这里由于篇幅所限，不再展开。

扫码看视频

菲利普斯曲线

11.2 | 经济增长与经济周期

自有人类以来，经济增长就是经济学者们所关心的问题，亚当·斯密的代表作《国民财富的原因与性质的研究》的主题即是如何增加国民财富。因此，说经济增长是宏观经济学最古老的主题之一并不过分。本节将介绍有关经济增长及经济周期的有关内容。

扫码看视频

王福重经济学五十讲之经济增长

11.2.1 经济增长理论

1. 经济增长的定义与特点

（1）经济增长的定义。

一般来说，经济增长是指一个国家或一个地区生产商品和劳务的能力的增长。如果考虑到人口增加和价格的变动情况，经济增长还应包括人均福利的增长。美国经济学家库兹涅茨给经济增长下了一个经典的定义："一个国家的经济增长，可以定义为给居民提供种类日益繁多的经济产品的能力的长期增长，这种不断增长的能力是建立在先进技术以及所需要的制度和思想意识与之相应的调整的基础上的。"这个定义由 3 个部分组成。第一，提供产品和劳务能力的长期增长，因而不断提高国民生活水平，是经济增长的结果，也是经济增长的标志。经济增长首先是产品和劳务的存量的增长，但更重要的是生产产品和劳务的能力的增长，类似于我国古人所说的"授人以鱼不如授人以渔"，也就是说，财富的生产能力比财富本身更重要。第二，先进技术是经济增长的基础或者说必要条件。第三，制度与意识及其调整是技术得以发挥作用的充分条件。

（2）经济增长的特点。

从这个定义出发，库兹涅茨认为现代社会的经济增长具有 6 个方面的特征。

① 按人口计算的产量的高增长和人口的高增长。这一个特征在经济增长过程中是十分明显的，可以从统计资料中得到证明。

② 生产率本身的增长也是迅速的。这包括所有投入生产要素的产出率是快速提高的，如劳动生产率和其他要素生产率的迅速提高，这反映了由于技术进步所引起的生产效率的提高，这也是在产量增长迅速与人口增长迅速的情况下，人均产量高速增长的原因。

③ 经济结构的变革速度快。这包括从农业转移到非农业，以及从工业转移到服务业，还包括生产规模的变化、劳动职业状况的变化和消费结构的变化等。

④ 社会结构和意识形态的迅速改变，如城市化、传统风俗习惯的改变等。

⑤ 增长在世界范围内迅速扩大，经济发达国家要从其他国家争取市场和原料。

⑥ 世界各国经济增长不平衡。发达国家与不发达国家之间的人均产出水平有很大的差距，贫富差距在国际范围内拉大。表 11-1 所示为 1960—1990 年按可比较的价格和汇率计算出来的世界不同国家和地区的 GDP 增长率。

表 11-1   不同国家的 GDP 增长率（1960—1990 年）

美国	法国	英国	日本	新加坡	乌干达	委内瑞拉	马里
1.4%	2.7%	2.0%	5.0%	5.3%	−0.2%	−0.5%	12.0%

数据来源：琼斯. 经济增长导论[M]. 北京：北京大学出版社，2002.

在这 6 个特征中，前两个数量特征属于总和的比率，中间两个属于结构的变化，后两个属于国际间扩散。

2. 经济增长的源泉

（1）增长核算方程。

如果将宏观生产函数表示为：$Y_t=A_t f(L_t, K_t)$，式中，Y_t、L_t、K_t 分别为 t 时期的总产出、投入的劳动量和投入的资本量，A_t 为 t 时期的技术水平。从式中可以得到一个表达投入要素增长率、产出增长率与技术进步增长率之间关系的方程，即经济增长率的分解式：$G_Y=G_A+\alpha G_L+\beta G_K$，式中，$G_Y$ 为经济增长率，G_A 为技术进步增长率，G_L、G_K 分别为劳动和资本的增长率，α、β 为参数，分别是劳动和资本的产出弹性。

从经济增长率的分解式中可知，产出由劳动、资本和技术进步决定，或者说经济增长的源泉是劳动、资本和技术进步。

（2）丹尼森对经济增长因素的分析。

美国经济学家丹尼森把经济增长因素分为两大类，一类是生产要素投入量，另一类是生产要素生产率。经济增长是生产要素即劳动、资本、土地投入的结果，其中劳动、资本是可变的，土地是不变的。要素生产率是产出量与投入量之比，即单位投入量的产出量。要素生产率取决于资源配置状况、规模经济与知识进展。具体讲，影响经济增长的因素包括 6 个：劳动、资本存量的规模、资源配置状况、规模经济、知识进展和其他因素。

丹尼森分析经济增长因素的目的在于确定各个影响因素对经济增长所做的贡献，以此来比较各个影响因素的相对重要性。

丹尼森根据美国 1929—1982 年的统计数据，对经济增长因素进行了考察与分析。他经过计算与分析发现，劳动力增加对经济增长的贡献相当大，部分原因在于劳动的产出弹性相对较大，劳动力增长率就占有较大的权重。资源配置状况对经济增长也做出了重要贡献，比如劳动者转换工作、农村劳动力的流动等，都引起了产量或收入的增加。在收入的年平均增长中，超过 10% 的部分来自规模经济，因为规模的扩大使得单位产量的投入更少，可以节约生产资源，从而带来规模经济效应。在所有因素中，知识进展对经济增长的贡献约为 2/3。

据此，丹尼森的结论是：知识进展是发达资本主义国家最重要的增长因素。丹尼森所讲的知识进展的范围很广，包括技术知识、管理知识的进步和由于采用了新知识而在结构与设备方面产生的更有效的设计，还包括从经验与观察中得到的知识。丹尼森认为，技术进步对经济增长的贡献是明显的，但也不能把生产率的增长全部归功于技术知识，因为管理知识也是非常重要的。管理知识更有可能降低生产成本、增加国民收入，它对国民收入增长的贡献比改善产品物理特性而产生的影响更大。因此，管理知识与技术知识都是很重要的，不能只重视技术知识而忽略管理知识。

表 11-2 显示了不同的生产要素对 1948—1984 年美国实际 GDP 的贡献。

表 11-2　　　　　不同生产要素对 1948—1994 年美国实际 GDP 的贡献

	增长速度（%）	所占比重
实际 GDP 的增长	3.4	100
投入品的贡献	2.1	62
资本	1.1	32
劳务	1.0	30
时间	0.8	24
构成	0.2	6
总要素生产率的增长	1.3	38
教育	0.4	12
研究和开发	0.2	6
知识和其他资源的进步	0.7	21

资料来源：丹尼森. 1929—1982 年美国经济增长的趋势[M]. 华盛顿：布鲁金斯研究所，1985.

转引自：萨谬尔森. 经济学[M]. 16 版. 北京：华夏出版社，1999.

3. 哈罗德-多马经济增长模型

（1）哈罗德-多马经济增长模型的假定。

① 经济社会生产单一产品。②只有劳动和资本两种生产要素。③在一定时期内技术水平不变，故资本-产量比率不变，规模报酬也不变。④边际消费倾向不变的条件下，储蓄率不变。

在这些假定基础上，哈罗德-多马经济增长模型集中考察了社会再生产过程中的几个变量以及它们之间的相互关系，提出了一个国家在长期内实现经济稳定、均衡增长所需具备的条件。

（2）哈罗德经济增长模型。

哈罗德经济增长模型是从国民收入、资本-产量比率和储蓄率 3 个经济变量及其相互关系的分析中来考察决定经济增长的因素。用 G 表示经济增长率，Y 表示国民收入，ΔY 表示国民收入的增量，则有

$$G = \frac{\Delta Y}{Y}$$

用 v 表示资本-产量比率，则有

$$v = \frac{K}{Y} = \frac{\Delta K}{\Delta Y} = \frac{I}{\Delta Y}$$

用 s 表示储蓄-收入比率（储蓄率），则有

$$s = \frac{S}{Y}$$

把 $v = \frac{K}{Y} = \frac{\Delta K}{\Delta Y} = \frac{I}{\Delta Y}$ 式和 $s = \frac{S}{Y}$ 式作些变化，分别变成 $I = \Delta Y \cdot v$、$S = s \cdot Y$ 的形式，使 $I = S$，经整理，并用 G 表示 $\Delta Y / Y$，于是得到 G、v、s 三者之间的关系如下

$$G = \frac{s}{v} \tag{11-5}$$

式（11-5）就是哈罗德经济增长模型的基本公式，它说明：第一，经济增长率与储蓄率成正比，储蓄率越高，经济增长率也越高；第二，经济增长率与资本-产量比率成反比，即资本-产量比率越高，经济增长率越低。

哈罗德经济增长模型是以凯恩斯收入理论为基础的动态经济分析。

（3）多马经济增长模型。

多马经济增长模型研究的是 3 个变量及其相互关系，这 3 个变量是：收入增长率 G、储蓄在收入中的比例 s、资本生产率又称投资效率，即每单位资本的产出或收入，由 σ 表示。前两个变量与哈罗德公式中的两个变量是一致的，后一个变量即资本生产率 σ 实际上就是哈罗德的资本-产量比率的倒数。

多马的基本公式为

$$G=s\sigma \tag{11-6}$$

将 $G = \dfrac{\Delta Y}{Y}$、$s = \dfrac{S}{Y}$、$\sigma = \dfrac{\Delta Y}{I}$ 代入 $G=s\sigma$ 中，得

$$\frac{\Delta Y}{Y} = \frac{S}{Y} \cdot \frac{\Delta Y}{I}，即 S=I$$

因为多马经济增长模型的基本公式 $G=s\sigma$ 与哈罗德的基本公式 $Gv=s$ 是完全一致的，所以西方经济学家一般把两个模型放在一起讨论，称作"哈罗德-多马模型"。

从以上分析可以看到，哈罗德-多马经济增长模型是建立在凯恩斯的储蓄-投资理论的基础上的，是凯恩斯理论的发展。但是，哈罗德-多马经济增长模型与凯恩斯理论又有明显的区别。首先，凯恩斯理论是从短期的角度、用静态的方法来说明投资和储蓄的均衡以及由此实现的国民收入均衡。哈罗德-多马经济增长理论则将凯恩斯的储蓄-投资理论加以长期化、动态化。所谓长期化，就是将人口、资本和技术等关系经济增长的因素看作随着时间的推移而变动的变量；所谓动态化，就是阐述长期内投资和储蓄的均衡及其对国民收入均衡变动的影响。其次，凯恩斯短期静态的储蓄-投资理论，只注意增加投资对刺激收入增长的重要作用，而哈罗德-多马经济增长理论则强调投资既增加需求又增加供给的双重作用。

（4）均衡增长率、实际增长率和自然增长率。

① 均衡增长率。均衡增长率是指经济在实现充分就业条件下，均衡地、稳定地增长所需要的增长率。在经济稳定增长的条件下，只有保证使增加的储蓄能全部转化为投资，才能使总供给和总需求相等，实现均衡增长。假设在充分就业条件下，人们愿意的储蓄率为 s_w（称合意的储蓄率），用 v_w 表示合意的资本-产出比率（用 $I/\Delta Y$ 表示投资-收入增量比率），为了使投资者在保证实现最大利润条件下愿意按资本-产出比率增加投资，则实现充分就业的有保证的均衡经济增长率为

$$G_w = \frac{s_w}{v_w} \tag{11-7}$$

实际的资本存量等于合意的资本存量、实际的资本存量与合意的资本存量的增长率等于投资增长率亦等于储蓄增长率，同时总供给等于总需求（储蓄=投资）时，经济就能在保持充分就业条件下获得均衡增长。

② 实际增长率及其与均衡增长率的关系。实际增长率就是在事后统计的实际达到的增长率。$G=s/v$ 中的 s、v 如果是实际的统计数字，则 G 就是实际增长率，此时的 G 可表达为 G_A。实际增长率可能大于均衡增长率，亦可能低于均衡增长率。

均衡增长率高于实际增长率的情况下，实际的资本存量超过合意的资本存量（企业家所需要的资本存量），表示有过剩的资本存量。这是因为，较低的经济增长率造成的商品滞销，必然导致库存增加、生产能力过剩。在这种情况下，企业家就要用逐步削减投资的办法来减少库存，使实际的资

本存量降低到与合意的资本存量相等的水平。由此造成的实际投资下降，会通过乘数和加速系数作用而引起经济过程的累积性收缩，其结果是经济的衰退与萧条。

反之，如果实际的增长率大于均衡增长率，就会有实际的资本存量小于合意的资本存量的情况出现。在资本不足的情况下，企业家就会通过增加投资使实际的资本存量同合意的资本存量相等。这就意味着，实际的储蓄率或实际的投资率会大于合意的储蓄率或合意的投资率，从而使实际的需求大于合意的供给。这样就会形成经济的累积性扩张，可能导致通货膨胀。

以上两种情况都会导致社会经济发生短期性的周期波动，经济就处于收缩与扩张的不断交替中。只有当实际的增长率等于合意的增长率时，经济才能保持在充分就业条件下的长期、稳定增长。

③ 自然增长率与均衡增长率的关系。自然增长率是指与人口增长率相对应的经济增长率。从长期的经济发展来看，人口的增长和技术的进步对经济增长的影响是极其重要的。哈罗德的经济增长模型中引进了这两种因素，把人口增长归为劳动力增长、把技术进步归为劳动生产率增长。用 n 代表劳动力增长率，ε 代表劳动生产率增长率，则经济的自然增长率 G_n 等于两者之和，即

$$G_n=n+\varepsilon \tag{11-8}$$

如果劳动力增长率 $n=1\%$，劳动生产率增长率 $\varepsilon=5\%$，则自然增长率为 6%。这样，保证实现长期充分就业的均衡增长率就是 6%。如果均衡增长率偏离自然增长率，就会使经济运行出现波动。

当均衡增长率大于自然增长率时，说明储蓄和投资的增长率超过了人口增长与技术进步所能允许的程度，这时的生产增长受到劳动力不足与技术水平的限制，将会出现储蓄与投资过度的现象，也就是社会总供给大于社会总需求，从而使经济呈现长期停滞的趋势。反之，当均衡增长率小于自然增长率时，说明储蓄和投资的增长率还没有达到人口增长同步所允许的程度。这时，生产的增加不会受劳动力不足与技术水平的限制，生产者将增加雇佣工人以扩大再生产，从而使经济出现长期繁荣、扩张的趋势。

哈罗德认为，只有实际增长率、合意增长率、自然增长率这 3 个增长率相等，即

$$G_A=G_w=G_n \tag{11-9}$$

经济社会才能实现合乎理想的长期的均衡增长，$G_A=G_w=G_n$ 也就是理想的、长期的均衡增长的条件。但是，事实上要达到实际增长率、合意增长率、自然增长率三者一致是极其困难的，因为 3 个增长率取决于其他 6 个要素。3 个增长率常常不一致，经济也就往往处于波动状态。

综上所述，哈罗德－多马经济增长模型得出的结论是：尽管经济在长期中均衡增长的可能性是存在的，但经济的长期、均衡增长的可能性极小；一般情况下，资本主义经济很难稳定在一个不变的增长速度上，经常表现出的是连续上升或连续下降的剧烈波动状态。这个结构被称为哈罗德不稳定原理。

11.2.2　经济周期

1. 经济周期的含义与特征

（1）经济周期的含义。

经济周期（business cycle）是指在经济处于生产和再生产过程中，周期性出现的经济扩张与经济紧缩交替更迭、循环往复的一种现象。对于经济周期有两种不同的理解，古典经济学的经济周期是指实际 GDP 或总产量的绝对量增加和减少的交

扫码看视频　经济机器是怎样运行的

扫码看视频　经济波动

替过程。但是现代经济发展的实际情况告诉我们，实际 GDP 或总产量的绝对量减少的情况是很少见的，所以现代宏观经济学中认为经济周期是经济增长率上升或下降的交替过程。根据这一定义，衰退不一定表现为 GDP 绝对量的减少，而主要是 GDP 增长率的下降，即使 GDP 绝对值不是负值，也可以叫作衰退，经济学中称之为增长性衰退。

在理解经济周期的内涵时需要注意以下 3 点：第一，经济周期的中心是国民收入的波动，由于这种波动而引起了失业率、一般物价水平、利率以及对外贸易活动的波动，所以研究经济周期的关键是研究国民收入波动的规律与根源；第二，经济发展的周期性波动是客观存在的经济现象，任何国家的经济发展都无法避免；第三，虽然每个经济周期并不完全相同，但它们却有共同之处，即每个经济周期都是繁荣与萧条的交替。

（2）经济周期的特征。

一个完整的经济周期包括两个大的阶段：扩张阶段和紧缩阶段。扩张阶段是总需求和经济活动增长的时期，通常伴随着就业、生产、工资、利率和利润的上升；而紧缩阶段则是总需求和经济活动下降的时期，通常伴随着就业、生产、工资、利率和利润的下降。这两个阶段可以再细分，扩张阶段可以分为复苏和繁荣两个阶段，紧缩阶段可以分为衰退和萧条阶段，其中繁荣和萧条是两个主要的阶段，衰退和复苏是两个过渡性阶段。经济周期如图 11-5 所示。

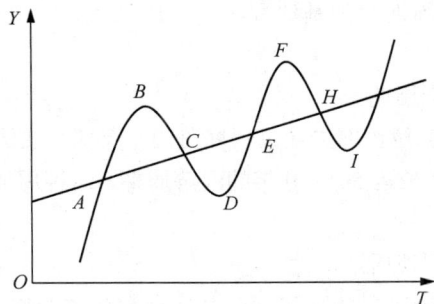

图 11-5　经济周期

图 11-5 中，向右上方倾斜的直线代表经济的长期稳定增长趋势，曲线部分则用来表示经济活动围绕"长期趋势"上下波动的实际水平，图中 A—E 部分代表了一个完整的经济周期，其中 A—B 为繁荣阶段，B—C 为衰退阶段，C—D 为萧条阶段，D—E 为复苏阶段，B 点为扩张阶段到收缩阶段的转折点，是整个经济周期的峰顶，D 点为紧缩阶段到扩张阶段的转折点，是整个经济周期的谷底。

从图中可看出，经济周期波动有 3 个特点。第一，每一个经济周期都包括了扩张和紧缩两个阶段，细分下来是复苏、繁荣、衰退、萧条 4 个阶段。扩张和衰退是相互交替的，在交替中有两个不同的转折点，如果经济是由扩张阶段转向紧缩阶段，则转折点是峰顶；如果经济是从紧缩阶段转向扩张阶段，则转折点是谷底。由于扩张和紧缩是相互交替的，因此，谷底和峰顶也是相互交替的。第二，虽然经济周期的 4 个阶段从逻辑上肯定是按照固定顺序排列的，但它们在每个经济周期中的长度和实际形态将有很大的差异。例如，一个周期的谷底或峰顶可能仅仅持续几周，也可能持续几个月甚至几年。第三，在一定时期内，存在着生产能力的增长趋势，所以在某一谷底阶段，其实际的生产和就业水平有可能出现比以前周期的峰顶时期还要高的状况，这是正常的。

2．经济周期的分类

经济学者不仅分析了经济周期波动的阶段，而且还分析了经济活动中长短各异的波动现象，并根据经济周期波动的时间把经济周期划分为不同的类型，即中周期（中波）、短周期（短波）和长周期（长波）。

（1）中周期：朱格拉周期。

世界上第一个生产过剩的危机于 1825 年出现于英国，在此以后，经济学者就注意到了并开始研究这一问题。法国经济学家朱格拉在 1860 年时提出，危机或恐慌并不是一种独立现象，而是经济周期性波动的 3 个连续阶段（繁荣、危机、清算）中的一个，这 3 个阶段反复出现形成周期现象。他对比较长的工业经济周期进行了研究，并根据生产、就业人数和物价水平等指标，确定了经济中平均每一个周期为 9～10 年，这就是中周期，也称为朱格拉周期。美国经济学家汉森认为这种经济周期是主要的经济周期，并根据统计资料计算出美国的 1795—1937 年共有 17 个这样的周期，其平均长度为 8.35 年。

（2）短周期：基钦周期。

1923 年，英国经济学家基钦研究了 1890—1922 年英国与美国的物价、银行结算、利率等指标，认为经济周期实际上有主要周期和次要周期两种。主要周期即朱格拉周期，次要周期为 3～4 年一次的短周期，人们把这种周期称为基钦周期。一般认为，一个朱格拉周期包含 2 个或 3 个基钦周期。

（3）长周期：康德拉季耶夫周期。

1925 年，苏联经济学家康德拉季耶夫通过研究美国、英国、法国和其他一些国家长期的时间序列资料，认为经济中存在着一个长达 50～60 年的经济周期，这种周期即经济中的长周期，又称为康德拉季耶夫周期。

（4）另一种长周期：库兹涅茨周期。

美国经济学家库兹涅茨在 1930 年提出了一种与房地产建筑业相关的经济周期，这种周期长度为 15～25 年，平均长度为 20 年左右。库兹涅茨主要研究了美国、英国等国从 19 世纪初叶或中叶到 20 世纪初叶的 60 种工、农业主要产品的产量和 35 种工、农业主要产品的价格变动的长期时间序列资料，发现主要国家存在着长度为 15～25 年，平均长度为 20 年的长周期。这种长周期与人口增长而引起的建筑业的增长和衰退相关，是由建筑业的周期性波动引起的，而且，在工业国家中，产量增长呈现递减的趋势。这个周期后来又被称为库兹涅茨周期或建筑业周期。

（5）经济周期的综合：熊彼特周期。

奥地利经济学家熊彼特综合了前人的研究成果，认为经济中存在着长、中、短 3 种不同类型的周期，每个长周期的长度为 48～60 年，其中包含了 6 个中周期；每个中周期的长度为 9～10 年，其中包含了 3 个短周期；短周期约为 40 个月，3 个短周期构成一个中周期，18 个短周期构成一个长周期。他以重大创新为标志，划分了 3 个长周期：第一个长周期从 18 世纪 80 年代到 1842 年，是"产业革命时期"；第二个长周期为 1842—1897 年，是"蒸汽和钢铁时期"；第三个长周期是 1897 年以后，是"电气、化学和汽车时期"。在每个长周期中仍有中等创新所引起的波动，这就形成了若干个中周期，每个中周期中还有小创新引起的波动，这就形成了若干短周期。

3．经济周期的解释

经济理论分析的目的不仅在于对人们的经济行为和经济现象进行描述，更重要的是对人们的经济行为和经济现象提出合理的解释与说明。对于经济周期这一个现代经济生活中的常见现象，经济学者们提出了多种解释，可以根据他们提出的原因来源的不同，将这些理论分成两大类型：内生经济周期理论和外生经济周期理论。

（1）内生经济周期理论。

内生经济周期理论认为是经济体系的内部因素导致了经济的周期性波动。该理论并不否认经济体系外部因素对经济产生的冲击作用，但它强调经济的周期性波动是由经济体系内的因素引起的。最具代表性的内生经济周期理论是凯恩斯主义的乘数-加速原理的相互作用理论，此外，比较有名的内生经济周期理论还包括纯货币理论、投资过度理论、消费不足理论、心理周期理论等。

纯货币理论认为，经济周期是一种纯粹的货币现象。经济的周期性波动完全是由银行体系交替地扩张和紧缩信用造成的。在发达的市场体系中，流通工具主要是各种银行的信用工具，商人运用的资本主要来自银行信用。当银行体系降低利率、扩张信用时，商人就会向银行增加借款，从而增加向生产者的订货。这样就引起了生产的扩张和收入的增加，而收入的增加又引起对商品需求的增加和物价上升，经济活动继续扩大，经济进入繁荣阶段。但是银行扩张信用的能力并不是无限的，当银行体系被迫停止扩张信用，转而紧缩信用时，商人得不到贷款，就会减少订货，由此出现了生产过剩的危机，经济进入了萧条阶段。在萧条时期，资金逐渐回到银行，银行可以通过某些途径来扩张信用，促进经济复苏。根据这一理论，其他非货币因素也会引起局部的萧条，但只有货币因素才能引起普遍的萧条。

投资过度理论认为，由于各种原因的存在导致了投资的增加，这种增加会引起经济的繁荣，繁荣首先表现在对资本品（即生产资料）的需求的增加以及资本品的价格的上升上。这就更加刺激了对资本品的投资，资本品的生产过度引起了消费品生产的减少，从而形成结构的失衡。而资本品生产过多必将引起资本品过剩，于是出现了生产过剩的危机，经济进入萧条。也就是说，过度增加投资引发了经济的周期性波动。

消费不足理论认为，经济中出现萧条与危机是因为社会对消费品的需求赶不上消费品的增长，而消费需求的不足又引起对资本品需求的不足，进而使整个经济出现生产过剩危机。消费不足的根源主要是国民收入分配不平等所造成的穷困人口的购买力不足和富裕人口的过度储蓄。这是一种历史悠久的理论，主要用于解释经济周期中危机阶段的出现以及生产过剩的原因，并没有形成为解释经济周期整个过程的理论。这种理论的早期代表人物是英国的经济学家马尔萨斯和法国经济学家西蒙斯第，近期的代表人物是英国的经济学家霍布森。

心理周期理论强调心理预期对经济周期各个阶段形成的决定作用，该理论认为，预期对人们的经济行为具有决定性的影响，乐观与悲观预期的交替引起了经济周期中的繁荣与萧条的交替。当任何一种原因刺激了投资活动，引起经济高涨之后，人们对未来的预期的乐观程度一般总会超过合理的经济考虑下应有的程度，导致投资过多，形成经济过度繁荣。而当这种过度乐观的情绪所造成的错误被觉察以后，又会变成不合理的过度悲观的预期，由此过度悲观预期导致减少投资，引起经济萧条。

（2）外生经济周期理论。

外生经济周期理论认为是经济体系的外部因素导致了经济的周期性波动。该理论并不否认经济中的内在因素（如投资、货币等）的重要性，但它们强调引起经济的周期性波动的根本原因在经济体系之外。比较有代表性的外生经济周期理论包括创新经济周期理论、太阳黑子理论等。

创新经济周期理论源于著名经济学家约瑟夫·A.熊彼特，熊彼特认为，创新就是建立一种新的生产函数，是企业家对生产要素实行新的组合，即把一种从未有过的关于生产要素和生产条件的"新组合"引入生产流程。实现生产要素与生产条件的新组合有两条途径：一是进行技术创新，导致生产要素比例变化，如用机器生产代替手工生产；二是进行制度创新，通过制度创新来激发生产要素更大的生产潜力，如实施员工持股计划或者实行年功工资制度等。

这种理论用创新来解释经济的繁荣和衰退，也就是说，这种理论认为，创新提高了生产效率，为创新者带来了盈利，引起了其他企业的效仿，从而形成创新浪潮。创新浪潮使银行信用扩张，对资本品的需求增加，引起经济繁荣。随着创新的普及和盈利机会的消失，银行信用紧缩，对资本品的需求减少，这就引起了经济衰退，直到另一次创新出现，经济再次繁荣。

但经济周期实际上包括繁荣、衰退、萧条和复苏4个阶段，创新理论用创新引起的"第二次浪潮"来解释这一点。在第一次浪潮中，创新引起了对资本品需求的扩大和银行信用的扩张，这就促进了生产资本品的部门扩张，进而又促进了生产消费品的部门扩张。这种扩张引起物价普遍上升，投资机会增加，并出现了投机活动，这就是第二次浪潮。它是第一次浪潮的反应。然而，这两次浪潮有重大的区别，即第二次浪潮中许多投资机会与本部门的创新无关。这样，在第二次浪潮中包含了失误和过度投资行为，这就导致在衰退之后出现了另一个失衡的阶段——萧条。萧条发生后，第二次浪潮的反应逐渐消除，经济转向复苏，要使经济从复苏进入繁荣还有待于另一次创新的出现。

熊彼特根据这种理论解释了长周期、中周期和短周期，他认为重大的技术创新（如蒸汽机、炼钢和汽车制造等）对经济增长有长期的影响，这些创新引起的繁荣时间长，繁荣之后，衰退的时间也长，从而所引起的经济周期就长，形成了长周期。中等创新所引起的经济繁荣及随之而来的衰退则形成了中周期，那些不是很重要的小创新则只能引起短周期。

太阳黑子理论利用太阳黑子的活动来解释经济周期，由英国经济学家杰文斯父子提出并加以论证。该理论认为，太阳黑子的活动对农业生产影响很大，而农业生产状况又会影响工业生产和整个经济活动。太阳黑子活动的周期性决定了经济活动的周期性。具体来说，太阳黑子活动频繁时，农业生产就会减产，农业生产的减产影响到工业、商业、工资、货币的购买力和投资等诸多方面，从而使整个经济萧条。相反，当太阳黑子活动减少时，农业会丰收，整个经济会繁荣。他们用中长期中太阳黑子活动周期与经济周期基本吻合的资料来证明这种理论，这种理论把经济周期的根本原因归结为太阳黑子的活动，是典型的外生经济周期理论。现代经济学家认为，太阳黑子对农业生产的影响是非常有限的，而农业生产对整个经济的影响更是有限的，因此，在现代工业社会中，这种理论没有多大的说服力。

（3）乘数-加速数模型。

① 加速原理。

加速原理是关于收入水平或消费需求的变动会引起投资量变动的经济理论。其基本内容为，收入或消费发生变动，要求生产部门增加商品的供给量，如果生产部门的生产能力已经得到充分利用，增加生产就要相应地增加资本存量，就要有新的投资追加到生产中去。所以，加速原理分析的是收入变化与追加投资之间的关系。

a. 自发投资和引致投资。

自发投资又称自动投资，是指与国民收入或消费变动无关的投资，而是由人口增长、技术进步、资源开发以及政府政策等外在因素的变化而引起的投资。

引致投资又称诱发投资，是指由收入或消费变动而引起的投资。这种投资取决于收入水平或消费需求。加速原理研究的就是引致投资与收入变化之间的关系。

b. 资本–产量比率和加速系数。

资本–产量比率。资本–产量比率是指生产单位产品所需要的资本数量，即

$$资本-产量比率=\frac{资本数量}{产量}=\frac{K}{Y} \tag{11-10}$$

式（11-10）中，K 为资本数量，Y 为产量或收入。

从资本–产量比率中可看到，在技术不变的条件下，如果要使收入增加，就必须按资本–产量比率相应地增加资本存量。资本–产量比率决定了资本增量与产量增量的比率。通常近似地认为资本增量等于投资，所以，把投资增量与收入增量之比叫作加速系数，即

$$加速系数=\frac{资本增量}{产量增量}=\frac{投资}{收入增量}$$

若以 α 代表加速系数，ΔK 表示资本增量（K_t-K_{t-1}），ΔY 表示收入增量（Y_t-Y_{t-1}），I_Y 表示引致投资，则上述公式可表示如下

$$\alpha=\frac{\Delta K}{\Delta Y}=\frac{I_Y}{\Delta_Y} \tag{11-11}$$

c. 净投资、重置投资与总投资。

$\alpha=\frac{\Delta K}{\Delta Y}=\frac{I_Y}{\Delta_Y}$ 中的引致投资 I_Y 是因收入增加而引发的投资，称为净投资。除了净投资外，每年还会有一笔为弥补设备、厂房等资本设备磨损的投资，称为重置投资，其数量取决于原有资本设备的数量、构成和使用年限。净投资和重置投资之和为总投资，即

$$总投资=重置投资+净投资$$

$$I=I_a+I_Y=I_a+\alpha \cdot (Y_t-Y_{t-1}) \tag{11-12}$$

其中，I 为总投资，I_a 为重置投资。总投资一般来说大于零或等于零，即最低的总投资为零。

一般来说，净投资为负数时，意味着企业将把一部分设备卖掉。但是，在正常情况下，如果出现暂时的产量下降，企业不会立即卖掉设备，而是暂时将其闲置。所以，可以将产量下降时的净投资看作零。下面举例来进一步说明问题，设资本–产出比率为 2，折旧率为 10%，则可以制作表 11-3 所示的加速原理举例表。

表 11-3 加速原理数字说明

年限	产量	资本量	净投资	折旧	总投资
1	100	200	—	20	20
2	120	240	40	24	64
3	140	280	40	28	68
4	160	320	40	32	72
5	160	320	0	32	32
6	150	300	-20	30	10

根据上表，可以得出加速原理的基本内容如下。第一，投资是产量变动率的函数，而不是产量变动的绝对量的函数。也就是说，投资的变动取决于产量变动率，而不是产量变动量。第二，投资的变动大于产量的变动。当产量增加时，投资的增加率大于产量的增长率（在表中，从第 1 年到第 2 年，产量增加了 20%，而总投资增加了 220%），当产量减少时，投资的减少也大于产量的减少（在表中，从第 5 年到第 6 年，产量减少 6.25%，而总投资减少了 68.75%），这就是加速的含义。投资

的变动大于产量的变动是因为现代生产是一种"迂回生产"，即采用了大量的机器设备，这导致开始生产时必然需要大量的投资，同理，在产量减少时，投资也会减少得更多。加速原理所反映的正是这种现代化大生产的特点。第三，要使投资增长率保持不变，产量就必须维持在一定的增长率（在表中，第 2 年到第 3 年和第 3 年到第 4 年，要使净投资保持不变，产量的增长率应分别达到 17%和 14%），如果产量维持原有水平，投资一定会下降（在表中，从第 4 年到第 5 年，产量没变，总投资减少了 56%），这说明经济发展到一定阶段时，要再实现高增长率就是件非常困难的事。

d. 加速原理的假设条件。

加速原理的作用以下述假设条件为前提。

假设一：技术水平不变，资本-产量比率不变。从历史发展的角度来看，技术的进步从来没有停止过，因此，资本-产量的比率亦是不断变化的。但是，加速原理的分析必须以技术水平不变为前提，即假定产量增加同资本存量的增加保持同步增长。

假设二：企业没有闲置的生产设备。加速原理的主要参数，即加速系数是以固定的资本-产量比率为假定条件，要想增加产量，必须增加资本存量，所以，一定要假设企业的设备已达到充分利用的状态，那么，增加产量就要添置新的设备。当然，如果企业有闲置的生产设备，需要增加产量时，企业只要动用闲置设备就行了，不必添置新设备，这样就不会增加净投资。

假设三：社会上还有可利用而尚未利用的资源。这样为增加产出而增加的净投资，就能购买到新的设备。

② 模型。

a. 乘数-加速数模型内容。

美国经济学家汉森和萨缪尔森认为，凯恩斯的乘数理论只说明了投资变化引起了国民收入和就业的变化，而没有说明收入变化反过来又会引起投资的变化。只有将加速数原理和乘数理论结合起来，才能解释资本主义经济周期性波动的原因和波动的幅度，于是他们提出了乘数-加速数模型，又叫"汉森-萨缪尔森模型"。

乘数-加速数模型基于现期收入等于现期消费、现期投资、自发支出之和，即

$$Y_t = C_t + I_t + G \tag{11-13}$$

式（11-13）中，Y_t 为现期国民收入，C_t 为现期消费，I_t 为现期投资，G 为自发支出（如政府支出、自发投资、自发消费）。

假设现期消费是上期收入 Y_{t-1} 的函数，现期投资是本期消费增量（$C_t - C_{t-1}$）的函数，则有消费函数 $C_t = \beta Y_{t-1}$ 和投资函数 $I_t = \alpha (C_t - C_{t-1})$，式中，$\beta$ 为边际消费倾向，α 为加速系数。

将 $C_t = \beta Y_{t-1}$ 式、$I_t = \alpha (C_t - C_{t-1})$ 式代入 $Y_t = C_t + I_t + G$ 式中，可得

$$Y_t = \beta Y_{t-1} + \alpha (C_t - C_{t-1}) + G$$

根据 $C_t = \beta Y_{t-1}$ 式可知，$C_{t-1} = \beta Y_{t-2}$

将 $C_t = \beta Y_{t-1}$、$C_{t-1} = \beta Y_{t-2}$ 代入 $Y_t = \beta Y_{t-1} + \alpha (C_t - C_{t-1}) + G$ 中，经整理可得

$$Y_t = (1 + \alpha) \beta Y_{t-1} - \alpha \beta Y_{t-2} + G \tag{11-14}$$

这就是汉森-萨缪尔森即乘数-加速数模型。在表 11-4 中，假设边际消费倾向等于 0.5，加速数等于 1，政府每期开支为 1 亿元。在这些假定下，若不考虑第 1 期以前的情况，那么，从上期国民收入中得到的本期消费为零，引致投资当然也为零。因此，第 1 期的国民收入总额就是政府在第 1 期的支出 1 亿元。

第 2 期政府支出仍为 1 亿元，但由于第 1 期有收入 1 亿元，在边际消费倾向为 0.5 的情况下，第 2 期引致消费 C_2=0.5×1=0.5（亿元），第 2 期的引致投资 I_2=1×(0.5-0)=0.5（亿元），因此，第 2 期的国民收入 Y_t=1+0.5+0.5=2（亿元）。同样可以计算出第 3 期收入为 2.5 亿元，第 4 期的收入为 2.5 亿元，以下各期的收入也都可以用同样的方法计算出。

可以看出，边际消费倾向越大，加速数越大，政府运动支出对国民收入变动的作用也越大。

表 11-4 乘数和加速数的相互作用

t	G_t	C_t	I_t	Y_t	经济变动趋势
1	1.00	0.00	0.00	1.00	—
2	1.00	0.50	0.50	2.00	复苏
3	1.00	1.00	0.50	2.50	繁荣
4	1.00	1.25	0.25	2.50	繁荣
5	1.00	1.25	0.00	2.25	衰退
6	1.00	1.125	−0.125	2.00	衰退
7	1.00	1.00	−0.125	1.875	萧条
8	1.00	0.937 5	−0.062 5	1.875	萧条
9	1.00	0.937 5	0.031 25	1.937 5	复苏
10	1.00	0.968 75	0.031 25	2.00	复苏
11	1.00	1.00	0.031 25	2.031 25	繁荣
12	1.00	1.015 625	0.015 625	2.031 25	繁荣
13	1.00	1.015 625	0.00	2.015 625	衰退
14	1.00	1.007 812 5	−0.007 812 5	2.00	衰退

数据来源：高鸿业. 西方经济学[M]. 3 版. 北京：中国人民大学出版社，2004.

b．经济波动的形式。

在乘数-加速数模型中，由于加速系数 α、边际消费倾向 β 的不同值，将会使经济波动呈现以下 5 种形式。

第一，减幅振荡，指国民收入波动的幅度逐渐缩小，最后趋于消失。

第二，增幅振荡，指国民收入波动的幅度越来越大。

第三，同幅振荡，指国民收入波动的幅度在一定范围内保持不变。

第四，在某种干扰下，国民收入波动的水平以递减的速度上升或下降，没有振荡地从初始的均衡达到新的均衡。

第五，在某种干扰下，国民收入波动的水平以递增的速度上升或下降。

c．乘数与加速数原理对经济波动的解释。

汉森和萨缪尔森把乘数与加速数的作用结合起来，说明经济会自动地呈现周期性的波动，并明确了经济周期的各个阶段。萨缪尔森认为，加速原理和乘数相互作用造成一个越来越严重的通货收缩（或通货膨胀）的螺旋。由于加速原理的作用，产量或销售量的增加会引起投资加速度地增加；同时，因乘数原理所起的作用，即投资的增加反过来又会引起产量或销售量的成倍增加。结果，社会经济呈上升的膨胀螺旋，这时经济波动处于复苏的阶段。但是，由于边际收益递减规律的作用，在一定技术条件下，当实际产出水平接近潜在国民收入时，经济增长速度必将出现递减趋势，周期就从复苏阶段过渡到高涨阶段。根据加速原理的作用，如果产量增加速度递减，则总投资将以更快的速度下降，结果将导致社会经济呈下降的紧缩螺旋，这时经济波动处于衰退的阶段。但是，这种紧缩螺旋不会无限制地下降，亦有一个极限。这个极限就是由于重置投资的存在，总投资不能小于零，同时，边际消费倾向也不可能等于零，这样，经济的紧缩就有了一个限度。一旦经济下降到这一限度，就会停止紧缩，这时经济波动处于萧条阶段。由于重置投资的乘数作用仍然起着作用，就会使收入逐渐上升。这样，经济由于收入与投资相互影响而再次增长起来，此时，经济波动再次处于复苏阶段，一个新的周期又重新开始。

由上可知，经济的膨胀与紧缩是交替出现的，尽管在某一时期，膨胀时期和紧缩时期的时间跨度可能由于各种原因而发生变化，但是，这种交替为西方经济学家所主张的政府需要对经济进行必要的干预，以缓和经济的波动并维持经济长期稳定的增长提供了理论基础。

课后习题

一、单项选择题

1. 以下哪种现象不伴随通货紧缩发生（　　）。
   A. 有效需求不足　　B. 经济衰退　　　C. 失业率下降　　　D. 物价下跌

2. 关于治理通货膨胀的对策，不可以采取的是（　　）。
   A. 冻结工资水平　　　　　　　　　B. 增税
   C. 降低法定准备金率　　　　　　　D. 增加有效供给

3. 某工人不愿意接受现行工资水平而形成的失业属于（　　）。
   A. 摩擦性失业　　B. 结构性失业　　C. 自愿失业　　　D. 周期性失业

4. 经济增长的标志是（　　）。
   A. 城市化步伐的加快　　　　　　　B. 社会福利水平的提高
   C. 工资水平的提高　　　　　　　　D. 社会生产能力的不断提高

5. 当经济达到繁荣时，会因（　　）而转入衰退。
   A. 加速系数下降　　　　　　　　　B. 边际消费倾向提高
   C. 加速系数上升　　　　　　　　　D. 总投资为零

二、判断题

1. 充分就业与任何失业的存在都是矛盾的，因此只要经济中有一个失业者，就不能说实现了充分就业。（　　）

2. 根据奥肯定理，在经济中实现了就业后，失业率每增加1%，则实际国民收入就会减少2.5%。（　　）

3. 在任何情况下，只要存在着通货膨胀的压力，就会表现为物价水平的上升。（　　）

4. 经济学家划分经济周期的标准是危机的严重程度。（　　）

5. 当某一经济社会处于经济周期的扩张阶段时，总需求逐渐增长但没有超过总供给。（　　）

6. 只要有技术进步，经济就可以实现持续增长。（　　）

7. 经济增长和经济发展研究的是同样的问题。（　　）

8. 经济增长最简单的定义就是国民生产总值的增加和社会福利的增加及个人福利的增加。
（　　）

三、简答题

1. 摩擦性失业与结构性失业相比，哪一种失业问题更严重些？
2. 通货膨胀的经济效应有哪些？
3. 说明经济增长与经济发展的关系。
4. 经济增长的源泉是什么？
5. 简述经济周期的不同阶段及其特征。

四、计算题

假定某国某时期有1.9亿的工作人口，其中有1.2亿人有工作，1 000万人在寻找工作，1 500万人放弃寻求工作，4 500万人不愿工作。

试求：

（1）劳动力人数；

（2）劳动力参与率；

（3）官方统计的失业率；

（4）将所有放弃寻求工作和不愿工作的人看作失业者时的失业率。

参 考 文 献

[1] 《西方经济学》编写组. 西方经济学（上册）[M]. 2 版. 北京：高等教育出版社，2019.

[2] 《西方经济学》编写组. 西方经济学（下册）[M]. 2 版. 北京：高等教育出版社，2019.

[3] 曼昆. 经济学原理 [M]. 7 版. 梁小民，梁砾，译. 北京：北京大学出版社，2015.

[4] 高鸿业，西方经济学 [M]. 7 版. 北京：中国人民大学出版社，2018.

[5] 萨缪尔森，诺德豪斯. 经济学 [M]. 19 版. 北京：商务印书馆，2013.

[6] 多恩布什，费希尔，斯塔兹. 宏观经济学 [M]. 12 版. 北京：中国人民大学出版社，2017.

[7] 曼昆. 经济学原理（上册）[M]. 北京：机械工业出版社，2003.

[8] 曼昆. 经济学原理（下册）[M]. 北京：机械工业出版社，2003.

[9] 斯蒂格利茨. 经济学（上册）[M]. 北京：中国人民大学出版社，2005.

[10] 斯蒂格利茨. 经济学（下册）[M]. 北京：中国人民大学出版社，2005.

[11] 帕金. 微观经济学 [M]. 8 版. 北京：人民邮电出版社，2009.

[12] 帕金. 宏观经济学 [M]. 8 版. 北京：人民邮电出版社，2008.

[13] 斯密. 国民财富的性质和原因研究 [M]. 北京：商务印书馆，1972.

[14] 马歇尔. 经济学原理 [M]. 北京：商务印书馆，1981.

[15] 凯恩斯. 就业、利息与货币通论 [M]. 北京：商务印书馆，1999.

[16] 埃克伦德，赫伯特. 经济理论和方法史 [M]. 北京：中国人民大学出版社，2001.

[17] 斯考森. 现代经济学的历程：大思想家的生平和思想 [M]. 长春：长春出版社，2006.

[18] 斯皮格尔. 经济思想的成长（上册）[M]. 北京：中国社会科学出版社，1999.

[19] 斯皮格尔. 经济思想的成长（下册）[M]. 北京：中国社会科学出版社，1999.

[20] 胡代光. 西方经济学说的演变及其影响 [M]. 北京：北京大学出版社，1998.

[21] 梁小民. 西方经济学导论 [M]. 北京：北京大学出版社，2003.

[22] 蔡继明. 宏观经济学 [M]. 北京：人民出版社，2002.

[23] 茅于轼. 生活中的经济学 [M]. 广州：暨南大学出版社，2003.

[24] 晏智杰. 西方经济学说史教程 [M]. 北京：北京大学出版社，2002.

[25] 王志伟. 现代西方经济学流派 [M]. 北京：北京大学出版社，2002.

[26] 潘新兴，唐侠. 西方经济学 [M]. 西安：西北大学出版社，2009.

[27] 张忠德. 西方经济学（微课版）[M]. 2 版. 北京：人民邮电出版社，2017.

[28] 张培刚. 发展经济学教程 [M]. 北京：经济科学出版社，2001.

[29] 吴易风. 关于西方经济学的几个问题 [J]. 经济学动态，1999（2）：2-3.

[30] 郑秉文. 20 世纪西方经济学发展历程回眸 [J]. 中国社会科学，2001（10）：3.

[31] 张延. 西方经济学中的危机、革命和综合 [J]. 经济科学，1998（6）：1.

[32] 尹伯成. 现代西方经济学习题指南（宏观经济学）[M]. 9 版. 上海：复旦大学出版社，2017.

[33] 尹伯成. 现代西方经济学习题指南（微观经济学）[M]. 9 版. 上海：复旦大学出版社，2017.